KB070552

고백록 ①

나남
nanam

한국연구재단 학술명저번역총서
서양편 310

## 고백록 ①

2012년 2월 10일  발행
2012년 2월 10일  1쇄

지은이_ 장자크 루소
옮긴이_ 이용철
발행자_ 趙相浩
발행처_ (주) 나남
주소_ 413-756 경기도 파주시 교하읍
        출판도시 518-4
전화_ (031) 955-4600 (代), FAX : (031) 955-4555
등록_ 제 1-71호(1979.5.12)
홈페이지_ http://www.nanam.net
전자우편_ post@nanam.net

ISBN 978-89-300-8525-0
ISBN 978-89-300-8215-0 (세트)
책값은 뒤표지에 있습니다.

'한국연구재단 학술명저번역총서'는 우리 시대 기초학문의 부흥을 위해
한국연구재단과 (주)나남이 공동으로 펼치는 서양명저 번역간행사업입니다.

# 고백록 ①

장자크 루소 지음 | 이용철 옮김

나남
nanam

*Les Confessions*

*par*

Jean-Jacques Rousseau

1789

옮긴이
• • •
머리말

　루소의 《고백록》은 서양문학사의 고전으로 꼽히고 있지만, 먼지가 쌓인 고전으로 서가에만 얌전히 꽂혀 있을 책이 아니다. 제목으로 인해 이 책을 기독교적 전통에 선 자서전으로 오해하고 따분한 이야기라는 선입견을 갖고 있는 사람들이 적지 않은 것 같은데, 사실 《고백록》에는 어두운 무의식의 심연에서부터 신성에까지 고양된 한 현대적 영혼의 너무나 솔직하고 생생한 모습이 그려져 있다. 얼핏 보면 사소한 사건들이 한 인간의 영혼에 얼마나 깊은 주름을 새겨 넣으며 어떻게 한 개인의 역사를 만들어 나가는지를 보여주는 이 작품을 읽어나가노라면, 우리는 어느새 가랑비에 옷이 젖듯이 루소의 삶에 흠뻑 빠져 들어가게 된다. 우리가 루소와 맺게 될 관계는 공감적일 수도 있고 비호감적일 수도 있지만, 그러한 감정적 반응보다 더 중요한 것은 그 관계의 직접성이다. 《고백록》을 읽은 후 밉든 곱든 루소는 우리들에게 3인칭의 존재가 아니라 2인칭의 존재로 변형되며, 우리는 싫든 좋든 나와 '그대'를 '우리들' 인간이라고 부를 수밖에 없기 때문이다. 번역과 교정 기간을 합해 약 5년간 《고백록》을 번역하면서 뇌리에서 떠나지 않았던 것은 테렌티우스의 "나는 인간이기 때문에 인간적인 어떤 것도 나에게는 무관해 보이지 않는다"는 금언이었다. 다른 사람들의 영혼이 갖는 아름다움과 추악함,

그리고 그들이 겪는 행복과 고통이 나의 그것과 다르지 않다는 것을 우리는 너무나 잘 알고 있으면서도 또 얼마나 애써 모르는 척하며 살고 있는가. 루소의 《고백록》은 다른 사람들, 더 나아가 우리들 자신에 대한 무관심을 깨트리려는 절규일 수도 있다.

《고백록》을 우리말로 옮기면서 가장 고민했던 문제들 중 하나는 약 250년 상당의 시차였다. 18세기 프랑스의 사회·문화적 상황들에 대한 어느 정도의 이해가 선행하지 않는다면, 작품을 제대로 맛보는 것이 힘들 수밖에 없기 때문이다. 이러한 문제를 해소하기 위해서 독자들의 책 읽기에 방해가 될지도 모른다는 염려를 무릅쓰고 옮긴이 주를 많이 사용하였는데, 이에 대해서는 독자들의 양해를 구한다. 또 우리말로 옮길 때 될 수 있으면 직역을 하려고 노력했는데, 이는 지나친 의역이 자칫 고전이 갖는 깊은 맛을 해치는 양념이 될까 하는 우려에서였다. 그러나 번역이 끝난 지금 이러한 우려가 옮긴이의 부족한 우리말 실력에 대한 변명에 지나지 않을 수도 있다는 반성을 하는 것도 사실이다.

이 번역은 갈리마르 출판사(Editions Gallimard)에서 간행된 루소 전집 1권에 들어있는 《고백록》(1959년)을 텍스트로 삼았고, 김붕구 선생님이 번역한 《고백》(박영률출판사, 2005)과 홍승오 선생님이 번역한 《고백록》(동서문화사, 1975)을 참고하였음을 밝힌다. 루소 전공자의 한 사람으로 한국연구재단의 지원을 받아 《에밀》에 이어 《고백록》을 번역할 수 있었던 것을 큰 행운으로 생각한다.

2012년 1월
이 용 철

# 고백록 ①

## 차 례

• 옮긴이 머리말  5

# 제 1 부

제 1 권 (1712~1728) ·································································· 11

제 2 권 (1728) ········································································· 77

제 3 권 (1728~1730) ······························································ 143

제 4 권 (1730~1731) ······························································ 209

제 5 권 (1732?~1739) ····························································· 275

제 6 권 (1737~1740) ······························································ 351

• 장자크 루소 연보  423
• 찾아보기  433

제1부

　이것은 있는 그대로 완전히 자연 그대로의 모습으로 정확하게 그려진 현존하는 유일한 인간에 대한 초상화로 아마 앞으로도 유일한 것으로 남게 될 것입니다. 내 운명과 혹은 내 신뢰로 인하여 이 수기의 운명을 결정하게 된 당신이 누구이든, 내가 겪은 불행과 당신의 온정에 의거하여 또 인류 모두의 이름으로 이 하나밖에 없는 유익한 저작을 없애지 말아달라고 간청합니다. 이 저작은 이제부터 꼭 시작해야 할 인간연구를 위한 최초의 비교용 원본으로 사용될 수 있기 때문입니다. 그리고 이 저작은 적들에 의해 왜곡되지 않은, 내 성격을 기록한 확실하고도 유일한 묘비이기 때문에, 나를 추모할 때 이 묘비를 빼지 말아달라고 다시 간절히 부탁드립니다. 여하튼 바로 당신 자신이 그 냉혹한 적들 중 한 사람이었다고 해도, 내 유해(遺骸)에 대해서 적이 되지는 마십시오. 그리고 당신이나 나도 더 이상 살고 있지 않을 시대에까지 당신의 잔혹한 불의를 전하지 마십시오. 당신이 악의와 복수심을 ─ 만약 한 번도 나쁜 짓을 한 적도, 하고 싶어한 적도 없었던 사람에게 가하는 나쁜 짓도 복수라는 이름을 지닐 수 있다고 친다면 ─ 품을 수 있었을 때, 적어도 한 번쯤은 관대하고 선량했던 적이 있었다는 고귀한 확신을 가질 수 있도록 말입니다.

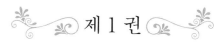

# 제 1 권

## 1712～1728

내면을 속속들이 (*Intus et in cute*) 1)

나는 전에도 결코 예가 없었고 앞으로도 그 성취를 모방할 사람이 전혀 없을 기획을 구상하고 있다. 나와 같은 인간들에게 한 인간을 완전히 자연 그대로의 모습으로 보여주려고 하는데, 그 인간은 바로 내가 될 것이다.

오직 나뿐이다. 나는 내 마음을 느끼고 인간들을 알고 있다. 2) 나는 내가 보아온 어느 누구와도 같게 생기지 않았다. 현존하는 어느 누구와

---

1) 로마 시인 페르시우스의 시구에서 따온 제사(題辭)(풍자시, Ⅲ, 30.) : "나는 너의 내면을 속속들이 알고 있다"(*Ego te intus et in cute novi*).

2) 루소에게 자신에 대한 인식의 문제에서 가장 중요한 것은 이성이나 심리학이 아니라 직접적인 감정이다. 자연은 "자신의 마음을 느끼는" 특권을 갖는 사람에게서 아무런 왜곡 없이 온전하게 드러난다. 그는 《대화》(*Dialogues*)에서 다음과 같이 말한다. "오늘날 그렇게 왜곡되고 조롱받는 자연을 묘사하고 옹호하는 사람이 자기 자신의 마음에서가 아니라면 어디서 그 모델을 끌어올 수 있었을까요?"(《대화》, 세 번째 대화). 따라서 루소에게 자신의 이론의 기본개념을 이루는 자연과 그 자신의 자아는 분리될 수 없는 것이다.

도 같게 만들어져 있지 않다고 감히 생각한다. 내가 더 낫지는 않다 하
더라도 적어도 나는 다르다. 3) 자연은 나를 주조(鑄造)했던 거푸집을
깨뜨려버렸는데, 4) 그것이 잘한 일인지 못한 일이었는지는 내 글을 다
읽고 난 후가 아니라면 판단할 수 없는 문제이다.

　최후 심판의 나팔이 언제 울려도 좋다. 나는 이 책을 손에 들고 지고
하신 심판관 앞에 나아가 큰 소리로 외칠 것이다.

　"이것이 바로 제가 행했던 것이고 제가 생각했던 것이며 지나온 날의
저입니다. 저는 선과 악을 똑같이 솔직하게 말했습니다. 나쁜 것이라
해서 무엇 하나 숨기지 않았고 좋은 것이라고 해서 무엇 하나 덧붙이지
않았습니다. 어쩌다 사소하게 수식을 가했더라도 그것은 오로지 내 기
억력의 부족으로 인해 야기된 공백을 채우기 위한 것에 지나지 않았습
니다. 나는 내가 알기로 진실일 수도 있었던 것을 진실이라고 여길 수는
있었겠지만 결코 내가 알기로 거짓인 것을 진실이라고 여길 수는 없었
습니다. 제가 비열하고 비천했을 때는 비열하고 비천하게, 제가 선량하
고 관대하며 고상했을 때는 선량하고 관대하며 고상하게, 과거 제 모습
그대로 저를 보여주었습니다. 저는 저의 내면을 바로 당신께서 보셨던
그대로 드러내 보였습니다. 영원한 존재이신 신이시여, 저의 주변에 저
와 동류인 인간들을 수없이 모아주소서. 그리고 그들이 저의 고백을 듣
고 저의 수치스러운 행동에 탄식케 하고 저의 불행에 낯을 붉히게 하여
주소서. 그들이 각자 차례대로 당신 옥좌의 발치에서 똑같이 진실하게

---

3) 인간의 보편성을 지향하는 프랑스 고전주의 문학은 자아를 과시하는 것을
　별로 달갑게 여기지 않았다. 그러나 루소 이후 낭만주의에 들어와 다른 사
　람들과는 다른 자아의 개념이 강조되기 시작했다. 속물과 대립되는 천재의
　개념이 그 대표적인 경우의 하나이다.
4) 루소는 자연이 그를 만들었던 거푸집을 깨뜨려버렸기 때문에 앞으로는 자
　신과 같은 사람이 나올 수 없다고 말하면서, 자신의 유일무이한 개성을 강
　조했다.

자기 마음을 털어놓게 하소서. 그리고 나서 단 한 사람이라도 '나는 그 사람보다 더 선량했습니다'라고 감히 말할 수 있다면 당신께 말하게 하소서."

　나는 1712년 제네바[5]에서 시민 이자크 루소[6]와 시민 쉬잔 베르나르[7]의 자식으로 태어났다. 얼마 되지도 않는 재산을 15명의 자식들이

5) 루소는 1712년 6월 28일 제네바의 그랑뤼에 있는 외가 베르나르 집안의 소유인 집에서 태어났다. 1717년 이자크 루소는 상류층이 사는 그랑뤼의 집을 팔고 생제르베의 장인들이 사는 구역인 쿠탕스 거리로 이사한다.

6) Isaac Rousseau(1672~1747) : 이자크 루소는 1672년 10월 28일 제네바에서 태어났다. 이자크 루소의 조상은 원래 파리 근처의 몽레리에서 살았지만 종교적 이유로 1549년 제네바로 망명하여 1555년 제네바의 부르주아 계층으로 받아들여졌다. 이자크 루소의 할아버지와 아버지는 시계공이었고, 그 역시 시계공 견습생활을 했다. 이후 무용 교습을 하기 위해 동향인 두 사람과 동업을 했지만, 1년 후에는 다시 시계공을 계속한 것 같다. 변덕스러운 기질의 소유자인 이자크 루소는 일에는 솜씨를 보였지만 그리 열심이지 않았고, 신앙에 독실하면서도 관대한 면도 있었으며, 특히 자신의 자유와 독립을 소중히 여겼다.

7) Suzanne Bernard(1673~1712) : 장자크 루소의 어머니로 루소가 출생한 후 사망했다. 시계공 자크 베르나르의 딸로 9세에 아버지를 여의고 목사인 숙부 사뮈엘 베르나르에 의해 키워졌다. 이 때문에 루소는 자기 외할아버지가 목사라고 착각했다. 22세 때 그녀의 미모는 유부남 뱅상 사라쟁의 주목을 받았다. 이 때문에 그 둘은 제네바 장로회의(풍기단속 법정)에 불려가 질책을 받았다. 게다가 쉬잔 베르나르는 변장을 하고 야외 극단에 구경가서 곤란을 겪기도 했다. 장자크는 아마 이러한 사건들을 알지 못했던 것으로 보인다. 9년 후 그녀는 이자크 루소와 결혼했다. 1701년 숙부가 죽고 1711년 어머니가 돌아가시어 그녀는 두 사람으로부터 재산을 상속받았는데, 별로 많지 않은 재산이었다.

　아버지 쪽으로나 어머니 쪽으로나 루소는 중간 부르주아 계층에 속한다. 그는 목사와 시민대표를 배출한 집안들과 인척관계를 맺고 있었다. 당시 제네바 사회는 4개의 신분으로 나뉘어져 있었다. 시민은 부르주아 계층의 자제로 그 도시에서 태어난 사람들이다. 부르주아는 부르주아 계층의 자제

14

나누어가져야 했기 때문에 아버지의 몫은 거의 없어서 그분은 오직 시계공이라는 직업으로 생계를 꾸려나갔는데, 사실 시계공으로서는 대단히 솜씨가 좋았다. 목사 베르나르[8]의 딸인 내 어머니는 아버지보다 더 부유했다. 그분은 정숙하고 아름다웠다. 아버지가 어머니를 얻는 데에는 고생도 없지 않았다. 그분들의 사랑은 거의 그분들이 나면서부터 시작되었다. 8, 9세 때부터 매일 저녁 라 트레유[9]에서 함께 산책했다. 10살이 되자 그들은 이제 서로 떨어질 수 없게 되었다. 습관으로부터 생겨났던 애정은 두 영혼이 교감하고 일치함으로써 그들의 마음속에서 더욱 확고해졌다. 천성이 다정다감한 두 사람은 상대방에게서 똑같은 감정을 찾아낼 때만을 기다리고 있었다. 아니 더 정확히 말하면 그 순간이 바로 그들을 기다리고 있었다. 그래서 그들은 어느 편이 먼저랄 것도 없이 상대방의 마음을 받아들이기 위해 자신의 마음을 열고 상대방에게 자신의 마음을 바쳤다. 운명은 그들의 열정을 방해하는 것처럼 보였지만 단지 그 열정에 부채질했을 뿐이다. 결혼하고 싶어 하는 그 젊은이는 자기 연인을 손에 넣을 수 없어서 고통으로 쇠약해졌다. 그녀는 그에게 자기를 잊도록 여행이라도 하기를 권했다. 그는 여행을 했지만 효과가 없었고 어느 때보다도 더욱 사랑이 깊어져 돌아왔다. 그는 사랑하는 여

이거나 시민의 자제이지만 도시 밖에서 태어난 사람들이거나 부르주아로 받아들여진 외국인들이다. 원주민은 거주민의 자제로 도시 안에서 태어난 사람들이다. 거주민은 제네바에 거주하는 외국인들이다. 제네바에서 정치적 권리를 가졌던 계층은 시민과 부르주아였다. 그러므로 부르주아의 아들이자 손자인 루소는 '제네바 시민'으로 자처할 권리를 완벽히 갖고 있었다.
8) Samuel Bernard(1631~1701): 루소의 어머니 쉬잔 베르나르의 숙부로 목사이면서 문학과 과학에 개방적인 정신을 갖고 있었다. 사코넥스에서 목사로 있을 때 집에서 '수학학교'를 개설하기도 했고 철학강의에서 공개수업을 하는 허가를 받기도 했다.
9) 제네바의 성벽 지대에 있는 산책로.

인과 재회했을 때 그녀가 다정하고 마음이 변치 않았다는 것을 알았다. 이러한 시련을 겪은 후 남은 일이라고는 한평생 서로 사랑하는 것밖에 없었다. 그들은 그러기로 맹세했고 하늘은 그들의 서약을 축복했다.

어머니의 남동생인 가브리엘 베르나르[10]는 내 아버지의 누이들 중 한 여인을 사랑하게 되었다. 그러나 그녀는 자기 오빠도 그의 누이와 결혼한다는 조건에서만 그 동생과 결혼할 것에 동의했다. 사랑으로 만사가 해결되어 두 쌍의 결혼식이 같은 날 이루어졌다.[11] 그래서 외삼촌은 고모의 남편이고 그 자식들은 이중으로 내 사촌이 되었다. 1년이 지난 후에는 양쪽 집에서 아이가 태어났다. 그 다음에 우리 부모님은 또 떨어져 살지 않으면 안 되었다.

외삼촌 베르나르는 축성 공병장교였다. 그는 신성로마제국(독일제국)과 외젠 대공[12]이 지배하던 헝가리로 가서 군인으로 복무했고, 베오그라드 포위와 전투[13]에서 두각을 나타냈다. 아버지는 하나밖에 없는

---

10) Gabriel Bernard(1677~1737): 가브리엘 베르나르는 1677년 6월 11일 제네바에서 태어났으며 특정한 직업 없이 22세에 테오도르 루소(Théodore Rousseau)와 결혼했다. 그는 얼마 동안 처가에서 살다가 1704년 말 신성로마제국에 입대한 것으로 보인다. 그의 군인경력에 대해서는 알려진 바가 없다. 1710년 그는 베네치아에 있었고 1711년 제네바에 돌아왔다. 그런데 그는 1711년 이미 제네바에 돌아와 있었기 때문에 루소가 말한 것처럼 베오그라드 전투에 참전할 수 없었다.

11) 루소는 어렸을 때 들었던 꾸민 이야기를 그대로 말하고 있다. 실제로 테오도르 루소와 가브리엘 베르나르는 루소의 부모보다 거의 5년 앞서 1699년 10월 1일 결혼했다. 그리고 결혼식에 이어 바로 아이가 태어났다. 이 젊은 부부는 속도를 위반했기 때문에 처벌을 받았다. 이자크 루소는 쉬잔 베르나르와 1704년 6월 2일 결혼했고, 장자크의 형인 프랑수아는 1705년 3월 15일 태어났다.

12) Le prince Eugène(1663~1736): 오스트리아의 육군 원수이자 정치인.

13) 1717년 외젠 대공이 지휘하는 오스트리아군이 터키군을 물리친 전투.

내 형이 태어난 후 콘스탄티노플로 떠났다. 그곳에 불려가서 터키 궁전의 시계공이 된 것이다. 그분이 없는 동안 어머니는 미모와 재기와 재능으로 남자들의 사모를 받았다.[14] 프랑스 변리공사(辨理公使)인 라 클로쉬르 씨는 가장 열렬히 그녀에게 사모의 감정을 바쳤던 사람들 중의 한 사람이었다. 그의 열정이 강렬했음은 틀림없었다. 30년이 지난 후에도 내게 어머니에 대한 이야기를 들려주면서 그가 감개무량해 하는 것을 보았기 때문이다. 어머니에게는 그런 것들로부터 자신을 지키기 위해서 정절 이상의 것이 있었는데, 그분은 남편을 진심으로 사랑하고 있었던 것이다. 그래서 남편에게 빨리 돌아오라고 재촉했다. 남편은 만사를 제쳐놓고 돌아왔다. 나는 이러한 귀환에서 생긴 비극적인 결실이었다. 열 달 후에 나는 허약하고 병든 상태로 태어났다.[15] 어머니는 나로 인해 생명을 잃었고, 그래서 나의 출생은 내가 겪게 될 불행들 중 최초의 불행이었다.

나는 아버지가 어머니의 죽음을 어떻게 견뎌냈는지 모르겠지만, 아버지가 결코 그 죽음을 잊지 못한 것은 알고 있다. 아버지는 내가 당신에게서 그분을 빼앗아 갔다는 사실을 잊지 못하고 내게서 그분의 모습

---

14) 〔원주〕어머니를 무척 좋아했던 목사였던 외할아버지가 딸의 교육에 대단한 신경을 썼기 때문에 어머니는 분에 넘치는 뛰어난 재능을 갖고 있었다. 그림도 그리고 노래도 부르며 티오르바(류트와 비슷한 현악기의 일종 — 옮긴이)를 반주했다. 교양도 있었고 괜찮은 시도 지었다. 동생과 남편이 없는 동안 올케와 조카 그리고 형과 함께 산책할 때 누군가가 어머니에게 그 두 사람에 대해 말을 하자마자 즉석에서 지으셨다는 시가 있다.

　　그 두 분은 집에 없지만/ 우리들에게는 여러 가지로 소중하다네. / 그분들은 우리들의 친구요 우리들의 애인이며/ 그분들은 우리들의 남편이자 우리들의 오라비고/ 이 아이들의 아버지라네.

15) 이자크 루소는 1711년 9월에 제네바에 돌아왔다. 장자크는 1712년 6월 28일 태어났고 어머니는 7월 7일 사망했다.

을 다시 본다고 믿었다. 아버지가 나를 껴안을 때마다, 당신의 깊은 탄식과 발작적인 포옹에서 애정의 표시에 뒤섞인 사무치는 아쉬움이 깃들어 있음을 느꼈다. 그러나 그 때문에 애정의 표시는 더욱 다정했다. 당신이 내게 "장자크야, 네 엄마 이야기를 하자꾸나"라고 하면 나는 "좋아요, 아버지, 그럼 또 같이 울겠네요"라고 대답하곤 했는데, 이 한마디만으로도 당신은 벌써 눈물이 글썽거렸다. 그리고 "아, 그녀를 돌려다오. 그녀를 잃은 나를 위로해다오. 그녀가 내 영혼에 남겨 놓고 간 이 빈 자리를 채워다오. 네가 단지 내 아들이기만 하다면 이렇게 너를 사랑하겠느냐?"라고 한탄하셨다. 16)

어머니를 잃고 40년이 지난 후에 그분은 두 번째 부인의 팔에 안겨 돌아가셨지만, 입으로는 전처의 이름을 부르고 마음속에는 그분의 영상을 담고 돌아가셨다. 17)

나를 낳아 주신 분들은 바로 이러한 분들이었다. 하늘이 그분들에게 내린 재능들 중 다감한 마음만이 그분들이 내게 남긴 유일한 것이다. 그

---

16) 정신분석학자들은 아버지의 비난이 장자크에게 어머니를 죽였다는 죄의식을 불어넣었다고 말할 것이다. 그러나 죄의식은 보통 5, 6세 이전에 발생하기 때문에 이러한 요인은 너무 때늦은 것으로 보인다. 피에르 폴 클레망(Pierre-Paul Clément)이 《장자크 루소: 유죄의 에로스에서 영광스러운 에로스로》(Jean-Jacques Rousseau: De l'Éros Coupable à l'Éros glorieux)에서 말하는 것처럼, 루소의 죄의식은 위에서 언급된 요인 이외에도 어머니를 앗아가고, 어머니 역할을 맡은 고모 쉬잔과 아버지의 사랑을 독차지한 장자크를 미워하는 형에 의해 형성된 것으로 추정할 수 있다. 죽은 어머니를 그리워하는 아버지 옆에서 고모를 독차지한 루소는 아버지와 고모의 비위를 거스르지 않으려고 여성화되는 경향을 보인다. 이러한 루소의 여성적 성격은 이후에도 지속적으로 나타난다.

17) 1726년 3월 5일 니옹 출신의 장 프랑수아(Jeanne François)와 재혼한 이자크 루소는 1747년 3월 9일 니옹에서 죽었다. 루소는 계모를 위선자라고 생각하여 좋아하지 않았다.

런데 그 다감한 마음은 그분들을 행복하게 만들었지만 나에게는 삶의 온갖 불행들을 만들어냈다.

나는 거의 죽어 가는 상태로 태어나서 사람들은 내가 살 가망이 거의 없다고들 생각했다. 날 때부터 어떤 병[18]의 싹을 지니고 있었는데, 해가 갈수록 심해졌다. 지금은 가끔 누그러지기도 하지만 나는 그로 인해 단지 또 다른 방식으로 더욱 혹독한 고통을 겪을 뿐이다. 상냥하고 현숙한 처녀였던 고모 한 분[19]이 내게 지극한 정성을 들여 나를 살려냈다. 내가 이 글을 쓰는 지금도 그분은 아직 살아 계시다. 여든의 연세에 당신보다 나이가 적지만 술에 곯은 남편을 돌보면서 말이다. 사랑하는 고모님, 저는 당신이 저를 살리셨던 것을 탓하지 않겠습니다. 제 생애가 시작할 때 당신이 제게 아낌없이 베풀어주셨던 애정에 찬 보살핌을 당신의 생애가 끝나갈 때 갚을 수 없어서 몹시 서글플 따름입니다.

나에게는 또한 자크린[20]이라는 유모가 있는데, 아직 살아있으며 건강하고 튼튼하다. 내가 태어났을 때 내 눈을 뜨게 해준 그 손이 내가 죽을 때도 내 눈을 감겨줄 수 있을 것이다.

나는 생각하기 전에 먼저 느꼈다. 그것은 인간의 공통조건이다. 다만 나는 그것을 남보다 더 체험했다. 대여섯 살 때까지 무엇을 했는지 모르겠고 어떻게 읽기를 배웠는지도 모른다. 단지 초기의 독서와 그것이 내

---

18) 그는 요폐증으로 한평생 시달렸는데, 몇몇 정신병 의사들은 그의 요폐증이 육체적인 문제가 아니라 상상력에 의한 심리적인 문제라고 본다. 어쨌든 그는 이러한 불편함 때문에 사교모임을 멀리하기도 할 정도였다.

19) Suzanne Rousseau(1682~1775) : 쉬잔 루소는 1730년 8월 24일, 48세의 나이로 니옹의 부르주아인 이자크 앙리 공스뤼(Isaac-Henri Gonceru)와 결혼해 93세의 나이에 죽었다.

20) 자크린 파라망(Jacqueline Faramand)은 구두장이의 딸로 1733년 염색업자와 결혼하여 루소가 죽기 1년 전인 1777년 8월에 죽었다. 장자크가 태어난 해 16살밖에 되지 않은 자크린은 말이 유모이지 실제로는 하녀였다.

게 미친 효과만 기억날 뿐이다. 자의식(自意識)이 중단 없이 나타나는 것은 바로 이 무렵부터라고 추정된다. 어머니는 몇 권의 소설들21)을 남겨주었다. 아버지와 나는 저녁식사 후에 그것들을 읽기 시작했다. 처음에는 그저 재미있는 책들로 내게 읽기공부를 시키려는 것이었는데, 얼마 되지 않아 매우 흥미진진해져서 우리들은 쉴 새 없이 책을 돌려가며 읽고 이 일로 밤을 새우곤 했다. 우리들은 끝까지 읽지 않으면 도저히 책을 덮을 수가 없었다. 때때로 아버지는 아침에 제비 우는 소리를 들으면서 몹시 부끄러워하며 이렇게 말했다.

"그만 자러 가자. 난 너보다도 더 어리구나."

이러한 위험한 방법으로 나는 얼마 되지 않아 책을 줄줄 읽고 그것을 술술 이해하는 비상한 재능뿐만 아니라 열정에 대해 내 나이에 유례없는 이해력도 얻게 되었다. 나는 실제 사물들에 대해서는 전혀 몰랐지만, 그것들에 대한 모든 감정들은 이미 알고 있었다. 나는 아무것도 이해하지 못했지만 모든 것을 느끼고 있었다. 잇달아 경험한 이러한 혼란스러운 감정은 내가 아직 갖지 못한 이성(理性)을 전혀 손상시키지 않았지만 그 때문에 나에게는 남들과는 다른 성격의 이성이 형성되었고 인생에 대해 기묘하고 소설처럼 비현실적인 개념을 갖게 되었는데, 경험과 성찰도 끝내 그것을 제대로 고쳐줄 수 없었다.22)

---

21) 그 소설들은 주로 사랑을 주제로 한 지나치게 멋을 부린 17세기의 소설들이다.
22) 루소는 《에밀》에서 어린아이로 하여금 실제 사물에 대한 이해도 없이 상상력을 통해 그것에 대한 관념이나 정념만을 갖게 만드는 교육에 대해 그 위험성을 지적하며 단호하게 반대한다. 그는 "독서란 어린 시절의 재앙"(《에밀》, 2권)이라고 말하면서 청년이 될 때까지는 혼자 사는 데 필요한 실제적인 지식을 주는 《로빈슨 크루소》만을 읽힐 것을 권고한다. 특히 주인공과 자신을 동일시하는 독서체험의 위험에 대해 언급하면서 "자기 이외의 다른 존재가 되기를 더 원한다면" 교육의 모든 것은 끝장이라고 말하는데, 이러한 위험은 루소의 경우에 비추어 의미심장하다.

소설 읽기는 1719년 여름과 더불어 끝났다. 그해 겨울에는 다른 것을 읽었다. 어머니의 장서는 바닥이 나서 우리들에게 귀속되었던 외할아버지[23]의 일부 장서를 이용했다. 다행히도 거기에는 좋은 책들이 있었다. 그럴 수밖에 없었던 것이 그 장서는 실제로 목사이자 학자이기까지 하면서도 ─ 당시에는 그것이 유행이었다 ─ 취미가 고상하고 지성적인 분이 갖추어 놓은 것이었기 때문이다. 르 슈외르[24]의 《로마 교회와 제국의 역사》, 보쉬에[25]의 《세계사 강론》, 플루타르코스[26]의 《위인전》, 나니[27]의 《베네치아의 역사》, 오비디우스[28]의 《변신》(變身),

---

23) 앞에서도 말했지만 사실은 외할아버지가 아니라 어머니의 숙부이다.

24) Jean Le Sueur(1602~1681) : 페르테 수 주아르의 개신교 목사로 여기서 언급된 저술은 편파성이 없는 것으로 유명하다.

25) Jacques Bénigne Bossuet(1627~1704) : 프랑스 디종 출신의 성직자로 황태자의 교육을 맡기도 하고 모에서 주교를 역임하는 등 프랑스 교회의 지도자적 역할을 수행했다. 설교가로도 유명하다. 《세계사 강론》은 황태자의 역사공부를 위하여 쓰인 것이다.

26) Plutarkhos(46?~125?) : 고대 그리스의 전기작가이자 모럴리스트로 그가 쓴 《위인전》은 그리스와 로마의 유사한 위인들을 대비하여 연구한 23쌍에 다른 4명의 단독 전기를 합친 것으로 문학 면에서는 물론 고대사의 사료로서도 중요한 전기 저작이다. 그는 여기서 그리스의 위인들이 로마의 위인들보다 못할 것이 없음을 보여주면서 애국심을 함양하는 교육적 관심을 드러낸다. 그는 위대한 행동보다는 영혼의 표시, 일화, 삶의 방식, 돌발적인 사건 앞에서의 반응 등에 천착하여 역사가라기보다는 모럴리스트의 면모를 두드러지게 보였다. 플루타르코스는 르네상스에 들어와 대단한 인기를 끌게 되었고 마키아벨리, 몽테뉴, 몽테스키외, 루소, 나폴레옹 등 다양한 정신의 소유자들에게 찬양을 받았다.

27) Giovanni Battista Nani(1616~1678) : 1643년부터 1688년까지 프랑스 주재 베네치아 대사를 역임했다.

28) Publius Ovidius Naso(B. C. 43~A. D. 17) : 이탈리아 중부 술모나 출신의 고대 로마 시인으로 그가 쓴 15권으로 된 대작 《변신》은 신과 인간이 동물이나 식물로 변형된 전설들을 다루고 있다.

라 브뤼예르,29) 퐁트넬30) 의 《우주의 다양성에 대한 대화》와 《죽은 사람들의 대화》, 몰리에르31) 몇 권이 아버지의 작업실로 옮겨졌고 나는 매일 아버지가 일하는 동안 그것들을 읽어드렸다.  나는 여기에 취미를 붙였는데,  내 나이에 비추어 이러한 취미를 갖는 것은 드물거나 어쩌면 유례없는 일일 것이다.  특히 플루타르코스는 내 애독서가 되었다.  그것을 즐겨 거듭해서 다시 읽었는데,  여기서 얻은 즐거움으로 나의 소설병 (小說病) 은 어느 정도 고쳐졌다.  나는 곧 오롱다트,32) 아르타멘느,33)

29) Jean de La Bruyère(1645~1696) : 프랑스 파리 출생의 모럴리스트로 커다란 성공을 거둔 그의 《성격론》(Caractères) 은 상류 사교계의 인물들을 중심으로 인간 희극의 양상들을 포착하고 있다.  그는 인간의 깊숙한 내면보다는 인간의 다양한 변모에 매력을 느꼈다. 《성격론》에서 볼 수 있는 사회적 조건에 대한 관심은 다가올 18세기의 문학을 예고하고 있다.

30) Bernard Le Bovier de Fontenelle(1657~1757) : 프랑스 루앙 출신의 철학자이자 문학가로 데카르트의 물리학을 일반인들에게 소개했다.  그는 《우주의 다양성에 대한 대화》에서 신학적 우주 창조설이나 지구중심적 우주관을 부정하면서 당시 가장 진보적인 자연과학의 여러 성과를 합리적으로 체계화시켰다.  그는 데카르트가 기독교 신앙에 대한 비판을 보류한 것과는 달리 《우화(寓話)의 역사》, 《신탁(神託)의 역사》에서 고대의 신탁이나 기독교의 기적에 대하여 합리주의적 비평을 가하여 신화나 종교에 의해 왜곡된 역사의 실체를 폭로하여 18세기 격렬한 반(反)종교주의자, 계몽사상의 선구자로서의 성격을 분명히 드러냈다.

31) Molière(1622~1673) : 프랑스 파리 출생의 극작가이자 배우로, 17세기 고전 비극을 코르네이유와 라신이 대표한다면 몰리에르는 고전 희극의 거장이다.  그의 유명한 희극으로는 《우스꽝스러운 재녀(才女)들》, 《아내들의 학교》, 《타르튀프》, 《동 쥐앙》, 《염세가》, 《수전노》 등을 들 수 있다.  몰리에르의 주인공들 중 몇몇은 전형적인 성격을 구현하고 있는데, 예를 들면 《타르튀프》의 타르튀프는 위선자, 《수전노》의 아르파공은 수전노, 《염세가》의 알세스트는 염세가의 대명사가 되었을 정도이다.

32) 17세기 소설가인 라 칼프르네드의 소설 《카상드르》에 등장하는 인물.

33) 17세기 여류 소설가 마들렌느 드 스퀴데리의 《아르타멘느 혹은 위대한 시

쥐바34) 보다 아게실라오스, 35) 브루투스, 36) 아리스테이데스37)를 더 좋아하게 되었다. 이런 재미있는 독서와 또 이것이 계기가 되어 아버지와 나누던 대화를 통해서 자유스럽고 공화주의적인 기질과 자존심이 강해 굴할 줄 모르고 속박과 굴종을 참지 못하는 성격이 형성되었는데, 이러한 기질과 성격은 그것을 마음껏 발휘하기에 가장 부적절한 처지에 놓여 있는 나를 평생 동안 내내 괴롭혔다. 줄곧 로마와 아테네에 정신이 팔려서, 말하자면 그 나라들의 위인들과 함께 살고 내 자신이 공화국의 시민으로 태어난 데다 또 가장 열렬히 조국을 사랑하는 아버지의 아들로 태어나기도 해서 나는 아버지를 본받아 애국심으로 불타올랐다. 나는 스스로를 그리스나 로마 사람으로 여겼으며 내가 읽은 전기의 인물이 되었다. 내게 강한 인상을 주었던 의연한 기개와 용맹성을 드러내는 행동들을 이야기할 때면 내 눈은 빛나고 목소리는 높아졌다. 어느 날 식탁에서 스카에볼라38)의 모험담을 이야기하면서 그의 행위를 그대로 연

---

뤼스》의 주인공.

34) 17세기 소설가인 라 칼프르네드의 소설 《클레오파트라》에 등장하는 인물.

35) Agêsilaos(B. C. 444~B. C. 360?) : 소아시아에서 페르시아인들을 물리치고 이후 아테네와 테베와 코린트와 아르고스의 동맹군을 물리친 스파르타의 왕.

36) Marcus Junius Brutus(B. C. 85~B. C. 42) : 고대 로마의 정치가. 카이사르의 양아들이었지만 공화국을 구하기 위하여 절대권력을 손에 넣으려는 양부를 시해하는 음모에 가담하여 카이사르를 죽음에 몰아넣었다. 이후 마케도니아로 도망갔지만 필리피 전투에서 안토니우스와 옥타비아누스에 패배하여 살해당했다.

37) Aristeidês(B. C. 550?~B. C. 467?) : 아테네의 정치가이자 장군으로 마라톤 전투와 살라미스 해전에서 페르시아를 격퇴했다. 청렴결백하여 '정의로운 사람'이라는 별명을 가졌다.

38) Mucius Scaevola : B. C. 6세기 말의 전설적인 로마의 영웅. 에트루리아인들과의 전투에서 적장을 죽이러 적의 진영 속에 침투하다 붙잡혀 포로가 되었다. 그는 공모자들을 알려주기보다는 차라리 자기 오른손을 불태우도

기하기 위하여 화로 위에 손을 내밀고 올려놓고 있어서 그것을 본 사람들이 깜짝 놀랐던 적도 있었다. 39)

  내게는 7살 위인 형40) 이 있었다.  그는 아버지의 일을 배우고 있었다.

___

  록 했다. '왼손잡이'라는 별명은 이로부터 기인한다.

39) 루소의 아버지는 아들을 아들로서 인정하기보다 부인의 대체물로 간주하는 경향을 보인다.  따라서 루소는 아들로서 자신을 아버지와 동일시하는 데 상당한 어려움을 느낀다.  그러나 루소의 독서체험은 이러한 어려움을 일부 해소시키는 역할을 하고 있다.  일반적으로 비평가들은 루소가 어린 시절 읽은 17세기의 연애소설들은 그의 여성적인 연애감정을 조장했고, 플루타르코스의 위인전이 대표하는 고전작품들은 영웅적인 도덕심을 부추겨 그의 이중적인 성격이 형성되었다고 말한다.  그런데 우리들이 주목할 것은 루소의 독서체험에서 연애소설보다 고대 영웅들의 전기가 그에게 더욱 강력한 영향력을 발휘했다는 점이다.  우리들은 루소의 독서체험에서 아버지의 아들로 자리잡으려는 장자크의 기도를 엿볼 수 있다.  위인전을 읽는 과정에서 아버지는 사랑하는 여인을 잃은 고통에 사로잡혀 있는 연인이 아니라 애국심에 불타오르는 인물로 변모된다.  이렇게 모습이 변한 아버지를 보는 장자크는 자신이 아버지로부터 가장 소중한 존재를 앗아간 죄인이라는 죄책감을 덜게 된다.  장자크와 아버지가 나누는 연애담은 영웅담으로 대체되고 장자크는 부재하는 어머니를 연기하면서 느꼈던 "속박과 굴종"의 고통스런 감정에서 어느 정도 해방된다.  그는 영웅들을 모방하고 자신을 그들에 동화시키면서, 아버지가 어머니에 대한 이야기를 하면서 그에게 금지했던 아버지와의 동일시를 간접적으로 충족시키고, 아버지의 아들 이상 가는 모호한 자리로부터 벗어나 아버지의 아들이라는 정당한 위치를 차지한다.  루소가 로마의 용사 스카에볼라를 흉내 낸 일화는 독서에서 확보한 자기 정체성을 확인하기 위한 시도의 극단적 표현으로 보인다.  자의식의 형성이 현실과의 접촉보다는 허구라는 매개에 의존한 것은 작가로서의 루소의 운명을 예비한다.

40) François Rousseau(1705~?) : 프랑수아 루소는 13세 때 외삼촌인 가브리엘 베르나르의 요청에 의해 소년원에 들어갔던 것으로 보인다.  그는 한 달 후에 출소하여 시계공 견습생활을 시작했다.  그러나 계약이 끝난 다음에도 21개월 동안 다시 견습생활을 해야만 했는데, 이는 그가 시계공의 일을 충

사람들이 내게 지극한 애정을 쏟는 바람에 그에 대한 보살핌은 약간 소홀할 수밖에 없었는데, 나로서는 그것이 잘한 일이라고 생각하지 않는다. 이러한 무관심은 그의 교육에서도 엿보인다. 그는 진짜 방탕한 사람이 될 나이가 되기도 전에 방탕하게 굴었다. 그를 다른 주인집에 집어넣었지만 아버지 집에서 그랬던 것처럼 거기서도 몇 번인가 도망쳤다. 나는 형을 거의 본 적이 없어서 형과 아는 사이였다고 말할 수 없을 정도이다. 그래도 그를 따뜻하게 사랑했고 그도 불량아가 무엇인가를 사랑할 수 있다면 그 정도로는 나를 사랑했었다. 언젠가 한번 아버지가 화를 내며 형에게 호된 벌을 주고 있을 때 내가 두 사람 사이에 맹렬히 뛰어들어 형을 꼭 껴안았던 일이 기억난다. 이렇게 내 몸으로 형을 감싸고 그에게 쏟아지는 매를 내가 대신 맞았다. 내가 끝내 이런 자세로 잘 버티고 있어서 아버지는 내 우는 비명과 눈물에 마음이 누그러졌는지 아니면 형보다 나를 더 괴롭히는 일을 피하기 위해서인지 마침내 형을 용서해야만 했다. 41) 결국 형은 더 나빠져 도망쳐 완전히 사라져버렸다. 얼마 후 독일에 있다는 것을 알게 되었다. 그는 한 번도 편지를 쓰지 않았다. 그 후로는 더 이상 소식이 없었고, 바로 그렇게 나는 외아들로 남게된 것이다.

그 가련한 소년은 아무렇게나 키워졌지만, 그의 동생은 그렇지 않았다. 왕의 자식들이라고 해도 내가 유년시절 동안 받았던 것보다 더 지극한 정성으로 보살핌을 받을 수 없을 것이다. 나는 주위의 모든 사람들로

---

분히 배우지 않았다는 것을 의미한다. 그는 다시 견습생활을 시작한 지 얼마 되지 않아 도망쳐 사라졌다. 1년 후 아버지에게 편지를 보낸 이후 그의 행방은 묘연해졌다.

41) 주 16에서 지적한 것처럼 귀여움을 독차지하던 장자크는 그 자신이 태어남으로써 어머니를 여의고 집안의 천덕꾸러기가 된 형에게 죄의식을 느낀다. 형에 대한 사랑을 입증하고자 하는 장자크의 행동은 형에 대한 속죄의 표현으로 보인다.

부터 우상처럼 떠받들어졌고, 또 훨씬 더 드문 일이기는 하지만 언제나 귀염둥이로 대우받았지 결코 응석받이 취급을 받지는 않았다. 아버지 집을 나오기 전까지 다른 아이들과 함께 거리에서 나 혼자 쏘다니게 내 버려둔 적이 단 한 번도 없었다. 내게는 제멋대로인 성격을 하나도 억누를 필요도 만족시킬 필요도 없었는데, 사람들은 그러한 성격을 천성의 탓으로 돌리지만 그 모두가 오로지 교육에서 생겨나는 것이다. 내게는 내 나이에 있는 결점들이 없지 않았다. 수다스럽고 먹는 것을 밝혔고 때로는 거짓말을 했다. 과일이며 사탕이며 음식을 훔치기도 했을 것이다. 그러나 결코 해를 끼치거나 피해를 주거나 다른 아이들을 비난하거나 불쌍한 동물들을 괴롭히는 데서 기쁨을 느낀 적은 없었다. 그러나 클로 부인이라고 근처에 사는 아주머니가 교회에 가고 없는 동안 그녀의 냄비에다 한 번 오줌을 눈 기억이 있다.[42] 솔직히 말해 그때의 일을 생각하면 지금도 웃음을 금할 수 없는데, 클로 부인은 요컨대 순박한 여인이지만 정말로 내 생전에 그렇게 투덜거리기를 좋아하는 할머니를 본 적은 없었다. 이상이 내가 어릴 때 저지른 모든 나쁜 짓들에 대한 짤막하지만 진실한 이야기이다.

   눈에 보이는 것이라고는 유순함의 모범을 보이는 사람들밖에 없고 주위에는 세상에서 가장 착한 사람들밖에 없었으니 내가 어찌 나쁜 사람이 될 수 있었겠는가? 아버지, 고모, 유모, 친척들, 친구들, 이웃사람들, 나를 둘러싼 모든 사람들이 사실상 내게 복종하지는 않았지만 나를 사랑했고 나 역시 그들을 마찬가지로 사랑했다. 내가 제멋대로 구는 것을 부추기는 일도 그리 없고 또 그것을 막는 일도 그리 없어서, 그러고 싶은 생각조차 들지 않았다. 어떤 주인 밑에서 노예처럼 매어있기 전까

---

42) 루소가 기억하는 어린 시절의 나쁜 짓에서 우리들은 공격성의 환상을 엿볼 수 있는데, 이는 루소가 평생 고생한 비뇨기 기능의 장애와 어떤 관련이 있는 것으로 추정된다.

지는 제멋대로 굴고 싶다는 것이 무엇인지도 몰랐다고 맹세할 수 있다.
아버지 곁에서 읽고 쓰는 데 보내는 시간과 유모가 산책시키러 데리고
나가는 시간을 제외하고는 언제나 고모와 함께 있으면서 그녀 옆에 앉
거나 혹은 서서 수놓는 것을 보기도 하고 노래하는 것을 들으며 만족했
다.[43] 그녀의 명랑함과 상냥함과 매력적인 모습은 내게 매우 강한 인상
을 남겨서 아직도 그 표정과 눈매와 태도가 눈에 선하다. 그녀의 사근사
근하고 자상한 말이 기억난다. 어떻게 옷을 입고 머리치장을 했는지 말
할 수 있을 것 같다. 그 당시의 유행에 따라 검은 머리카락을 둥글게 말
아 양쪽 관자놀이에 붙이고 있었던 것도 잊히지 않는다.

나의 음악에 대한 취미 아니 더 정확히 말하면 음악에 대한 열정이 그
녀 덕이라고 확신하는데, 이러한 열정은 오랜 세월이 지난 후에야 비로
소 내 안에서 제대로 발전했다. 그녀는 곡과 노래들을 엄청나게 많이 알
고 있었고 아주 감미롭고 가늘디가는 목소리로 노래를 불렀다. 이 훌륭
한 처녀의 영혼에서 나오는 평온함은 그녀와 그녀 주변의 모든 사람들
에게서 망상과 우수를 쫓아버렸다. 내게 그녀의 노래가 갖는 매력은 대
단한 것이어서 그녀가 부르던 몇몇 노래들은 내 기억 속에 여전히 남아
있을 뿐만 아니라, 어린 시절 이후 완전히 잊힌 노래들까지도 나이가 들

---

43) 장자크에게 어머니의 역할을 했던 고모는 어머니 이상의 존재이기도 했다.
그러나 그는 점차 철이 들면서 고모의 사랑은 어머니의 사랑과 달리 조건부
적이라는 사실을 깨닫는다. 정숙한 처녀였던 고모는 어머니와 아들 사이에
서 일상적으로 이루어지는 육체적 접촉을 상당 정도 피했을 것이다. 또한
장자크는 고모가 자기 곁을 떠날 수 있으리라는 두려움 때문에 유난히 말을
잘 듣는 착한 아이로 행동했던 것으로 보인다. 이로부터 장자크는 평생 다
른 사람들의 마음에 들지 않으면 어떻게 하나라는 염려와 주위의 모든 사람
들에게 사랑을 받고 싶다는 소망을 갖게 된다. 이러한 염려와 소망은 루소
에게서 성욕을 포함한 모든 공격성을 억누르고, 이렇게 억눌린 공격성은
앞으로 보겠지만 마조히즘의 형태로 발산되기도 한다.

어감에 따라 뭐라고 표현할 수 없는 매혹과 더불어 되새겨지면서 기억력이 떨어진 오늘날 다시 머리에 떠오른다. 근심걱정과 고통에 시달리며 허튼 소리나 늘어놓는 늙은이인 내가 이미 목이 쉬고 떨리는 목소리로 그 하찮은 노래들을 흥얼거리면서 가끔 자신도 모르게 어린아이처럼 울고 있는 것을 문득 깨닫는다는 사실을 어찌 믿겠는가? 곡조라면 완전히 제대로 기억이 나는 노래가 하나 있는데, 그 운(韻)이 희미하게 떠오를 뿐 그 가사의 후반부는 기억하려고 아무리 노력해도 도무지 생각이 나지 않는다. 그 시작과 그 나머지에서 내가 기억할 수 있었던 것은 다음과 같다.

티르시스여, 나는 감히 그대의 피리소리를
어린 느릅나무 아래서 듣지 못합니다.
우리 마을 사람들이 벌써 쑥덕거리고 있으니까요.
……
… 양치기를 … 사랑한다네 … 위험 없이는.
그러나 언제나 장미꽃 밑에는 가시가 있는 법. 44)

---

44) 1839년 프티탱이 편집한 《고백록》에는 노래의 전문이 나와 있다.

티르시스여, 나는 감히/ 그대의 피리소리를/ 어린 느릅나무 아래서 듣지 못합니다. / 우리 마을 사람들이 벌써/ 쑥덕거리고 있으니까요. / 마음은 위험을 마다 않고/ 양치기를/ 너무 사랑한다네. / 그러나 언제나 장미꽃 밑에는 가시가 있는 법.

루소가 《고백록》에 실은 한 편의 노래가 "그러나 언제나 장미꽃 밑에는 가시가 있는 법"이라는 구절을 담고 있는 것은 의미심장하다. 이 구절은 성욕에 대한 금지를 암시하기 때문이다. 루소는 어린 시절 리비도의 자발적인 억압으로 인하여 마음으로 사랑하는 여인을 육체적으로 소유하기를 회피하게 된다.

나는 내 마음이 이 노래에서 맛보는 감동적인 매력이 어디에 있는가를 찾고 있는데, 그것은 내가 전혀 그 영문을 모르는 일시적인 기분이다. 그러나 눈물이 흘러 도중에 끊기지 않고 그 노래를 끝까지 부르는 것은 도저히 불가능하다. 누가 아직도 이 가사를 알고 있다면 이 가사의 나머지를 찾아보도록 하기 위해 파리에 편지를 쓸 생각도 수없이 했다. 그러나 만일 내 가련한 고모 쉬종45)이 아니라 다른 사람이 그 노래를 불렀다는 증거가 있다면 그것을 회상하면서 갖는 즐거움이 일부 사라질 것이라고 거의 확신한다.

내가 태어나면서 갖게 된 최초의 성향들은 이러했다. 자존심이 강한 동시에 다정다감한 그 마음과 여성처럼 나약하지만 굴복하지 않는 그 성격은 이렇게 내 마음속에서 형성되어 나타나기 시작했다. 그리고 이러한 마음과 성격은 항상 나약함과 용기 사이에서 또 나태함과 미덕 사이에서 흔들려 끝까지 나를 나 자신과 모순된 상태에 놓이게 했고, 금욕과 향락 또는 쾌락과 덕행이 똑같이 내게서 멀어지게 만들었다.

이러한 교육의 진행은 한 사건에 의해 중단되었고, 그 결과는 그 후의 내 생애에 영향을 끼치게 되었다. 아버지가 프랑스 육군 대위로 시의회46)와 연줄이 있는 고티에 씨와 다툰 것이다.47) 무례하고 비겁한 사람

---

45) 쉬잔 루소는 쉬종(Suzon)이라고 불리기도 했다.
46) 제네바의 실제적 권력기관인 소위원회를 말한다.
47) 이자크 루소는 1722년 6월 사냥을 하던 중 들판 주인인 전역 대위 피에르 고티에와 언쟁을 벌여 그에게 총을 겨누었다. 4개월 후 이자크 루소는 시내에서 그를 만나 비웃었다. 옥신각신하던 끝에 이자크 루소는 칼을 꺼내 상대방의 뺨을 쳤다. 사람들이 말려 싸움은 끝났지만, 고티에 대위는 이자크 루소를 법정에 고발했다. 이자크 루소에 대한 심리가 열리고 그는 소환당했지만 출두하지 않았다. 10월 17일 경찰이 그의 집에 갔는데, 그는 11일에 이미 아이들을 매제이자 처남인 가브리엘 베르나르에게 맡기고 제네바를 떠나 니옹에 갔다.

인 그 못난 고티에는 코피가 났고, 복수하기 위해서 아버지가 시내에서 칼을 뽑았다고 고발했다. 감옥에 끌려가게 된 아버지는 법률에 따라 원고도 아버지와 같이 수감되기를 완강히 요구했다. 그러나 그렇게 하겠다는 약속을 받을 수 없었기 때문에 명예와 자유가 위태롭게 보이는 문제에 굴복하느니 차라리 제네바를 떠나 여생을 나라 밖에서 지내기를 더 원했다.

나는 남아서 그 무렵 제네바의 축성공사에 종사하던 베르나르 외삼촌의 보호를 받았다.48) 외삼촌의 큰딸은 이미 죽고 없었으며 나와 동갑인 아들49)이 하나 있었다. 우리들은 보세50)에 있는 목사 랑베르시에51) 집에 기숙생으로 들어가 교육이란 명목 아래 라틴어와 그에 부수되는 자질구레한 잡동사니 같은 것들을 배웠다.

이 시골 마을에서 2년을 지내면서 내가 갖고 있던 로마인 같은 격한 성격이 약간 누그러지고 나는 다시 어린애다운 아이가 되었다. 아무것도 강요받지 않았던 제네바에서는 실습과 책 읽기를 좋아했다. 그것이 거의 유일한 즐거움이었다. 보세에서는 공부 때문에 공부에 휴식 역할을 하는 놀이를 좋아하게 되었다. 시골이 내게는 여간 신기한 것이 아니어서 그 즐거움에 싫증이 날 수 없었다. 시골을 매우 좋아하게 되어서 그 애착은 결코 식을 줄 몰랐다. 내가 시골에서 보낸 행복한 나날을 회

48) 베르나르는 신성로마제국 군대에 복무하여 대령 자격증을 받은 후 자신의 재능을 제네바 축성에 쓸 것을 제안했고, 1715년부터 라 라미에르 공사에 합류했다.
49) 베르나르의 아들 아브라함(Abraham)은 1711년 12월 31일생으로 장자크보다 6개월 먼저 태어났다.
50) 제네바에서 5, 6킬로미터 떨어진 곳에 위치한 작은 마을.
51) Jean-Jacques Lambercier(1676~1738): 1701년 11월 목사로 서품받고 1708년 보세의 목사로 임명받았다. 그는 7살 어린 누이동생 가브리엘 랑베르시에(Gabrielle Lambercier)와 함께 살았다.

상할 때면 어떤 나이가 되어도 그곳에서의 생활과 즐거움을 그리워하지 않을 수 없었고, 그 그리움은 시골을 다시 찾을 때까지 계속되었다. 랑베르시에 씨는 매우 분별이 있는 분이어서 우리들의 교육을 등한시하지 않으면서도 과도한 숙제를 전혀 부과하지 않았다. 그가 잘했다는 증거로는 내가 속박을 싫어함에도 불구하고 수업시간을 회상할 때 결코 혐오감을 느끼지 않았다는 것과 또 그로부터 많은 것을 배우지 못했지만 배운 것은 어렵지 않게 배웠고 하나도 잊어버리지 않았다는 것이다.

이러한 전원생활의 소박함은 나의 마음을 우정을 향해 열어주어 말할 수 없이 소중한 도움을 주었다. 그때까지 나는 고상하지만 공상적인 감정밖에 몰랐다. 평화로운 상태에서 같이 사는 습관 덕분에 내 마음은 사촌 베르나르와 정답게 결합되었다. 얼마 되지 않아 나는 형에게 가졌던 애정보다 더욱 정다운 감정을 그에게 갖게 되었고, 그것은 결코 사라지지 않았다. 그는 굉장히 마르고 호리호리하며 키가 큰 소년으로 몸이 약한 만큼 성질도 유순했고, 집에서도 내 후견인의 아들로서 받는 편애를 그리 남용하지 않았다. 우리들의 공부와 오락과 취미는 똑같았다. 우리들밖에 없었고 우리들은 동갑이었고 우리 둘은 서로 동무가 필요했다. 우리들을 떼어놓는 것은 어떻게 보면 우리들을 죽이는 것이었다. 우리들이 서로에 대해 갖는 애착을 보여줄 기회는 거의 갖지 못했지만 그것은 극진했다. 그래서 한시도 떨어져 살 수 없었을 뿐만 아니라 언젠가 떨어져 지낼 수도 있다는 생각조차 할 수 없었다. 우리 둘 다 호의에 쉽게 넘어가고 사람들이 강요하려고 들지 않는 한 상대의 비위를 맞추는 성격이어서 언제나 모든 것에 대해 의견이 일치했다. 그는 우리들을 지도하는 사람들의 호의에 기대어 그들이 보는 앞에서는 나에 대해 약간의 위세를 부렸지만, 우리끼리만 있을 때는 내가 그에 대해 위세를 부려 균형이 다시 이루어졌다. 공부시간에 그가 막혀 우물쭈물하면 외워야 될 것을 몰래 일러주었고, 내 작문이 끝나면 그가 작문하는 것을 도와주었다. 그리고 놀 때도 내가 더 적극적인 의욕을 보여 언제나 그를 이끄는 역할을 했다. 요컨대 우리 둘은 성격이 매우 잘 맞고 우리들을 결합시킨 우정이 매우 진실해서, 보세와 제네바에서 거의 떼어놓을 수 없는 사이로 5년 넘게 지냈다. 그동안 자주 싸운 것도 사실이지만 결코 사람들이 우리를 떼어 말릴 필요까지는 없었다. 어떤 싸움이든 15분 이상 지속된 적이 결코 없었고, 서로 상대방에게 어떤 비난을 가한 적은 단 한 번도 없었다. 이러한 지적이 유치하다고 말할지 모르겠지만, 그 결과 아마 여태까지 어린아이들이 보여준 적이 없었을 유일한 예가 생겨난다.

　보세에서의 생활방식은 내 취향에 매우 잘 맞아서, 더도 말고 그 생활방식이 더 오랫동안 지속되기만 했더라도 내 성격은 완전히 고정되었을 것이다. 부드럽고 다정하며 평화로운 감정이 그 바탕이 되어 있었다. 천성적으로 나보다 허영심이 더 적은 사람은 결코 없었다고 생각한다. 나는 숭고한 충동으로 기세 좋게 고양되지만 곧 내 평소의 무기력한 상태로 다시 떨어진다. 내게 접근하는 모든 사람들에게 사랑받는 것이 내 욕망들 중 가장 강렬한 것이었다. 나도 온순했고 외사촌도 그리고 우리들을 지도하는 사람들조차 그러했다. 꼬박 2년을 지내는 동안 격한 감정을 목격한 적도 그 희생물이 된 일도 없었다. 모든 것이 자연에서 받은 내 마음의 성향들을 키워나갔다. 나는 사람들이 내게 또 모든 것에 대해 만족스러워하는 것을 보는 것만큼 기분 좋은 일은 알지 못했다. 교회에서 교리문답을 하다가 답변에 막혀 우물거리는 일이 생길 때 랑베르시에 양의 얼굴에서 안절부절못하며 속을 끓이는 표정을 보는 것보다 더 나를 당황하게 만드는 일은 없었음을 영원히 잊지 못할 것이다. 그것만이 사람들이 모인 앞에서 답변을 잘하지 못하는 수치보다 더욱 내 마음을 아프게 했다. 그렇지만 그런 수치가 대단히 내 마음을 아프게 했던 것도 사실이다. 왜냐하면 나는 칭찬에는 그리 민감하지 않았지만 수치에는 언제나 매우 민감했기 때문이다. 그리고 랑베르시에 양이 나무랄 것이라고 예상했을 때 그것은 내게 불안감보다는 그녀를 슬프게 만들지 모른다는 두려움을 주었다고 여기서 말할 수 있다.

그러나 그녀도 필요할 때는 자기 오빠 못지않게 엄했다. 그러나 이러한 엄격함은 거의 언제나 정당한 것이었고 결코 도를 넘어서지 않아서 그 때문에 마음은 상했지만 조금도 반항심이 생기지는 않았다. 나는 벌을 받는 것보다 다른 사람의 기분을 상하게 하는 것이 더 유감스러웠고, 불만스러운 기색이 체벌보다 더 끔찍스러웠다. 더욱 명확히 속마음을 털어놓기란 난처한 일이지만 그렇게 할 필요가 있다. 언제나 무차별적으로 그리고 흔히 무분별하게 사용되는 처벌방법이 가져오는 훗날의 결과를 더 잘 알 수 있다면 어린아이를 다루는 방법도 얼마나 바뀔 것인가! 흔한 만큼 그 정도로 해로운 한 가지 실례로부터 사람들이 커다란 교훈을 이끌어낼 수 있다는 생각에서 그 실례를 제시할 결심을 하게 되었다.

랑베르시에 양은 우리들에게 어머니 같은 애정을 갖고 있었지만 또한 어머니 같은 권위도 갖고 있어서 가끔 그 같은 권위를 행사하여 우리들이 벌받을 만한 짓을 했을 때는 자식에게 그런 것처럼 처벌을 가하기까지 했다. 꽤 오랫동안 으르는 것에 그쳤으나 아주 새로운 벌을 주겠다고 그렇게 위협하는 것이 내게는 아주 무서워 보였다. 그러나 처벌을 받은 후에는 실제 당하고 보니 예상했던 것보다 덜 무섭다는 생각이 들었다. 그리고 무엇보다도 묘한 것은 이 벌이 그것을 가한 여인에 대해 훨씬 더 애정을 느끼게 만들었다는 것이다. 일부러 벌을 받을 만한 짓을 해서 똑같은 처벌을 다시 받으려고 애쓰는 것을 자제하기 위해서는, 심지어 그녀에 대한 그 진실한 애정과 내 선천적인 온순함을 남김없이 발휘해야 했다. 그도 그럴 것이 나는 고통 속에 심지어 부끄러움 속에도 일종의 관능이 섞여 있는 것을 느꼈고, 그로 인하여 같은 손에 의해 다시 한 번 벌을 받기를 두려워하기보다는 오히려 더 바라게 되었기 때문이다. 아마 거기에는 어떤 조숙한 성적 본능이 섞여 있어서, 사실 그녀의 오빠에게서 같은 벌을 받았다면 그것은 내게 전혀 즐겁게 여겨지지 않았을 것이다. 하기는 그의 성미로 보아 그가 대신 벌한다고 해도 무서울 것은 거의 없었다. 그러니까 내가 체벌을 받을 만한 짓을 삼간 것은 오로지 랑베르시에 양의 마음을 아프게 만들까 두려워서 그랬던 것이다. 왜냐하면 내게서는 호의가 — 그것이 심지어 관능에서 생겨난 호의라 해도 — 너무 강한 영향력을 발휘하고 있어서 내 마음속에서 항상 관능을 지배했기 때문이다.

그런데 내가 두려워하지는 않았지만 멀리했던 이러한 체벌을 받게 되는 일이 생겼다. 내 잘못은 없었다. 다시 말하면 내게 그럴 의도는 없었던 것이다. 어쨌든 나는 그 체벌을 이용했는데, 이렇게 말할 수 있다면 거기서 양심의 가책은 없었다. 그러나 그 두 번째가 또한 마지막이었다. 왜냐하면 랑베르시에 양은 벌을 주기가 너무 피곤해서 그것을 그만두겠다고 선언했기 때문이다. 아마 그녀는 어떤 낌새를 보고 이러한 처벌이 그 목적을 달성할 수 없다는 것을 알아차렸던 것 같다. 우리들은 그때까지 그녀의 방에서 잤고 심지어 겨울에는 가끔 그녀의 침대에서 자기도 했다. 그런데 이틀 후에 사람들은 우리들을 다른 방에서 자게 해서 나는 그후 그녀로부터 다 큰 아이로 대접받는 정말 달갑지 않은 명예를 얻었다.

8살의 나이로 30세 처녀[52]의 손을 통해 받았던 이러한 어린아이에 대한 처벌이 그 후의 인생에서 내 취향과 욕망과 정념을 그리고 나라는 인간을 결정지었는데, 그것도 자연적 결과로 예상되는 바와는 정반대되는 방향으로 결정지었다는 것을 누가 믿겠는가? 관능이 불붙은 동시에 욕망은 완전히 다른 곳으로 방향을 바꾸어서, 내가 맛보았던 것에만 국

---

[52] 실제로 장자크는 11세 정도였고 랑베르시에 양은 약 40세였다.

한되어 다른 것을 찾아 나설 생각을 못했다. 나는 거의 태어날 때부터 관능에 불타오르는 피를 지녔으면서도, 아무리 정열이 없고 발육이 늦는 기질의 아이들이라도 물이 오르는 한창 나이에 이르기까지 어떠한 오점도 없이 몸을 간수했다. 알지도 못하는 것에 오랫동안 마음을 시달리면서 불타는 눈길로 아름다운 여인들을 탐욕스럽게 바라보았다. 그리고 끊임없이 그 여자들을 상상 속에서 불러냈는데, 그것은 단지 그녀들을 내 방식대로 이용하여 모두 다 랑베르시에 양으로 만들기 위해서였다.

이 괴상한 취향은 다 큰 후까지도 여전히 사라지지 않고 변태와 광기로까지 이르게 되어, 내가 그로 인하여 방정한 품행을 잃어버렸을 것이 틀림없는 것처럼 보이겠지만 오히려 그것을 유지할 수 있었다. 일찍이 정숙하고 순결한 교육이 있었다면, 내가 받은 교육이 바로 그것이다. 고모 셋은 타의 모범이 될 정도로 정숙했을 뿐만 아니라 다른 여성들이 이미 오래전부터 잊어버린 조심성을 갖고 있는 여인들이었다. 아버지는 관능적인 쾌락을 추구하는 사람이었지만 여성에 대해서는 고풍(古風)의 정중함을 갖추고 있어서 당신이 가장 사랑하는 여성들 옆에서도 처녀가 얼굴을 붉힐지도 모를 이야기들은 결코 입에 담지 않았다. 그래서 사람들은 우리 집안에서 그리고 내 앞에서 어린아이들에게 의당 기울여야 할 배려에 대해 최선을 다했다. 바로 이 점에 대해서는 랑베르시에 양 집에서도 조심성이 더했으면 더했지 덜하지는 않아서, 아주 사람 좋은 하녀가 우리들 앞에서 지껄인 약간 외설적인 말 한마디 때문에 그 집에서 쫓겨났을 정도였다. 나는 사춘기까지도 남녀의 성적 결합에 대해서는 전혀 명확히 몰랐을 뿐 아니라 그에 대한 막연한 생각마저도 추하고 혐오스러운 이미지로밖에는 떠오르지 않았다. 창녀들에 대해서는 결코 사라지지 않는 혐오감을 가졌다. 방탕한 사람을 볼 때면 경멸감과 심지어 두려움을 느끼지 않을 수 없었다. 어느 날 둔덕 사이에 난 길을

따라 프티 사코넥스53) 에 갔을 때 그 길 양쪽에서 토굴을 ― 사람들이 내
게 그 사람들이 거기서 흘레붙는다는 말을 해주었다 ― 보았던 이래로
방탕에 대한 혐오감이 그 정도까지 심해졌기 때문이다. 인간들의 그 짓
을 생각할 때면 전에 암캐들이 흘레붙을 때 본 것이 또한 언제나 머릿속
에서 떠올라 그 기억만으로도 속이 메스꺼웠다.

　내가 받은 교육에서 생겨난 이러한 선입견들은 불붙기 쉬운 기질의
첫 폭발을 그 자체의 힘으로 지연시키는 데 적합했을 뿐 아니라,  내가
말한 바 있듯이 처음으로 나타나기 시작한 관능이 내 관심의 방향을 돌
리는 바람에 그 도움을 받기도 했다. 매우 불편할 정도로 피가 들끓었음
에도 불구하고 자신이 느꼈던 것만을 상상하는 나는 내가 아는 종류의
관능에만 욕망을 품을 줄 알아서,  사람들이 내게 혐오스럽게 만들었던
관능에까지는 결코 나가지 않았다.  그런데 내가 전혀 예상하지는 못했
지만 그 두 가지 관능은 퍽 인접해 있었다.  어리석은 공상이나 관능의
광란에 빠졌을 때 또 때로는 이런 공상과 광란에 이끌려 엉뚱한 행위를
벌이면서 나는 상상을 통해 이성(異姓)의 도움을 빌렸지만,  이성이라는
것이 내가 쓰고 싶어 안달하는 용도 이외에 또 다른 용도에 쓸 수 있다는
것은 생각도 하지 못했다.

　그러므로 나는 매우 격렬하고 관능적이고 조숙한 기질을 갖고 있음에
도 불구하고 랑베르시에 양이 그리 별다른 뜻 없이 나로 하여금 얼핏 짐
작하게 만들었던 관능의 쾌락 이외에 다른 쾌락들은 원하지도 또 알지
도 못한 채 사춘기를 이런 식으로 보냈다. 그뿐만 아니라 마침내 세월이
흘러 내가 어른이 되었을 때도 나를 타락시키게 되어 있는 것이 도리어
역시 이런 식으로 나를 지켜주었다. 내가 예전부터 갖고 있는 어린아이
같은 취향은 사라지기는커녕 또 다른 취향과 너무나 밀접히 결부되어서

___
53)  제네바에 있는 동네 이름.

36

그것을 관능에 의해 불타는 욕망으로부터 결코 떼어놓을 수 없었다. 그리고 내 천성적인 수줍음에 결부된 이러한 어리석은 정념으로 인하여 여성들 옆에서는 항상 매우 소심해져서 감히 마음속에 있는 말을 모두 털어놓거나 하고 싶은 것을 다 할 수 없었다. 그런데 그런 종류의 향락은 — 내게 또 다른 향락은 그 종말에 불과하다 — 그것을 원하는 남자가 강제로 빼앗아 가질 수도 없고 그것을 제공하는 여성이 알아차릴 수 없는 것이었다. 나는 내가 가장 사랑하는 여성들 곁에서 갈망을 품고 있으면서도 아무 말도 하지 못하면서 이런 식으로 인생을 보냈다. 나는 감히 내 취향을 결코 떳떳하게 말하지 못하더라도 내게 그런 생각을 품게 하는 교제를 통해 어쨌든 이러한 취향을 달랬다. 오만한 애인에게 무릎을 꿇고 그녀의 명령에 복종하고 그녀에게 용서를 빌어야만 하는 것이 내게는 매우 달콤한 즐거움이었다. 그래서 강렬한 상상력이 내 피를 타오르게 하면 할수록 나는 주눅이 든 애인처럼 보였다. 누구나 알고 있듯이 이러한 연애법은 그렇게 신속한 진척을 보이지 않으며 그 상대가 된 여성들의 정조에 대단한 위협이 되지 않는다. 그래서 여인을 소유한 적은 정말 거의 없지만 그래도 내 나름대로 다시 말하면 상상을 통하여 많은 즐거움을 누렸다. 바로 이와 같이 내 관능은 소심한 기질과 공상적인 정신과 조화를 이루면서, 내가 좀더 뻔뻔스러웠다면 아마 나를 다시없이 격렬한 육욕에 빠뜨렸을 바로 그 취향으로 내게서 순결한 감정과 방정한 품행을 지켜주었다.

나는 내 고백의 어둡고 질척한 미궁 속으로 가장 힘든 첫 발을 내딛었다. 말하기에 가장 괴로운 것은 죄가 되는 일이 아니라 우스꽝스럽고 부끄러운 일이다. 이제부터는 자신이 있다. 내가 방금 그런 짓을 대담하게 말한 이상 더 이상 어떤 것도 나를 막을 수 없다. 여러분들은 내가 그러한 고백을 하는 데 얼마나 괴로울 수 있었는지를 다음과 같은 점에 비추어 판단할 수 있을 것이다. 나는 온 생애를 통해 사랑하는 여인들 옆

에서 눈과 귀를 멀게 만드는 격렬한 정열에 휩쓸려 분별력을 잃고 온몸
에서 일어나는 발작적인 경련에 사로잡힌 적도 가끔 있지만, 내 어리석
은 정념을 그녀들에게 떳떳이 말하고 다시없이 친밀한 사이면서도 그녀
들로부터 다른 사람들에게 허용되지 않는 그 단 하나의 호의를 애걸하는
짓은 차마 할 수 없었다는 것이다. 그런 일은 내 어린 시절 나와 동갑인
여자아이를 상대로 단 한 번 있었는데, 더구나 처음 그런 제안을 했던 것
은 그 아이였다.

　내 존재 중 감각적인 부분을 형성했던 최초의 흔적들을 이렇게 거슬
러 올라가면, 가끔은 양립할 수 없는 것으로 보이지만 그래도 서로 결합
하여 통일적이고 단일한 효과를 강력하게 발휘하는 요소들이 보이기도
하고, 겉으로 보기에는 같지만 몇몇 상황들의 일치에 의해 매우 다른 배
합을 이루어 그것들 사이에 어떤 관계가 있다고 전혀 생각할 수 없는 요
소들이 보이기도 한다. 예를 들면, 내 피에 흘러 들어왔던 음란함과 나
약함의 원천이 영혼의 가장 힘찬 원동력들 중의 하나가 뿌리를 박고 있
는 원천과 동일하다는 것을 누가 믿겠는가? 내가 방금 말한 주제를 계속
염두에 둔다면 여러분들은 그로부터 아주 다른 인상이 나타나는 것을
보게 될 것이다.

　어느 날 나는 부엌에 붙어있는 방에서 혼자 공부하고 있었다. 그 전에
하녀가 랑베르시에 양의 빗들을 말리려고 벽난로 뒤 벽감(壁龕) 위에
올려놓았던 터였다. 그녀가 그것들을 가지러 돌아왔을 때, 빗 하나가
한쪽 빗살들이 몽땅 부러진 채로 발견되었다. 이러한 손상에 대한 책임
을 누구에게 돌릴 것인가? 나 이외의 다른 사람은 아무도 그 방에 들어
간 적이 없었다. 사람들은 내게 묻고 나는 그 빗에 손을 댄 적이 없다고
부인한다. 54) 랑베르시에 남매는 한패가 되어 나를 설득하고 다그치고

54) 루소는 과거를 생생하게 재현하기 위해 때때로 과거를 현재형 시제로 표현
　　하고 있다. 역자는 될 수 있는 대로 이러한 문체적인 효과를 살려 번역할

위협한다. 나는 끝끝내 버틴다. 그러나 사람들의 확신이 너무 강해서, 내가 아무리 항의해도 그 확신을 꺾을 수 없었다. 내가 그처럼 뻔뻔스럽게 거짓말하는 것을 처음 보았음에도 불구하고 말이다. 사태는 심각하게 받아들여졌으며, 또 그럴 만도 했다. 그 악의와 거짓말과 고집이 죄다 처벌을 받을 만하게 보였다. 그런데 이번에는 내게 벌을 주는 사람이 랑베르시에 양이 아니었다. 베르나르 외삼촌에게 편지를 써서, 외삼촌이 왔다. 내 가련한 외사촌도 나 못지않은 중죄가 씌워져 있었다. 그래서 우리들은 한데 묶여 같은 벌을 받게 되었다. 그 벌은 끔찍했다. 사람들이 병(病) 자체에서 약을 구하여 영원히 나의 비정상적인 관능을 완화시키길 원했다면, 이보다 더 잘할 수는 없었을 것이다. 그래서 나는 오랫동안 그 관능으로 시달리지 않았다.

사람들은 내게서 그들이 요구하는 자백을 끌어낼 수 없었다. 몇 차례나 혼이 나고 가장 가혹한 상태에 몰렸으나 나는 흔들리지 않았다. 나는 죽음도 견뎠을 것이고, 죽을 각오도 했다. 심지어 폭력도 어린아이의 악마 같은 고집에 — 사실 사람들은 나의 끈질김을 그렇게밖에는 부를 수 없었다 — 굴복해야 했다. 드디어 나는 그 잔인한 시련에서 만신창이가 되어 빠져나왔지만 승리를 거두었다.

지금은 이 사건이 일어난 지 근 50년이 지났고, 이제는 바로 그 일로 다시 벌을 받을 염려는 없다. 그럼 좋다. 나는 하늘에 맹세코 내가 그 일에 대해 무죄였으며, 그 빗을 부러뜨리지도 손도 대지 않았고, 그 벽감에 가까이 가지도 않았으며 심지어 그런 생각을 해본 적도 없었음을 선언한다. 이러한 손상이 어떻게 일어났는지 내게 묻지 않았으면 좋겠다. 나는 그 일을 모르고 이해할 수도 없다. 내가 정말 분명히 알 수 있는 것은 내가 그 일에 대해 무죄라는 것이다.

---

것이다.

　평소에는 소심하고 온순하지만 감정이 격할 때는 불같고 자부심이 강하며 굴하지 않는 성격을 상상해 보시라. 언제나 이성(理性)의 소리에 따라 지도를 받고 언제나 부드럽고 공정하며 친절하게 대우받아 불의에 대한 관념조차 없었는데, 최초로 그와 같이 끔찍한 불의를 자신이 가장 사랑하고 존경하는 바로 그 사람들로부터 경험하는 아이를 상상해 보라. 생각과 감정에 얼마나 커다란 혼란이 생길 것인가! 그의 마음과 머리, 그 어린 지적이고 도덕적인 존재 전체에 얼마나 격심한 충격이 일어날 것인가! 가능하면 여러분들이 이 모든 것을 상상해보라고 말하련다. 왜냐하면 나로서는 당시 내 마음속에 일어났던 일의 흔적을 조금이라도 규명하고 추적할 수 있다고 느끼지 않기 때문이다.

　나는 그 무렵 충분히 철이 들지 않아서 겉으로는 내가 얼마나 죄가 있는 것처럼 보였는지도 몰랐고 다른 사람들과 입장을 바꾸어 생각할 줄도 몰랐다. 나의 입장만을 고수했고, 내가 느낀 것이라고는 자신이 저지르지도 않은 죄에 대한 무서운 형벌의 가혹함이 전부였다. 육체의 고통은 혹심했지만 거의 느껴지지 않았다. 나는 그저 분개, 격분, 절망을 느꼈을 뿐이다. 내 사촌도 거의 비슷한 경우로 본의 아닌 과실이 계획적인 소행으로 오해받아 처벌을 받자, 나를 따라 분노에 사로잡혔다. 말하자면 나와 동조하여 격분한 것이다. 우리 둘은 모두 한 침대 안에서 발작적인 흥분에 싸여 서로를 얼싸안았다. 우리는 숨이 막힐 정도였다. 우리의 어린 마음이 어느 정도 진정되어 분노를 터뜨릴 수 있었을 때, 둘은 일어나 앉아서 있는 힘을 다해 수백 번이나 울부짖기 시작했다.

　"카르니펙스, 카르니펙스, 카르니펙스."[55]

　지금 이 글을 쓰면서도 아직도 심장의 고동이 높아지는 것을 느낀다. 이러한 순간들은 내가 천만년을 살더라도 여전히 내 마음에 생생히 남

---

55)　Carnifex: 라틴어로 '사형집행인, 살인자'.

을 것이다. 폭력과 불의에 대한 이 최초의 감정은 내 영혼에 매우 깊이 새겨져서 여기에 관련되는 모든 생각들은 내가 받은 최초의 충격을 다시 불러일으킨다. 그리고 이 감정은 원래 내게 관계된 것이지만 그 자체로 너무나 견고해지고 또 모든 개인적 이해관계와 너무나 분리되어서, 어떤 부당한 행위를 보거나 들을 때면 그 대상이 어떠한 것이든 그리고 그것이 어디서 저질러졌든지 간에 그 결과가 내게 돌아오는 것처럼 마음이 끓어오른다. 무자비한 폭군의 잔인한 행위와 음흉한 사제의 간교한 사악함을 책에서 읽을 때는 백번 죽더라도 그 비열한 놈들을 찔러 죽이러 기꺼이 나설 것 같다. 닭, 소, 개 따위 짐승도 단지 자기가 제일 힘이 세다고 다른 놈들을 괴롭히는 것을 보면 냅다 그놈 뒤를 쫓아가거나 그놈에게 돌을 던지느라 종종 진땀을 뺐다. 이러한 감정의 움직임은 내게 천성일 수 있고, 또 나는 그렇다고 생각한다. 그러나 내가 겪은 최초의 불의에 대한 뿌리 깊은 추억은 너무나 오랫동안 그리고 너무나 강력하게 그러한 천성과 결부되어서 그것을 상당히 강화시켰다.

이로써 내 어린 시절 인생의 평온함은 끝나고 말았다. 그 후부터 나는 더 이상 순수한 행복을 누리지 못하게 되었다. 지금까지도 행복한 어린 시절의 매력에 대한 추억은 여기서 막을 내렸다는 느낌이 든다. 우리들은 그 후 몇 달을 더 보세에서 지냈다. 보세에서 우리들은, 사람들이 묘사하듯, 마치 지상의 낙원을 더 이상 즐기지 못하면서도 아직 그곳에 있는 최초의 인간과 같았다. 겉으로는 같은 상황이었지만 실제로는 완전히 다른 존재양식이었다. 더 이상 애착과 존경, 친밀감과 신뢰가 학생들을 선생님들에게 매어두지 못했다. 우리들은 이제 더 이상 그들을 우리들의 마음을 읽는 신처럼 여기지 않게 되었다. 나쁜 짓을 하는 것은 보다 덜 부끄럽게 여겼지만 꾸지람 듣는 것은 더 무서워했다. 숨어서 투덜거리고 거짓말하기 시작했다. 우리들 나이의 온갖 악덕들이 우리들의 순진성을 타락시키고 우리들의 놀이를 더럽혔다. 우리들의 눈에는

전원마저도 가슴에 와 닿는 그 감미롭고 소박한 매력을 잃어버려서, 삭
막하고 우울하게 보였다. 그 위에 베일이 씌워져 그 아름다움이 우리들
에게 가려진 것 같았다. 우리들은 우리의 작은 정원들과 화초를 가꾸는
일을 그만두었다. 더 이상 땅을 살짝 긁어 우리들이 심어놓았던 씨의 싹
을 발견하곤 환호성을 외치러 가지도 않았다. 우리들은 이러한 생활이
지긋지긋해졌다. 사람들도 우리를 지긋지긋해 했다. 외삼촌이 우리들
을 나오게 했고, 우리들은 랑베르시에 남매와 작별했다. 서로가 싫증이
나 있었으므로 이별이 그리 섭섭하지도 않았다. 56)

---

56) 탁월한 루소 비평가인 스타로뱅스키(J. V. Starobinski)는 루소가 사회를
비판할 때 사용하는 '참존재'(être)와 '겉모습'(paraître)의 분열과 대립이라
는 주제가 사회에 대한 객관적 성찰에서 나온 것이라기보다 더욱 깊숙하고
내밀한 동기에서 기인한다고 지적하면서 '부러진 빗살의 일화'를 그 논거로
제시한다. 이 사건에서 장자크는 자신의 잘못이 아닌데도 자신에게 죄를
뒤집어씌우는 랑베르시에 남매의 불의를 맹렬히 비난하는데, 그 비난은 '볼
기 맞기의 일화'와 긴밀한 관계를 맺고 있는 것으로 보인다. 루소는 볼기를
맞을 때 자신의 욕망이 우연히 드러난 것에 대해 비록 그 사건이 우연한
것이지만 그것이 자신의 육체에 귀속되기 때문에 어쩔 수 없이 책임을 져야
한다고 생각했다. 그렇지만 빗살이 부러진 데에는 자신의 의도나 행위가
전혀 관여되어 있지 않기 때문에 그가 책임질 일은 전혀 없다. 그를 처벌하
는 랑베르시에 남매는 그에게 전혀 책임이 없는 잘못을 갖고 단죄를 내리기
때문에 부당한 짓을 저지르는 사람들이다. 그런데 그들의 부당성은 단지
외면적 사건에 대해 잘못된 판단을 내린 점이 아니라 루소의 의도에 대해
오해했다는 점에서 더욱 비난받아 마땅하다. 장자크가 두 번째 볼기를 맞
게 될 때 그 원인이 되었던 잘못은 랑베르시에 양에게 혹시 그것이 그가
일부러 체벌을 받기 위해 저지른 잘못이 아닐까 라는 의혹을 불러 일으켰을
가능성이 농후하다. 장자크에게 가장 견디기 힘든 것은 이러한 오해의 가
능성이다. 왜냐하면 이러한 의혹과 오해는 내밀한 애정을 최상의 가치로
삼는 장자크의 내면적 순진성 자체를 문제로 삼기 때문이다. '부러진 빗살
의 일화'에서 그 빗의 주인이 랑베르시에 양이라는 점에 주목하자. 장자크
가 범인이 아니라고 강력히 부인하는 데는 물론 그 자신이 그 일을 저지르

지 않았다는 외적 사실도 중요하지만, 그가 또다시 볼기를 맞으려고, 즉 성적 욕망을 충족시키기 위하여 고의로 빗살을 부러뜨린 것으로 보이지 않을까 하는 두려움이 더욱 강력한 동기로 작용하는 것으로 보인다. 루소가 받아들일 수 없는 것은 외적 행위가 아니라 그에 결부된 내적 동기이다. 만약 루소가 그 빗살을 부러뜨렸다고 시인한다면 그것은 애매한 상태에 있는 랑베르시에 양의 의혹을 확신으로 굳히는 계기로 작용할 것이다. "이번에는 처벌을 가하는 사람이 랑베르시에 양이 아니었다"라는 장자크의 유감 어린 말투는 만약 체벌을 가하는 사람이 그녀였다면 체벌 자체가 그리 문제가 되지 않았으리라는 암시를 담고 있다. 랑베르시에 양이 그를 체벌한다면, 그것은 그녀가 그 사건 자체를 성적 욕망에 결부되지 않은 단순한 잘못으로 받아들였다는 것을 의미하기 때문이다. '볼기 맞기의 일화'와 '부러진 빗살의 일화'는 자신의 내면에서 성적 욕망을 감추려고 노력하는 장자크와 이러한 욕망을 간파하고 이를 그의 의도로 귀속시키려는 타인들 사이의 갈등을 보여준다. 장자크는 '부러진 빗살의 일화'에서 의도적이지 않은 과실을 고의적 소행으로 오해받아 그와 같이 처벌을 받는 사촌 베르나르의 경우를 아무런 잘못도 없으면서 오해로 처벌받는 자신과 동일한 경우로 간주하는데, 이는 '부러진 빗살의 일화'에서 실제로 중요한 것은 외적 사실에 대한 오해가 아니라 자신의 내면적 순진성에 대한 오해라는 점을 분명히 보여주고 있다. '부러진 빗살의 일화'에서 나타나는 분노의 외침은 '볼기 맞기의 일화'에 대한 장자크의 침묵을 대변한다. 스스로의 욕망을 억압하는 장자크는 자신의 순수성을 의심하는 사회에 대해 격렬한 비난을 던짐으로써 간접적으로 자신의 욕망을 정당화한다. 빗살이 부러진 데에 자신의 의도나 행위가 전혀 들어 있지 않기 때문에 그가 책임질 일이 전혀 없는 것처럼, 사실 그의 육체에서 나타난 욕망의 기호도 실상 전혀 그의 의도와는 상관이 없다. 단지 그 욕망의 기호가 자신의 육체에 속한다는 이유만으로 그가 의도적으로 성적 욕망의 충족을 지향하고 있다고 추측하는 것은 부당한 일이다. 스스로의 성적 욕망을 억압하는 장자크에게서 어떤 욕망의 기호가 보였다면 그것은 우연한 일이고 그렇기 때문에 어쩔 수 없는 일이다. 그렇지만 자신의 '참존재'를 감추고 '겉모습'을 내보이는 타락한 사회의 사람들은 또한 자신들이 그렇기 때문에 다른 사람들도 그럴 것이라고 유추하여 판단한다. 이제 내면의 진실은 그냥 말을 통해서 드러나는 것이 아니라 외부의 해석과 투쟁을 벌이면서 그 진실성이 입증되어야 할 어떤 것이다.

보세를 떠나고 세월이 30년 가까이 흐르는 동안 다소 연관이 된 추억
들을 통해 그곳에서 지냈던 생활을 유쾌하게 회상한 적은 없었다. 그러
나 중년이 지나고 노년에 접어들면서부터 다른 추억들은 사라져 가는
반면, 바로 그 추억들이 되살아나고 그 매력과 힘이 날마다 더해 가는
윤곽과 더불어 내 기억에 아로새겨지는 것을 느낀다. 인생이 달아나는
것을 느끼면서 인생을 그 시작에서부터 다시 잡으려고 애쓰는 듯이 말
이다. 그 당시의 극히 사소한 일들도 그것이 그 당시의 일이라는 것만으
로 좋다. 장소나 인물이나 시간의 온갖 정황들이 기억난다. 방에서 움
직이는 하녀와 하인이며 창문으로 들어오는 제비며 학과를 외고 있을
때 손에 앉은 파리가 눈에 선하다. 우리들이 있던 방의 전체 배치도 보
인다. 오른쪽에 있는 랑베르시에 씨의 서재, 역대 교황들 모두가 그려
져 있는 판화,57) 청우계, 커다란 달력, 집 뒤쪽으로 이어진 매우 높은
정원에서 뻗어 나와 창문을 가리고 때로는 방안에까지 가지를 드리우는
나무딸기들. 독자들이 이 모든 것을 알아야 할 필요가 그리 없다는 것을
잘 알고 있기는 하지만 나로서는 그것을 말할 필요가 있다. 이 행복한
시절의 모든 사소한 일화들을 회상할 때면 아직도 기쁨으로 몸이 떨리
게 되는데, 왜 감히 독자들에게 그것들을 마찬가지로 이야기하지 못하
겠는가? 특히 대여섯 가지는 … 그래, 타협하자. 나는 여러분들에게 다
섯 가지는 감해 드리지만 한 가지, 단 한 가지만은 이야기하겠다. 그 대
신 내 즐거움을 연장하기 위하여 가능한 한 내가 가장 길게 이야기할 수
있도록 해주기만 하면 말이다.

 여러분의 즐거움만을 생각한다면, 랑베르시에 양의 궁둥이에 대한
일화를 선택할 수도 있을 것이다. 그녀는 사르데냐 왕이 지나갈 때 딱하
게도 풀밭 아래로 곤두박질쳐서 왕 앞에서 궁둥이가 몽땅 드러난 것이

---

57) 랑베르시에 목사가 역대 교황들이 그려진 판화를 갖고 있는 것은 당시의
   종교적 상황에 비추어 볼 때 의외의 일이다.

다. 그러나 나로서는 테라스의 호두나무 이야기가 더 재미있는데, 랑베르시에 양이 곤두박질칠 때는 구경꾼에 불과했던 반면에 여기서는 내가 배우였기 때문이다. 그리고 고백하건대 그 자체로는 우습지만 내가 어머니처럼 아니 어쩌면 그 이상으로 사랑했던 여성 때문에 놀랐던 사건을 갖고 웃음거리로 만들고 싶은 생각은 조금도 들지 않았다.

테라스의 호두나무에 대한 그 대단한 이야기를 궁금해 하는 독자 여러분들이여. 이 무시무시한 비극을 들으시고 부디 몸서리치지 마시기를.

안마당 문 밖 들어오는 왼쪽에 테라스 하나가 있었다. 사람들이 오후에는 종종 거기 가서 앉곤 했는데 그늘이 없었다. 거기다 그늘을 만들기 위해서 랑베르시에 씨가 호두나무 한 그루를 심게 했다. 이 나무 심기는 엄숙하게 거행되었다. 두 기숙생들이 그 나무의 대부가 되었다. 그리고 구덩이에 흙을 메우는 동안에 우리들은 승전가를 부르면서 각각 한 손으로 그 나무를 붙잡고 있었다. 나무에 물을 주기 위해 나무 밑둥치 주위에 일종의 못을 만들었다. 매일 이 물 주는 일을 열심히 구경하던 우리들 그러니까 내 사촌과 나는 전쟁터에 깃발을 꽂느니 테라스에 나무를 한 그루 심는 것이 더 장한 일이라는 극히 자연스러운 생각을 굳히게끔 되었고, 그 영광을 그 누구와도 나누지 않고 둘이 차지하려고 마음먹었다.

이를 위해서 우리들은 어린 버드나무에서 꺾꽂이할 가지를 잘라 그 존엄한 호두나무에서 여덟 걸음 내지 열 걸음 떨어진 테라스에 심었다. 우리 나무 주변에도 역시 도랑을 파는 것을 잊지 않았다. 그런데 곤란한 문제는 이 도랑을 채울 물을 확보하는 일이었다. 왜냐하면 물은 상당히 먼 거리에서 길어왔는데 물을 길러 가기 위해 쏘다니는 것은 허락되지 않았기 때문이다. 그러나 우리들이 키우는 버드나무를 위해서는 물이 꼭 필요했다. 우리들은 며칠 동안 버드나무에 물을 공급하기 위해 온갖 꾀를 다 썼다. 그것이 우리들에게 매우 좋은 결과를 가져다주어서 그 나

무가 싹이 나고 어린잎들이 돋아나는 것을 보게 되었다. 우리들은 시시
각각으로 그 나무가 얼마나 자랐는지 재어보았고 나무가 아직 지상에서
한 자도 자라지 않았는데도 불구하고 그것이 머지않아 우리들에게 그늘
을 제공하리라 확신했다.

　우리 나무에 온통 정신이 팔려서 우리들은 어떤 실습과 공부도 손에
잡히지 않았고 마치 얼이 빠진 것 같았다. 그리고 사람들은 우리들이
누구에게 불만을 품고 있는지 몰라서 전보다 더 엄격하게 우리들을 감
독했다. 그래서 우리들에게는 물이 떨어질 최후의 순간이 보였고 우리
나무가 말라죽을 것을 예상하면서 가슴을 태웠다. 필요는 발명의 어머
니라고, 마침내 틀림없이 죽게 될 그 나무와 우리들을 구해내기 위한
기발한 방법이 떠올랐다. 그것은 호두나무에 주는 물의 일부를 몰래 버
드나무에 끌어대는 배수로를 땅 밑으로 만드는 것이었다. 이러한 계획
을 열심히 실행해 보았지만 처음에는 성공하지 못했다. 경사를 잘못 잡
아서 물이 조금도 흐르지 않았고, 흙이 내려앉아 배수로를 막았으며,
배수로 입구는 쓰레기로 가득 찼다. 모든 일의 진행이 어긋났다. 그러
나 어떤 것도 우리들을 물러서게 할 수 없었다. '지칠 줄 모르는 노력은
모든 난관을 극복한다.'[58] 우리들은 물이 흐를 수 있도록 땅과 우리들
이 만든 못을 더 깊이 팠다. 그리고 상자 밑바닥을 잘라 폭이 좁은 판자
들로 만들어서 몇 장은 일렬로 평평하게 깔고 다른 몇 장은 그 위에다
양쪽에서 각이 지도록 올려놓으니 세모꼴의 배수로가 되었다. 입구에
는 가늘고 작은 나뭇조각을 창살처럼 꽂았는데, 그것이 일종의 철망이
나 거르개 같은 것이 되어서 물길을 막지 않고 진흙이나 돌을 걸러주었
다. 우리들은 잘 다져진 흙으로 조심스럽게 우리들의 작품을 다시 덮었
다. 그리하여 모든 것이 완성된 날, 희망과 두려움으로 초조해하면서

---

58) Omnia vincit labor improbus(베르길리우스, 《전원시》, I, 145~146).

물 주는 시간을 기다렸다. 일각이 여삼추로 기다린 끝에 마침내 그 시간이 왔다. 랑베르시에 씨도 역시 평소 습관처럼 이 작업을 보러왔다. 그동안 우리 둘 다 그의 뒤쪽에 서서 우리 나무를 가리고 있었는데, 매우 다행스럽게도 그는 나무를 등지고 있었다.

첫 물통의 물을 다 붓자마자 물이 우리 못으로 흐르는 것이 보이기 시작했다. 이 광경을 보고 우리들은 조심성을 잊어버리고 환호성을 올리기 시작했고 그 소리에 랑베르시에 씨는 뒤를 돌아보게 되었다. 유감천만이었다. 왜냐하면 그는 호두나무의 땅이 하도 좋아서 그 물을 쭉쭉 빨아들이는 것을 보고 대단히 즐거워하고 있었기 때문이다. 그런데 물이 2개의 못으로 갈라지는 것을 보고 깜짝 놀라 이번에는 그가 소리를 지르고, 살펴보고, 장난질을 알아차리고, 갑자기 곡괭이를 가져오게 하여 일격을 가하고, 우리 판자 두세 조각을 날려버리고, "수로다, 수로!"라고 길길이 외치면서 여기저기를 사정없이 두들겨 부순다. 그리고 곡괭이를 한 번 내리칠 때마다 그것은 우리들 심장 한가운데 꽂혔다. 한순간에 판자들, 배수로, 못, 버드나무, 이 모든 것이 파괴되고 파헤쳐지고 말았다. 그리고 이렇게 일이 신속하게 그리고 끔찍스럽게 처리되는 동안 그가 끊임없이 되풀이했던 "수로다!"라는 절규를 제외하고는 어떤 다른 말도 나오지 않았다. 그는 모든 것을 부수면서 "수로다, 수로!"라는 말을 외치고 있었다.

여러분들은 이 사건이 어린 건축가들에게 좋게 끝나지 않았다고 생각할 것이다. 그러나 그렇게 생각한다면 오해다. 왜냐하면 그걸로 전부 끝이었기 때문이다. 랑베르시에 씨는 우리들에게 꾸짖는 말을 한마디도 하지 않았고 더 이상 언짢은 표정을 짓지도 않았으며 그에 대해 더 이상 말하지 않았다. 우리들은 그가 얼마 후에 누이동생 곁에서 껄껄거리며 크게 웃는 소리를 듣기까지 했다. 랑베르시에 씨의 웃음소리가 멀리서도 들렸기 때문이다. 그런데 더욱더 놀라운 것은 최초의 충격이 지나간 후 우리 자신도 그리 애통해하지 않았다는 사실이다. 우리들은 다른 곳에다 또 다른 나무를 심었고 우리끼리 "수로다, 수로!"라는 말을 과장하여 되풀이하면서 전번 나무의 비극적 최후를 종종 회상하곤 했다. 그때까지 내게는 때때로 자만심의 발작이 일어나곤 했다. 그때 나는 아리스테이데스나 브루투스가 되었던 것이다. 그런데 이번 것은 내게 최초로 나타난 상당히 뚜렷한 허영심의 충동이었다. 우리 손으로 수로를 만들 수 있었다는 것 그리고 꺾꽂이 가지를 큰 나무와 경쟁시켰다는 것이 내게는 최고의 영광으로 보였다. 10살 먹은 내가 30세의 카이사르보다 영광에 대해 더 잘 판단했던 것이다. 59)

이 호두나무에 관한 생각과 이에 얽힌 짤막한 이야기는 내 마음에 고스란히 남아서 다시 떠올라, 1754년 내가 제네바를 여행할 때 세웠던 가장 즐거운 계획 중의 하나가 보세에 가서 어린 시절 놀던 기억을 불러일으키는 것들, 특히 그 당시에는 이미 33살가량의 나이를 먹었을 것이라 생각되는 그 정다운 호두나무를 다시 보는 것이었다. 나는 끊임없이 시달리고 그리 자유롭지 못해서 내 자신의 욕구를 충족시킬 때를 찾을 수 없었다. 내게 이러한 기회가 언젠가 다시 생길 것 같지도 않다. 그러나 나는 그 희망과 함께 그 욕망까지 잃어버린 것은 아니어서, 언젠가 그 사랑스러운 장소로 돌아가 아직 남아 있을 내 정다운 호두나무를 다시 본다면 내 눈물로 그 나무에 물을 줄 것이라고 거의 확신하고 있다.

제네바에 돌아와서 집안사람들이 장래에 나를 무엇으로 만들지 결정하기를 기다리면서 외삼촌댁에서 이삼 년을 보냈다. 60) 외삼촌은 자기

59) 플루타르코스에 따르면 카이사르는 39세에 알렉산드로스 대왕의 전기를 읽으면서 알렉산드로스 대왕은 자기보다 더 적은 나이에 벌써 수많은 민족들의 왕이었는데, 자기는 사람들의 기억에 남을 일을 아무것도 하지 못했다는 사실을 생각하면서 분해 울었다고 한다.
60) 사실 루소는 외삼촌댁에서 1724년과 1725년 사이의 겨울 몇 달밖에 지내지

아들을 토목공학자로 만들 예정이었기 때문에 제도를 좀 배우게 했고 유클리드의 《기하학 원론》을 가르쳤다. 나도 함께 그 모든 것을 배웠고 거기에 흥미를 가졌는데, 특히 제도가 그러했다. 그러나 집안사람들은 나를 시계공이나 법무사나 목사로 만들까 생각해보고 있었다. 나는 목사가 되는 것이 더 좋았다. 설교하는 것이 매우 멋지다고 생각했기 때문이다. 그러나 어머니의 재산에서 나오는 많지 않은 수입을 형과 내가 나누면 그것으로는 공부를 더 계속하기에 충분치가 않았다. 당시의 내 나이로 보아 아직 이러한 선택이 그리 급한 일이 아니었기 때문에 그때까지 외삼촌 집에 있으면서 거의 허송세월을 했다. 그래도 당연히 꽤 비싼 하숙비를 꼬박꼬박 지불해가면서 말이다.

외삼촌은 아버지와 마찬가지로 관능적인 쾌락을 추구하는 사람으로 아버지처럼 자신의 의무를 따를 줄 몰라서 우리들을 변변히 돌보아주지 않았다. 외숙모는 약간 경건주의[61]적 성향을 띤 독신자(篤信者)여서 우리들의 교육에 신경을 쓰기보다는 찬송가를 부르는 것을 더 좋아했다. 그래서 우리들은 거의 전적인 자유를 부여받았지만 결코 이 자유를 남용하지는 않았다. 언제나 떨어지지 못하는 우리들은 함께라면 부족할 것이 없었고, 우리들 또래의 나쁜 아이들과 어울릴 마음이 전혀 없어서 한가할 때 생길 수 있는 방탕한 습관에 조금도 물들지 않았다. 내가 우리들이 한가하다고 여기는 것조차도 잘못된 생각이다. 그도 그럴 것이 평생을 통하여 이때보다 더 바쁜 적은 없었으니 말이다. 그리고 우리들은 한 오락에 몰두하다가 다음에는 다른 오락에 몰두하곤 했는데, 다행스러운 점은 이 오락들 모두가 우리 둘을 함께 집에 잡아놓아서 우리들에게는 거리로 나갈 생각조차 들지 않았다는 것이다. 우리들은 새장,

---

않았다. 왜냐하면 1725년 3월 1일 견습을 시작한 이후 그를 견습공으로 둔 주인 집에서 살았기 때문이다.

61) 독일 루터교회에서 생겨난 종교운동.

피리, 풍차 날개, 북, 집, 나무 딱총, 활을 만들었다. 친할아버지[62]를 흉내 내어 시계를 만든답시고 사람 좋고 연세 많으신 그분의 연장을 망가뜨리곤 했다. 무엇보다도 종이에 괴발개발 글을 쓰고 그림을 그리고 옅은 색이나 짙은 색으로 색칠하면서 물감을 마구 써버리는 장난을 각별히 좋아했다. 제네바에 감바 코르타[63]라는 이탈리아 약장수가 와서 한 번 보러 갔었으나 또 가고 싶지는 않았다. 그러나 그에게는 꼭두각시가 있었으므로 우리들도 꼭두각시를 만들기 시작했다. 그의 꼭두각시들이 일종의 희극을 하기에 우리들이 만든 꼭두각시들을 위해 희극들을 만들었다. 폴리쉬넬 쇳소리를 낼 때 쓰는 금속 피리가 없어서 목을 쥐어 짜며 폴리쉬넬[64]의 목소리를 흉내 내면서 이 유쾌한 희극들을 상연했는데, 가련하게도 사람 좋은 집안사람들은 꾹 참으면서 이 끔찍한 것들을 보고 들었다. 그러나 어느 날 베르나르 외삼촌이 집안에서 매우 훌륭한 설교문을 자기식으로 독특하게 낭독한 후부터, 우리들은 희극을 집어치우고 설교문을 만들기 시작했다. 이러한 자질구레한 사실들이 대단히 흥미로울 것이 없다는 점은 나도 인정한다. 그러나 이러한 것들은 우리들이 그렇게 어린 나이에 자신의 시간과 자신을 거의 마음대로 할 수 있으면서도 동시에 그것을 남용할 마음이 거의 없었을 정도로 우리

---

62) David Rousseau(1641∼1738) : 이자크의 아버지이자 장자크의 할아버지인 다비드 루소는 자기 아버지 그리고 자기 아들과 마찬가지로 시계공이 직업이고 음악을 사랑했다. 25살에 무두장이의 딸인 쉬잔 카르티에(Suzanne Cartier)와 결혼하여 14명의 아이들을 낳았으나 그 중 8명은 유년기에 죽었다. 20년 동안 생제르베 구역에서 일종의 치안판사 직무를 수행했으나 정치적 소요가 일어났을 당시 반대파를 편들어 직무를 박탈당했다. 1738년 7월 17일 거의 백 살의 나이로 죽었다.

63) 감바 코르타는 '짧은 다리'라는 뜻을 가진 이탈리아 말이다.

64) 인형극에서 등장하는 허풍을 떠는 우스꽝스러운 인물로 날카로운 목소리와 매부리코와 곱사등이 특징이다.

들이 초기에 받은 교육이 정말 훌륭히 수행되었음이 틀림없다는 사실을 보여주고 있다. 우리들은 동무들을 사귈 필요가 거의 없어서 그럴 기회조차 만들지 않았다. 산보하러 나갔을 때 지나가면서 그들이 노는 것을 보면서도 부러워하는 마음이 들지 않았고 거기에 끼어들 생각조차 하지 않았다. 우정이 우리들의 마음을 채워주고도 남아서, 함께 있다는 것만으로도 가장 소박한 취미가 우리들의 커다란 즐거움이 되기 충분했다.

우리들은 늘 서로 붙어 다니는 바람에 사람들의 눈길을 끌었다. 게다가 외사촌은 키가 매우 크고 나는 매우 작아서 꽤 우스꽝스럽게 조화를 이룬 한 쌍이었다. 그의 호리호리한 긴 몸매, 구운 사과같이 작은 얼굴, 맥 빠진 태도, 무기력한 걸음걸이는 아이들의 놀림을 샀다.

그에게는 그 고장 사투리로 '바르나 브르다나'[65] 라는 별명이 붙어서, 우리들이 밖으로 나가자마자 우리들 주변에서는 온통 '바르나 브르다나'라는 소리만이 들렸다. 그는 나보다 더 태연하게 그것을 견뎠다. 나는 화가 나서 대들려고 했는데, 그것이야말로 그 개구쟁이들이 바라던 바였다. 나는 때리고 맞았다. 가엾은 사촌은 있는 힘을 다하여 내 편을 들었다. 그러나 그는 약골이라 한 주먹에 나가떨어졌다. 그러면 나는 미친 듯이 날뛰었다. 나는 실컷 얻어맞았지만 그들이 노리는 대상은 내가 아니라 '바르나 브르다나'였다. 그러나 나는 예의 그 굴복을 모르는 분노로 사태를 너무 악화시켜, 초등학생들에게 야유를 받고 쫓겨다닐까봐 그들이 학교에 있는 시간이 아니면 더 이상 감히 밖으로 나가지 못했다.

나는 벌써 약한 자를 돕는 정의의 기사가 된 것이다. 정식으로 기사가 되기 위해서 내게 모자란 것은 흠모하는 귀부인을 모시는 것뿐이었다. 그런데 나는 귀부인을 둘이나 두게 되었다. 나는 아버지가 정착한 보 지방의 소도시인 니옹에 가끔 가서 그분을 만나곤 했다. 아버지는 대단히

---

65) 원뜻은 '길마를 얹은 당나귀'로 '바보'라는 의미로 쓰였다.

인기가 좋아서 아들인 나도 이러한 호의를 맛보았다. 아버지 옆에서 지낸 얼마 안 되는 동안에도 사람들은 서로 앞다투어 내게 환대를 베풀었다. 특히 빌송 부인이라는 분이 내게 각별한 호의를 보였다. 게다가 금상첨화로 그녀의 딸이 나를 자기 애인으로 삼았다. 22살의 처녀에게 11살 난 애인이 무엇인지 짐작할 것이다. 바람기 많은 이런 여자들은 모두 이런 식으로 작은 인형들을 앞세워 큰 인형들을 숨기거나 그녀들이 매력적인 것으로 만들 줄 아는 놀이의 이미지를 활용하여 큰 인형들을 꾀어내는 일을 대단히 즐거워한다. 나로서는 그녀와 내가 짝이 맞지 않는다는 것을 전혀 보지 못하고 그것을 진정으로 받아들였다. 나는 온 마음을 쏟아 아니 더욱 정확히 말하면 온 정신을 쏟아 빠져들었다. 왜냐하면 미치도록 사랑하고 격정과 흥분과 열광으로 포복절도할 장면들을 연출하기도 했지만 나는 거의 머리로만 정신적으로 사랑했기 때문이다.

나는 두 종류의 사랑을 알고 있는데, 그 둘은 매우 뚜렷하게 구분되지만 매우 진실하며, 강렬하기는 하지만 거의 공통점이란 없으며, 둘 다 다정한 우정과는 다르다. 내 생애 전체는 그토록 서로 다른 성격을 갖는 이 2개의 사랑으로 양분되었다. 그리고 나는 심지어 이 두 가지 사랑을 동시에 모두 경험하기도 했다. 예를 들면 내가 화제로 삼고 있는 그 당시 나는 빌송 양을 아주 공공연히 그리고 위세 좋게 독점하고 있어서 어떤 남자도 그녀에게 접근하는 것을 참을 수 없을 정도였다. 반면에 나는 어린 고통 양[66]과 아주 짧지만 퍽 열렬한 둘만의 만남을 가졌다. 그때 그녀는 학교 여선생 역할을 해주었고, 그게 전부였다. 그런데 그 전부라는 것이 실상 내가 바라는 모든 것이었기 때문에 그것이 나에게는 다시없는 행복처럼 보였다. 그리고 나는 벌써 비밀의 가치를 느끼고 있어서, 그것을 단지 어린아이답게 사용할 줄밖에 몰랐지만, 빌송 양이 ―

---

66) 고통(Goton)은 마르고통(Margoton) 혹은 마르그리트(Marguerite)의 축약형 이름이다.

그녀는 그 비밀을 거의 짐작조차 못했다 — 또 다른 연애들을 내게 감추기 위하여 공을 들인 만큼 나도 그녀에게 비밀을 숨기기 위하여 공을 들였다. 그러나 심히 유감스럽게도 내 비밀은 탄로가 났다. 아니 내 편에서가 아니라 내 어린 학교 여선생 편에서 비밀을 잘 지키지 않은 것이다. 왜냐하면 우리들은 곧 헤어졌고 나는 얼마 후에 제네바에 돌아왔는데, 쿠탕스 거리를 지나면서 계집아이들이 "루소가 고통에게 맴매를 맞는대요"라고 수군대며 놀리는 소리를 들었기 때문이다.

그 어린 고통 양은 참말로 독특한 인물이었다. 예쁘지는 않지만 잊기 힘든 용모를 지니고 있어서 분별없는 늙은이로서는 너무나 도가 지나칠 만큼 아직도 자주 기억이 난다. 무엇보다도 그녀의 눈이 자기 나이에 어울리지 않았는데, 키와 몸가짐도 그러했다. 그녀에게는 자신의 역할에 매우 알맞은 위압적이고 거만한 모습이 조금 있어서, 그로 인하여 우리들 사이에서 그런 최초의 생각이 생기게 된 것이다. 그러나 그녀에게서 가장 이상한 것은 이해하기 힘들 정도로 대담함과 조심성이 섞여있다는 점이다. 나에게는 더할 나위 없이 친근하게 굴면서도 결코 내 쪽에서는 그렇게 못하도록 했다. 나를 완전히 어린아이 취급을 했다. 그래서 나는 그녀가 이미 어린아이가 아니었거나 그렇지 않으면 그와 반대로 그녀 자신이 아직 어려서 자신이 위험에 처해 있으면서도 그것을 단지 놀이로 보았다고 생각할 수밖에 없다.

나는 말하자면 이 두 여자 각각에게 완전히 흠뻑 빠져서 둘 중 한쪽과 같이 있을 때는 결코 다른 쪽을 생각하는 일이 없었다. 게다가 그녀들로부터 내가 맛보게 된 느낌에는 비슷한 것이 하나도 없었다. 빌송 양과는 떨어질 생각 없이 평생을 함께 보냈을 것이다. 그러나 그녀 곁에 가면 나의 기쁨은 잔잔해지고 격동에까지 이르지는 않았다. 나는 특히 많은 사람들과 함께 있을 때 그녀를 사랑했다. 그녀의 농담과 교태 심지어 질투까지도 내 애착과 관심을 불러일으켰다. 그녀가 쌀쌀맞게 구는 척하는 대단한 경쟁자들 옆에서 나는 그녀의 편애로 으쓱해하며 황홀감을 느꼈다. 고통을 받았지만 그 고통도 좋아했다. 갈채, 격려, 웃음이 내게 열기와 활기를 불어넣었다. 나는 열광하고 피가 끓었다. 모임에서는 사랑하는 마음에 어쩔 줄 몰랐다. 그러나 단둘이 있었다면 어색하고 썰렁하고 어쩌면 지루했을지도 모른다. 하지만 나는 그녀에게 다정한 관심을 갖고 있었다. 그녀가 아플 때 나도 고통을 느껴서 그녀의 건강을 회복시키기 위해서라면 내 건강을 바쳤을 것이다. 그런데 내가 경험을 통하여 병이 어떤 것이고 건강이 어떤 것인지 매우 잘 알고 있었다는 점을 주목하시라. 그녀와 떨어져 있으면 그녀를 생각하고 그녀가 그리웠다. 그녀와 있으면 그녀의 애정표현이 마음에는 달콤했지만 감각에는 그렇지 않았다. 나는 그녀를 어려워하지 않았지만 허물 잡힐 일은 없었다. 내 상상력은 오직 그녀가 내게 허락하는 것만을 요구했다. 하지만 그녀가 다른 사람들에게 그 정도로 해주는 것을 보면 참지 못했을 것이다. 나는 동생으로서 그녀를 사랑했지만 애인으로서 그녀를 질투한 것이다.

고통 양이 내게 해준 대접을 다른 사람에게 똑같이 해줄 수 있다는 것을 상상만 해도 나는 터키인처럼,[67] 광란에 빠진 사람처럼, 호랑이처럼 그녀를 몹시 질투했을 것이다. 왜냐하면 그것조차도 무릎을 꿇고 부탁해야만 하는 일종의 시혜였기 때문이다. 뷜송 양에게는 매우 강렬한 기쁨을 갖고 그러나 불안감 없이 접근했다. 반면에 고통 양은 보기만 해도 더 이상 아무것도 보이지 않고 내 모든 감각은 뒤집혀졌다. 뷜송 양과는 친숙하지 않으면서도 어려워하지 않았다. 반대로 고통 양 앞에서는 더할 나위 없이 친숙할 때조차도 떨리고 흥분되었다. 생각건대 내가 그녀와 함께 너무 오래 있었다면 살아남지 못했을 것이다. 심장의 두근거림

---

67) 터키인들은 질투심이 강해서 여자들을 하렘에 가둔다고 생각되었다.

으로 숨이 막혔을 것이기 때문이다. 나는 그녀들의 마음을 상하게 할까 봐 양쪽에 대해 똑같이 걱정했다. 그러나 한 여인에게는 더욱 친절했고, 또 다른 여인에게는 더욱 순종했다. 무슨 일이 있어도 뷜송 양을 불쾌하게 만들려고 하지는 않았을 것이다. 그러나 고통 양이 내게 불길 속으로 뛰어들라고 명령했다면 당장 그 명령에 따랐을 것이라고 생각한다.

고통 양과의 연애, 더욱 정확히 말하면 둘만의 만남은 얼마 가지 못했는데, 그것은 그녀나 내게 매우 다행스러운 일이었다. 뷜송 양과의 관계는 고통 양과의 관계에서와 같은 위험은 없었지만, 조금 더 지속된 후에 역시 파국을 맞고 말았다. 이런 모든 일의 결말은 언제나 약간 소설 같아서 탄성을 불러일으키기 마련이었다. 뷜송 양과의 교제는 더 열렬한 것은 아니었지만 아마 더 마음을 사로잡았던 것 같다. 우리들은 결코 눈물 없이 헤어질 수 없었는데, 그녀 곁을 떠난 후에는 묘하게도 내 자신이 얼마나 견디기 힘든 공허감에 빠져 있는지를 느꼈다. 오직 그녀에 대한 이야기만 할 수 있었고 오직 그녀만을 생각할 수 있었다. 나의 그리움은 진실하고 강렬한 것이었다. 그러나 지금 생각건대 실상 이 영웅적 그리움은 전부 그녀를 향한 것이 아니었고 나 자신은 깨닫지 못했지만 그녀가 중심이 되어 벌인 놀이가 그 그리움의 상당부분을 차지하고 있었다. 그녀가 없어서 생겨난 고통을 덜기 위하여 우리 둘은 바위라도 깨뜨릴 것 같은 비장한 편지들을 주고받았다. 마침내 영광스럽게도 그녀가 더 이상 참을 수가 없어서 나를 보러 제네바에 왔다. 이번에는 내 머리가 완전히 돌고 말았다. 그녀가 머물던 이틀 동안 나는 술에 취한 미치광이 같았다. 그녀가 떠날 때 나는 그녀를 뒤쫓아 가려고 호수에 뛰어들려고 했으며 내 울부짖는 소리가 오랫동안 허공에서 메아리쳤다. 일주일 후 그녀는 내게 사탕과 장갑을 보냈다. 바로 그때 그녀가 결혼했다는 것을 알지 못했던들, 또 그녀가 내게 영광이 되었으면 좋겠다던 그 여행이 사실은 결혼의상을 사기 위해서라는 것을 알지 못했던들, 내게 그 선물들은 대단히 친절한 것으로 보였을 것이다. 내가 느꼈던 격분을 묘사하지는 않겠지만 그 격분이 어떠했는지는 이해될 것이다. 나는 고귀한 분노를 터트리면서 다시는 그 사랑의 배신자를 보지 않겠다고 맹세했다. 그녀에 대해 이보다 더 무서운 벌은 생각할 수 없었기 때문이다. 하지만 그녀는 그 때문에 죽지는 않았다. 왜냐하면 다음과 같은 일이 있었기 때문이다. 20년 후 아버지를 만나러 가서 호수 위에서 함께 배를 타고 놀았을 때 우리들의 배에서 별로 멀지 않은 곳에 있는 배에 타고 있는 부인들을 보고 누구냐고 물었다. 아버지는 웃으면서 말했다.

"뭐라고! 마음으로부터 생각이 나지 않더냐? 네 옛 사랑들이잖니. 저 사람이 크리스탱 부인, 그러니까 뷜송 양이야."

나는 거의 잊어버린 그 이름을 듣고 몸이 떨렸다. 그러나 뱃사공에게 뱃머리를 돌리라고 말했다. 복수하기에는 상당히 좋은 여건이었지만 맹세를 깨뜨리고 나이가 마흔이나 된 여인과 20년 전의 다툼에 다시 불을 지필 필요가 없다고 판단했기 때문이다.

집안사람들이 내 장래를 결정하기 전에 내 어린 시절의 가장 소중한 시간들은 이렇게 하찮은 일들로 허비되었다. 내 타고난 재능을 자세히 살펴보기 위하여 오래 생각한 끝에 결국은 내가 가장 소질이 없는 쪽으로 결정을 내려 나를 시청 재판소 법무사인 마스롱 씨에게 맡겨, 베르나르 씨가 말하는 것처럼 '여기저기서 소소한 이득을 챙기는 법무사'라는 유용한 직업을 그 밑에서 배우도록 했다. 나는 그렇게 법무사를 놀리는 말이 극도로 거슬렸다. 비천한 수단으로 돈을 많이 벌 것이라는 기대는 내 고상한 기질과는 그리 맞지 않았다. 내게 그 일은 따분하고 견딜 수 없는 것으로 보였다. 꼬박꼬박 나가서 노예처럼 일하는 데 마침내 싫증이 나서 법무사 사무실에 들어설 때마다 느끼는 혐오감이 날로 더해갔다. 마스롱 씨 쪽에서도 나를 그리 마땅치 않게 여겨 멸시하는 태도로 나를 대하며 나태하고 멍청하다고 줄곧 야단쳤다. 그리고 외삼촌이 내가 일을 할 줄 안다고 몇 번이나 보증했음에도 불구하고 사실은 일은 하나도 할 줄 모른다고, 똑똑한 아이를 보낸다고 약속해 놓고는 당나귀 같은 멍청이를 보냈다는 말을 매일같이 되풀이했다. 마침내 나는 수치스럽게도 무능하다는 이유로 법무사 사무실에서 해고당했고 마스롱 씨 밑에 있는 서기들로부터는 줄질하는 것[68] 이외에는 아무짝에도 쓸모가 없다는 판결을 받았다.

이렇게 나의 적성이 결정되자 나는 도제생활에 들어가게 되었는데, 시계공이 아니라 조각공의 밑에 들어갔다. 법무사로부터 받은 멸시로 인하여 극도로 기가 죽어 있던 터라 투덜거리지 않고 시키는 대로 했다. 뒤코맹 씨[69] 라고 불리는 내 주인은 천박하고 거친 젊은이였는데, 그는 매우 짧은 기간에 내 어린 시절의 광채를 모두 없애버리고 내 정답고 활발한 성격을 무디게 만들었으며, 나를 내가 처한 입장만이 아니라 정신적인 면에서도 진짜 견습공의 처지로 떨어뜨리는 데 완전히 성공했다. 내가 배운 라틴어며 고대에 대한 지식이며 역사며 모든 것이 오래도록 잊혀졌다. 세상에 로마 사람들이 있었는지도 생각나지 않았다. 내가 아버지를 뵈러 가곤 했을 때 그분은 이제 내게서 자신의 우상을 찾아볼 수 없었고, 나는 부인들에게도 더 이상 예전의 우아한 장자크가 아니었다. 나 자신도 랑베르시에 남매가 더 이상 내게서 그들의 학생을 알아보지 못하리라는 것을 잘 알고 있어서 그들에게 다시 모습을 나타내기 부끄러워 그 후부터는 그들을 두 번 다시 보지 않았다. 이를 데 없이 천박한 취미와 저속한 장난이 내 사랑스러운 놀이를 대체했는데, 예전의 그런 놀이에 대한 생각조차 전혀 하지 못했다. 더할 나위 없이 올바른 교육을

---

68) 시계 제조업을 비꼬는 표현.
69) 뒤코맹(Ducommun)은 1705년생으로 루소보다 7살 연상이었다. 1725년 4월 26일 작성된 도제계약을 보면 루소는 5년 계약으로 뒤코맹의 집에서 숙식하는 견습공으로 들어갔다.

받았음에도 불구하고 나에게는 타락의 성향이 상당히 농후했던 것이 틀림없다. 왜냐하면 이런 일이 대단히 빠르게 또 전혀 어렵지 않게 이루어졌으며, 그토록 발육이 빠른 카이사르도 결코 그렇게 신속히 라리동이 되지는 않았기 때문이다.[70]

그 직업 자체가 내 마음에 들지 않은 것은 아니다. 나는 제도를 몹시 좋아했고, 조각용 끌을 갖고 하는 일도 꽤 재미있었다. 그리고 시계용 조각이 요구하는 재주는 매우 한정된 것이기 때문에 그것을 완벽하게 해낼 가망이 있었다. 주인의 난폭함과 지나친 구속으로 그 일에 싫증이 나지 않았더라면 아마 완벽함에 이르렀을 것이다. 그러나 나는 주인 몰래 내 시간을 빼내 그 시간을 같은 종류의 일이기는 하지만 나로서는 자유의 매력을 느끼는 일에 사용했다. 나와 내 친구들에게 훈장으로 사용할 메달 같은 것들을 조각한 것이다. 그런데 이렇게 금지된 일을 하는 것이 주인에게 발각되었다. 그는 우리 메달에 공화국 문장이 들어있는 것으로 보아 내가 가짜 돈을 만드는 연습을 하고 있다고 하면서 나를 두들겨 팼다. 가짜 돈 같은 것은 꿈에도 염두에 둔 일이 없었으며 진짜 돈도 거의 염두에 두지 않았다고 정말 맹세할 수 있다. 나는 우리나라의 3수짜리 주화보다 로마의 동전 만드는 법을 더 잘 알고 있기는 했다.

주인의 횡포로 내가 좋아했을 일이 마침내 참을 수 없는 것이 되어버렸고, 거짓말과 게으름과 도둑질같이 내가 싫어했을 악덕들에 물들게 되었다. 이 시기에 내 안에서 일어났던 변화들을 회상하는 것만큼 내게 자식으로서 의존하는 것과 노예로서 예속당하는 것과의 차이를 더 잘 가르쳐주었던 것은 없다. 나는 원래 소심하고 수줍음이 많아서 그 어떤

---

70) 카이사르와 라리동은 라 퐁텐의 우화 〈교육〉에 나오는 개들의 이름이다. 이 둘은 훌륭한 혈통을 이어받은 형제인데 카이사르는 숲에서 자라 용감해졌고 라리동은 부엌에서 자라 나약해졌다. 이 우화는 교육의 중요성을 강조한다.

58

결점보다도 뻔뻔스러움에 대해 혐오감을 갖고 있었다. 나는 절도 있는 자유를 누려왔고 그 자유는 다만 그때까지 점차적으로 축소되고 있었을 뿐인데, 이제는 마침내 완전히 사라졌다. 나는 아버지 슬하에서는 눈치 보지 않고 마음대로 살았고 랑베르시에 씨 집에서는 자유로웠으며 내 외삼촌 집에서는 얌전했다. 그런데 주인의 집에서는 겁이 많아지고 그때부터 불량아가 되었다. 나는 생활방식에서 손윗사람들과 완전히 평등하여 내게 금지된 즐거움은 알지 못했고 내 몫으로 돌아오지 않는 음식은 보지 못했으며 내가 겉으로 드러내지 않는 욕망이라고는 하나도 없었다. 요컨대 내 마음속에서 일어나는 모든 움직임을 입 밖으로 드러낸 것이다. 이런 데 익숙했던 내가 이 집에서는 어떻게 되어야만 했는지 판단해보시라. 여기서 나는 감히 입을 열지 못했고, 식사는 3분의 1만 먹고 식탁을 떠나야 했고,[71] 볼일이 없으면 곧 방을 나가야 했다. 노상 일에 매여서 다른 사람들에게는 즐거운 일들만 있고 나 혼자만 즐거움을 박탈당한 듯이 보였고, 주인이나 직공들이 누리는 자유의 모습은 내게 가해지는 구속의 무게를 가중시켰으며, 내가 가장 잘 아는 것에 대해 논쟁을 벌일 때도 감히 입을 열 수가 없었다. 요컨대 나 혼자만 모든 것을 박탈당했다는 이유 하나만으로도 내 눈에 보이는 모든 것은 내 마음에 선망의 대상이 되었다. 자유로움, 명랑함, 전에는 잘못을 저지르고도 종종 징벌을 피할 수 있게 해주었던 재치 있는 말과도 작별했다. 생각할 때마다 절로 웃음이 나오는 일이 있다. 어느 날 저녁 아버지 집에서 어떤 장난 때문에 저녁을 굶고 자러 가는 벌을 받고는 한심스럽게 빵한 조각을 들고 부엌을 지나다가 꼬챙이에 꿰어 돌아가는 구운 고기를 보고 냄새를 맡았다. 모두들 불 주위에 앉아있었다. 지나가면서 사람들 모두에게 인사를 해야 했다. 한 바퀴 돌고 났을 때, 무척 먹음직스러워

---

71) 당시에는 견습공들이 후식을 들지 못하고 식사가 끝나기 전에 나가는 것이 규칙이었다.

보이고 냄새가 좋은 구운 고기를 곁눈질하면서 그것에도 역시 인사를 드리지 않을 수 없어서 처량한 목소리로 "구운 고기야, 안녕" 하고 말하고 말았다. 순진함에서 나온 이러한 기발한 재치가 사람들에게 재미있게 보였던지 남아서 저녁을 먹게 되었다. 아마 주인집에서도 이러한 재치는 똑같은 성공을 거두었을지 모른다. 그러나 그런 재치가 내게 떠오르지 않았을 것이고 떠올랐다 하더라도 결코 감히 입 밖에 내지 못했을 것이 확실하다.

바로 이렇게 나는 내색하지 않고 탐을 내고 사람들의 눈을 피하며 속이고 거짓말하며 마침내는 훔치는 짓까지 배우게 되었다. 훔친다는 것은 이때까지만 해도 없었던 갑작스런 욕망인데, 그 이후부터는 그 버릇을 완전히 고칠 수 없었다. 가지려고 탐을 내면서도 가질 방도가 없을 때 항상 그런 결과가 생기기 마련이다. 바로 이러한 이유로 하인들은 죄다 사기꾼이고 견습공들도 모두 그렇게 되지 않을 수 없다. 그러나 견습공들이 평등하고 평온한 상태에서 눈에 보이는 것을 쉽게 가질 수 있다면 자라면서 그 부끄러운 성향이 사라지게 된다. 나는 바로 그런 좋은 조건을 갖지 못해서 그와 같은 이득도 얻을 수 없었다.

선량한 감정이 나쁜 길로 빠지면 바로 그 감정으로 인해 아이들은 악을 향해 첫발을 내딛게 된다. 나는 주인집에서 계속적으로 결핍과 유혹에 시달리면서도 1년 이상 머무르는 동안 아무것도, 심지어 먹을 것조차 훔칠 마음을 먹을 수 없었다. 내가 저지른 최초의 도둑질은 남의 환심을 사려는 데서 나온 일이었다. 그러나 그것은 또 다른 도둑질들을 하게 되는 길을 열었고, 그 도둑질들은 그리 칭찬할 만한 결말을 가져오지 못했다.

주인집에 베라 씨라고 불리는 직공이 있었는데, 부근에 있는 그의 집은 아주 좋은 아스파라거스가 나는 밭을 상당히 외딴 곳에 갖고 있었다. 돈이 많지 않았던 베라 씨는 갓 나온 아스파라거스를 어머니 몰래 훔쳐다 팔아서 무언가 맛있는 아침식사를 차려먹고 싶어 했다. 그러나 자신이 위험을 무릅쓰기도 원치 않고 그리 민첩하지도 않아서 이 원정을 위해 나를 선택했다. 사전에 몇 마디 감언이설로 꼬드긴 후에 — 나는 그 목적을 알아차리지 못했기 때문에 그 꼬임에 더 쉽사리 넘어갔다 — 즉석에서 떠오르는 생각처럼 내게 그것을 제안했다. 나는 한사코 이의를 제기했고 그는 졸라댔다. 구슬리는 데는 어쩔 수가 없어서 손을 들었다. 그리하여 매일 아침 가서 가장 좋은 아스파라거스를 따서 몰라르 시장에 가지고 갔는데, 거기서 어떤 할멈이 내가 방금 훔쳐온 것을 보고서는 더 싸게 사기 위하여 "막 훔쳐온 것이지" 하고 말하면 나는 겁에 질려 할멈이 내게 주는 대로 받아 그것을 베라 씨에게 갖다 주었다. 그것은 재빨리 아침식사로 바뀌었는데, 식사를 제공하는 것은 나였건만 그는 그것을 다른 동료와 나누어 먹었다. 왜냐하면 나로서는 그 찌꺼기를 약간 얻어먹는 데 매우 만족해서 그들의 포도주에는 손도 대지 않았기 때문이다.

이러한 못된 수작이 며칠 동안 계속되었지만 도둑놈의 것을 도둑질한다거나 베라 씨에게서 아스파라거스에서 나온 수입의 일부를 십일조처럼 떼어낸다든가 하는 짓은 염두에도 두지 않았다. 나는 더할 나위 없이 충성스럽게 내가 맡은 좀도둑질을 수행했는데, 내가 그 짓을 했던 이유라고는 내게 그 짓을 시킨 사람의 환심을 사려는 것뿐이었다. 그러나 내가 만약 붙잡혔다면 얼마나 매를 맞고 얼마나 욕을 먹고 얼마나 가혹한 취급을 받았을 것인가! 반대로 이 파렴치한 인간이 나의 말을 거짓이라고 반박한다면 사람들은 그의 말만 듣고 믿었을 것이고 나는 감히 그에게 죄를 뒤집어씌웠다고 이중으로 처벌을 받게 되었을 것이다. 그는 직공이요 나는 일개 견습공에 불과하니 말이다. 바로 이런 식으로 어떤 경우든 죄를 지은 강자는 죄 없는 약자를 희생시키고 빠져나간다.

이리하여 도둑질하는 것이 생각했던 것보다 무섭지 않다는 것을 알게 되었고, 곧 내 기술을 잘 활용하여서 내가 탐내던 것은 내 손에 걸려 남아나는 것이 없었다. 내가 주인집에서 절대 잘 못 먹은 것은 아니다. 내게 절제가 고통스러웠던 것은 단지 그가 제대로 절제하지 않는 것을 보았기 때문이다. 젊은이들의 구미를 가장 강렬히 돋우는 음식들을 식탁에 내놓으면서 그들을 식탁에서 일어나게 하는 관습은 그들을 탐식가로 만들 뿐 아니라 좀도둑으로 만든다는 것이 나에게는 거론할 필요도 없는 사실처럼 보인다. 나는 얼마 되지도 않아 탐식가와 좀도둑이 되었다. 보통 때는 그것에 대해 만족스럽게 여겼고, 가끔 매우 불만족스럽게 여겼던 적도 있었는데 그때는 걸렸을 때였다.

아직도 몸이 떨리며 동시에 웃음을 금할 수 없는 추억의 하나는 사과를 사냥하러 나섰던 일인데,[72] 호되게 당했다. 이 사과들은 식품 저장실 바닥에 있었는데, 이 저장실에는 높은 곳에 위치한 통풍용 덧창을 통하여 부엌으로부터 빛이 들어왔다. 집에 혼자 있던 어느 날 빵 반죽을 넣어두는 뒤주 위에 올라가 헤스페리데스[73]의 정원에 있는 내가 접근할 수 없는 그 귀중한 과일을 바라보았다. 나는 가서 쇠꼬챙이를 구해 그것이 거기 닿을 수 있는가 알아보았다. 너무 짧아서, 또 다른 작은 꼬챙이를 이어 붙였다. 이 작은 꼬챙이는 자잘한 사냥감을 꿰는 데 쓰이는 것으로, 주인이 사냥을 좋아했던 것이다. 여러 번 찔러보았으나 성공하지 못했다. 마침내 사과 1개가 끌려나오는 것을 느꼈을 때 흥분하여 어쩔 줄 몰랐다. 나는 살살 잡아당겼다. 벌써 사과는 덧창까지 도달했다.

---

72) 여기서 사냥(*chase*)은 다음에 이어서 나오는 '주인이 사냥'을 좋아하는 것에 의미적으로 연관된다. 또한 이 맥락에서는 나오지 않지만 사냥은 루소의 아버지가 사냥을 좋아하는 사실과 무의식적인 관련을 맺고 있다. 여기서 '사냥'은 아버지를 모방하면서 아버지의 권위를 훔치는 행위이다.

73) 그리스 신화에 나오는 님프들로 세계의 서쪽 끝에 살면서 100개의 머리를 가진 용 라돈과 함께 헤라의 황금 사과나무를 지켰다.

62

손을 내밀어 사과를 잡기 직전이었다. 누가 내 아픔을 알겠는가? 사과가 너무 커서 구멍으로 나오지 않았다. 이것을 끌어내려고 온갖 꾀를 다 써보았다. 쇠꼬챙이를 그대로 고정시키기 위한 받침대들과 사과를 쪼갤 정도로 긴 칼과 밑에서 사과를 떠받칠 얇고 긴 판자를 찾아야 했다. 상당한 솜씨와 시간을 들여 마침내 사과를 자르는 데 성공했다. 다음에는 사과를 한 쪽씩 끌어낼 요량이었다. 그런데 잘리자마자 두 쪽 다 식품 저장실 안으로 떨어졌다. 동정심 많은 독자여, 나의 비탄을 함께 느끼시라.

나는 용기를 조금도 잃지 않았지만, 시간은 많이 잃었다. 들킬 염려가 있었다. 그래서 더 좋은 기회를 잡기 위하여 그 시도를 다음 날로 미루고, 아무 일도 없었던 것처럼 태연하게 다시 일을 시작했다. 입이 가벼운 그 두 증거물들이 내게 불리한 증언을 하리라고는 생각하지 못하고 말이다.

다음 날 다시 좋은 기회를 잡아서 다시 시도한다. 그 발판으로 올라가 쇠꼬챙이를 내밀어 겨냥한다. 막 찌르려고 하는데 … 불행하게도 용은 잠을 자고 있지 않았다. 갑자기 식품 저장실의 문이 열린다. 주인이 거기서 나와 팔짱을 낀 채 나를 노려보며 말한다. "힘 좀 더 내시지!"지금도 펜이 손에서 떨어질 지경이다.

이윽고 너무 학대를 받은 나머지 그것에 덜 민감해졌다. 마침내 그것은 도둑질에 대한 일종의 대가같이 보여서 내게 계속 도둑질할 권리를 부여했다. 뒤를 돌아보면서 벌을 생각하는 대신에 앞을 보면서 복수를 생각했다. 도둑놈이라고 나를 때리는 것은 내가 도둑놈이 되도 좋다는 것이라고 판단했다. 훔치는 것과 얻어맞는 것은 함께 붙어다녔고, 어떻게 보면 하나의 고정된 상황이 되어서, 그 상황에서 내게 속한 부분을 완수하고 그 나머지 부분에 대한 수고는 주인에게 맡길 수 있다고 생각했다. 이런 생각에서 이전보다 더 태연하게 도둑질하기 시작했다. 그리고 속으로 이렇게 중얼거렸다.

"결국 어떻게 될까? 얻어맞겠지. 좋다. 어차피 얻어맞도록 태어났으니까 말이다."

나는 먹는 것을 좋아하지만 게걸스럽지는 않다. 감각적 쾌락을 찾기는 하지만 미식가는 아니다. 다른 취미들이 너무 많아서 먹는 취미에 관심을 두지 못한다. 마음이 한가로울 때를 제외하고는 결코 입을 즐겁게 하는 데 정신을 판 적이 없었다. 게다가 그런 일은 내 생애에서 극히 드물어서 맛있는 음식을 생각할 시간도 거의 없었다. 바로 이러한 이유로 내 좀도둑질은 먹는 것에 국한되지 않고 오래지 않아 곧 나를 유혹하는 모든 것으로 확장되었다. 그런데 내가 진짜 도둑놈이 되지 않았던 것은 내가 결코 그다지 돈에 끌리지 않았기 때문이다. 공동작업실 안에 주인은 자물쇠를 채워둔 작업실을 따로 갖고 있었다. 나는 들키지 않고 그 문을 따고 다시 닫는 수단을 알아냈다. 거기서 나는 그의 좋은 연장들이며 가장 훌륭한 도안들이고 부조(浮彫)며 내가 부러워하고 그가 나로부터 멀리 두고 싶어 했던 것들을 모두 이용했다. 사실 이러한 도둑질은 오직 주인을 위해서 사용되었기 때문에 정말 죄가 없었다. 그리고 나는 이러한 하찮은 물건들을 내 수중에 넣었다는 기쁨에 어쩔 줄을 몰랐다. 주인이 만든 제작품들과 함께 재주도 훔친다고 생각했다. 게다가 상자들에는 금은(金銀) 조각, 조그마한 보석, 귀중품, 화폐가 들어있었다. 내 주머니에 4수나 5수가 있어도 그것은 대단한 것이었다. 그렇지만 그 모든 것들 중 어느 하나 손대기는 고사하고, 내 인생에 결코 그런 것에 선망의 눈길을 던졌던 기억조차 없다. 나는 그런 것을 즐거움보다는 두려움을 갖고 보았다. 돈을 훔치거나 돈이 되는 것을 훔치는 데 대해 내가 느끼는 이러한 공포감은 대부분 교육에서 생긴 것이라고 확신한다. 거기에는 치욕, 감옥, 징벌, 교수대 같은 은밀한 생각들이 섞여있어서, 마음이 끌렸다면 그러한 생각들 때문에 무서워 몸서리쳤을 것이다. 반

64

면에 내 나쁜 소행은 내게 장난에 불과한 것으로 보였고 사실 그 이상의 것은 아니었다. 이 모든 짓들은 고작 주인한테 얻어맞는 정도로 끝날 수밖에 없었고, 나도 미리 그 점에 대해서는 각오하고 있었다.

그런데 다시 한 번 말해두거니와 나는 자제하지 않으면 안 될 정도로 탐을 내지도 않았다. 나는 애써 억제해야 할 어떤 것도 느끼지 않았다. 아름다운 도안용 용지 단 한 장이 그런 도안 용지 한 연(連)74)을 살 만한 돈보다 더 나를 유혹했다. 이러한 별난 성격은 내 성격의 독특한 점들 중 하나에서 기인하는 것으로, 내 행동에 지대한 영향을 미쳤기 때문에 설명이 꼭 필요하다.

내게는 매우 강렬한 열정이 있어서 내가 그것에 사로잡힐 때는 어떤 것도 그 격렬함에 맞설 수 없다. 나는 더 이상 절도도 존경도 두려움도 예의도 모르고, 후안무치하며 뻔뻔스럽고 사나우며 대담하다. 나를 가로막는 수치도, 나를 두렵게 하는 위험도 안중에 없다. 내 마음을 사로잡는 그 유일한 대상을 제외하고 온 세상마저도 더 이상 내게는 아무것도 아니다. 그러나 이 모든 것은 한순간밖에 지속되지 않는다. 그리고 다음 순간 나는 허탈상태에 빠진다. 평온한 상태에 있는 나는 어떤가. 무기력과 수줍음 바로 그 자체이다. 모든 것에 질겁하고 모든 것에 싫증이 난다. 날아다니는 파리 한 마리도 무섭다. 말 한마디 하는 것도 몸짓 한 번 하는 것도 내 나태함을 불안에 빠뜨린다. 모든 사람들의 눈에서 사라지고 싶을 정도로 두려움과 수치심이 나를 지배한다. 움직여야만 할 때 무엇을 해야 할지 모르고, 말해야 할 때 무슨 말을 해야 할지 모르고, 사람들이 나를 바라볼 때 당황한다. 열광하고 있을 때는 이따금 내가 무슨 말을 해야 하는지 생각해낼 줄 알지만, 일상적 대화에서는 아무

74) 연(rame)은 종이의 거래단위의 하나로 '두루마리'라는 의미에서 나왔다. 1연의 양은 나라마다 달라서 일정하지 않으나, 일반적으로 인쇄용지는 전지 5백 장을 1연으로 하고 벽지는 스무 두루마리를 1연으로 한다.

것도 결코 아무것도 생각해내지 못한다. 내가 말해야 한다는 그 한 가지만으로 내게 대화는 견딜 수 없는 것이 된다.

덧붙여 말하면 내 주된 취향들은 그 어느 것도 돈으로 살 수 있는 것들에 있지 않다는 사실이다. 내게 필요한 것은 오직 순수한 즐거움뿐이며 돈은 그 모든 순수한 즐거움을 망쳐버린다. 예를 들면 나는 식사의 즐거움을 좋아한다. 그러나 나는 상류 사교모임의 거북함이나 선술집의 방탕함을 견딜 수 없어서 오직 친구 한 사람과 식사할 때야 그 즐거움을 맛볼 수 있다. 친구가 한 사람 필요한 이유는 나 혼자서는 그 즐거움을 맛보는 것이 불가능하기 때문이다. 혼자 있으면 상상력이 다른 것에 쏠려서 먹는 즐거움을 갖지 못한다. 내 불타는 피는 여인들을 요구하지만, 내 감격한 마음은 그보다 훨씬 더 사랑을 요구한다. 돈으로 살 수 있는 여인들은 내게서 그녀들이 가진 모든 매력을 잃어버릴 것이다. 내가 그녀들을 이용할 수 있을지 그것조차 의심스럽다. 내가 손에 넣을 수 있는 즐거움이란 모두 마찬가지여서, 나는 그 즐거움이 공짜가 아니라면 매력이 없다고 생각한다. 나는 그것을 맛볼 줄 아는 사람이라면 누구나 즐길 수 있는 그리고 그런 사람을 제외하고는 누구에게도 속하지 않는 재화만을 사랑한다.

내게 돈은 결코 사람들이 생각하는 것만큼 소중한 것으로 보이지 않았다. 게다가 결코 대단히 편리한 것으로 보이지도 않았다. 돈은 그 자체로서는 아무짝에도 쓸모가 없다. 돈을 향유하기 위해서는 그것을 변형시켜야 한다. 사고, 흥정을 하며, 종종 속임수를 당하고, 값은 많이 내고 푸대접을 받아야 한다. 나는 품질이 좋은 것을 원하지만 돈을 주고 사면 영락없이 나쁜 것을 갖게 된다. 신선한 달걀이라고 비싸게 사면 오래된 것이고, 먹음직스러운 과일이라고 비싸게 사면 설익었으며, 처녀라고 비싸게 사면 닳고 닳았다. 나는 좋은 포도주를 좋아하지만 어디서 그런 포도주를 구한다? 포도주 상점에서? 내가 어떻게 해도 포도주 상

66

인은 내게 독을 먹일 것이다. 꼭 좋은 것으로 받고 싶다고? 성가시고 귀찮은 일들이 얼마나 많은가! 친구나 거래선을 만들고, 수수료를 주며, 편지를 쓰고, 가고 오며, 기다리고, 그러다가 흔히 끝에 가서는 또 속고 만다. 내 돈으로 이 무슨 고생인가! 나는 좋은 포도주를 좋아하는 것 이상으로 그런 고생을 싫어한다.

견습공으로 있는 동안이나 그 후에도 무언가 달콤한 것을 사려고 얼마나 여러 번 외출했는지 모른다. 제과점에 가까이 가면 계산대에 여점원들이 언뜻 보인다. 그러면 벌써 저희들끼리 이 맛있는 것을 밝히는 아이를 비웃고 조롱하는 것이 보인다는 생각이 든다. 과일가게 앞을 지나가면서 먹음직스러운 배를 곁눈질한다. 그 좋은 냄새가 나를 유혹한다. 그 바로 옆에서 두세 명의 젊은이가 나를 바라본다. 나를 아는 한 남자가 그 가게 앞에 있다. 멀리서 처녀 하나가 오는 것이 보인다. 저게 우리집 하녀는 아닐까? 나는 근시라서 이러한 착각을 수없이 일으킨다. 지나가는 사람들 모두가 아는 사람들로 보인다. 가는 곳마다 겁을 먹고 어떤 장애에 가로막힌다. 부끄러움과 함께 욕망은 더해가지만, 결국 나는 바보처럼 — 호주머니에는 갈망을 충족시킬 것을 가지고 있으면서도 감히 아무것도 사지 못하고 갈망에 고통스러워하면서 — 되돌아온다.

만약 내 손으로나 남들의 손을 빌려 내 돈을 쓸 때 항상 느꼈던 온갖 종류의 당혹스러움, 부끄러움, 혐오감, 불편함, 거부감 등을 일일이 늘어놓는다면 정말 따분한 자질구레한 이야기들로 들어가게 될 것이다. 독자들은 내 생애를 읽어나가면서 내 기질을 알게 됨에 따라 이 모든 것을 길게 이야기하지 않아도 그것을 느끼게 될 것이다.

이것을 이해하고 나면, 이른바 나의 자기 모순적 성격들 중의 하나를 어렵지 않게 이해할 것인데, 그것은 돈을 더할 바 없이 경멸하면서도 그와 더불어 거의 치사스러울 정도로 인색하다는 것이다. 돈은 내게 있어 무척 불편한 동산(動産)이어서 내게 없는 돈을 바랄 생각조차 하지 않으며, 돈이 있을 때는 내 멋대로 돈을 쓸 줄 몰라서 쓰지 않고 오랫동안 간수한다. 그러나 돈을 쓰기에 적합하고 유쾌한 기회가 오면 그것을 잘 이용해서 나 자신도 모르는 사이에 지갑이 비어버린다. 그러나 내게서 뽐내려고 돈을 쓰는 구두쇠들의 나쁜 버릇을 찾으려고 하면 곤란하다. 정반대로 나는 은밀히 그리고 즐거움을 위해서 돈을 쓴다. 돈을 쓰는 것을 자랑하기는커녕 숨긴다. 돈은 내게 무용지물이고 돈을 가지고 있다는 것이 거의 부끄러울 정도이며 그것을 사용한다는 것은 훨씬 더 부끄러운 일이라고 절실히 느끼고 있다.

일찍이 편안하게 살 수 있을 정도로 충분한 수입이 있었다면 구두쇠가 될 마음은 조금도 생기지 않았을 것이다. 그것은 정말 진심이다. 나는 내 수입을 늘리려고 하지 않고 전부 써버릴 것이다. 그러나 재정적으로 불안정한 내 처지 때문에 걱정이 끊이지 않는다. 나는 자유를 사랑하고 불편함과 수고와 예속을 싫어한다. 내가 지갑에 돈을 갖고 있는 동안 돈은 내게 독립을 보장한다. 그리고 그 덕분에 돈을 더 벌려고 동분서주하지 않아도 되는데, 돈을 버는 일은 꼭 필요하기는 하지만 내가 늘 싫어하는 것이었다. 그래서 돈이 떨어지는 것이 무서워서 돈을 애지중지한다. 가지고 있을 때 돈은 자유의 도구이지만, 쫓아다닐 때 돈은 예속의 도구이다. 바로 이러한 이유에서 나는 돈을 꼭 움켜쥐고 있지만 아무것도 탐내지 않는다.

그러므로 나의 무사무욕은 게으름에 지나지 않는다. 소유하는 즐거움은 획득하는 데 들이는 노고를 보상하지 못한다. 그리고 나의 낭비 또한 게으름에 지나지 않는다. 기분 좋게 돈 쓸 기회만 생기면 누구보다도 더 그것을 십분 활용하기 때문이다. 내가 돈보다 더 물건에 끌리는 것은 돈과 원하는 소유물 사이에는 언제나 매개물이 있는 반면 물건 자체와 그것의 향유 사이에는 매개물이 전혀 없기 때문이다. 물건을 보면 그 물건은 내 마음을 끈다. 그러나 그것을 획득하는 방법만을 보면 그 방법은 내 마음을 끌지 않는다. 그래서 나는 좀도둑이 되었고 지금도 내 마음을 끄는 하찮은 것들을 가끔 슬쩍하는데, 그것들을 달라고 부탁하느니 훔치는 것을 더 좋아하기 때문이다. 그러나 어려서나 커서나 살면서 절대로 누구에게서도 돈은 한 푼도 훔친 기억이 없다. 단 한 번, 지금부터 15년 전이 채 안 되는데, 7리브르 10수를 훔친 것을 제외하면 말이다. 이 사건은 이야기할 만한 가치가 있다. 왜냐하면 여기에서는 뻔뻔스러움과 어리석음의 괴상스러운 제휴가 발견되기 때문인데, 그것이 내가 아닌 다른 사람과 관련되어 있다면 내 자신도 믿기 어려울 지경이다.

그것은 파리에서의 일이었다. 나는 5시경 프랑쾨유 씨75)와 팔레 루아얄을 산책하고 있었다. 그는 자기 시계를 꺼내보고 내게 말했다.

"오페라 극장에 갑시다."

나도 정말 원하던 바여서 함께 갔다. 그는 계단형 좌석표 두 장을 사서 내게 한 장을 주고 한 장은 자기가 갖고 앞장을 선다. 나는 그를 뒤따르고 그는 들어간다. 그의 뒤를 따라 들어가려고 할 때 입구가 혼잡스러운 것을 보고 둘러보니 모든 사람들이 서 있었다. 나는 이 군중들 속에서 눈에 띄지 않을 수 있거나 아니면 적어도 프랑쾨유 씨로 하여금 내가 그속에서 없어졌다고 추측하게 할 수 있다고 판단한다. 나는 나와서 외출표를 다시 받은 다음 내 돈을 물러서 가버렸다. 내가 입구에 도달했을 때는 벌써 모든 사람들이 자리에 앉아 있었고 그때 프랑쾨유 씨가 내가 이제 거기에 없다는 것을 분명히 알았다는 사실은 생각도 못하고 말이다.

이제껏 이런 행위보다 더 내 기질에 동떨어졌던 것은 없었기 때문에 이를 기록하는데, 이것은 일종의 정신착란의 순간들이 있어서 그때는 사람들의 행위에 비추어 그들을 판단해서는 안 된다는 것을 보여주기

---

75) Charles Louis Dupin de Francueil(1716~1780): 클로드 뒤팽의 첫 번째 결혼에서 태어난 아들로 메츠와 알자스의 회계국장이 되었고 이후 왕실 비서가 되었다. 루소는 한동안 프랑쾨유의 회계로 있게 된다.

위해서이다. 이것은 정확히 말하면 돈을 훔친 것이 아니라 그 용도를 훔친 것이다. 그것은 도둑질이 아니었던 만큼 더 비열한 짓이었다.

　견습공으로 있는 동안 숭고한 영웅적 행위로부터 비열한 불량아에 이르기까지 내가 걸어온 역정을 모조리 더듬어보려고 하면 이러한 자질구레한 이야기들은 끝이 없을 것이다. 그러나 내 신분에서 나오는 악덕들을 몸에 붙이기는 했지만 그것들을 완전히 좋아하기란 불가능했다. 내 동료들의 오락에도 싫증이 났다. 그리고 너무 지나친 구속으로 일에 염증이 나자, 모든 것에 싫증이 났다. 이렇게 되자 오래전부터 잃어버렸던 독서취미가 되살아났다. 일하는 시간을 빼돌려 책을 읽었기 때문에 이러한 독서는 새로운 죄가 되어 새로운 벌을 샀다. 구속에 의하여 자극받은 이 취미는 열정이 되었고 오래지 않아 격정으로 변했다. 유명한 대본(貸本) 장수인 라 트리뷔라는 여자가 내게 어떤 종류의 책이든 다 제공했다. 좋은 책이든 나쁜 책이든 모두 괜찮았다. 나는 조금도 선별하지 않고 아무것이나 다 똑같이 탐독했다. 작업대에서도 읽었고, 심부름하러 가면서 읽었고, 변소에서도 읽었다. 그리고 책을 읽으면서 몇 시간 내내 내 자신마저 잊어버렸다. 독서에 미쳐서 이제는 오로지 책만 읽고 있었다. 주인이 나를 감시하고 현장에서 붙잡아 때리고 책을 빼앗았다. 얼마나 많은 책들이 찢기고 불살라지며 창밖으로 내던져졌던가! 라 트리뷔 책방에는 얼마나 많은 책들이 짝이 맞지 않은 상태로 남아있었던가! 더 이상 그녀에게 지불할 돈이 없으면 내 셔츠며 넥타이며 입던 옷가지들을 주었다. 일요일마다 받는 내 3수의 팁도 꼬박꼬박 그녀에게 갖다 바쳤다.

　여러분들은 내게 "자, 그것 봐라, 돈이 필요하게 되었지" 하고 말할 것이다. 맞는 말이기는 하지만 그것은 독서가 나를 일체의 활동에서 떼어놓은 뒤의 일이었다. 내 새로운 취미에 온통 정신이 팔려서 더 이상 독서 이외에는 아무것도 하지 않았고 도둑질도 하지 않았다. 이 또한 내 독특한 차이들 중의 하나이다. 어떤 생활습관이 한창 몸에 붙어갈 무렵 아무것도 아닌 것에 한눈이 팔려 마음이 바뀌고 그것에 집착하고 마침내는 열중하게 된다. 그렇게 되면 모든 것이 잊히고 나는 나를 사로잡는 새로운 대상밖에는 더 이상 생각하지 않는다. 주머니에 넣어둔 새 책을 펼치고 싶은 조바심에 가슴이 두근거렸다. 혼자 있게 되면 부랴부랴 책을 꺼내들었고 더 이상 주인의 작업실을 뒤질 생각도 나지 않았다. 돈이 더 많이 드는 광적 취미들을 가졌다 하더라도 도둑질을 했을 것이라고는 생각조차 하기 어렵다. 현재의 순간에 제한된 내 기질상 그런 식으로 미래에 대비한다는 것은 불가능했다. 라 트리뷔는 내게 외상을 주었고, 선금도 매우 적었다. 책을 호주머니에 넣으면 더 이상 아무것도 생각이 나지 않았다. 내게 돌아오는 돈은 마찬가지로 그 여자 수중에 자연적으로 들어갔다. 그녀의 독촉이 심해지면 가장 빨리 손에 잡히는 것이 내 자신의 옷가지들이었다. 미리 도둑질을 하는 것은 나에게는 너무 과한 선견지명이었고, 돈을 지불하기 위해 훔치고 싶은 마음은 아예 들지도 않았다.

책망과 구타와 남의 눈을 피해서 하는 남독(濫讀)이 겹쳐 나는 과묵하고 거친 기질의 사람이 되었고, 머리는 혼란스러워져서 정말 늑대인간처럼 비사교적인 사람으로 살았다. 하지만 조잡하고 무미건조한 책들을 멀리할 만한 취향은 없었지만 다행스럽게도 외설적이고 음탕한 책들은 멀리했는데, 매사에 매우 융통성이 있는 라 트리뷔가 내게 그런 책들을 빌려주는 것을 주저했기 때문은 아니었다. 그러나 그 가격을 불리기 위하여 내게 비밀스러운 태도로 그 책들의 이름을 일러주는 통에, 바로 그 때문에 불쾌감과 수치감을 느끼고 그것들을 거절하지 않을 수 없었다. 게다가 내 수줍은 기질에 천우신조가 더해져서, 세상 어디엔가에서 어떤 아름다운 귀부인이 몰래 읽을 수밖에 없다는 점에서 — 그녀는 그렇게 말한다 — 불편하다고 생각하는 그런 위험한 책들이라면 그 어떤 것에도 서른이 넘기 전까지는 눈길도 던지지 않았다.

1년이 채 안 되어서 빈약한 라 트리뷔 가게의 책들이란 책들은 다 읽어버려서, 한가할 때는 정말 할 일이 없게 되었다. 독서취미 더 나아가 독서로 어린아이와 부랑아의 나쁜 취미들이 고쳐졌다. 내가 읽은 책들은 선별된 것도 아니고 종종 좋지 않은 것들이었음에도 불구하고 내 처지로 인해 가졌던 감정들보다는 더 고상한 감정들이 내 마음에서 다시 자라났다. 내 가까이에 있는 모든 것에 진저리가 났고, 내 마음을 끌었을지 모르는 모든 것이 내게 너무 멀리 있다고 느꼈다. 이러한 이유들로 내 마음을 만족시킬 수 있는 것들 중 가능한 것은 하나도 보이지 않았다. 오래전부터 흥분하고 있던 내 관능은 내게 그 대상을 상상할 수조차 없는 쾌락을 요구했다. 나는 마치 성(性)을 갖고 있지 않은 것처럼 실제 대상에서 멀리 떨어져 있었다. 그렇지만 이미 사춘기에 접어들어 감성이 풍부한 나는 내가 즐기는 터무니없는 짓들을 가끔 생각했지만 그 이상은 아무것도 상상하지 못했다. 이러한 기묘한 상황에서 나의 충족되지 않은 상상력은 나 자신으로부터 나를 구해내고, 막 나타나기 시작하는 관능을 진정시키는 방책을 세웠다. 그것은 내가 읽은 책들에서 흥미를 끌었던 상황들에 몰두하여 그것들을 다시 불러내어 다양하게 변화시키고 결합시키면서 내 것으로 만드는 것이다. 그 결과 나는 내가 공상하는 인물들 중의 하나가 되고, 내 취향에 맞는 가장 기분 좋은 상황에 언제나 있게 되며, 마침내는 내가 성공적으로 내 자신을 그 안에 놓이게 한 허구적 상태가 그렇게도 불만스러운 내 현실적 상태를 잊게 만들었다. 이렇게 상상적인 대상들을 사랑하고 또 쉽사리 그것들에 몰두한 나는 드디어 내 주위의 모든 것에 염증을 느끼게 되었고, 이 시기 이후부터 계속해서 내게 붙어 다닌 고독에 대한 취향을 굳히게 되었다. 여러분들은 이후 이러한 성향의 기묘한 결과들을 여러 번 보게 될 것인데, 이러한 성향은 겉으로 보기에는 매우 염세적이고 침울하지만 사실은 너무

나 다정다감하며 사랑이 넘치는 마음에서 나오는 것이다. 그리고 이러
한 마음은 자기와 닮은 실재 대상을 찾을 수가 없어서 어쩔 수 없이 허구
를 먹고 사는 것이다. 지금으로서는 내 모든 정념을 변화시킨 어떤 성향
의 기원과 최초의 원인을 표명한 것으로 충분한데, 그 성향은 너무도 강
렬한 욕망에 의해서 그것을 실행하는 데 있어서는 항상 나를 태만하게
만들었다. 그러니까 정념을 정념 자체로 억눌렀던 것이다.

　이리하여 나는 만 15살을 넘어섰다. 불안해하고, 모든 것과 나 자신
에 불만을 느끼며, 내 신분에 맞는 취미도 내 나이에 어울리는 즐거움도
없이, 그 대상도 모르는 욕망에 괴로워하며, 눈물을 흘릴 이유도 없는
데 울고, 까닭도 모를 탄식을 하면서 말이다. 주변에서는 내 공상에 비
견되는 것들을 하나도 볼 수 없어서 마침내는 내 공상을 다정스럽게 어
루만졌다. 일요일이면 내 동료들이 설교가 끝난 후 함께 놀러가자고 나
를 부르러 왔다. 그렇게 할 수만 있었다면 기꺼이 그들 축에 끼지 않았
을 것이다. 그러나 일단 그들 놀이에 끼어들면 제일 열심이었고 어느 누
구보다도 앞장을 섰다. 그러니까 움직이게 하기도 어려웠지만 말리기
도 쉽지 않았다. 바로 이러한 것이 예로부터 언제나 내 변하지 않는 성
향이었다. 교외로 산책을 나갈 때에도 다른 사람들이 내 대신 생각해서
알려주지 않는 한 돌아올 것은 생각하지 않고 계속해서 앞으로 나갔다.
그래서 나는 두 번 낭패를 당했다. 내가 도착하기 전에 성문이 닫혀버린
것이다. 이튿날 나는 여러분이 상상하는 것과 같은 대우를 받았다. 그
리고 두 번째는 다음에 또 그러면 그와 똑같은 대우를 받을 것이라는 경
고를 받아서 그런 대우를 받지 않겠다고 결심했다. 그러나 그렇게 무서
위했던 세 번째가 닥쳐왔다. 늦지 않으려고 주의를 했건만 미뉘톨리 씨
라는 빌어먹을 수문장 때문에 어긋나고 말았는데, 그는 자신이 보초를
서는 문은 다른 사람들보다도 언제나 반시간 먼저 닫곤 했던 것이다. 나
는 동료 두 사람과 함께 돌아오는 길이었다. 폐문을 알리는 종소리가 울

리는 것을 시에서 2킬로미터 떨어진 곳에서 듣는다. 나는 발걸음을 재촉한다. 북 울리는 소리가 들린다. 전속력으로 달린다. 숨을 헐떡이면서 온통 땀에 흠뻑 젖어 도착한다. 심장이 고동친다. 멀리서 초소를 지키는 군인들이 보인다. 달려오면서 목 메이게 외쳤다. 그러나 너무 늦었다. 맨 앞 초소에서 20걸음 떨어진 곳에서 첫 번째 다리가 올라가는 것이 보인다. 나는 공중에서 다리를 견인하는 그 끔찍한 삼각 밧줄들을 바라보면서 몸을 떤다. 그것들은 이 순간부터 내게 시작되는 피할 수 없는 운명을 미리 보여주는 불행과 파멸의 징조였다.

처음에는 괴로워 어쩔 줄 몰라 성 앞의 제방에 몸을 던지고 넋이 빠졌다. 내 동료들은 자신들의 불행을 웃어넘기면서 곧 마음을 정했다. 나도 내 마음을 정했는데, 그것은 그들과는 다른 방침이었다. 바로 그 자리에서 절대로 주인집에 돌아가지 않겠다고 맹세했다. 그리고 이튿날 문이 열리는 시간에 그들이 시로 들어갈 때 나는 그들에게 영원한 작별 인사를 고하고, 내 외사촌 베르나르에게 내가 한 결심과 그가 다시 한 번 나를 볼 수 있을 장소를 은밀히 알려주라는 부탁만 했다.

내가 견습공으로 들어간 뒤로는 그와 더욱 멀어져서 그를 예전보다 덜 만났다. 그래도 한동안은 일요일마다 서로 만나곤 했는데, 어느새 그나 나나 다른 습관을 갖게 되어 서로 볼 기회가 더 드물게 되었다. 이러한 변화에는 그의 어머니가 상당한 몫을 했다고 확신하고 있다. 그로 말하면 윗동네의 부잣집 자제요 나로 말하면 천한 견습공으로 생제르베의 어린아이에 지나지 않았다. 출생 신분은 같았지만 더 이상 우리 둘은 평등한 사이가 아니어서, 나와 자주 어울리는 것은 체면이 깎이는 일이었다. 하지만 우리들 사이의 관계가 완전히 끊어진 것은 아니었고 그는 본성이 착한 소년이어서, 어머니의 권고에도 불구하고 때때로 제 본심을 따랐다. 그는 내 결심을 전해 듣고는 달려왔는데, 그것은 내 결심을 말리거나 함께 하기 위해서가 아니라 약소한 선물들을 주면서 내가 도망가는 것에 대해 어떤 승인을 해주기 위해서였다. 실은 내 돈만 갖고는 그리 오래 견딜 수 없었다. 무엇보다도 그는 내게 작은 칼을 하나 주었는데, 나는 그것이 썩 마음에 들어 토리노까지 차고 갔다. 그런데 거기서 돈이 떨어져서 칼을 처분했다. 사람들이 흔히 말하듯 칼을 팔아서 먹고 마실 것을 산 것이다. 이후에 그러한 결정적 순간에서 그가 나에 대해 취한 태도를 곰곰이 생각해보면 볼수록 그가 자기 어머니의 지시나 어쩌면 아버지의 지시를 따랐다는 확신이 더욱 강해졌다. 왜냐하면 그가 자기 생각대로라면 나를 만류하기 위해 어떤 노력을 했든지 아니면 나를 따라갈 마음을 먹었을 것 같기 때문이다. 그러나 전혀 그렇지 않았다. 그는 내 계획을 단념시키려 하기보다는 오히려 격려했다. 그리고 내가 굳은 결심을 한 것을 보고 별로 눈물도 흘리지 않고 나와 헤어졌다. 그후 우리 둘은 결코 서신연락도 하지 않았고 다시 보지도 않았다. 참으로 안타까운 일이다. 그는 본래 성격이 선량했고, 우리 둘은 서로를 사랑하도록 만들어졌는데 말이다.

내 운명의 장난에 몸을 맡기기 전에, 잠시 눈을 돌려 내가 더 좋은 주인 밑에 있었다면 자연적으로 나를 기다리고 있었을 운명은 어떤 것인지 생각해보고 싶다. 평온하고 남의 눈에 띄지 않는 솜씨 좋은 장인 — 제네바에서의 조각공과 같은 특히 몇몇 분야에서의 장인 — 이라는 직업이 무엇보다도 더 나의 기질에 맞고 나를 행복하게 만드는 데 적합했다. 이러한 직업은 넉넉한 생활을 유지할 정도로 충분한 돈벌이가 되지만 치부를 하기에는 충분치가 않아서 여생 동안 내 야심을 제한했을 것이다. 또 적절한 취미를 기를 수 있는 웬만한 여가를 허락하여, 나를 내 영역 내에 붙잡아두고 그로부터 빠져나갈 어떠한 수단도 제공하지 않았을 것이다. 나는 어떠한 상태라도 모두 공상으로 미화할 수 있을 정도로 풍부한 상상력, 말하자면 내 멋대로 이 상태에서 저 상태로 옮겨갈 정도로 강력한 상상력을 갖고 있어서 내가 실제로 어떤 상태에 있는지는 별

로 중요하지 않았다.  내가 실제로 있는 장소로부터 아무리 허황된 공중
누각까지라도 거리가 그리 멀 수 없어서 어렵지 않게 그곳으로 옮겨가
자리를 잡을 수 있었다.  바로 이러한 이유 하나로도 가장 소박한 직업,
근심걱정이 가장 적은 직업,  정신을 가장 자유로운 상태로 놓아두는 직
업이 내게 가장 적당했다는 결론이 나오는데,  그런 직업이 바로 내가 배
우던 직업이었다.  나는 내 종교와 내 조국과 내 가족과 내 친구들에 둘
러싸여,  그리고 한결같이 내 취향에 맞는 일을 하고 내 마음에 맞는 사
람들과 친교를 나누면서 내 성격에 필요한 바와 같은 평화롭고 안락한
삶을 보냈을 것이다.  나는 좋은 기독교 신자,  좋은 시민,  좋은 가장,  좋
은 친구,  좋은 노동자,  모든 일에서 좋은 사람이었을 것이다.  나는 내
직업을 사랑하고 아마 그것을 존중했을 것이다.  그리고 눈에 띄지 않고
소박하지만 기복이 없고 안락한 생애를 보낸 다음,  내 가족들에 둘러싸
여 평화롭게 눈을 감았을 것이다.  아마 곧 사람들에게 잊히겠지만 적어
도 그들은 나를 기억하는 동안만큼은 나를 그리워했을 것이다.

　　그런데 그러기는커녕 … 나는 앞으로 어떤 그림을 그리게 될 것인가?
아! 내 생애의 불행을 미리 들추지 말자.  나는 이 비참한 주제로 독자 여
러분들을 싫도록 괴롭히게 될 것이다.

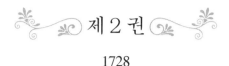

# 제 2 권

## 1728

　무서운 마음에서 도망치겠다는 계획을 떠올린 순간이 내게 처량해보였던 만큼이나, 그 계획을 실행한 순간은 매력적으로 보였다. 아직 어린 나이에 조국과 친척과 후원자들과 의지할 수 있는 사람들과 헤어지는 것, 먹고살 정도로 내 직업을 익히지 못한 채 도제수업을 중도에 그만두는 것, 처참한 불행에서 빠져나올 어떤 수단도 알지 못한 채 그 불행에 빠져드는 것, 연약하고 철모르는 나이에 악덕과 절망에서 생기는 갖가지 유혹들에 스스로를 노출시키는 것, 견딜 수 없는 너무나 가혹한 멍에를 지고 악행과 과오와 함정과 속박과 죽음을 찾아 멀리 나서는 것, 바로 이런 짓들이야말로 내가 막 하려는 것이었으며 내가 예상했어야 했을 앞날이었다. 그런데 내가 마음속에서 그리고 있던 앞날은 그와는 얼마나 다른 것이었던가! 내가 얻어내었다고 생각한 독립(獨立)이 나를 움직이는 유일한 감정이었다. 자유롭고 내 자신의 뜻대로 할 수 있었던 나는 무엇이든 할 수 있고 무엇이든 손에 넣을 수 있다고 생각했다. 하늘에 올라 날기 위해서는 뛰어오르기만 하면 되었다. 나는 태연자약하게 세계라는 광대한 공간으로 들어섰다. 내 재능은 곧 그 공간을 가득 채울 것이다. 매 발걸음을 내딛을 때마다 향연과 보물과 모험, 내게 봉

78

사할 준비가 되어 있는 친구들, 나의 환심을 사려고 안달하는 애인들을
찾게 될 것이다. 나를 드러내기만 하면 세계가 내게 관심을 집중하게 될
것이다. 그렇지만 전 세계가 아니라도 좋았다. 나는 이를테면 전 세계
가 그렇게 되지 않아도 상관이 없고, 내게 그 정도까지 필요하지는 않았
다. 나는 매력적인 공동체 하나로 족해서 그 외의 것에 신경을 쓰지 않
았다. 나는 겸손하게도 내가 군림할 수 있으리라고 확신하는, 범위는
좁아도 정선(精選)된 공동체에 들어갈 것이다. 오직 성(城) 하나가 내
야망의 한계였다. 성주 내외분의 귀염둥이가 되고 그 따님의 공인된 애
인이며 그 아들의 친구가 되고 이웃사람들의 보호자가 되면 나는 만족
이다. 그 이상 아무것도 내게 더 필요하지 않았다.

이런 소박한 미래를 기대하면서 며칠 동안 도시 근처를 돌아다니며
안면이 있는 농부들 집에서 묵곤 했는데 모두들 나를 시내 사람들보다
훨씬 더 친절히 대접했다. 그들은 나를 너무나 자연적인 호의를 갖고 맞
아들여 재워주고 밥을 먹여주어서 그들이 그것을 공덕으로 삼는 것 같
아 보이지 않았다. 그것은 적선이라고 부를 수가 없었는데, 거기에는 정말
우월하다는 내색이 별로 들어있지 않았기 때문이다.

널리 여행하고 세상을 돌아다닌 끝에1) 제네바에서 8킬로미터 떨어진
곳에 있는 사부아령(領)의 콩피농2)까지 흘러 들어갔다. 그곳 사제(司
祭)는 퐁베르 씨3)라는 사람이었다. 제네바 공화국 역사에서 유명한 그
이름이 내게 대단히 깊은 인상을 주었다. 나는 숟가락 귀족4)의 후예들

---

1) 반어적인 표현.
2) 콩피농은 실제로 제네바에서 겨우 5㎞ 떨어져 있다.
3) Benoît de Pontverre: 그 당시 62살이었던 브누아 드 퐁베르는 약 40년
동안 콩피농의 사제로 있으면서 많은 사람들을 가톨릭으로 개종시켰다.
4) 1527년 종교개혁의 반대자들인 스위스 보 주(州)의 귀족들은 제네바의 적
들을 '숟가락으로 떠먹겠다'고 호언장담했다. 그리고 식별의 표지로 목에
숟가락을 매달고 다니기 시작했다고 한다. 퐁베르는 이들을 지휘하였다.

이 어떻게 생겼는지 보고 싶었다. 그래서 퐁베르 씨를 만나러 갔다. 그는 나를 친절히 맞아주었고 내게 제네바의 이단[5]과 성모교회의 권위에 대해 말하고 점심을 대접했다. 이렇게 끝난 토론에 대꾸할 말을 별로 찾지 못했고, 자기 집에서 이렇게 잘 대접해주는 사제들이 적어도 우리 목사들만큼 훌륭하다고 판단했다. 퐁베르 씨는 귀족이기는 했지만 분명 내가 그보다는 더 아는 것이 많았다. 그러나 나는 식사를 밝히는 너무 훌륭한 손님이어서 그리 훌륭한 신학자가 될 수 없었다. 그리고 그가 내놓은 프랑지 포도주는 내게 훌륭한 것으로 보였는데, 그 포도주가 그를 위해 너무나 결정적인 논거를 제공하여 그렇게나 좋은 주인의 입을 막는 것이 민망했을 정도였다. 그래서 양보했다. 다시 말하면 적어도 면전에서 반박하지는 않았다. 사람들은 내가 배려한 조심스러운 태도를 보고 나를 위선자라고 생각했을지도 모르겠는데, 그러나 그것은 잘못 생각한 것이다. 나는 예의가 발랐을 뿐이고 그것이 맞다. 아첨, 더 정확히 말하면 비위를 맞추는 것은 언제나 악덕인 것이 아니라 그보다 더욱 많은 경우에 미덕이며, 특히 젊은 사람들에게서는 그렇다. 어떤 사람이 우리들을 친절하게 대하면 우리들은 그에게 끌린다. 그럴 때 양보하는 것은 그 사람을 속이고자 하는 것이 아니라 그를 섭섭하게 만들지 않도록 그에 대해 선을 악으로 갚지 않도록 하기 위한 것이다. 퐁베르 씨가 나를 맞아들여 친절히 대하며 나를 설득하려고 한다고 해서 그에게 무슨 이득이 있었겠는가? 내 자신의 이익 이외에 다른 것은 없다. 나의 어린 마음은 그렇게 중얼거리고 있었다. 나는 그 선량한 사제에 대하여 감사와 존경의 마음이 일었다. 내가 우월하다는 것을 느꼈지만 그의 후한 대접에 대한 보답으로 그 우월함을 휘둘러 그를 괴롭히고 싶지 않았다. 이러한 행동에는 위선적인 동기가 전혀 없었다. 나는 종교를 바꿀 생각

---

5) 칼뱅주의.

이 전혀 없었으며, 이러한 생각에 곧 친숙해지기는커녕 그것을 깊이 생각할 때는 일종의 공포심이 들었다. 그리고 그 공포심 때문에 내가 오랫동안 이러한 생각을 멀리했음이 틀림없다.[6] 나는 그러한 목적을 갖고 내게 애정을 보이는 사람들의 비위를 거스르지 않기를 원했을 뿐이다. 나는 실제보다 더 허술한 듯 굴면서 그들의 호의를 즐기며 그들에게 성공하리라는 희망을 남겨두고자 했다. 이 점에서 나의 잘못은 정숙한 여인들의 교태를 닮았는데, 그녀들은 가끔 자신의 목적달성을 위하여 아무것도 허락하지 않고 아무것도 약속하지 않으면서도 남자들로 하여금 그녀들이 해주고자 하는 것 이상을 기대하게 만들 줄 안다.

이성, 동정, 질서에 대한 사랑에 비추어 볼 때 나의 어리석음에 동의하기는커녕 나를 내 가족으로 돌려보내 내 스스로 자초한 파멸에서 멀리 벗어나게 하는 것이 마땅한 일임에 분명하다. 진정 유덕한 사람이라면 누구나 그렇게 했든지 그렇게 하려고 노력했을 것이다. 그러나 퐁베르 씨는 선량한 사람이기는 했지만 분명 유덕한 사람은 아니었다. 반대로 그는 모상(模相)만을 숭배하고[7] 묵주신공을 드리는 것 이외에 다른 미덕이라고는 알지 못하는 고루한 신자였고, 신앙적 선행에서 제네바의 목사들에 반대하는 비방문을 만드는 것보다 더 나은 일이라고는 아무것도 생각해내지 못하는 한낱 선교사에 지나지 않았다. 나를 집에 돌려보낼 생각을 하기는커녕 그는 집에서 멀어지고 싶은 내 바람을 이용하여 장차 집으로 돌아가고 싶어지더라도 돌아가지 못하게 만들었다. 비참하게 죽거나 부랑자가 되는 쪽으로 그가 나를 보냈다고 장담해도 좋다. 그러나 그가 마음에 그렸던 것은 전혀 그런 것이 아니었다. 그는 이단에서 벗어나 가톨릭교회로 돌아간 영혼을 마음에 그리고 있었다.

---

6) 그런데 루소는 두 달 후에 개종하게 된다.

7) 칼뱅주의 신교도들은 가톨릭이 예수와 성인들의 모상들을 지나치게 숭배하고 있다고 생각하는데, 그들이 보기에 그것은 우상숭배에 속하기 때문이다.

내가 미사에 나가기만 한다면 올바른 사람이건 부랑자이건 무슨 상관이란 말인가? 게다가 이러한 사고방식이 가톨릭 교인들에게만 있는 것이라고 생각해서는 안 된다. 그것은 행위가 아니라 믿음을 핵심으로 삼는 모든 독단적인 종교들이 갖는 사고방식이다.

"하느님이 당신을 부르시오"라고 퐁베르 씨는 말했다. "안시로 가시오. 거기에는 참으로 자비로운 훌륭한 부인이 계신데, 왕의 자선 덕분으로 그녀 자신이 빠져나왔던 오류로부터 다른 영혼들을 구해낼 수 있게 되었습니다."

이 이야기의 주인공은 새로운 개종자인 바랑 부인8)인데, 실상 그녀

---

8) Françoise-Louise de La Tour, baronne de Warens(1699~1762) : 바랑 남작부인은 스위스 브베에서 1699년 3월 31일 태어났고 부모로부터 받은 이름은 프랑수아즈 루이즈 드 라 투르다. 그녀의 어머니는 둘째 딸을 낳은 후 얼마 되지 않아 죽었고 둘째 딸도 곧 엄마의 뒤를 따랐다. 그래서 프랑수아즈 루이즈는 두 고모에 의해 양육되었다. 1704년 1살 위인 오빠가 죽어 그녀는 외동딸이 되었고, 아버지는 1705년 재혼하여 4년 후 죽었다. 1708년 고모 한 분이 죽자 그녀는 아버지 집에 들어가 살다가 1711년 말 로잔의 기숙학교에 들어갔다. 그녀는 거기서 훌륭한 교육을 받았고 노래와 음악을 배웠다. 1713년 장교 출신인 세바스티엥 이자크 드 루아(Sébastien-Isaac de Loys)와 결혼계약이 체결되고 다음해 9월 22일 로잔에서 결혼식이 열렸다. 그녀는 남편이 브베 근처에 소유한 땅의 이름을 따서 뷰아랑(바랑) 부인(Mme de Vuarens)이 되었다. 야심만만하고 활동적이었던 바랑 부인은 브베에 견직과 모직 양말 공장을 세웠으나 파산했다. 그녀는 1726년 7월 야밤을 틈타 모든 값나가는 물건들과 회사의 금고를 들고 에비앙으로 도망쳤다. 며칠 후 사르데냐의 왕 빅토르 아메데우스 2세가 미사를 드리러 왔을 때 안시의 주교에게 매달려 자신을 가톨릭으로 개종시켜 달라고 부탁했다. 왕은 자신의 마차에 태워 그녀를 안시에 데려다주었고, 그녀는 1726년 9월 안시 주교의 지도 아래 개종했다. 개종 후 빅토르 아메데우스 2세는 새로운 개종자들을 받을 수 있는 집을 운영하도록 그녀에게 연금을 주었다. 바랑 부인은 자기 남편에게도 개종할 것을 권유했으나 소용이 없었고, 1727년 이혼했다. 루소는 1728년 3월 21일 성지주일(聖枝主日)에

는 사르데냐 왕이 그녀에게 주는 2천 프랑의 연금을 자기 신앙을 팔아넘
기러 오는 천민들과 나누어갖도록 신부들에게 강요받고 있었다. 매우
자비롭고 선량한 부인의 신세를 진다는 것은 내게 매우 굴욕적인 것으
로 느껴졌다. 다른 사람이 내게 필요한 것을 주기를 간절히 바랐지만 적
선하는 것을 바란 것은 아니었다. 게다가 고루한 여신자란 내게 그리 매
력적이지 않았다. 그렇지만 퐁베르 씨의 재촉과 닥쳐오는 굶주림에 떠
밀려 또 어떤 목표를 갖고 여행하는 것이 즐겁기도 해서, 염려가 없지는
않았지만 마음을 정하고 안시를 향해 떠난다. 하루면 넉넉히 갈 수 있었
는데도 서두르지 않아 사흘이 걸렸다. 좌우에 성이 보일 때마다 거기서
틀림없이 나를 기다리고 있을 것만 같은 연애사건을 찾아 나섰다. 나는
매우 소심해서 감히 성에 들어가거나 성문을 두드리지는 않았지만 가장
그럴듯하게 보이는 창 밑에서 노래를 불렀다. 그렇게 오랫동안 목이 쉬
도록 노래를 불렀건만 내 아름다운 목소리와 재치가 풍부한 노래에 이
끌려 나와 보는 마님이나 아씨들이 하나도 보이지 않아 깜짝 놀랐다. 나
는 동료들에게 배워서 멋진 노래를 알고 있었고 멋지게 노래를 불렀는
데 말이다.

　마침내 도착해서 바랑 부인을 만난다. 내 생애의 이 시기가 내 성격을
결정지었다. 나는 이 시기를 가볍게 건너뛸 결심을 할 수 없다. 그때 나
는 15살과 16살의 중간 나이였다. 이른바 미소년은 아니었지만 작은 체
격에 호리호리했다. 귀여운 발, 날씬한 다리, 경쾌한 태도, 활기찬 용

---

그녀를 처음 만나 첫눈에 매혹되었고, 1729년부터 1742년까지 그녀의 곁
에 머물렀다. 특히 1735년부터 1737년 봄까지 레 샤르메트에서 그녀와 함
께 살면서 가장 완벽한 행복을 체험했다. 그녀와 만난 지 50년이 되는 1778
년 4월 12일 그는 자신의 마지막 글이 될 《고독한 산책자의 몽상》(Les
Rêveries du promeneur solitaire)의 〈열 번째 산책〉에서 바랑 부인과의 추
억을 되살린다.

모, 매력적인 입, 검은 눈썹과 머리카락에 눈은 작고 움푹 들어가기까
지 했지만 피를 이글거리게 하는 정열을 힘차게 내뿜고 있었다. 유감스
럽게도 나는 이 모든 것에 대해 전혀 모르고 있었고 평생토록 내 용모를
생각해 본 적이 없었는데 용모에 대해 생각했을 때는 이미 그것을 이용
할 때가 아니었다. 이런 식으로 내게는 내 나이의 수줍음과 더불어 매우
다정하지만 다른 사람의 기분을 상하게 할까 두려워하는 감정으로 언제
나 불안한 천성에서 나오는 수줍음이 있었다. 게다가 교양도 꽤 풍부하
지만 전혀 사교계를 몰랐기 때문에 사교계의 예의범절에는 완전히 문외
한이었고, 나의 지식은 이 점을 보충하기는커녕 내가 얼마나 예의범절
이 없는가를 느끼게 함으로써 한층 더 나를 주눅 들게 했다.

그래서 초면에 호감을 사지 못할까 두려워 내게 유리한 다른 방법을
찾았다. 그래서 웅변조로 된 한 통의 아름다운 편지를 만들었는데, 거
기서 나는 바랑 부인의 호의를 얻기 위해 책에서 따온 미사여구들을 견
습공의 어법에 섞어가면서 내 모든 말솜씨를 발휘했다. 나는 편지 안에
퐁베르 씨의 편지를 끼워놓고 이 끔찍한 접견에 나섰다. 그런데 바랑 부
인을 보지 못했다. 그녀가 성당에 가기 위하여 막 나갔다는 말을 들었
다. 그날은 1728년 성지주일이었다. 나는 그녀를 뒤쫓아 달려간다. 그
녀를 보고 그녀를 붙잡고 그녀에게 말을 건다 … 나는 그 장소를 기억하
지 않으면 안 된다. 나는 이후 종종 그곳을 눈물로 적시고 입맞춤으로
뒤덮었다. 왜 나는 이 행복한 장소를 황금 울타리로 둘러쌀 수 없는
가?9) 왜 온 지상의 찬사를 이곳으로 끌어올 수 없는가? 인간 구원의 기
념물들에 존경을 표하고 싶은 사람이라면 누구나 무릎을 꿇지 않고서는
그곳에 가까이 가면 안 될 것이다.

그곳은 그녀의 집 뒤에 있는 작은 길로, 오른쪽에는 집과 정원 사이를

9) 루소가 안시에 온 200주년을 기념하여 작가가 지정한 장소인 옛 주교관 안
뜰에 황금 울타리가 세워졌다.

흐르는 시내를 왼쪽에는 안뜰의 담을 끼고 사람들의 눈에 잘 띄지 않는 문을 통하여 성 프란체스코 교단의 성당으로 이어졌다. 바랑 부인은 막 이 문으로 들어서다가 내 목소리를 듣고 몸을 돌렸다. 그 시선 앞에서 나는 어떻게 되었던가! 나는 심술로 얼굴을 잔뜩 찡그린 완고한 신앙의 노파를 상상했었다. 나로서는 퐁베르 씨가 말하는 훌륭한 부인을 다르게 생각할 수가 없었다. 그러나 나는 우아함으로 빚어진 얼굴, 다정함으로 가득 찬 아름다운 푸른 눈, 눈부시게 빛나는 얼굴빛, 매혹적인 젖가슴의 윤곽을 본다. 젊은 개종자는 재빠르게 힐끗 한 번 쳐다보면서 하나도 놓치지 않았다. 왜냐하면 나는 이러한 전도사들이 전도하는 종교라면 반드시 천국으로 인도할 것이라고 확신하면서 당장 그녀의 편이 되었기 때문이다. 그녀는 내가 떨리는 손으로 내놓는 편지를 웃으면서 집어들어 그것을 열고 퐁베르 씨의 편지를 힐끗 보고 다시 내 편지로 시선을 돌려 그것을 전부 읽는다. 만약 하인이 들어가야 할 시간이라고 알려주지 않았다면 그녀는 다시 한 번 읽었을 것이다.

"저런, 어린 것이." 그녀가 말하는 어조에 내 몸은 떨렸다. "나이도 어린데 고장을 여기저기 떠돌아다니는군요. 정말 안 된 일이네요." 그러고 나서 내가 대답하기도 전에 이렇게 덧붙여 말했다. "우리 집에 가서 기다려요. 아침도 달라고 하세요. 미사가 끝난 후 당신과 이야기하러 가겠습니다."

루이즈 엘레오노르 드 바랑은 보 주(州)에 있는 도시 브베의 오래된 귀족가문인 라 투르 드 필의 아씨였다. 그녀는 루아 가문의 바랑 씨, 빌라르댕 드 로잔 씨의 장남과 아주 젊어서 결혼했다. 이 결혼은 결혼 후 아이가 하나도 없고 해서 그다지 성공적이지 않았고, 바랑 부인은 어떤 가정적인 괴로움에 떠밀려 빅토르 아메데우스 왕이 에비앙에 있을 때를 기회로 잡아 호수를 건너 와서 이 군주의 발치에 엎드려 간청드렸다. 그녀는 나와 아주 비슷한 경거망동으로 — 또한 그녀는 늘 그것을 한탄했다 ─ 이렇게 자기 남편과 가족과 고향을 버린 것이다. 열렬한 가톨릭 신자인 척하기를 좋아하던 왕은 그녀를 자기 보호 밑에 두고 피에몬테[10] 화(貨)로 천 5백 리브르의 연금을 하사했는데, 이것은 별로 돈을 쓰지 않는 군주로서는 대단한 금액이었다. 그런데 이러한 처우에 대해 사람들은 왕이 그녀에게 반했다고 생각했고, 이를 안 왕은 근위병 몇을 딸려 그녀를 안시에 보냈다. 그곳에서 그녀는 제네바의 명의(名義) 주교[11]인 미쉘 가브리엘 드 베르네의 지도 아래 비지타시용 수도원[12]에서 공식적으로 개종했다.

내가 그곳에 왔을 때는 그녀는 거기 산 지 6년이 되었고 18세기가 시작할 때 태어나 나이는 28살이었다. 그녀에게는 나이가 들어도 변치 않는 그런 매력이 얼마간 있었는데, 그 매력은 이목구비보다는 전체적인 표정에서 나오기 때문이었다. 그러므로 그녀의 표정은 여전히 그 최초의 생기가 넘치는 아름다움을 간직하고 있었다. 그녀는 다정하고 상냥한 자태, 매우 온화한 눈매, 천사 같은 미소, 내 입에 꼭 맞는 입, 드물게 아름다운 옅은 금발머리였는데, 아무렇게나 감아올린 머리가 그녀를 매우 매력적으로 만들고 있었다. 그녀는 키가 크지 않고 심지어 작달막한 편이었고 보기 흉할 정도는 아니었지만 몸매가 약간 오동통했다. 그러나 그녀보다 더 아름다운 얼굴과 더 아름다운 가슴과 더 아름다운 손과 더 아름다운 팔을 보기란 불가능했다. [13]

---

10) 당시 사르데냐 왕국은 피에몬테와 사르데냐로 이루어져 있었다.
11) 명의 주교란 교구의 사목자로서 주교품은 받았으나 그 교구에 대하여 재치권(裁治權)을 행사할 수 없는 주교를 말하는데, 제네바는 실제로는 신교의 지배 아래 있었기 때문에 제네바의 주교는 제네바 교구에 대하여 재치권을 행사할 수 없었다.
12) 안시에 있는 비지타시용 수도원은 1610년 성녀 잔 드 샹탈과 성인 프랑수아 드 살에 의해 설립되었다.
13) 1728년 3월 21일 루소가 처음으로 바랑 부인을 만난 사건은 《고독한 산책

그녀가 받은 교육은 매우 잡다했다. 그녀는 나와 마찬가지로 태어나자마자 어머니를 잃었고, 그때그때 기회가 있을 때마다 되는 대로 교육을 받아서 여자 가정교사나 아버지나 선생님들에게 조금씩 배웠고 애인들 특히 타벨 씨[14]라고 하는 사람에게서 많이 배웠다. 그는 취미도 고상하고 지식도 풍부해서 그것으로 사랑하는 여인을 가꾸어주었다. 그러나 그녀는 상이한 종류의 지식들을 너무나 많이 받아들여서 그것들이 서로 방해가 되었고, 거기에 거의 질서를 부여하지 못한 탓에 그녀가 배운 잡다한 공부들은 그녀 정신의 타고난 올바른 판단력을 확장할 수가 없었다. 그래서 철학과 물리학의 기초적인 지식들을 갖고 있었음에도 불구하고 경험만을 중시하는 민간요법과 연금술에 대해 그녀의 아버지가 갖고 있었던 취미를 여전히 버리지 못하고 있었다. 가루로 된 묘약(妙藥), 액체 약품, 방향제, 신약(神藥)을 만들었고 비방을 갖고 있다고 주장했다. 못 고치는 병이 없다고 떠드는 돌팔이 의사들은 그녀의 약점을 이용하여 그녀에게 달라붙어 귀찮게 따라다니며 큰 손해를 입혔다. 그리고 그녀의 재기와 재주와 매력이라면 가장 훌륭한 사교계의 꽃이 될 수 있었을 터인데, 화로와 엉터리 약을 끼고 살면서 그것들을 소

---

자의 몽상》의 〈열 번째 산책〉에서 다음과 같이 회상되고 있다. "오늘은 성지주일로 내가 처음으로 바랑 부인을 만난 지 꼭 50년이 된다. 그녀는 이 세기와 함께 태어났기 때문에 그때 28살이었다. 나는 아직 17살이 못되었고, 나도 그때까지 모르고 있었지만 막 나타나기 시작한 내 관능적인 욕구는 원래 활기에 넘치는 내 마음에 새로운 열기를 불어넣고 있었다. 그녀가 격렬하지만 온화하고 얌전하며 용모도 꽤 매력적인 젊은이에게 호의를 갖는다 해도 이상할 것이 없었다면, 재치와 우아함으로 가득 찬 매력적인 여인이 내게 감사의 마음과 더불어 그것과 구별될 수는 없지만 더욱 사랑스러운 감정을 불어넣었다는 것은 더욱 이상할 것이 없었다. 그러나 더욱 놀라운 것은 이 최초의 순간이 내 일생동안 나를 결정했고 불가피한 연쇄에 의하여 내 남은 삶의 운명을 만들어냈다는 것이다."

14) 5권을 볼 것.

진시켰다.

비열한 사기꾼들은 제대로 지도받지 못한 그녀의 교육을 악용해서 이성의 빛을 흐리게 했지만, 그녀의 훌륭한 심성은 시련을 견디고 언제나 한결같았다. 다정하고 온화한 성격, 불행한 사람들에 대한 동정심, 한없는 호의, 쾌활하고 개방적이며 솔직한 기질은 결코 변하지 않았다. 그리고 노년에 접어들면서 빈궁과 불행과 여러 가지 재난의 소용돌이 속에 빠져 있었을 때조차도 그녀는 아름다운 영혼의 평온함으로 삶이 끝나는 날까지도 가장 좋았던 시절의 쾌활함을 그대로 간직하고 있었다.

그녀의 실수는 끊임없이 일을 찾는 지칠 줄 모르는 활동력에서 나왔다. 그녀에게 필요한 것은 여자들의 간계(奸計)가 아니라 기업을 만들고 운영하는 것이었다. 그녀는 큰 사업에 적합한 소질을 타고났다. 롱그빌 부인15)이 그녀의 위치에 있었다면 단지 안달하는 여인에 지나지 않았을 것이다. 반대로 그녀가 롱그빌 부인의 위치에 있었다면 나라를 통치했을 것이다. 그녀의 재능은 그녀의 처지에 걸맞지 않은 것이었다. 그래서 그녀가 더 높은 신분에 있었다면 이름을 드높였을 재능이 그녀의 실제 신분에서는 그녀를 파멸시켰던 것이다. 자신의 능력이 미치는 일들에서 그녀는 언제나 머릿속에서 자기 계획을 확장하고 언제나 그 목적을 크게 잡았다. 그 결과 자기 실력에 맞는 수단보다는 자기 계획에 맞는 수단을 취하다가 다른 사람들의 잘못으로 실패했다. 그리고 계획이 실패에 이르면 다른 사람들의 경우라면 거의 아무런 손해도 입지 않았을 텐데 그녀라면 파산했다. 이러한 사업취미는 그녀에게 그렇게나 많은 해를 끼쳤지만 그녀가 수도원 보호시설에 있었을 때는 적어도 한 가지 매우 좋은 결과를 가져왔는데, 그것은 그녀가 남은 생애 동안 그곳

15) Mme de Longueville(1619~1679) : 프랑스의 공작부인으로, 루이 14세 초반에 일어난 특권 귀족층의 반왕정 운동인 프롱드의 난(亂) 때 상당한 영향력을 발휘한 음모가로 유명하다.

에 정착할 마음이 들었을 때 그렇게 하지 않도록 막아준 것이다. 수녀들의 단조롭고 단순한 생활, 면회실에서 나누는 하찮고 경박한 수다, 이 모든 것들은 매일 새로운 체계를 구상하고 거기에 전념할 자유를 필요로 하는 끊임없이 활동적인 정신의 소유자를 만족시킬 수 없었다. 선량한 베르네의 주교는 프랑수아 드 살보다 재기는 없었지만 많은 점에서 그와 닮았다. 그리고 주교가 자기 딸이라고 불렀던 바랑 부인은 다른 많은 점에서 상탈 부인과 닮았는데, 만일 그녀의 취향이 그녀를 수도원의 한가로움에서 벗어나게 하지 않았더라면 은둔이라는 점에서도 또한 상탈 부인과 닮을 수 있었을 것이다. 이 사랑스런 여인이 고위 성직자의 지도 아래 사는 새 여성 개종자에게 적합해 보이는 자질구레한 신앙상의 계율을 준수하는 데 전념치 않은 것은 종교적 열의가 부족하기 때문은 전혀 아니었다. 그녀가 종교를 바꾼 동기가 무엇이든 간에 그녀는 자신이 선택했던 종교에 진실했다. 잘못을 저질렀다고 후회했을지 모르지만 그렇다고 다시 그전 종교로 돌아가고 싶어 하지는 않았을 것이다. 그녀는 훌륭한 가톨릭 신자로 죽었을 뿐만 아니라 진실하게 훌륭한 가톨릭 신자로 살았다. 그녀의 영혼 속까지 읽었다고 생각하는 나로서는 감히 단언하건대 그녀가 독실한 신자임을 공공연히 내세우지 않은 것은 오로지 거짓으로 꾸민 태도를 싫어했기 때문이다. 그녀는 신앙심을 가장하기에는 너무나 돈독한 믿음을 갖고 있었다. 그러나 이 자리는 그녀의 신조에 대해 길게 논할 곳이 못 된다. 그것에 대해 말할 기회들이 또 있을 것이다.

영혼의 공감을 부정하는 사람들은 할 수 있다면 다음과 같은 일을 설명해주기 바란다. 바랑 부인이 첫 만남과 첫 마디 말과 첫 눈길로 내게 가장 강렬한 애착심뿐만 아니라 그 뒤로 결코 변치 않았던 완벽한 신뢰감을 불어넣었던 것은 어찌된 일인지. 내가 그녀에게 느꼈던 것이 정말로 연애감정이었다고 치자. 그것은 우리 둘의 관계에 대한 이야기를 계속 읽어갈 사람에게는 적어도 의심스럽게 보일 것이겠지만 말이다. 그러면 이러한 열정이 불러일으키는 감정들과는 가장 거리가 먼 감정들이 — 마음의 평화, 평정, 차분함, 안도감, 안심 — 어떻게 애초부터 그 열정과 함께 생겨났는가? 나는 상냥하고 세련되고 눈부신 여인, 나보다 지체가 높은 귀부인 곁에 처음으로 다가간 것이다. 나는 일찍이 그녀에게 견줄 만한 귀부인에게 접근한 적도 없었다. 그리고 어떻게 보면 내 운명은 그녀에게, 즉 그녀가 얼마나 내 운명에 관심을 보이느냐에 달려 있었다. 그런데 진심으로 말하는 바이지만, 어떻게 이런 모든 여건에도 불구하고 내가 그녀의 마음에 들 것이라고 완전히 확신이라도 한 것처럼 당장 그렇게 자유롭고 편안해졌겠는가? 또 어떻게 한순간이라도 당황해지도 수줍어하지도 거북해하지도 않았는가? 천성적으로 수줍고 허둥대며 세상 물정을 모르는 내가 어떻게 첫날 첫 순간부터 아무리 친숙해도 10년은 지나야 자연스럽게 갖게 되는 그런 무람없는 태도와 정다운 말과 친숙한 말투로 그녀를 대했을까? 나는 사람이 욕망 없이 사랑을 품는다고는 말하지 않겠다. 나도 욕망을 갖고 있었다. 그러나 불안이나 질투 없이 사랑을 품는다는 것은 가능할까? 사람은 적어도 자신이 사랑하는 상대로부터 자신을 사랑하는지 알고 싶어 하지 않는가? 그런데 그것은 내가 스스로에게 자신을 사랑하는지 묻는 것과 같아서, 내 평생 한 번도 그녀에게 그런 질문을 던질 생각이 나지 않았다. 그리고 그녀도 결코 그 이상 나에 대해 알려 하지 않았다. 이 매력적인 여인에 대한 나의 감정에는 틀림없이 어떤 기묘한 것이 있었으며, 후에 사람들은 나의 감정에서 예상치 못한 이상한 것들을 보게 될 것이다.

  내가 장차 무엇이 될는지가 문제였고, 이것에 대해 더 여유 있게 이야기를 나누기 위해 점심식사를 하고 가라고 붙잡았다. 그것은 생전 처음 식욕이 나지 않았던 식사였고, 식사시중을 드는 하녀 또한 내 나이에 나와 같은 부류의 나그네치고 이렇게 식욕이 없는 사람은 처음 본다고 말했다. 이러한 지적은 여주인이 나를 나쁘게 생각하게 만들지 않았지만, 우리와 함께 식사하면서 족히 6명이 먹을 식사를 자기 혼자서 먹어치우던 뚱뚱한 촌뜨기를 뜨끔하게 만들기에는 너무나 시기적절했다. 나로서는 일종의 황홀경에 빠져 있어서 도저히 먹을 형편이 아니었다. 내 마음은 아주 새로운 감정을 밥 대신 먹고 있었고 내 존재 전체가 그 감정에 몰두했다. 그래서 내 마음은 내게 어떤 다른 기능을 위한 활기를 남겨두지 않았다.

바랑 부인은 내가 살아온 시시콜콜한 이야기를 자세히 알고 싶어 했다. 그녀에게 그 이야기를 하기 위해서 나는 견습공 때 주인집에서 잃어버렸던 정열을 모두 되찾았다. 내가 이 훌륭한 영혼의 소유자의 관심을 내게 유리하게 이끌수록 그녀는 더욱 내가 직면하게 될 운명을 동정했다. 그녀의 다정스러운 연민은 그녀의 태도와 눈길과 몸짓에서 역력히 드러났다. 그녀는 차마 내게 제네바로 돌아가라고 권하지 못했다. 그녀의 입장에서 그것은 가톨릭교를 모독하는 범죄일 수 있었으며, 그녀도 자신이 얼마나 감시당하고 있으며 그녀가 하는 말이 얼마나 관찰받고 있는지 모르지 않았다. 그러나 내 아버지가 비탄에 잠겨있을 것이라고 말하는 그녀의 어조가 너무나 눈물겨워 그녀는 내가 아버지를 달래러 가는 데 찬성했을 것이라는 사실을 잘 알 수 있었다. 그녀는 생각하지 못했지만 스스로가 얼마나 겉으로 피력하는 자신의 의견을 거스르고 있는지 알아차리지 못했다. 이미 말했다고 생각하는데, 내 결심이 정해졌을 뿐만 아니라 그녀의 말이 감동적이고 호소력이 있어 보여 심금을 울리면 울릴수록 나로서는 더욱 그녀와 떨어질 결심을 할 수가 없었다. 제네바로 돌아간다는 것은 앞서 했던 행동을 되풀이하지 않는 한 그녀와 나 사이에 거의 넘을 수 없는 장벽을 세우는 것이기 때문에, 그럴 바에는 내친 김에 이러한 행동을 그대로 밀어붙이는 것이 더 낫다고 느꼈다. 그래서 나는 그대로 밀어붙였다. 바랑 부인은 자신의 노력이 헛된 것을 알고는 자신의 평판을 위태롭게 할 정도까지 노력을 더 계속하지 않았다. 그러나 그녀는 내게 연민의 눈길을 던지며 말했다. "가련한 아이야, 너는 하느님이 부르시는 곳으로 가야 한다. 그러나 어른이 되면 나를 기억하게 될 것이다." 이 예언이 그렇게 잔인하게 실현될 줄이야 그녀 자신도 생각하지 못했다고 나는 믿는다.

어려움은 여전히 고스란히 남아 있었다. 어떻게 그 어린 나이에 타향에서 살아나갈 것인가? 기껏해야 도제수업을 반쯤 마친 상태에서 일의 요령을 알기에는 어림도 없었다. 설사 일을 잘 안다고 해도 공예(工藝)가 있기에는 너무나 가난한 지방인 사부아에서 그 일로 생계를 유지할 수는 없었을 것이다. 그런데 우리를 위해 우리 점심식사까지 먹어치우던 그 촌뜨기가 턱을 쉬기 위해 잠시 쉴 수밖에 없었던지 먼저 의견을 제시했는데, 그는 그것을 하늘이 내려주었다고 했지만 그 결과에 비추어 판단하면 오히려 바로 그 반대쪽에서 내려준 것이다. 그 의견이란 것은 나보고 토리노로 가서, 교회의 품안에 들어가 친절한 사람들이 베푸는 자비를 통해 내게 어울리는 자리를 찾을 때까지 개종자 교육을 위해 설립된 수도원 보호시설에서, 그의 말을 빌리면, 물질적인 삶과 영적인 삶을 도모하라는 것이다.

"여비문제는" 하고 그 녀석은 말을 이었다. "부인께서 이와 같이 거룩한 사업을 주교님께 제안하신다면 그분은 자비를 베푸시어 반드시 여비를 마련해 주시려고 하실 것입니다. 그리고 남작부인께서도 그토록 자비심이 많으시니 …." 그는 자기 접시에 머리를 박으면서 말했다. "물론 열의를 다해 그 일부를 부담하실 것입니다."

이런 자선이 다 내게는 매우 견디기 힘들게 생각되었다. 가슴이 메어 아무 말도 못했는데, 바랑 부인은 그 안을 제안한 사람만큼 그것을 열성적으로 받아들이지는 않은 채 각자 자기 능력에 따라 선행에 기여해야 한다는 것과 그것에 대해 주교님께 말해보겠다고 대답한 것이 전부였다. 그러나 그 악마 같은 녀석은 그녀가 그 건에 대해 자기 뜻대로 말하지 않을까 걱정이 되기도 하고 또 이 일에 자신의 사소한 이해관계를 갖고 있어서[16] 부속 사제들에게 달려가 알리고 선량한 신부들에게 그들이 무슨 말을 해야 할지 썩 잘 귀띔해 놓았다. 그래서 바랑 부인이 나를 위해 이 여행을 걱정스러워하면서 주교에게 그것에 대해 말하려고 했을 때 그녀는 그것이 다 결정이 난 일이라는 것을 알게 되었다.[17] 주교는 그 자리에서 내 얼마 되지 않는 노자로 마련된 돈을 그녀에게 건네주었다. 그녀는 나를 머물게 해달라고 감히 간청할 수 없었다. 바랑 부인 연령의 여인이 내 나이 정도의 젊은 남자를 옆에 붙들어 두려는 것은 점잖은 일일 수 없었는데, 내가 그런 나이에 가까워진 것이다.

나를 위해 신경을 쓰던 사람들에 의해 내 여행이 그런 식으로 결판이 난 이상 그 결정을 따라야만 했고, 나는 그다지 마뜩찮을 것도 없어서 바로 그렇게 했다. 토리노는 제네바보다 더 멀지만 수도이기 때문에 국가나 종교가 다른 도시보다는 안시와 더욱 밀접한 관계를 갖는다고 판단했다. 그리고 바랑 부인의 말에 따라 떠나는 것이기 때문에 나는 여전히 부인의 지도를 받으며 살아가는 것으로 보였으며, 그것은 그녀 가까이에서 사는 것 이상이었다. 끝으로 장거리 여행을 한다는 생각이 벌써 고개를 들기 시작한 내 방랑벽을 부채질했다. 내 나이에 산들을 넘어 내 동료들 위로 알프스만큼 한껏 높이 솟아오르는 것이 장하게 보였다. 여기저기 멀리 여행하는 것은 제네바 사람이라면 거의 뿌리칠 수 없는 유혹이다. 그래서 나는 동의했다. 그 촌뜨기 녀석은 이틀 후에 자

---

16) 그는 사람들이 개종할 때마다 사르데냐 왕이 그들에게 제공하는 장려금의 일부를 바라고 있었다.

17) 몇몇 비평가들은 토리노의 여행은 이미 콩피뇽에서 결정되었고 바랑 부인을 방문한 것은 단지 수도원 보호시설로 가는 길의 여정에 불과했을 것이라고 생각한다.

기 아내와 함께 떠나기로 되어 있었다. 나는 그들에게 맡겨져 보살핌을 받게 되었다. 바랑 부인이 더 보태준 돈주머니도 그들에게 건네졌다. 게다가 푼푼이 모은 얼마 되지 않는 돈을 내게 몰래 주면서 장황한 지시 까지 곁들였다. 그리고 우리는 성(聖) 수요일에 길을 떠났다. 18)

안시를 떠난 다음 날 아버지는 친구인 리발 씨19) 라는 사람과 함께 나를 뒤쫓아 이곳까지 왔다. 아버지의 친구는 아버지처럼 시계공으로 재치 있는 사람이고 심지어 재사(才士)여서, 라 모트20) 보다 더 시를 잘 지었고 거의 라 모트만큼 말을 잘했다. 게다가 나무랄 데 없이 행실이 바른 사람이었으나, 걸맞지 않은 문학취미는 아들들 중 하나를 배우로 만드는 데 그치고 말았다.

이분들은 말을 타고 있었고 나는 걷고 있었으므로 나를 따라와 붙잡 으려면 쉽게 그럴 수도 있었을 텐데 그렇게 하는 대신 바랑 부인을 만나고 그녀와 함께 내 운명을 한탄하는 것으로 그쳤다. 베르나르 외삼촌에게도 똑같은 일이 있었다. 그는 콩피뇽에 와서 내가 안시에 있다는 것을 알자 거기서 제네바로 발걸음을 돌렸다. 내 가까운 일가친척들이 내 운명의 별과 공모하여 나를 기다리는 운명에 나를 넘긴 것처럼 여겨졌다. 내 형도 이와 비슷하게 관심을 기울이지 않아서 행방불명이 되었는데, 어떻게 되었는지 전혀 아는 사람이 없을 정도로 행방이 묘연한 것이다.

아버지는 신의 있는 사람일 뿐 아니라 실로 성실한 사람이었으며 위대한 미덕들을 행하는 그런 강한 영혼의 소유자들 중 한 사람이었다. 게

---

18) 루소의 기억이 정확하다면 그는 3월 24일 길을 떠났다.

19) David Rival(1696~1759): 다비드 리발은 〈메르퀴르 드 프랑스〉에 시를 발표했고 1757년 볼테르에게 서한체의 시를 보내 칭찬을 받았다. 그의 아들 장(Jean, 1728~1806?)은 배우로 뛰어난 성공을 거두었다.

20) Antoine Houdar de La Motte(1672~1731): 프랑스의 극작가로 비극과 희극을 썼으며, 신구논쟁 때 근대파의 편에 섰다.

다가 좋은 아버지였는데, 특히 내게는 그러했다. 나를 매우 자애롭게 사랑했지만 당신의 쾌락 또한 사랑해서 내가 당신과 멀리 떨어져 살게 된 이후로 다른 취미들로 부성애가 약간 식었다. 그분은 니옹에서 재혼했고 아버지의 후처는 더 이상 내 동생들을 낳을 만한 나이가 아니었지만 혈육들이 있었다. 그래서 딴 가족, 다른 대상들, 새로운 세대가 이루어졌고, 더 이상 내가 그렇게 자주 생각나지 않은 것이다. 아버지는 늙어 가는데 노후를 지탱할 재산이 전혀 없었다. 우리 형제에게는 어머니가 남겨준 재산이 얼마 있었는데 거기서 나오는 수입은 우리들이 나가 있는 동안은 아버지에게 돌아가게 되어 있었다. 이러한 생각이 직접 아버지의 머릿속에 떠올랐던 것은 아니었고 그 때문에 당신의 의무를 소홀히 하지도 않았다. 그러나 이 생각은 당신께서도 알아차리지 못하신 채 은연중에 작용해서, 그렇지 않았다면 더욱 정도가 강했을 아버지의 열의를 때때로 억제했다. 처음에는 나를 뒤따라 안시에 와놓고는 이치로 보아 확실히 나를 따라잡을 수 있는 샹베리까지 오지 않으신 것도 바로 그러한 이유 때문이었다고 생각한다. 또 내가 도망친 이후 종종 아버지를 보러 갔을 때 그분으로부터 항상 아버지로서 보이는 애정표시를 받았지만 나를 붙잡기 위해 그리 대단한 노력을 보이지 않은 것도 바로 그러한 이유였다.

아버지의 애정과 미덕을 너무나 잘 알고 있음에도 불구하고 그분이 이렇게 행동하시는 것을 보고 나는 내 자신에 대해 곰곰이 생각하지 않을 수 없었는데, 이러한 생각은 나의 마음을 건전하게 유지해 가는 데 적잖은 도움이 되었다. 나는 그로부터 다음과 같이 위대한 도덕적 신조를 이끌어냈는데, 아마 실천에서 사용할 수 있는 유일한 것이리라 생각한다. 그것은 우리의 의무와 이익이 대립되는 상황, 우리가 다른 사람의 불행에서 우리의 행복을 찾는 상황을 피하라는 것이다. 이러한 상황에서라면 아무리 미덕에 대한 진실한 사랑을 품고 있다고 해도 사람은 자기도 모르는 사이에 조만간 약해져서 마음속으로는 여전히 정의롭고 선량하지만 실제 행동에서는 부당하고 사악해지는 것이 확실하다.[21]

　내 마음속에 강하게 새겨져서 비록 조금 후이기는 하지만 나의 모든 행위에서 실천으로 옮겨진 이 원칙은 대중에게서 또 특히 지인들 사이에서 나를 가장 괴상하고 더할 나위 없이 미친 사람처럼 보이게 만들었던 원칙들 중 하나였다. 사람들은 내가 기발하기를 원하고 다른 사람들과 달리 행동하고 싶어 한다고 의심했다. 사실 나는 다른 사람들과 같이 행동하자든가 또 달리 행동하자든가 하는 것을 별로 생각한 적이 없다. 좋은 일만 하기를 진심으로 원했다. 다른 사람의 이익과 상반되는 이익이 내게 돌아와서 그 결과 비록 본의는 아니지만 그 사람의 불행을 은밀히 바라는 상황들로부터 내 모든 힘을 다해 빠져나왔다.

　2년 전 원수(元帥) 경(卿)[22]이 그의 유언장에 내 이름을 넣으려 했다. 나는 그 일에 극력 반대했다.[23] 나는 무슨 일이 있더라도 그 어떤

---

21) 이러한 성찰은 실천적 도덕의 문제에 대한 루소의 현실주의를 보여준다. 그는 《감각적 도덕 혹은 현자의 유물론》(*La Morale sensitive, ou le Matérialisme du Sage*)이라는 제목의 책을 쓸 계획을 갖고 있었는데, 그 제목 자체가 루소가 여기서 밝힌 도덕적 원칙에 부응한다(9권 참조).

22) George Keith〔Milord Maréchal(원수 경)은 별칭〕(1686~1778): 스코틀랜드의 귀족으로 1688년 오렌지 공(公) 윌리엄에 의해 영국 왕위에서 축출되어 프랑스로 망명한 제임스 2세를 지지하다가 뇌샤텔에 망명하여 지사가 되었다. 루소의 가장 충실한 친구들 중의 한 사람이었다. 1762년 모티에에 정착한 루소는 뇌샤텔의 지사인 조지 키스 경(卿)의 보호를 요청하는 편지를 보내면서 그를 알게 되었다. 루소는 1763년까지 그를 자주 방문했다. 루소가 현명하며 친절한 아버지로 생각하던 그가 포츠담으로 떠난 것은 루소에게 단장의 고통이 되었다. 루소와 흄 사이에 다툼이 있었을 때 키스 경은 친구인 루소를 진정시키려고 노력했지만 그것이 허사가 된 후 루소와의 서신왕래를 결정적으로 끊었다(11권 참조).

23) 1764년 3월 31일 원수 경에게 보내는 편지에서 루소는 원수 경의 제안을 거절했지만 테레즈 르바쇠르를 위한 연금은 경우에 따라 받겠다고 했다.

사람의 유언장에서도 알려지고 싶지 않았으며 더구나 경의 유언장에서는 말할 것도 없다는 사실을 그에게 분명히 말했다. 그는 지고 말았다. 지금 그는 내게 종신연금을 주려 하는데 나는 여기에 반대하지는 않는다. 사람들은 이렇게 바꾸는 것에서 내가 이득을 본다고 할 것인데, 그럴 수도 있다. 그러나 나의 은인이자 아버지시여, 내가 불행하게도 당신보다 오래 산다면 당신을 잃으면서 나는 모든 것을 잃고 얻을 것이 하나도 없다는 것을 알고 있습니다.

내 생각으로는 이것이야말로 훌륭한 철학이며 인간의 마음에 잘 어울리는 유일한 철학이다. 나는 날이 갈수록 더욱 이 철학이 전적으로 확고부동하다는 것을 절감하고 있다. 그리고 내 최근의 저작들에서 이것을 다양한 방식으로 검토했다. 그러나 대중들은 천박해서 이것에 주목할 줄 몰랐다. 내가 지금 이 일을 끝낸 후 다음 일을 다시 시작할 정도로 오래 산다면, 《에밀》의 속편에서 바로 이 신조를 매우 매력적이고 인상적으로 보여주는 예를 제시하여 내 독자들이 거기에 주의하지 않을 수 없도록 만들 작정이다. 그러나 여행자로서는 이 정도 성찰이면 충분하다. 다시 내 여행을 시작할 때다.

나는 예상했던 것보다는 더 즐겁게 여행했고, 그 촌뜨기 녀석도 보기만큼 퉁명스럽지 않았다. 그는 중년의 남자로 반백의 검은머리를 길게 땋고 정예부대의 군인처럼 체격이 좋은 풍채에 목소리도 크고 꽤 명랑하고 잘 걷기도 하거니와 먹기는 더 잘 먹었다. 모든 종류의 일을 하지만 제대로 할 줄 아는 일은 아무것도 없었다. 안시에서 무슨 공장을 세울 것을 제안했던 모양이다. 바랑 부인이 그 계획에 넘어가지 않을 리 없었고, 그가 충분한 여비를 받고 토리노로 여행하는 것은 그 계획을 대신(大臣)이 수락하게끔 운동하기 위한 것이었다. 이 위인은 늘 신부들 틈에 끼어들어서 음모를 꾸미는 재주가 있었다. 그리고 그들을 모시기 위해 아첨하면서 그들의 학교에서 어떤 종교적인 전문용어를 얻어듣고

는 위대한 설교가나 되는 양 뽐내면서 그것을 끊임없이 써먹었다. 그는
심지어 성서의 라틴어 한 구절까지 알고 있어서, 하루에 천 번이나 그것
을 되풀이하는 통에 마치 라틴어 구절을 천 개는 아는 것처럼 보였다.
게다가 다른 사람의 지갑에 돈이 있는 줄 알면 돈이 궁한 일이 별로 없었
다. 그렇지만 교활하다기보다는 솜씨가 좋아서, 지원병을 모집하는 사
람의 어조로 예의 그 신통치 못한 설교를 늘어놓을 때면 칼을 차고 십자
군에게 설교하는 은자(隱者) 피에르24)를 방불케 했다.

그의 아내 사브랑 부인에 대해 말하면 꽤 선량한 여자로 밤보다 낮에
더 조용했다. 나는 계속 그들의 방에서 잤기 때문에 그녀가 잠을 이루지
못해 시끄럽게 구는 바람에 종종 잠을 깨곤 했는데, 그녀가 잠 못 이루
는 이유를 알았다면 훨씬 더 자주 잠을 깨었을 것이다. 그러나 나는 눈
치조차 채지 못했는데, 이 점에 관해서는 바보천치여서 오직 자연만이
나를 교육시키는 책임을 고스란히 맡았던 것이다.

나는 그 독실한 척하는 안내자와 그의 쾌활한 아내와 함께 즐겁게 길
을 걸어갔다. 내 여행을 방해하는 어떤 사고도 없었고 내가 살아오면서
그처럼 심신이 행복한 상태에 있었던 적은 없었다. 젊고 튼튼하며 건강
이 충만하고 마음이 너무나 편안하며 나와 다른 사람들을 전적으로 믿
을 수 있었던 나로서는 인생의 그 짧지만 귀중한 시기를 맞은 것인데,
그때 밖으로 넘쳐흐르는 삶의 충만함은 우리의 모든 감각들을 통해 말
하자면 우리 존재를 확장시키고 또 우리 존재의 매력을 통해 우리 눈앞
에서 온 자연을 미화시킨다. 내 감미로운 불안에는 그 불안을 덜 방황하
게 만들고 내 상상력을 고정시키는 하나의 대상이 있었다. 나는 스스로
를 바랑 부인의 작품이자 학생이고, 친구 그리고 거의 연인처럼 생각하
고 있었다. 그녀가 내게 해주었던 친절한 말, 그녀가 내게 베풀었던 애

---

24) L'ermite Pierre(1050~1115) : 은자 피에르는 군인들로 이루어진 일차 십
　　자군에게 설교를 했고 이어 일반인들로 이루어진 십자군에게 설교를 했다.

정의 표시, 그녀가 내게 보인 것 같았던 그렇게나 다정한 관심, 내게 사랑을 불어넣었기 때문에 사랑으로 가득 찬 것처럼 보였던 그녀의 매혹적인 눈길, 이 모든 것이 걸어가는 동안 내 상상을 북돋아 달콤한 공상에 잠기게 했다. 내 운명에 대한 어떤 두려움도 어떤 의혹도 없었기 때문에 이러한 공상이 방해받지 않았다. 나를 토리노에 보내는 것은 거기서 내 생계를 돌보고 적절히 자리를 잡게 해줄 것을 약속하는 것이라고 생각했다. 나는 더 이상 나 자신에 대해 걱정하지 않았다. 다른 사람들이 이러한 수고를 떠맡았기 때문이다. 그래서 나는 이러한 부담을 덜고 가벼운 걸음으로 걸어 나갔다. 원기 왕성한 욕망, 황홀한 희망, 찬란한 계획들이 내 영혼을 가득 채웠다. 눈에 보이는 모든 대상들이 나에게는 가까이 오는 행복을 보증하는 듯 보였다. 나는 상상했다. 집집에서는 시골풍의 잔치를, 목장에서는 흥겨운 오락을, 냇물을 따라서는 물놀이와 산책과 낚시질을, 나무 위에서는 맛있는 과실을, 나무 그늘 밑에서는 달콤한 밀회를, 산에서는 우유 통과 크림 통, 매력적인 한가함, 평화, 소박함, 정처 없이 다니는 즐거움을. 요컨대 나의 눈길을 끈 무엇 하나도 내 마음에 즐거움의 어떤 매력을 자아내지 않은 것이 없었다. 경치의 웅대함과 다채로움과 실제적인 아름다움으로 볼 때 이러한 매력은 이성(理性)에도 합당한 것이다. 게다가 여기에는 자극적인 허영심까지 얼마간 섞여 있었다. 이렇게 어린 나이에 이탈리아로 가는 것, 벌써 상당히 많은 고장들을 구경했다는 것, 산을 가로질러 한니발25)을 뒤따르는 것이 내 나이에 지나친 영광으로 여겨졌다. 이것만이 아니다. 자주 그리고 즐겁게 발길을 멈추곤 했고, 왕성한 식욕과 이를 만족시켜 줄 음

---

25) Hannibal(B. C. 247?~B. C. 183?) : 카르타고의 장군으로 어렸을 때 제2차 포에니전쟁 때 스페인에서 피레네산맥을 넘어 프랑스 남부를 점령한 뒤 눈에 덮인 알프스를 넘어 이탈리아 북부로 침입하여 이탈리아 각지에서 로마군을 크게 무찔렀다.

식이 있었다. 그도 그럴 것이 사실 내가 음식을 아낄 필요는 없었다. 사
브랑의 점심에 비하면 내 점심은 눈에 띄지도 않았다.

　나는 내 전 생애를 통하여 우리가 이 여행에서 보낸 7, 8일 동안만큼
완전히 근심걱정 없이 여가를 가졌던 적은 기억나지 않는다. 왜냐하면
사브랑 부인의 걸음걸이에 우리가 보조를 맞추어야 하는 바람에 여행은
긴 산책이 되었기 때문이다. 이러한 기억은 거기 결부된 모든 것, 특히
산이나 도보여행에 대한 가장 강렬한 취미를 내게 남겨주었다. 걸어서
여행한 것은 젊을 때뿐이었는데 언제나 즐거웠다. 얼마 지나지 않아 곧
의무라든가 용건이라든가 들어야 할 짐 때문에 어쩔 수 없이 신사인 체
하고 마차를 타야 했다. 그랬더니 마음을 괴롭히는 근심, 걱정거리, 거
북함이 나와 함께 마차에 올라탔다. 예전에 여행할 때는 가는 즐거움만
을 느낀 것에 반해 그때부터는 도착할 필요 이외에 더 이상 다른 것을 느
끼지 못했다. 나는 파리에서 나와 같은 취미를 가진 동지 둘을 오랫동안
찾아다녔다. 우리와 돌려가며 여행가방을 운반할 아이 이외에는 다른
수행원은 없이 함께 걸어서 이탈리아를 일주하는 데 각자 자기 주머니
에서 50루이를, 그리고 자기 시간에서 1년을 내고자 하는 동지 둘을 말
이다. 많은 사람들이 지원했지만, 겉으로만 이 계획에 기뻐하면서 모두
가 속으로는 이 계획을 완전히 공중누각으로 여기고 이야깃거리로는 말
하면서도 정작 실행하려고 하지는 않았다. 나는 이 계획에 대해 디드
로, 26) 그림27) 과 함께 열정적으로 이야기하면서 마침내 그들의 마음을

26) Denis Diderot (1713~1784) : 드니 디드로는 랑그르의 유복한 부르주아 집
　　안에서 태어났는데, 그의 아버지는 널리 알려진 도공(刀工)이었다. 드니
　　디드로는 성직자가 되기로 되어 있었다. 아버지가 집어넣은 랑그르의 예수
　　회 학교를 졸업한 디드로는 파리로 유학해 1732년 파리 대학에서 교양학사
　　학위를 받았다. 그 뒤 클레망 드 리의 사무실에서 실무 수습생으로 법률을
　　공부했으나 그곳에서 나왔고 그의 가족은 그에게 생활비 지급을 중단했다.
　　그는 파리에서 방랑생활을 했고 1743년에는 아버지의 반대를 무릅쓰고 앙

투아네트 샹피옹과 비밀결혼을 했다.

1745년에는 자신에게 막대한 영향을 준 영국 철학자 샤프츠베리 백작의 《재능과 미덕에 관한 탐구》를 번역하고 거기에 자신의 주석을 첨가해 《재능과 미덕에 대한 시론(試論)》을 프랑스어로 출판했다. 그 즈음 영국에서 호평을 받은 체임버스 편찬의 백과사전 《사이클로피디어》의 프랑스어 역간행을 기획한 르 브르통의 의뢰로, 그는 친구이자 유명한 수학자인 달랑베르와 함께 그 일에 착수했다. 당초에 두 사람은 책임편집인 아래에서 일했으나, 감수자의 경질과 기획변경에 따라 둘은 프랑스인에 의한 독창적인 백과사전 간행에 착수했다. 1751년 제1권을 시작으로 1773년 본문 17권, 도판 11권 등 모두 28권을 간행하기까지 《백과전서》의 완성에 심혈을 기울여, 디드로는 그의 일생의 반을 문자 그대로 '세기의 대사업'에 바쳤다. 한편 철학적으로는 유신론에서 무신론으로 기울어졌으며, 1749년에 익명으로 간행한 《맹인에 관한 서간》 때문에 위험한 사상을 가진 사람이라 하여 파리 교외의 뱅센 감옥에 투옥되기도 했다. 그의 유물론적 입장은 《달랑베르의 꿈》에 이르러 정점에 달했다.

문학작품으로 소설 《경솔한 보석》(1748)을 시작으로 《수녀》(1760), 《라모의 조카》(기고 1762), 《운명론자 자크》(기고 1771, 간행 1796) 등을 썼다. 그의 소설들이 보이는 역동적 사실주의는 현대적 소설을 예고하고 있다. 그는 소설작품 외에 극작에도 의욕을 보여 당대의 현실에 충실한 '진지한 희극 혹은 시민극'을 표방한 희곡 《사생아》(1757), 《가장》(家長, 1758)을 집필했다. 미술에도 관심을 보여 《회화론》(1765)을 썼으며, 친구 그림이 주재하는 《문예통신》에 관전평(官展評) 〈살롱〉을 기고하여 근대 미술평론의 형식을 구축하고 보들레르 등에게 영향을 주었다. 만년에는 은인인 에카테리나 2세에게 경의를 표하기 위해 러시아 페테르부르크를 방문했다. 그는 필생의 관심인 도덕문제를 다룬 《세네카론》(1778)의 완성에 몰두했으며, 1784년 7월 31일 파리에서 사망했다.

루소가 디드로를 알게 된 것은 1742년 파리에서였고, 그후 두 사람은 돈독한 우정을 쌓았다. 디드로가 뱅센 감옥에 수감되었을 때 루소는 수감중인 디드로를 방문하러 가던 중 영감을 받아 《학문 예술론》(Discours sur les sciences et les arts)을 쓰게 되었다. 루소가 왕이 주는 연금을 거절하고자 한 것에 대해 디드로가 반대하면서, 이 두 친구 사이에 최초로 다툼이 벌어졌다. 또 디드로는 루소가 파리를 떠나 레르미타주에 가는 것을 비난했고,

움직였던 것이 기억난다. 나는 이번에는 일이 다 되었다고 생각했다. 그러나 모든 것은 서면(書面)여행을 하자는 것으로 귀착되었는데, 이 서면여행에서 그림은 디드로에게 신을 모독하는 죄를 잔뜩 저지르게 하고 종교재판소에는 나를 대신 집어넣는 것보다 더 재미있는 이야기는 없다고 생각했다.

토리노에 너무 일찍 도착하여 아쉬웠지만 대도시를 보는 기쁨과 그곳에서 곧 내가 합당한 중요한 위치를 차지하게 될 것이라는 희망으로 그 아쉬움을 달랬다. 이미 야망의 불길이 머리끝까지 타올랐고, 이미 내 자신이 예전 견습공 신분보다 훨씬 높은 곳에 있다고 생각했기 때문이다. 그래서 머지않아 그보다 훨씬 못한 처지로 떨어지게 되리라고는 전혀 예상치 못했다.

---

루소로부터 테레즈를 떼어놓으려고 애를 썼다. 마침내 결정적 사건이 터졌다. 디드로는 부주의하게 《사생아》(1757년)에서 "혼자 있는 사람은 사악한 사람밖에 없다"는 발언을 했는데, 루소는 이러한 발언이 자신을 겨냥한 것이라고 믿었다. 게다가 루소는 두드토 부인이나 데피네 부인과 불화가 생긴 것을 모두 그림이 주도하고 디드로와 돌바크가 협조한 탓이라고 생각했다. 1758년 루소는 《달랑베르에게 보내는 편지》(*Lettre à d'Alembert*) 서문에서 디드로의 배신을 공공연하게 비난했고, 이를 계기로 둘은 절교했다 (7권 참조).

27) Frédéric-Melchior, baron de Grimm (1723~1807): 독일의 작가이자 비평가로 1748년부터 1790까지 파리에서 살았다. 이탈리아 음악의 애호가로서 부퐁논쟁 때 라모에 대항하여 루소의 편을 들었다. 그는 디드로와 볼테르 등 철학자들과 친교를 맺었다. 1753년 레날 신부의 뒤를 이어 《문예통신》의 편집자가 되어 프랑스의 문화를 유럽에 알리는 데 공헌했다. 그는 가혹한 비평과 철학적 회의주의로 종종 비난을 받았다. 루소는 1749년 그림을 처음으로 만났고, 디드로와 함께 매우 친밀한 관계를 맺었다. 그러나 시간이 지남에 따라 루소는 그림이 건방지고 배은망덕하다고 생각했고 그림은 루소가 성실하지 못하다고 비난했다. 1757년 루소와 데피네 부인과의 언쟁 이후, 이 둘은 절교했다(8권 참조).

　나는 독자들이 보기에는 전혀 재미있을 것이 없는 사건의 전말을 세세하게 이야기했고 앞으로도 그럴 것인데, 이야기를 더 진전시키기 전에 그에 대해 독자들에게 용서를 구하고 변명하지 않으면 안 되겠다. 대중 앞에 내 자신을 남김없이 보여주는 일을 시도한 이상 나에 관한 어떤 것도 그들에게 애매하거나 감추어진 상태로 남아 있어서는 안 된다. 나는 시종 그들의 시선 아래 있어야 한다. 그들은 내 마음의 온갖 방황과 내 삶의 모든 구석에서 나를 지켜보아야 한다. 그리고 잠시라도 나를 시선에서 놓쳐서는 안 되는데, 그것은 그들이 내 이야기에서 조금이라도 빠진 곳이나 빈곳이 있음을 보고 "그는 그 기간 동안 무엇을 했을까" 의아하게 생각하면서 내가 모든 것을 말하기를 원치 않았다고 비난할까 두렵기 때문이다. 나는 내 이야기를 통해 사람들이 내게 악의를 품을 충분한 구실을 제공하지만 그에 덧붙여 내 침묵을 통해 그럴 구실을 제공하지는 않겠다.

　바랑 부인에게서 받은 그 약간의 돈도 내 수중에서 나갔는데, 내가 재잘댔기 때문이다. 내 경솔함은 나를 안내하던 사람들에게 무익한 것이 아니었다. 사브랑 부인은 바랑 부인이 내 작은 칼에 달라고 주었던 광택이 나는 작은 은(銀) 리본까지 용케 빼앗아갔는데, 그것이 다른 모든 것보다 아까웠다. 내가 덜 고집을 부렸다면 칼까지 그들 손에 들어갔을 것이다. 그들은 충실하게 내 여행경비를 지불했지만 내게 아무것도 남기지 않았다. 나는 옷도 돈도 속옷도 없이 토리노에 도착한 것이다. 내가 이루고자 하는 출세의 모든 영광은 정말 어김없이 내 재능 하나에 달리게 되었다.

　나에게는 추천장들이 열 통 있어서 그것들을 들고 갔다. 그래서 곧 개종자를 위한 수도원 보호시설에 안내되어 그곳에서 종교교육을 받게 되었는데, 나는 그 종교를 믿는 대가로 호구지책을 얻었던 셈이다. 들어서자 육중한 쇠창살문이 보였는데, 그것은 통과하자마자 바로 뒤에서

단단히 잠겼다. 이러한 첫출발은 유쾌하다기보다 위압적으로 보였고
나를 생각에 잠기게 만들기 시작했는데, 그때 어떤 꽤나 큰 방으로 들어
가게 되었다. 그곳에 있는 가구라고는 방 안쪽에 커다란 십자고상(十字
苦像)이 걸려 있는 나무 제단과 그 주위에 역시 나무로 된 너덧 개의 의
자가 보일 뿐이었는데, 그 의자들은 초를 입혔던 것처럼 보였지만 사실
은 하도 쓰고 닳아서 반질거리는 것에 불과했다. 이 회의실에는 무시무
시한 불량배들이 너덧 명 있었는데 나와 같이 교육을 받을 동료들이었
다. 그들은 하나님의 자식이 되기를 지망하는 사람들이라기보다는 오
히려 악마의 궁졸(弓卒)들 같았다. 이 녀석들 중 둘은 슬라보니아인인
데 자기들은 유대인이니 무어인이니 하고 떠들어댔다. 그리고 그들이
내게 털어놓았던 바와 같이 기독교에 들어가 세례를 받는 수고를 들일
만한 수익28)이 나는 곳이면 어디서든 그렇게 하면서 스페인과 이탈리
아를 돌아다니며 살아왔던 것이다. 안뜰로 넓게 퍼져 있는 큰 발코니를
둘로 나누고 있는 또 다른 철문이 열렸다. 그 문을 통하여 개종자인 우
리의 자매들이 들어왔다. 이들도 나처럼 세례로써가 아니라 공식적 개
종으로써 다시 태어날 참이었다. 그들은 일찍이 주님의 집을 오염시킨
그야말로 천하의 잡년이자 더할 나위 없이 천한 창녀들이었다. 유일하
게 한 계집만이 귀엽고 꽤 매력적으로 보였다. 그녀는 나와 거의 동갑이
거나 어쩌면 한두 살쯤 위인 것 같았다. 그녀의 눈은 교태를 흘렸고 가
끔 내 눈과 마주쳤다. 이 때문에 그녀와 사귀어 보았으면 하는 욕심이
약간 생겼다. 그러나 그녀는 석 달 전부터 이 보호시설에 있었고 그후
거의 두 달을 더 있었는데도29) 그동안 그녀에게 수작을 거는 것은 완전

---

28) 새로 세례를 받은 사람은 소액의 돈을 받았는데, 여기서 수익이란 그 돈을
   말한다.
29) 마송(Masson)과 같은 역사가들은 그녀의 신원이 암스테르담 출생의 유대
   여인인 18세의 쥐디트 코메스(Judith Comès)라고 보고 있다. 그녀는 루소

히 불가능했다. 그 정도로 그녀는 간수 노파에게 맡겨져 보살핌을 받고 있었고, 그 경건한 전도사가 그녀 곁에 귀찮을 정도로 붙어서 열심의 정도를 넘어 열성껏 그녀의 개종에 힘을 기울이고 있었다. 그녀는 겉으로 보기와는 딴판으로 대단히 멍청했음이 틀림없다. 그녀만큼 교육시키는 데 시간이 오래 걸린 경우는 없었으니 말이다. 결국 그 경건한 인간도 그녀가 개종할 수 있다고 전혀 생각하지 않았다. 그러나 그녀는 수도원의 격리된 생활을 지겨워해서 기독교 신자가 되든지 안 되든지 밖으로 나가고 싶다고 말했다. 그녀가 반항하고 더 이상 신자가 되기를 원치 않을까봐, 아직 신자가 되기를 동의하는 동안에 그녀의 제의를 받아들이지 않을 수 없었다.

새로 들어온 사람을 축하하기 위해 수도원에서 생활하는 사람들의 작은 모임이 만들어졌다. 우리를 위한 짤막한 설교가 있었다. 나에게는 신이 내게 주신 은총에 보답할 것을 권고하고 다른 사람들에게는 나를 위하여 기도하고 모범을 보여 나를 감화시킬 것을 권유하기 위한 것이었다. 그후 처녀들이 자기네들의 수도원 격리구역으로 돌아갔을 때서야 비로소 나는 마음껏 여유를 갖고 내가 수도원 격리구역에 있게 된 것에 대해 놀라워할 시간을 가졌다.

이튿날 아침 우리는 교육을 위하여 또 모였다. 나는 이때서야 처음으로 내가 장차 걸어갈 길과 나를 여기까지 끌고 왔던 과정에 대해 곰곰이 생각하기 시작했다.

나는 과거에도 말했고, 지금도 거듭 말하며, 앞으로도 거듭 말할지

의 묘사와 일치하는 유일한 여인이다. 그런데 그녀는 루소가 보호시설에 들어온 지 사흘 후에 들어왔고 6월 13일에 나갔기 때문에 실제 그곳에 머문 것은 2개월이다. 루소는 자신이 개종하는 데 어느 정도 시일이 걸렸다고 기억하고 있지만 그와는 반대로 1728년 4월 12일 토리노에 도착해서 4월 21일 배교하고 23일 세례를 받았다.

모르겠는데, 날이 갈수록 더욱 확신하는 한 가지 사실은 일찍이 합당하고 건전한 교육을 받은 어린아이가 있다면 그것은 바로 나라는 것이다. 가풍이 일반사람들과는 구별되는 가정에서 태어난 나는 친척들 모두에게서 지혜로운 교훈과 명예로운 모범만을 배웠다. 아버지는 관능적 쾌락을 추구하는 사람이긴 했지만 진정 성실할 뿐만 아니라 신앙심도 두터웠다. 세상에서는 신사이고 집안에서는 기독교 신자인 그분은 자신이 절실히 느꼈던 감정을 일찍부터 내 마음에 불어넣었다. 정말 정숙하고 덕망이 있는 세 고모들 중 첫째와 둘째 고모는 독실한 신자였다. 그리고 셋째 고모는 매력과 재치와 분별력이 풍부한 미혼여성으로, 겉으로는 덜 내세웠지만 어쩌면 다른 두 고모들보다도 훨씬 더 신앙이 독실했을지 모른다. 이런 존경받을 만한 가정의 품안에서 나는 랑베르시에 씨 댁으로 옮겨갔는데, 그는 성직자요 설교자임에도 불구하고 내면적 신앙을 갖고 있었고[30] 거의 말하는 만큼이나 훌륭하게 행동했다. 그의 여동생과 그는 상냥하고 적절한 교육을 통하여 그들이 내 마음에서 발견했던 신앙심의 원동력을 계발했다. 이 훌륭한 분들은 이를 위하여 매우 진실하고 신중하며 합당한 방법들을 사용해 나는 설교 때 지루하기는커녕 설교를 듣고 나올 때는 언제나 마음속에서 감동되어 바르게 살자고 결심했는데, 그 결심에 유념하여 그것을 어긴 적은 별로 없었다. 베르나르 고모 댁에서는 고모가 신앙을 일종의 직업으로 삼았기 때문에 다소 더 지루했다. 내 주인 뒤코맹의 집에서는 신앙에 대한 생각이 변한 것은 아니었지만 그에 대해 거의 생각하지 못했다. 나를 타락시키는 젊은이들도 전혀 보지 못했다. 나는 장난꾸러기는 되었지만 불신자(不信者)는 되지 않았다.

그러므로 나는 내 나이의 소년이 종교에 대하여 가질 수 있었던 모든

---

30) 루소는 성직자 신분으로 진실한 신앙을 갖는다는 것은 쉽지 않다고 생각하는 경향을 보인다.

106

것을 가지고 있었다. 심지어는 그 이상이었다. 정말이지 여기서 내 생각을 숨길 필요가 뭐가 있겠는가? 나의 어린 시절은 보통 아이와는 전혀 달랐다. 나는 언제나 어른처럼 느끼고 생각했다. 내가 평범한 부류에 들어간 것은 커가면서였지, 태어났을 때는 평범한 부류에 속하지 않았다. 사람들은 내가 겸손하게 신동이라고 자처하는 것을 본다면 웃을 것이다. 좋다. 하지만 충분히 웃고 나서, 6살에 소설에 매달려 흥미를 느끼고 뜨거운 눈물을 흘릴 정도로 열광하는 아이가 있다면 찾아보시라. 그러면 그때는 나도 내 허영심이 어리석다고 느끼고 나의 잘못을 시인할 것이다.

그러니 아이들에게 후일 신앙심을 갖게 하고 싶다면 그들에게 종교에 대한 말을 해서는 안 된다는 말을 했을 때나 아이들이 신을 안다는 것, 더욱이 우리처럼 신을 안다는 것이 불가능하다는 말을 했을 때, 31) 이러한 내 생각은 내 자신의 경험에서가 아니라 관찰에서 이끌어낸 것이다. 나는 내 자신의 경험으로부터 다른 사람들에 대해 적용될 어떤 결론도 끌어내지 못한다는 것을 잘 알고 있기 때문이다. 6살에 장자크 루소 같은 아이가 있다면 그를 찾아내어서 7살에 신에 대한 이야기를 들려주라. 그러면 어떤 위험도 없을 것이라는 점을 나는 보증한다.

내 생각에는 사람들이 아이의 경우에나 심지어 어른의 경우에서도 신앙을 갖는다는 것은 날 때부터의 신앙에 따르는 것이라고 느끼는 것 같다. 그런데 이러한 신앙심에서 가끔 무엇인가가 제거되는 경우는 있지만 무엇인가가 덧붙여지는 경우는 거의 없다. 32) 교리상의 신앙은 교육의 결과인 것이다. 나를 조상의 종교에 묶어 놓는 그 일반적 원칙은 제쳐두고, 나는 가톨릭교에 대하여 내가 태어난 도시에 특유한 반감을 갖

31) 루소는 《에밀》에서 이러한 견해를 밝힌 바 있다.
32) 뇌샤텔 원고에서 루소는 자신의 생각을 다음과 같이 부연한 바 있다. "혹시 무엇인가가 덧붙여진다면 그것은 단지 다른 사람들을 위한 것이다. 오직 허영이나 이익이 그것을 부추기는 것이다."

고 있었다. 사람들은 가톨릭교를 끔찍한 우상숭배라고 했고 우리에게
그 성직자들을 더할 나위 없이 사악하게 묘사했다. 이러한 감정은 내게
매우 큰 영향력을 미쳐서 처음에는 성당 안을 들여다보기만 해도, 법복
을 입은 신부를 만나기만 해도, 행렬의 종소리가 들리기만 해도, 항상
공포와 두려움에 몸을 떨었다. 이런 떨림은 도시에서는 곧 사라졌지만
내가 그 공포감을 체험했던 소교구들과 더욱 비슷한 시골 교구들에서는
종종 나를 다시 사로잡았다. 이러한 인상이 제네바 부근의 사제들이 그
도시 아이들에게 기꺼이 보여주었던 그런 애정의 표시에 대한 추억과
기묘한 대조를 이루고 있었던 것은 사실이다. 임종 성체 배령의 종소
리[33]를 듣고 두려움을 느꼈던 반면에 미사와 저녁기도의 종소리에는 조
반과 간식, 신선한 버터와 과일 그리고 우유가 생각났다. 퐁베르 씨의
맛있는 점심도 역시 대단한 인상을 주었다. 이리하여 나는 쉽사리 이 모
든 것에 도취했다. 로마 가톨릭교를 오로지 오락과 미식에만 결부시켜
생각했으므로 그 종교를 갖고 산다는 생각에 쉽사리 익숙해졌다. 그러
나 정식으로 그것을 믿는다는 생각은 제네바에서 도망을 칠 때 먼 훗날
의 일로밖에는 떠오르지 않았다. 그러나 지금은 더 이상 내 자신을 속여
넘길 방도가 없었다. 그래서 내가 했던 그런 종류의 약속과 그 약속의
피치 못할 결과를 더할 나위 없이 강렬한 공포심을 갖고 보았다. 내 주
위에 있는 미래의 새 신도들이 그들의 모범으로 내 용기를 고무하기에
는 적합하지 않았다. 그리고 내가 행하려는 신성한 행동이 사실상 악당
이나 저지르는 짓에 불과하다는 사실을 자인하지 않을 수 없었다. 아직
어렸지만, 진실한 종교가 어떤 것이든 나는 자신의 종교를 팔려는 것이
며 아무리 선택을 잘한다 하더라도 내 마음속으로는 성령을 속이고 사

---

33) 임종 성체 배령이란 신부가 위독한 환자에게 베푸는 영성체인데, 신부 앞
   에서 복사(服事)를 선 아이가 성체가 지나가는 것을 알리는 작은 종을 울
   린다.

람들의 멸시를 초래하게 되리라는 것을 느꼈다. 이것을 생각하면 생각할수록 나 자신에 대해 더욱 분노했다. 그리고 마치 이러한 운명이 내가 만든 것이 아닌 양 나를 여기까지 끌고 온 운명에 대하여 한탄했다. 이러한 반성이 매우 절실해서 한순간 문이 열려진 것을 보았다면 틀림없이 도망쳤을지도 모를 그런 순간들이 있었다. 하지만 나는 그렇게 할 수 없었다. 그리고 이러한 결심도 또한 그다지 굳건하게 지속되지 않았다.

너무도 많은 은밀한 욕망들이 이 결심을 공격해서 승리를 거두었다. 게다가 제네바로 돌아가지 않으리라 굳게 결심한 바 있고, 수치스럽기도 하고, 산을 다시 넘는 것 자체가 어렵기도 하고, 친구도 돈도 없이 고향에서 멀리 떨어져 있는 내 자신의 모습을 바라보는 것도 당혹스러웠다. 이런 모든 것들이 한데 어울려 나는 양심의 가책을 때늦은 후회로 여기게 되었다. 나는 자신이 막 하려는 짓을 변명하기 위하여 내가 했던 짓을 비난하는 척했다. 과거의 잘못을 가중시킴으로써 미래에 닥쳐올 일을 그 잘못의 필연적 결과로 간주했다. 나는 자신에게 "아직은 아무 일도 저지른 것은 없으니 네가 원한다면 죄를 저지르지 않을 수 있다"라고 말하는 대신에, "네가 스스로 저질렀던 그리고 네가 완결시키지 않을 수 없게 된 죄에 대해 한탄하라"고 말했던 것이다.

사실 내 나이에, 그때까지 약속할 수 있었던 혹은 남들의 기대를 걸게 만들었던 일체의 것을 취소하고, 제 몸을 스스로 옭아 묶은 사슬을 끊고, 그로부터 일어날 수 있는 어떤 일에도 개의치 않으며, 내 조상의 종교 안에 머물러 있겠다고 용감히 공언하기 위해서는 얼마나 보기 드문 정신력이 필요했겠는가! 내 나이에 그러한 단호한 용기가 있을 리가 없었다. 그리고 그것이 다행스러운 결과를 가져왔을 것 같지도 않다. 사태는 이미 갈 때까지 가 있어서 사람들은 실패의 쓴맛을 보길 원하지 않았고, 내 저항이 크면 클수록 어떻게 하든지 그것을 꺾는 것을 방침으로 삼았을 것이다.

나를 망친 궤변은 대부분의 사람들이 늘어놓는 궤변인데, 그들은 이미 힘을 쓰기에 너무 늦었을 때 힘이 부족하다고 불평한다. 미덕이란 단지 우리의 과오로 인해서만 우리에게 고통스러우며, 우리가 항시 현명하기를 원한다면 별로 유덕할 필요가 없을 것이다. 그러나 쉽사리 극복할 수 있는 성벽(性癖)들은 아무런 저항도 받지 않고 우리를 사로잡는다. 우리는 우리가 그 위험을 무시하는 가벼운 유혹에 넘어간다. 모르는 사이에 조금씩 우리는 위험한 상황에 빠진다. 우리는 이런 위험한 상황을 쉽게 피할 수 있었는데, 이제는 무섭도록 영웅적인 노력 없이는 거기서 벗어날 수 없다. 그래서 우리는 마침내 심연에 빠져 신에게 "왜 저를 이토록 약하게 만드셨나이까?"라고 항의한다. 하지만 이런 항의에도 불구하고 신은 우리의 양심에 "내가 너를 심연에서 빠져나올 수 없을 정도로 약하게 만든 것은 심연에 빠지지 않을 만큼 강하게 만들어 놓았기 때문이다"라고 대답한다.

나는 별로 가톨릭 신자가 될 결심을 하지 않았다. 그 시기가 아직도 요원하다고 보아 이 생각에 익숙해질 시간적 여유를 갖기로 했다. 그리고 그동안 궁지에서 나를 건져줄 어떤 의외의 사건을 상상하고 있었다. 나는 시간을 좀 벌기 위하여 나로서 가능한 최선의 방어를 하려고 결심했다. 오래지 않아 내 허영심 탓에 이 결심을 생각하지 않아도 좋게 되었는데, 내가 나를 교육하려던 사람들을 가끔 난처하게 만든다는 것을 눈치채자마자 이들을 완전히 꼼짝 못하도록 하기 위하여 더 이상의 결심이 필요 없었던 것이다. 나는 이 일에 정말 우스울 정도로 열을 올렸다. 그도 그럴 것이 그들이 내게 설득작업을 하는 동안 나는 거꾸로 그들에게 설득작업을 했으니 말이다. 나는 순진하게도 그들에게 개신교 신자가 되도록 권유하기 위해서는 그들을 설득시키기만 하면 된다고 믿었다.

그래서 그들은 내가 지식 면에서나 의지 면에서나 예상하던 것만큼 결코 만만치 않음을 알게 되었다. 일반적으로 개신교 신자들이 가톨릭 신자들보다도 교육이 더 잘되어 있다. 그도 그럴 것이 개신교 신자들의 교의는 토론을 요구하지만 가톨릭 신자들의 교의는 순종을 요구하기 때문이다. 가톨릭 신자들은 자신에게 주어진 결정을 따라야 하지만 개신교 신자들은 자신이 결정하는 법을 배워야 한다. 그들도 이러한 사실을 알고는 있었지만 내 신분이나 연령으로 보아 그 방면에 숙달된 사람들을 대단히 어렵게 만들리라고는 예상치 못했다. 뿐만 아니라 나는 아직 첫 영성체도 받지 않았고 그것에 관련되는 교육도 받지 않았다. 그들은 이것 역시 알고 있었지만 반면 내가 랑베르시에 씨 댁에서 제대로 교육받았고 게다가 이 양반들에게는 몹시 불편한 《로마 교회와 제국의 역사》의 내용을 내 머릿속에 약간 비축하여 갖고 있다는 사실은 모르고 있었다. 나는 이 책을 아버지 집에서 거의 외우다시피 했는데, 그후 거의 잊어버렸지만 논쟁이 격화됨에 따라서 다시 기억이 떠올랐다.

키는 작지만 꽤 위엄이 있는 늙은 신부 한 사람이 우리를 한 자리에 불러놓고 처음으로 토론회를 열었다. 이 토론회는 나의 교우들에게 논쟁이라기보다는 일종의 교리문답이었다. 신부는 그들이 내놓는 반대의견을 해결해주는 일보다는 그들을 교육시키는 일이 더 많았다. 내 경우만은 달랐다. 내 차례가 왔을 때, 나는 모든 점에서 그의 말을 가로막았다. 그에게 다른 의견들을 제기할 수 있다면 하나도 빼지 않고 죄다 따졌다. 이래서 강연은 퍽 길어지고 참석자들은 매우 지루해 했다. 이 늙은 신부는 말을 많이 하고 열을 내고 허튼 소리를 지껄여댔다. 그리고 자기는 프랑스 말을 잘 알아듣지 못한다는 핑계로 궁지를 벗어났다. 그 이튿날 내가 제기했던 조심성 없는 반론이 교우들을 죄악으로 빠뜨릴까 염려하여 나만 따로 다른 신부와 함께 다른 방에 집어넣었다. 이 신부는 더 젊고 구변이 좋은, 다시 말하면 장황한 미사여구를 사용하는 사람으로 어떤 학자 못지않게 뽐냈다. 그러나 나는 그의 위압적인 용모에 그리

쉽게 굴복당하지 않았다. 그리고 결국 나는 내가 할 일을 하는 것이라고 생각하면서 꽤 침착하게 그에게 답변하기 시작했고 내가 할 수 있는 최선을 다하여 여기저기 그를 쑤셔댔다. 그는 성 아우구스투스나 성 그레고리우스나 그 이외의 교부들을 동원하여 나를 때려눕힐 생각이었다. 그런데 내가 그와 거의 똑같이 그 교부들을 죄다 능란하게 다루는 것을 보고는 믿기 어려울 정도로 놀랐다. 그것은 내가 일찍이 그 교부들의 책을 읽은 적이 있어서가 아니었다. 그 신부도 아마 그랬을 것이다. 그러나 나는 그 르 슈외르[34] 가 발췌한 교부들의 글귀를 많이 기억하고 있어서 상대가 글귀 하나를 인용하면 거기에 대해 따지지 않고 곧 같은 교부의 다른 글귀를 끌어다가 응수했는데, 이로 인해 그는 몇 번이나 몹시 쩔쩔맸다. 그렇지만 결국 그가 이겼는데, 그것은 두 가지 이유에서였다. 첫째는 그가 나보다 더 강자였고, 나는 말하자면 내가 그에 의해 좌지우지되는 신세라는 것을 느끼고 비록 내 나이 어렸지만 그를 궁지에 몰아넣으면 안 된다는 매우 올바른 판단을 내렸다는 것이다. 왜냐하면 그 키 작은 늙은 사제가 내가 박학하다는 것에 대해서나 또 나에 대해서나 좋게 여기지 않았다는 것을 잘 알고 있었기 때문이다. 또 다른 이유는 이 젊은 신부는 학식이 좀 있었고 내게는 그것이 전혀 없었다는 것이다. 그래서 그는 내가 따라가지 못할 방법을 자신이 논증하는 방식에 사용하여, 뜻밖의 반론에 부딪쳐 다급하다고 느끼면 당면 주제에서 벗어났다고 하면서 내일로 미루어버렸다. 때로는 내가 인용한 것들이 죄다 틀렸다고 주장하면서 받아들이지 않기까지 했다. 그리고는 내게 그 책을 찾아주러 가겠다고 나서면서 거기 그런 인용문들이 있으면 어디 찾아보라고 했다. 그는 내가 아무리 다른 데서 빌어온 학식이 풍부하다 해도 그리 능숙하게 책을 다루지 못하며 어떤 인용문이 거기 있다는 것을

---

34) 《로마 교회와 제국의 역사》의 저자.

112

확신한다 하더라도 두꺼운 책 속에서 그것을 찾아낼 만큼 그리 라틴어에 정통하지 못하기 때문에 자신에게 그렇게 큰 위험이 없다는 것을 알고 있었던 것이다. 그는 목사들이 부정확한 해석을 한다고 비난했는데, 내게는 그가 그런 해석을 이용했던 것이 아닌지 또 자신을 불편하게 하는 반론에서 빠져나오기 위하여 가끔은 글귀들을 꾸며낸 것이 아닌지 의혹이 들기까지 한다.

이런 시시한 옥신각신이 계속되어 논쟁을 벌이고 투덜거리며 기도문을 중얼거리고 말썽을 부리면서 세월을 보내는 중 대단치는 않지만 상당히 불쾌하고 추잡한 사건이 일어났는데, 심지어 내게 아주 나쁜 결과를 가져다줄 뻔했다.

아무리 영혼이 비천하고 마음이 야비한 사람이라도 어떤 종류의 애정은 느낄 수 있다. 무어인이라고 자칭하는 그 두 망나니들 중 하나가 나를 좋아하게 되었다. 그는 걸핏하면 내게 접근하여 알아듣기 힘든 프랑크어[35]로 이야기를 걸어왔고, 자질구레한 시중을 들어주는가 하면 때로는 식탁에서 자기 몫을 내게 나누어주기도 했다. 특히 열렬히 입맞춤을 하는 일이 빈번했는데, 그때의 열기가 내게는 매우 거북스러웠다. 긴 흉터가 새겨진 그리고 호밀 빵처럼 거무튀튀한 얼굴과 온화하기보다는 오히려 분노한 듯 보이는 충혈된 눈 때문에 나는 당연히 겁을 먹었지만, 속으로 "이 가련한 사람은 내게 매우 열렬한 우정을 품었다. 그를 매정하게 물리친다면 내가 잘못이겠지"라고 중얼거리면서 그 입맞춤들을 견뎌냈다. 그 녀석은 차츰 더 허물없는 태도를 취했고, 가끔 머리가 돌지 않았나 하는 생각이 들 정도로 내게 묘한 말을 하곤 했다. 어느 날 저녁에는 나와 같이 자러 오겠다는 것이다. 나는 침대가 너무 작다는 핑계로 거절했다. 그랬더니 자기 침대로 가자고 나를 졸라댔다. 그것도

---

35) 프랑스어와 이탈리아어, 스페인어 등이 뒤섞인 언어로 중세시대에 십자군과 상인들에 의해 중동에서 발달한 국제 혼성어를 가리킨다.

거부했다. 왜냐하면 이 파렴치한 녀석은 매우 불결한 데다가 씹는 담배
의 악취를 몹시 풍겨 구역질이 났기 때문이다.

이튿날은 꽤 이른 아침부터 우리 단둘이 회의실에 있었다. 그는 언제
나처럼 나를 또 어루만지기 시작했다. 그렇지만 동작이 어찌나 거친지
그 때문에 그가 무서웠다. 결국 그는 점차 더할 나위 없이 추잡하고 무
례한 짓으로 넘어가더니 내 손을 잡아 나도 같은 짓을 할 것을 강요하려
들었다. 나는 고함을 지르고 뒤로 껑충 뛰며 격렬히 몸을 뺐다. 그러나
나는 그런 것에 관해 조금도 몰랐기 때문에 분노도 화도 드러내지 않았
다. 그러나 내가 분명히 매우 격하게 경악과 혐오를 나타냈기 때문에 그
는 나를 그대로 내버려두었다. 그런데 그의 이런 지랄이 끝나갈 무렵 끈
적끈적하고 희끄무레한 무엇이 난로 쪽으로 튀어 땅에 떨어지는 것을
보고 구역질이 났다. 나는 지금까지 살아온 중 가장 불안하고 가장 혼란
스럽고 심지어 가장 겁을 집어먹은 채 발코니로 달려 나갔는데, 금방이
라도 병이 날 지경이었다.

이 못된 녀석에게 무슨 일이 있었는지를 나는 이해할 수가 없었다. 나
는 그가 간질을 일으켰거나 훨씬 더 무서운 광란에 사로잡혔다고 생각
했다. 정말이지 나로서는 냉정한 사람의 입장에서 그 음란하고 더러운
몸가짐과 너무나 짐승 같은 음욕에 불타는 그 무시무시한 얼굴보다 더
보기 흉한 것이 있을 것 같지 않다. 또 나는 이 녀석 말고 이와 같은 상
태에 있는 사람을 본 적도 없다. 그런데 우리가 여인들 곁에서 그렇게
흥분에 빠진다면, 여인들은 남자에 홀려 눈이 뒤집혀 있어야만 우리를
무서워하지 않을 것이다.

내게 방금 일어났던 일을 모든 사람들에게 이야기하러 다니는 것보다
더 긴급한 일은 없었다. 우리 늙은 여자 사감은 나더러 잠자코 있으라고
했지만, 나는 그녀가 이 이야기에 무척 충격을 받았다는 것을 알았다.
그녀가 입속으로 중얼거리는 소리가 들렸다. "개 같은 놈, 더러운 짐승

같으니!" 내가 왜 잠자코 있어야만 하는지 이해할 수가 없어서 하지 말라고 하는 데도 불구하고 계속 지껄이고 다녔다. 내가 얼마나 수다를 떨었던지 이튿날 관리인들 중 한 사람이 아침 일찍부터 와서 내게 꽤 엄한 꾸지람을 내렸다. 하찮은 잘못을 크게 떠들어대 신성한 집의 명예를 위태롭게 한다고 책망한 것이다.

그는 내가 몰랐던 많은 것들을 설명해주면서 길게 비난을 늘어놓았는데, 내게 그런 것을 가르칠 생각은 아니었다. 그는 내가 사람들이 내게서 원하는 바를 빤히 알고 있으면서도 그것에 동의하기 싫어서 말을 듣지 않는다고 확신했던 것이다. 그는 내게 근엄하게 말하기를, 그것은 음탕한 짓과 마찬가지로 금지된 행위이기는 하지만 그런 짓이 그 상대에게 그다지 모욕을 가하려는 의도에서 나온 것은 아니니까 그가 나를 귀엽게 생각한 데 대해 그렇게 화낼 것까지는 없다는 것이다. 그는 솔직하게 말하기를, 자신도 젊었을 때 이와 똑같은 영광을 가졌는데, 저항할 겨를도 없이 불의의 습격을 당했지만 그렇게 끔찍한 일을 당했다는 생각은 전혀 들지 않았다는 것이다. 그는 본인의 입으로 이런 말을 그대로 할 정도로 뻔뻔스럽게 나갔다. 그리고 내가 저항한 이유가 고통에 대한 두려움이라고 생각하고, 이러한 두려움은 근거 없는 것으로 아무것도 아닌 것에 겁먹을 필요는 없다는 것을 내게 단언했다.

나는 이 파렴치한 사람이 전혀 자기 자신을 변호하는 것이 아닌 만큼 더욱 놀라워하며 그의 말에 귀를 기울였다. 그는 단지 나를 위해서 가르치는 것처럼 보였다. 그에게는 자신이 하는 이야기가 아무렇지도 않은 것처럼 보였는지 애초에 둘만의 비밀로 하려고 하지도 않았다. 그리고 우리 곁에는 제 3자로서 성직자 한 사람이 있었는데, 이 사람도 그와 마찬가지로 이 모든 이야기에 놀라지 않았다. 나는 이러한 태연한 태도에 하도 압도되어서 아마 이것이 세상에서 인정된 관습인 모양인데 내가 그것을 배울 기회를 더 일찍 갖지 못했구나 하는 생각이 들게 되었다.

그러므로 나는 그의 말을 들을 때 화가 나지는 않았지만 어쨌든 역겨웠다. 내게 일어난 일과 무엇보다도 내가 본 것에 대한 인상은 나의 기억에 하도 생생하게 새겨져 있어서 그것을 생각하면 아직도 구역질이 난다. 나는 이 일에 대해 더 이상 알지는 못했지만, 그것에 대한 증오감으로 그것을 변호하는 사람까지 미워졌다. 도저히 자제할 수가 없어 하는 내 모습을 보고 그는 자기의 훈계가 좋지 않은 결과를 낳았다는 것을 알았다. 그는 내게 그리 다정한 눈길을 던지지 않았고, 그때부터 보호시설에서 머물러있는 것이 내게 불쾌하도록 만들기 위하여 무슨 일이든 다 했다. 그는 매우 훌륭히 이 목적을 달성해서 나는 그곳을 떠나기 위해서는 단 한 가지 방법밖에 없다고 보고 그때까지 그 방법을 멀리하기 위해 애써왔던 것과 마찬가지로 그 방법을 사용하기 위하여 노력을 아끼지 않았다. 36)

나는 그 사건으로 후일 남자 동성연애자들의 공격을 피할 수 있었다. 동성연애자라고 알려진 사람들을 보면 그 무시무시한 무어 놈의 모습과 몸짓을 연상하게 되어 항상 감추기 힘들 정도로 혐오감을 품게 되었다. 이와는 반대로 여성들은 이러한 비교를 통하여 내 마음속에서 상당한 우위를 점하게 되었다. 내게는 여성들이 남성으로부터 받은 모욕을 내 다정한 감정과 내 자신이 바치는 경의로 보상할 의무가 있는 것처럼 생각되었다. 그래서 아무리 못생긴 여자라도 그 가짜 아프리카인을 생각할 것 같으면 내 눈에 숭배할 만한 대상으로 보이게 되었다.

이 가짜 아프리카인에 대해 말하자면 나는 사람들이 그에게 뭐라고 말했는지 모른다. 수녀 로렌자를 제외하고는 아무도 그를 전보다 좋지

---

36) 루소는 지금까지 자신이 늦게 개종한 것을 강조했던 반면 이 일화를 통하여 자신이 빨리 개종한 것을 정당화하려는 것처럼 보인다. 루소는 개종 후에 얼마 동안 보호시설에 머물렀으며 여기서 이야기되는 몇몇 사건들은 그가 그곳에 도착하여 개종한 사이가 아니라 개종한 후에 일어났던 것일 수 있다.

116

않은 눈길로 바라보는 것 같지는 않았다. 하지만 그는 내게 더 이상 접근하지도 않았고 말을 걸지도 않았다. 일주일 후에 그는 엄숙한 의식을 치르며 세례를 받았는데, 머리에서 발끝까지 거듭 태어난 영혼의 결백을 상징하는 흰옷을 입고 있었다. 그 이튿날 그는 보호시설을 떠났고 나는 그를 다시 만나지 못했다.

내 차례는 한 달 후에 왔다. 37) 왜냐하면 지도자들에게 어려운 개종의 영예를 돌리기에는 족히 그만한 시간이 필요했고, 그들은 내게 온갖 교리를 하나하나 검토케 하여 내가 예전과 달리 고분고분해진 것에 몹시 기뻐했다.

마침내 충분히 교육을 받고 교사들의 뜻에 따를 마음의 준비가 충분히 된 나는 대주교 성당인 성 요한 성당으로 열을 지어 이끌려가서 정식으로 개종의 선서를 하고 세례에 부차적인 의식들을 치렀지만 실제로 세례를 받은 것은 아니었다. 38) 그러나 그것들은 세례받는 것과 거의 같은 의식들이었기 때문에 개신교 신자는 기독교 신자가 아니라는 것을 사람들에게 납득시키는 데 도움이 되었다. 나는 이런 종류의 행사에 정해진 흰색 장식 줄이 달린 회색 옷 같은 것을 입었다. 내 앞뒤에서 두 사람이 구리 대야를 들고서 열쇠로 그것을 두드리고 있었는데, 사람들은 제각기 자신의 신앙심에 따라 혹은 새로운 개종자에 갖는 호의에 따라 그 대야에 희사금을 넣었다. 요컨대 대중들에게는 그 제의를 더욱 교화적인 것으로 만들고 나에게는 더욱 굴욕적인 것으로 만들기 위하여 가톨릭교의 허식들 중 생략된 것은 하나도 없었다. 내게 대단히 유용했을 것은 흰옷밖에 없었는데, 내가 영광스럽게도 유대인이 되지 못한 탓에

37) 루소는 계속 사실을 혼동하거나 숨기고 있다.
38) 예비 교리자 장부에 따르면 루소는 4월 21일 개종했고 23일 세례를 받았다. 그러니까 그는 단지 세례에 부차적인 의식들을 치렀을 뿐 아니라 세례 성사까지 받은 것이다.

그 옷은 무어인에게는 주어졌지만 내게는 주어지지 않았다.

　이것이 전부는 아니었다. 다음에는 종교재판소로 가서 이단의 죄를 사면받고, 앙리 4세의 대사(大使)가 앙리 4세[39]로 하여금 받아들이도록 만든 것과 같은 의식을 거쳐 교회의 품안에 돌아가지 않으면 안 되었다. 종교재판관 신부님의 풍채와 태도는 이 시설에 들어올 때에 나를 사로잡았던 은밀한 공포를 가시게 하기에 부적당했다. 사제는 내 신앙과 신분과 가족에 관해서 여러 가지 질문을 한 후 불쑥 우리 어머니가 지옥에 떨어졌는지 아닌지를 물었다. 두려움이 나로 하여금 처음에 치솟은 분노를 억누르게 만들었다. 나는 어머니가 그렇지 않으셨기를 바라며 하느님이 어머니가 최후를 마치실 때 그분을 교화시켜주실 수 있었다고 대답하는 것으로 만족했다. 신부는 잠자코 있었으나 얼굴을 찌푸렸는데, 내게는 이것이 전혀 동의의 표시로 보이지 않았다.

　이 모든 것을 끝내고 마침내 내 희망에 따른 지위를 얻을 것이라고 생각하고 있을 때, 나를 위한 모금에서 나왔던 20프랑 남짓한 돈을 잔돈으로 받고 문밖으로 내쫓겼다. 그들은 내게 선량한 기독교 신자로서 살며 은총에 충실하라고 훈계했다. 그리고 내게 행운을 빌면서 내가 나간 후에 문을 닫고는 모두들 사라져버렸다.

　이렇게 일순간에 내 청운의 꿈은 모두 사라졌다. 그리고 나는 조금 전까지 사리사욕에 급급하여 교섭을 벌였는데 그로부터 내게 남은 것이라고는 믿던 종교를 버리고 속았다는 추억밖에는 없다. 눈부신 성공을 계획하다가 더할 나위 없이 비참해진 자신의 모습을 보았을 때, 아침에는 앞으로 살 궁전을 선택하느라 골몰하다가 저녁에는 길거리에서 자야 하는 신세로 전락한 자신의 모습을 보았을 때, 틀림없이 내 마음속에 어떠

---

39) Henri Ⅳ(1553~1610) : 나바르의 왕이었으며 부르봉가 출신으로는 최초로 프랑스 왕이 되었다. 원래는 개신교 신자였으나 종교전쟁이 끝난 뒤 파리를 얻고 프랑스를 재통일하기 위하여 1593년 가톨릭으로 개종했다.

한 급격한 변화가 일어났으리라는 것은 쉽사리 판단할 수 있을 것이다. 내가 우선 시작한 것은 내 불행이 전부 자업자득이라고 스스로를 꾸짖으면서 내가 저지른 잘못들에 대한 후회가 심해질수록 그만큼 더 쓰라린 절망에 빠지는 일이었다고 사람들은 생각할 것이다. 하지만 전혀 그렇지 않았다. 나는 조금 전까지 생전 처음으로 두 달 이상이나 갇혀 있었다. 내가 맛본 최초의 감정은 내가 되찾게 된 자유의 감정이었다. 오랜 노예상태로부터 다시 자기 자신과 자기 행동의 주인이 된 나는 자원이 넘쳐흐르고 지체 높은 인물들로 가득 찬 대도시 한복판에 있는 자신의 모습을 보았다. 내가 그들에게 알려지자마자 나는 내 재주와 재능으로 틀림없이 그들에게 환영받지 않을 수 없었다. 게다가 나는 기다릴 시간적 여유도 충분히 있었고 주머니에 가지고 있는 20프랑은 써도 바닥이 나지 않을 일종의 보고(寶庫)처럼 생각되었다. 이 돈은 아무에게도 알리지 않고 내 마음대로 써도 좋은 돈이었다. 내가 자신을 이토록 부자라고 생각한 일은 처음이었다. 낙담에 빠져 눈물에 젖기는커녕 단지 희망을 바꾸었을 뿐이며 자존심은 그 일로 해서 조금도 상하지 않았다. 내가 이 같은 자신감과 안도감을 느낀 적은 일찍이 없었다. 나는 벌써 출세했다고 믿었으며 그것을 오직 나 혼자 힘으로 이룬 것이 대견하게 생각되었다.

내가 가장 먼저 한 일은 온 시가를 두루 돌아다니며 호기심을 충족시키는 것이었다. 비록 그것이 단지 자신의 자유를 과시하기 위한 것이었다고 하더라도 말이다. 보초를 서는 것을 보러 갔다. 군대의 악기들도 매우 마음에 들었다. 행렬을 따라다녔다. 나는 단선율로 된 신부들의 성가도 좋아했다. 왕궁을 보러 갔다. 두려움을 갖고 그곳에 접근했다. 그러나 다른 사람들이 들어가는 것을 보고 나도 그들처럼 들어갔다. 그냥 들어가게 해주었다. 어쩌면 이러한 친절은 팔 밑에 끼고 다닌 작은 보따리 덕택이었을지 모르겠다. 아무튼 이 왕궁에 들어갔을 때 대단한

자부심을 느꼈다. 벌써 자신이 거의 그 왕궁에 사는 사람인 양 여겨졌
다. 마침내 하도 왔다갔다한 나머지 지치고 허기가 졌고, 날씨는 더웠
다. 그래서 나는 우유 파는 여자의 가게로 들어갔다. 응고시킨 우유인
준카타와 내가 제일 좋아하는 피에몬테의 그 맛있는 빵인 막대기 모양
의 빵 2개가 나왔다. 겨우 5, 6수로써 맛있는 점심을 먹었는데, 그것은
내 생전 먹었던 맛있는 점심식사들 중 하나였다.

　나는 숙소를 구해야만 했다. 나는 이미 말이 통할 정도로 충분히 피에
몬테 말을 할 줄 알았으므로 숙소를 찾기란 어렵지 않았다. 나는 현명하
게도 내 취향보다는 내 주머니 사정에 따라 숙소를 선택했다. 포 거리에
사는 어떤 군인의 부인이 일자리 없는 하인들에게 하룻밤에 1수로 안식
처를 제공한다는 이야기를 들었다. 나는 그녀의 집에 작고 초라한 침대
하나가 빈 것을 보고 거기에 자리를 잡았다. 이 부인은 젊고 결혼한 지
도 얼마 되지 않았는데도 벌써 아이가 대여섯이나 되었다. 엄마도 아이
들도 손님들도 모두 같은 방에서 잤다. 내가 그녀 집에 머무는 동안 줄
곧 이런 식이었다. 요컨대 그녀는 착한 여자였다. 짐수레꾼처럼 욕지거
리를 하고 늘 단정치 못한 옷차림에 머리는 헝클어져 있었지만 마음씨
는 상냥하고 친절하여 나를 좋아하고 심지어 도움을 주기까지 했다.

　나는 오로지 독립과 호기심의 즐거움에만 홀딱 빠져 며칠을 보냈다.
나는 시가의 안팎을 배회하면서 이상하고 신기하게 보이는 것이라면 모
두 샅샅이 뒤져 찾아다녔는데, 전에 수도(首都)를 한 번도 본 적이 없어
이제 촌구석을 벗어난 젊은이에게는 모든 것이 그렇게 보였다. 무엇보
다도 궁정에 문안을 드리는 일은 거의 빼먹지 않아서 매일 아침 꾸준히
왕의 미사에 참석했다. 내게는 이곳의 군주와 그 시종들과 함께 같은 예
배당에 있다는 것이 대견스럽게 보였다. 그러나 이렇게 빼먹지 않고 다
닌 것에는 궁정의 화려함보다도 내 안에서 머리를 들기 시작한 음악에
대한 정열이 더 크게 작용했다. 궁정의 화려함이란 곧 다 보아서 새로울

것도 없고 언제나 같은 것이어서 내게 강한 인상을 오랫동안 주지는 못
했다. 사르데냐 왕은 당시 유럽에서 가장 훌륭한 교향악단을 거느리고
있었다. 소미스, 데자르뎅, 레 베주치 가족이 번갈아 등장하여 이곳에
서 이름을 떨치고 있었다. 보잘것없는 악기의 연주라도 음정이 바르기
만 하면 즐거워 황홀해지는 젊은이의 마음을 끌기에는 그 정도까지 필
요하지 않았다. 게다가 나는 내 눈길을 끄는 장관(壯觀)에 대해서는 욕
심을 부리지 못하고 어안이 벙벙해져 감탄했을 뿐이다. 궁정의 그 모든
찬란함 속에서 나의 흥미를 끈 것이 하나 있다면 그것은 거기에 내가 예
찬할 만하고 내 연애소설의 소재로 삼을 수 있는 젊은 공주가 없는가를
알아보는 일이었다.

　나는 이보다 덜 화려한 처지에서 연애소설 하나를 시작할 뻔했다. 그
러나 그러한 처지에서라도 그것을 완성했다면 천 배나 더 즐거운 기쁨
을 발견했을 것이다.

　무척 절약하며 살았는데도 불구하고 내 지갑은 어느 틈에 바닥이 드
러나고 있었다. 그런데 이러한 절약은 신중함이라기보다는 소박한 식
성의 결과로서, 진수성찬이 습관이 된 요즘도 이러한 식성은 전혀 변하
지 않았다. 나는 시골풍의 식사보다 더 맛있는 음식을 알지 못했고 지금
까지도 그렇다. 우유, 달걀, 채소, 치즈, 검은 빵, 그저 마실 만한 포도
주를 내놓기만 하면 나를 잘 대접하는 것이라고 언제나 확신해도 좋다.
급사장이나 내 주위의 시종들이 성가신 태도로 나를 물리게 하지 않으
면 내 왕성한 식욕이 나머지는 알아서 할 것이다. 당시 6수40)나 7수를
써서 훗날 6프랑이나 7프랑을 내고 먹은 식사보다 훨씬 더 맛있는 식사
를 했다. 그러므로 절제하고 싶지 않은 마음이 들지 않아서 오히려 절제
했던 셈이다. 게다가 내가 이 모든 것을 절제라는 말로 표현하는 것도

---

40) 1수는 0.25~0.30프랑의 가치를 가졌다.

잘못이다.  왜냐하면 나는 거기에 가능한 감각적 쾌락을 모두 쏟아 넣었기 때문이다.  내가 좋아하는 배, 쥰카타, 치즈, 막대 빵, 몬페라토[41]의 아주 걸쭉한 막포도주 몇 잔이면 나는 가장 행복한 미식가가 되었다.  그렇기는 하지만 이렇게 절약한다 하더라도 20프랑이 떨어질 것은 뻔했다.  나는 그것을 나날이 더 뚜렷이 알아차렸고, 내 나이가 갖는 경솔함에도 불구하고 앞날에 대한 불안감이 심해져 곧 두려움으로까지 바뀌었다.  내가 꾸었던 모든 허황된 꿈들 가운데 남은 것이라고는 오로지 어떻게든 먹고살 일자리를 찾았으면 하는 바람이었는데, 이마저도 실현하기 쉽지 않았다.  전에 하던 일을 생각했지만 어떤 장인 집에 들어가 일할 정도로 일을 잘 알지도 못했으며 토리노에서는 장인들마저 많지 않았다.  그래서 더 좋은 일자리가 생길 때까지 이 가게 저 가게 돌아다니면서 나 자신을 사람들의 재량에 맡겨 싼값으로 그들의 마음을 끌기를 기대하면서 이쪽에서 먼저 식기에 머리글자나 문장(紋章)을 새겨주겠다고 제의할 결심을 했다.  이러한 수단도 그리 잘 먹히지 않았다.  어디서나 대개 거절을 당했고 할 수 있는 일도 그리 대단한 것이 아니어서 거기서 몇 끼니의 식사도 거의 벌지 못했다.  그렇지만 어느 날 꽤 이른 아침 콘트라 노바 거리를 지나다가 판매대 진열창 너머로 너무나 사랑스러운 자태와 마음을 끄는 외모를 가진 젊은 가게 여주인을 보고 부인들 옆에서 갖는 수줍음도 잊은 채 주저하지 않고 들어가 그녀에게 내 어쭙잖은 재주를 써달라는 말을 꺼냈다.  그녀는 나를 매정하게 거절하지 않고 앉으라고 하면서 내가 살아온 시시콜콜한 이야기를 하게 하고는 나를 딱하게 여기고 용기를 가지라고 격려하면서 선량한 기독교 신자들은 나를 버리지 않을 것이라고 말했다.  그러고 나서 근처 금은 세공방에 내가 필요하다고 말했던 연장들을 찾으러 사람을 보낸 동안 그녀는 부엌

---

41)  이탈리아 토리노의 남동쪽에 위치한 포도재배로 유명한 지방.

으로 올라가 내게 손수 아침식사를 가져다주었다. 이러한 첫출발은 좋은 징조로 보였다. 과연 그 다음도 기대에 어긋나지 않았다. 그녀가 내 어쭙잖은 작업에 만족한 듯이 보였을 때 그리고 내가 늘어놓은 시시콜콜한 수다에 더욱더 만족한 듯이 보였을 때 약간 안심이 되었다. 왜냐하면 그녀는 화려하고 잘 차려 입어서 상냥한 태도에도 불구하고 그 빛나는 아름다움이 나를 압도했기 때문이다. 그러나 친절이 넘치는 접대, 동정적인 어조, 감미롭고 다정한 태도에 나는 곧 편안해졌다. 나는 성공했음을 알았고, 이 때문에 일이 더욱 잘 풀려나갔다. 그러나 그녀는 이탈리아 여자임에도 불구하고, 또 몹시 귀여워 어느 정도 교태를 부리는 여자임에도 불구하고, 매우 정숙했다. 나 역시 매우 수줍어서 그런 일이 그렇게 빨리 잘되어 가기란 어려웠다. 사람들은 우리들에게 이 연애를 완성할 시간도 주지 않았다. 나는 그녀 곁에서 보낸 그 연애의 짧은 순간을 더욱 큰 매력을 갖고 회상하지 않을 수 없으며 거기서 사랑의 가장 감미롭고 가장 순수한 즐거움을 그것이 시작하는 상태에서 맛보았다고 말할 수 있다. 그녀는 극히 요염한 갈색머리의 여인이지만 귀여운 얼굴에 드러난 선량한 성격으로 인하여 그 발랄함은 사람의 마음을 감동시켰다. 그녀의 이름은 바질 부인이다. 그녀보다 나이가 더 많고 꽤 질투가 심한 남편은 자신이 여행하는 동안 그녀를 점원에게 감시하도록 했다. 그 점원은 너무 침울해서 매력적이기는 글렀는데도 자신에 대해 으스댔는데 거의 언제나 성질을 내면서 거만함을 드러냈다. 그는 플루트를 상당히 잘 불었고 나는 그의 플루트 연주를 듣는 것을 좋아했다. 그럼에도 불구하고 내게도 성질을 많이 부렸다. 이 또 다른 아이기스토스[42]는 자신이 모시는 안주인이 있는 곳으로 내가 들어가는 것을 보면

---

42) Aigisthos: 그리스신화의 인물. 트로이 전쟁에 출정하는 그리스군 총사령관인 아가멤논은 국정과 아내 클리템네스트라를 자신의 충성스러운 신하인 아이기스토스에게 맡긴다. 그러나 승리를 위해 딸을 제물로 바친 남편을

언제나 야단을 쳤다. 그는 나를 경멸적으로 취급했는데, 안주인은 내가
당하는 경멸을 그에게 고스란히 돌려주었다. 그녀는 그를 괴롭히기 위
하여 그가 있는 데서 내게 호의를 보이는 것을 즐겨하는 것처럼 보이기
까지 했는데, 이러한 종류의 복수는 매우 내 마음에 들기는 했지만 둘만
있을 때 그랬다면 훨씬 더 좋았을 것이다. 그러나 그녀는 그 정도까지
복수를 밀고 나가지는 않았고 어쨌든 단 둘이 있을 때는 같은 식이 아니
었다. 그녀가 나를 너무 어리다고 보았는지 혹은 먼저 수작을 걸 줄은
전혀 몰랐는지 아니면 정말로 정숙하고 싶었는지 단 둘이 있을 때는 일
종의 조심성을 보였는데, 그 조심성은 접근을 거부하는 것은 아니지만
이유 없이 나를 주눅 들게 했다. 나는 그녀에 대해 내가 바랑 부인에 대
해 품은 그 참되고 다정한 존경을 느끼지는 않았지만, 두려움은 더욱 많
이 느끼고 친근감은 훨씬 덜 느꼈다. 나는 당황하고 떨렸다. 감히 그녀
를 바라볼 수도 없었고 그녀 곁에서는 감히 숨을 쉴 수도 없었다. 그렇
지만 그녀와 떨어지기는 죽기보다 두려웠다. 눈치 채이지 않고 볼 수 있
는 것이라면 모두 — 드레스의 꽃무늬, 고운 발끝, 장갑과 소매 사이에
서 드러나 보이는 탄력 있는 흰 팔, 그리고 가슴 장식과 숄 사이에서 가
끔 드러나 보이는 부분 — 탐욕스러운 시선으로 집어삼켰다. 그 각각의
것들은 다른 것들이 주는 인상을 더욱 강렬하게 만들었다. 볼 수 있는
것을 그리고 심지어 그 너머까지 바라본 나머지 눈이 흐려지고 가슴이
답답해지며 시시각각 점점 숨쉬기가 거북해져 숨을 고르기가 무척 어려
웠다. 내가 할 수 있었던 것은 고작해야 침묵 속에서 — 우리는 꽤 자주
침묵 속에 빠져 있었다 — 매우 불편한 한숨을 소리 없이 길게 내쉬는 것
이었다. 다행스럽게도 바질 부인은 자기가 하는 일에 정신이 팔려 그것
을 알아차리지 못하는 것처럼 보였다. 그러나 일종의 감정의 일치로 그

증오하는 클리템네스트라는 아이기스토스와 함께 전쟁에서 승리하고 돌아
온 아가멤논을 살해한다.

124

녀의 숄이 꽤 자주 볼록 부풀어 오르는 것이 가끔 보였다. 이런 위험한
광경에 나는 완전히 넋을 잃었다. 그리고 제풀에 흥분하여 막 무너질 참
이면 그녀는 침착한 어조로 내게 어떤 말을 던졌고, 그 말에 즉시 제정
신으로 돌아오곤 했다.

우리들 사이에 아주 조금이라도 내통이 있음을 드러내는 매우 의미심
장한 말 한마디, 몸짓 하나, 시선 한 번 없이 나는 혼자 있는 그녀를 여
러 번 이렇게 만났다. 이러한 상태는 내게 매우 괴로웠지만 그러면서도
기쁨의 원천이 되었으며, 나는 순진한 마음에서 내가 왜 그렇게 괴로운
지 상상할 수 없었다. 이렇게 잠시 동안 둘이 있을 때가 그녀에게도 기
분이 나쁘지는 않은 것처럼 보였는데, 어쨌든 그녀는 그런 기회를 꽤 빈
번히 만들었다. 그런데 그녀가 그런 기회를 이용하는 용도로 보거나 내
게 그런 기회를 이용하게 하는 용도로 보거나 그것은 그녀 편에서는 정
말 어떤 속셈도 없는 배려임이 틀림없었다.

어느 날 그녀는 점원과 나누는 어리석은 대화에 싫증이 나서 자기 방
으로 올라갔다. 가게 뒷방에 있던 나는 급히 별 것 아닌 일을 마치고 뒤
를 따라갔다. 그녀의 방은 반쯤 열려 있었다. 나는 남들의 눈에 띄지 않
고 거기로 들어갔다. 그녀는 방문을 등지고 창가에서 수를 놓고 있었
다. 그녀는 내가 들어오는 것을 볼 수도 없었고 길가에서 나는 마차들의
소음 때문에 내가 들어오는 기척을 들을 수도 없었다. 그녀는 항상 옷을
잘 입었지만 그날따라 그녀의 모습은 교태에 가까웠다. 그녀의 자세는
우아했고 약간 숙여진 머리는 하얀 목덜미를 드러내고 있었으며 멋지게
틀어 올린 머리는 꽃으로 장식되어 있었다. 그녀의 모습 전체에 매력이
넘쳐흘렀는데, 그것을 바라볼 시간이 있었던 나는 그 모습에 넋을 잃고
말았다. 나는 흥분된 동작으로 두 팔을 그녀에게 내밀면서 방 어귀에서
무릎을 꿇었다. 그녀가 나의 기척을 들을 수 없으리라 정말로 확신하고
설마 그녀가 나를 볼 수 있으리라고는 생각지도 못했다. 그러나 벽난로

위에는 내 모습을 비추는 거울이 있었다.  이러한 흥분이 그녀에게 어떤
효과를 냈는지 나는 모른다.  그녀는 나를 전혀 쳐다보지도 내게 말을 걸
지도 않았다.  그러나 고개를 반쯤 돌려 그저 손가락을 들어 그녀 발치에
있는 돗자리를 가리켰다.  몸을 떨고 외마디 소리를 지르며 그녀가 내게
가리킨 자리에 몸을 던진 것은 나에게는 완전히 동시적으로 일어난 일
이었다.  그러나 거의 믿지 못할 일이겠지만 이러한 상태에서 나는 감히
그 이상 어떠한 것도 시도하지 못했다.  나는 단 한마디의 말도, 그녀를
쳐다보지도 못하고, 이렇게 답답한 자세에서도 단 한순간이나마 그녀
의 무릎에 기대려고 그녀의 몸에 손을 대지도 못했다.  나는 말 한마디
못하고 꼼짝 않고 있었는데 마음이 평온하지 못했음은 물론이다.  모든
것은 내 마음이 온통 떨림, 환희, 감사, 그 대상이 불명확하고 상대방의
기분을 상하게 할까 두려워 — 내 젊은 마음은 이런 두려움으로부터 벗
어날 수 없었다 — 억제된 달뜬 욕망에 차있음을 나타내고 있었다.
    그녀도 나 못지않게 평정을 잃고 수줍어하는 것처럼 보였다.  거기 있
는 나를 보고 혼란스러워하고 거기에 나를 불러들인 것에 당황하며 또
아마 깊이 생각하기도 전에 나왔을 몸짓이 가져올 결과를 고스란히 느
끼기 시작하면서 나를 받아들이지도 거절하지도 못했다.  그녀는 자기
가 하는 일에서 눈을 떼지 않고 발치에 있는 나를 보지 않은 척하려고 했
다.  그러나 내가 아무리 어리석어도 그녀가 나와 똑같이 당황하고 있으
며 어쩌면 나와 똑같은 욕망을 갖고 있으리라는 것과 나와 비슷한 수치
심이 그녀를 억제하고 있다는 생각을 하지 않을 수 없었다.  그러나 그런
생각이 내 수치심을 극복할 힘을 주지는 않았다.  내 생각으로는 그녀가
나보다 대여섯 살 많으니 대담한 행동은 전부 그녀가 맡아야 했다.  그리
고 내가 대담한 행동을 하도록 부추기기 위하여 아무것도 하지 않는 것
으로 보아 내가 대담하게 나가는 것을 원치 않는다고 생각했다.  오늘날
까지도 여전히 내가 옳게 생각했다고 본다.  그리고 그녀는 매우 눈치가

빨라서 나와 같은 풋내기는 격려만이 아니라 교육을 받을 필요가 있다
는 것을 알고 있었다는 것이 확실하다.

만약 우리가 방해를 받지 않았다면, 이 강렬한 침묵의 장면이 어떻게
끝났을지 그리고 우스꽝스러우면서도 감미로운 이러한 상태에서 내가
얼마 동안 꼼짝 않고 있었을지 모르겠다. 내 흥분이 절정에 달했을 때
우리들이 있던 방 옆의 부엌문이 열리는 소리가 들렸다. 그러자 바질 부
인은 깜짝 놀라 목소리와 몸짓으로 다급하게 말했다. "일어나세요. 로
시나에요." 급히 일어나면서 나는 그녀가 내게 내민 손을 잡고 거기에
두 번 불타는 입맞춤을 퍼부었는데, 두 번째 입 맞출 때 그 매혹적인 손
이 내 입술을 지그시 누르는 것을 느꼈다. 내 생전 그토록 달콤한 순간
을 가진 일은 없었다. 그러나 내가 잃어버린 기회는 두 번 다시 돌아오
지 않았고 우리의 풋사랑은 거기서 끝났다.

이 사랑스러운 여인의 영상이 내 마음속에 그렇게 매력적인 모습으로
새겨져 있었던 것은 어쩌면 바로 그 때문일지도 모른다. 내가 세상과 여
성들을 더 잘 알게 됨에 따라 그녀는 내 마음속에서 더욱 아름다워지기
까지 했다. 그녀에게 경험이 좀 있기만 했어도 어린 소년을 부추기기 위
해 달리 행동했을 것이다. 그러나 그녀의 마음은 약했지만 정숙했다.
그녀는 저도 모르게 자신을 이끄는 애정에 굴복했지만 그것은 십중팔구
그녀가 저지른 최초의 부정이었을 것이다. 그리고 나는 내 수치심보다
그녀의 수치심을 이겨내는 데 힘이 더 들었을지 모르겠다. 그러나 그 정
도까지는 가지 않고 그녀 곁에서 형용할 수 없는 단맛을 보았다. 여성들
을 소유할 때 내가 느꼈던 모든 것을 통틀어 어느 것도 감히 그녀의 옷자
락 한 번 제대로 건드리지 못하고 그녀의 발치에서 보냈던 그 2분의 짧
은 순간만한 것이 없었다. 그렇다. 자신이 사랑하는 정숙한 여인이 줄
수 있는 쾌락과 견줄 만한 쾌락은 없는데, 그녀 곁에 있을 때는 모든 것
이 애정의 표시이기 때문이다. 손가락을 조금 움직이고 손을 내 입술에

지그시 누른 것이 내가 일찍이 바질 부인으로부터 받았던 유일한 애정의 표시이지만 이러한 사소한 애정표현을 생각할 때마다 지금도 흥분을 느낀다.

그 다음 이틀 동안 다시 한번 둘이 있을 시간을 노렸지만 허사였다. 나로서는 그런 기회를 찾기가 불가능했고 그녀 쪽에서도 그런 기회를 마련하기 위해 마음을 쓰는 것이 보이지 않았다. 심지어 그녀의 태도는 보통 때보다 더 차갑지는 않지만 더 조심스러웠다. 지금 와서 생각하니 그녀는 자기 시선을 충분히 관리하지 못할까봐 내 시선을 피했던 것이다. 그녀를 지키는 그 빌어먹을 점원은 그 어느 때보다도 불쾌하게 굴었다. 그는 심지어 빈정거리고 조롱하기까지 했다. 그는 내가 부인들에게 매달려 출세할 것이라고 말했다. 나는 어떤 경솔한 짓을 저지르지 않았는지 떨렸고 내 자신이 벌써 그녀와 내통하는 것처럼 보여 그때까지 그리 비밀로 할 필요가 없었던 애정을 감추려고 했다. 이 때문에 나는 그 애정을 충족시킬 기회를 잡는 데 더욱 신중해졌고 안전한 기회만을 원한 나머지 더 이상 전혀 그런 기회를 찾지 못했다.

게다가 내가 고칠 수 없었던 또 다른 비현실적 광기가 나타났는데, 그것은 내 선천적인 수줍음에 결부되어 그 점원의 예언을 상당히 빗나가게 만들었다. 나는 감히 말하자면 너무나 진심으로 너무나 완전하게 사랑하기 때문에 쉽사리 행복해질 수 없었다. 나의 열정보다도 더 강렬한 동시에 더 순수한 열정은 없었으며, 나의 사랑보다도 더 부드럽고 더 진실하며 더 사심이 없는 사랑은 없었다. 나는 내가 사랑하는 여인의 행복을 위해 내 행복을 천 번이라도 희생할 것이다. 그녀의 평판이 나에게는 목숨보다도 더 소중했고, 쾌락에서 생겨나는 모든 즐거움을 희생하더라도 한순간이라도 그녀의 안식을 어지럽히려고 들지 않았을 것이다. 이 때문에 여자를 유혹할 때마다 너무나 많은 정성과 주의를 기울이고 너무나 은밀히 해서 하나도 성공할 수 없었다. 내가 여성들 옆에서 별로 성공을 거두지 못한 것은 언제나 그녀들을 너무 사랑하는 데서 기인한 것이다.

플루트를 부는 아이기스토스로 다시 화제를 돌리면, 기묘하게도 그 음흉한 녀석은 더욱 나를 참을 수 없게 만들면서도 더욱 내게 친절해졌다. 그가 모시는 부인이 내게 애정을 느낀 첫날부터 그녀는 나를 가게에서 유용한 사람으로 만들 생각을 했다. 나는 산술을 꽤 할 줄 알았다. 그녀는 그보고 내게 장부를 적는 일을 가르쳐보라고 권유했다. 그러나 그 퉁명스러운 녀석은 어쩌면 내가 자신을 밀어낼까 두려웠던지 그 제안을 잘 받아들이지 않았다. 그래서 조각하는 일이 끝난 후 내가 하는 일이라고는 약간의 계산서나 견적서를 옮겨 쓰고 약간의 장부를 정서하고 이탈리아어로 된 약간의 거래서류를 프랑스어로 옮기는 것이 전부였다. 그런데 갑자기 이 녀석이 이미 나왔다가 퇴짜를 맞은 제안을 감히 다시 꺼내더니 내게 복식부기를 가르쳐서 바질 씨가 돌아오면 내가 그 밑에서 일할 수 있게 해주고 싶다고 말했다. 그러나 그의 어조와 태도에는 왠지 모르게 교활하고 악의적이고 비꼬는 투가 있어서, 내게 신뢰감을 주지 않았다. 바질 부인은 내 대답을 기다리지도 않고, 내가 그의 제안에 감사해야 하지만 자신은 내 재능이 결국은 운명의 도움을 받으리라 기대하고 있으며 내가 이런 재주로 단지 점원이 된다는 것은 대단히 유감스러운 일일 것이라고 그에게 매몰차게 말했다.

그녀는 내게 도움이 될 수 있을 사람을 소개해 주고 싶다고 여러 번 말한 바 있다. 이제 그녀는 충분히 현명하게 생각해서 나를 그녀로부터 떼어놓을 때가 되었다는 것을 느꼈다. 우리 둘이 침묵 속에서 서로의 사랑을 고백했던 것은 목요일이었다. 일요일에 그녀는 점심식사를 냈다. 그 자리에는 나도 있었고 안색이 좋은 도미니크회의 수도사도 있었는데 그녀는 그에게 나를 소개했다. 그 수도사는 나를 퍽 다정하게 대했고 내가 개종한 것에 대해 축하했으며 내 살아온 이야기에 대해 여러 가지 말을 했는데, 그것으로 보아 그녀가 그에게 내 이야기를 상세히 설명했다는 것을 알 수 있었다. 그러고 나서 내 뺨을 손등으로 두 번 가볍게 치면서 내게 착하게 살라고, 용기를 내라고, 또 자신을 보러오라고 했다. 그러면 우리가 더욱 여유를 갖고 같이 이야기를 나눌 수 있을 것이라고 말했다. 나는 모든 사람들이 그에게 보이는 존경으로 보아 그가 존경받는 분이며 그가 바질 부인에게 건네는 아버지와 같은 말투로 보아 그녀의 고해신부라고 판단했다. 또한 지금도 눈에 선한 것은 그의 점잖은 친근감에 자기가 지도하는 고해자에 대한 호의적인 평가의 표시, 아니 더 나아가 존경의 표시가 섞여 있었다는 사실이다. 그러나 그러한 표시가 그때는 오늘날만큼 내 주의를 끌지 않았다. 내게 더 통찰력이 있었더라면 자신의 고해신부에게 존경받는 젊은 부인의 마음을 움직일 수 있었다는 것에 대해 얼마나 감동했을 것인가!

식탁은 우리 인원수에 비해 작아서 작은 탁자가 필요했고, 거기서 나는 점원 선생과 즐거운 대좌를 갖게 되었다. 내가 거기 배석했다고 해서 전혀 배려가 소홀하다거나 맛있는 식사가 덜 나온 것은 아니었다. 작은 식탁에는 요리접시가 많이 보내졌는데, 그렇게 보낸 의도가 그를 위해서가 아니었다는 것은 확실하다. 여기까지는 만사가 무척 순조로워, 여자들은 매우 즐거웠고 남자들은 매우 여자들에게 친절했다. 바질 부인은 매력적인 우아함을 갖고 환대했다. 점심이 한창 진행될 때 문간에 마차가 멈추는 소리가 들린다. 누군가 올라오는데, 그 사람은 바질 씨다. 금단추가 달린 진홍색 복장을 한 그가 지금 들어오는 것처럼 눈에 선하게 떠오르는데, 나는 그날부터 진홍색이 싫어졌다. 바질 씨는 풍채가 좋은 키가 큰 미남이었다. 거기에는 그의 친구들 몇 명밖에 없었는데도 불구하고 그는 주위의 사람들을 불시에 습격하는 양 요란스럽게 들어오고 있다. 부인이 그의 목을 끌어안고 손을 잡고 온갖 애정의 표시를 보이지만 그는 그것을 받기만 하고 부인에게 그 답례를 하지 않는다. 그는 손님들에게 인사하고 식기를 가져오니 식사를 한다. 누가 그의 여행을 화제로 삼자마자 그는 작은 식탁으로 눈길을 던지며 저기 보이는 저 어린 소년은 누구냐고 엄한 말투로 묻는다. 바질 부인은 아주 솔직하게 대답한다. 그는 내가 집에 묵고 있는지를 묻는다. 그렇지 않다고 대답한다. "왜 그렇게 하지 않지?" 그는 퉁명스럽게 말을 잇는다. "낮에 집에 있으니까 밤에 있어도 좋잖아." 수도사가 말을 꺼냈고 바질 부인을 사실 그대로 크게 칭찬한 후 짤막하게 내 칭찬을 했다. 그리고 부인의 종교적 자비를 나무랄 것이 아니라 거기에는 조심성의 한계를 넘어서는 것이 전혀 없는 이상 남편도 열심히 참여하여야 한다고 덧붙여 말했다. 남편은 화난 어조로 말대꾸를 했는데, 수도사가 앞에 있어 자제하여 화를 다 드러내지는 않았다. 그러나 그것만으로도 나는 그가 나에 대한 정보를 갖고 있으며 점원이 자기 나름대로 나를 도와주었다는 것[43]을 깨닫기에 충분했다.

사람들이 식탁에서 자리를 뜨자마자, 주인이 보낸 점원은 의기양양하게 다가와서는 당장 이 집에서 나가라는, 두 번 다시 이 집에 발을 들여놓지 말라는 주인의 명령을 전달했다. 그는 그 말을 전하면서 거기에 양념 삼아 그것을 모욕적이고 잔인하게 만들 수 있는 말이라면 모두 집어넣었다. 나는 아무 말도 하지 않고 떠났지만, 그 사랑스러운 부인과 헤어지는 것보다도 그녀를 난폭한 남편의 희생물이 되도록 내버려둔다는 생각에 마음이 아팠다. 그가 자기 부인이 부정한 여인이기를 바라지 않는 것은 당연한 일일 것이다. 그러나 아무리 얌전하고 천성이 착하더라도 그녀는 이탈리아 여자였다. 즉, 다정다감하고 복수심이 강하다는 말이다. 그러므로 내가 보기에 그가 자신이 두려워하는 불행을 자초하기에 더할 바 없이 안성맞춤인 방법을 그녀에게 사용하는 것은 옳지 않

---

43) 반어적 표현이다.

은 일인 듯했다.

　내 첫 연애사건의 결말은 이러했다. 끊임없이 마음으로 그리워하는 그녀를 어쨌든 다시 보기 위하여 그후 두세 번 그 거리를 다시 들러보려고 했다. 그러나 그녀 대신 그녀의 남편과 경계를 늦추지 않는 점원밖에 보이지 않았는데, 그 점원은 가게에서 쓰는 자를 들고 내게 사람을 부른다기보다는 의미심장한 몸짓을 했다. 나는 내가 그토록 철저히 감시받는 것을 보고 용기를 잃어 다시는 거기에 들르지 않았다. 어쨌든 그녀가 소개해 주었던 후견인이나 만나보려고 했지만 불행히 그의 이름을 몰랐다. 수도원 주위를 여러 차례 배회하면서 그를 만나려고 애썼지만 소용이 없었다. 결국 다른 사건들이 생겨 바질 부인에 대한 매력적인 추억마저 내게서 사라져버렸고, 얼마 되지 않아 그녀를 완전히 잊게 되었다. 그 결과 다시 전과 같이 단순하고 순진해져 심지어 아름다운 여인들에게 끌리는 일조차 없는 상태로 계속 있게 되었다.

　그래도 그녀의 선심으로 내 조촐한 옷가지들이 약간 갖추어졌다. 그럼에도 불구하고 그것들은 매우 수수한 것들로, 겉치레보다는 점잖고 단정한 옷맵시에 신경을 쓰며 나를 돋보이게 하기 위해서가 아니라 고생을 겪지 않도록 하려는 사려 깊은 여인의 조심스러움이 배어 있었다. 내가 제네바에서 가지고 온 옷은 아직 쓸 만해서 입을 수 있었다. 그녀는 여기에다 단지 모자 하나와 셔츠를 좀 보탰을 뿐이다. 장식용 소맷부리가 없어서 간절히 바랐지만 그녀는 내게 그것을 줄 생각은 조금도 없었다. 그녀는 나를 점잖고 단정한 상태로 있게 해놓는 것으로 만족했고, 내가 그녀 앞에 얼쩡거리는 한 내가 알아서 그렇게 했기 때문에 내게는 전혀 부탁할 필요가 없는 일이었다.

　파국을 맞은 지 며칠 지나지 않아서, 앞서 말한 것처럼 나를 좋아했던 하숙집 여주인이 내게 일자리를 하나 찾아준 것 같다면서 어떤 귀부인이 나를 만나고 싶어 한다고 일러주었다. 이 말을 듣자 나는 정말 대단

한 연애사건에 발을 들여놓았다고 생각했다. 왜냐하면 나는 항상 버릇
이 그렇기 때문이었다. 그러나 이번 것은 생각했던 것만큼 화려한 것이
아니었다. 나에 대해 그 귀부인에게 말해주었던 하인과 함께 그 댁에 갔
다. 그녀는 내게 질문하고 나를 시험했다. 내가 그녀의 마음에 안 들 것
도 없었으므로 즉시 나는 채용되었는데, 전혀 총애받는 신하로서가 아
니라 시종으로서 채용된 것이다. 나도 그녀의 하인들과 똑같은 빛깔의
옷을 입었다. 유일한 차이는 그들이 양 끝에 쇠고리가 달린 장식용 어깨
끈을 달고 있는데 반해 내게는 그것을 달아주지 않았다는 것이다. 이 댁
하인의 제복에는 견장이 없었으므로 거의 평복과 비슷했다. 이것이 내
가 품었던 청운의 뜻이 마침내 도달했던 예상치 못했던 결말이었다.

　내가 들어간 이 댁의 베르첼리스 백작부인44)은 과부로 자식이 없었
다. 그녀의 남편은 피에몬테 사람이었다. 나는 부인을 계속 사부아 여
인이라고 생각했는데, 피에몬테 여자로서 프랑스 말을 그렇게 유창하
게 하고 또 억양도 그렇게 순수할 수 있다고 생각할 수 없었기 때문이
다. 중년의 나이에 용모도 매우 고상하고 교양이 있었으며 프랑스 문학
을 좋아할 뿐만 아니라 조예도 깊었다. 글을 많이 썼는데, 언제나 프랑
스 말로만 썼다. 그녀의 서간은 세비네 부인45)의 서간과 문체가 같고
그 우아함에서도 거의 비슷했다. 그래서 몇몇 서한들은 사람들이 착각
할 수 있을 정도였다. 내 주된 일은 — 그 일이 싫지는 않았다 — 부인이
부르는 대로 편지를 받아쓰는 것이었는데, 그녀는 유방암에 걸려서 몹

---

44) La comtesse de Vercellis(1670~1728) : 태어날 때의 이름은 테레즈 드
　샤보 드 생모리스(Thérèse de Chabod de Saint-Maurice)로 1670년에 태
　어나 20살에 사부아 고지인 즈느부아의 용기병(龍騎兵) 중대장인 이폴리
　트 드 베르첼리스 백작(Le comte Hippolyte de Vercellis)과 결혼했다. 그
　러므로 그녀는 루소의 생각대로 정말 사부아 여인이었다.
45) Marie de Rabutin-Chantal, Marquise de Sévigné(1626~1696) : 프랑스
　고전주의 시대의 뛰어난 서간문 작가.

시 고통을 받고 있어서 이제는 자신이 직접 쓸 수 없었기 때문이다.

베르첼리스 부인은 재치가 풍부할 뿐만 아니라 고상하고도 강인한 영혼의 소유자였다. 나는 그녀의 최후의 병상을 보살피며 그녀가 고통스러워하고 죽는 것을 보았는데, 결코 한순간이라도 나약한 티를 나타낸 적도, 참으려고 조금이라도 애쓴 적도, 여성으로서의 자기 역할을 포기한 적도 없었다. 또 거기에 어떤 철학이라는 것이 있을 것이라고 생각한 적도 없었다. 사실 철학이란 말은 아직 유행하지 않던 때이므로 그녀는 오늘날 그 말이 담고 있는 의미로 그런 말은 알지도 못했던 터였다.[46] 이런 강인한 성격이 때로는 냉담함으로까지 나갈 때도 있었다. 내가 보기에는 그녀가 늘 자기 자신에 대해서와 마찬가지로 타인에 대하여서도 무관심한 것 같았다. 불행한 사람들에게 좋은 일을 할 때도 그것은 진실한 동정에서라기보다는 차라리 그 일 자체가 선행이기 때문에 하는 식이었다. 3개월간 그녀 곁에서 지내는 동안 나도 그녀의 무관심을 얼마쯤 경험했다. 어느 정도 미래가 보이는 젊은이를 계속 곁에 데리고 있다면 그에게 애정을 갖고, 또 자기가 죽어가고 있다고 느끼면 자기가 죽은 후에 그 젊은이에게 원조와 도움이 필요하리라 생각하는 것은 당연한 일이었다. 그럼에도 불구하고 그녀가 나를 특별한 주의를 기울일 만한 사람이 아니라고 판단한 때문인지 혹은 그녀 곁을 떠나지 않았던 인간들이 자기들 이외의 사람들은 그녀가 생각할 수 없도록 한 때문인지, 그녀는 나를 위해서 해준 것이 아무것도 없었다.

그러나 그녀가 나를 알고 싶어 하는 호기심을 보였다는 것은 매우 분명히 기억난다. 그녀는 내게 가끔 질문을 던졌다. 그리고 내가 바랑 부인에게 쓴 편지를 보여주거나 내 의견을 들려주면 그녀는 대단히 만족해했다. 그러나 그녀가 내게 자기 의견은 결코 드러내 보이지 않고 내

---

46) '철학'이라는 용어는 18세기 중반 들어 프랑스에서 교회와 국가를 비판하는 자유사상가들의 사고방식을 가리키는 특별한 의미를 갖게 되었다.

의견만 알려고 한 것은 정말 잘한 일이 아니었다. 나는 다른 사람과 마음이 맞다고 느끼기만 하면 흉금을 털어놓기를 좋아했다. 내 대답에 대해 찬성이나 비난의 표시가 전혀 없는 무미건조하고 냉담한 질문은 내게 조금도 신뢰감을 주지 못했다. 내 수다가 상대의 마음에 드는지 안 드는지 그 여부를 전혀 알 수 없을 때면 언제나 불안에 싸여 내가 생각하는 것을 말하려고 하기보다는 내게 해가 될 수 있는 것은 하나도 입 밖에 내지 않도록 애썼다. 다른 사람들의 마음을 알기 위해 이런 냉담한 태도로 사람들에게 질문을 던지는 것이 재치를 뽐내는 여자들에게는 꽤 보편적으로 나타나는 좋지 않은 버릇이라는 사실은 그 후에야 알아차렸다. 이런 여자들이란 자기네 감정을 조금도 나타내지 않음으로써 상대의 감정을 더 잘 간파할 수 있을 것이라고 생각하는 것이다. 그러나 그녀들은 도리어 그 때문에 감정을 드러내려는 상대의 용기를 빼앗는다는 것은 모르고 있다. 질문을 받은 남자는 단지 그것만으로도 경계하기 시작하는 것이다. 자신에게 진정한 호감도 없으면서 그저 자기를 수다나 떨게 하려고 할 뿐이라고 생각하면, 그는 거짓말을 하거나 입을 다물거나 혹은 가일층 자기에 대해 조심하게 된다. 그리고 여자의 호기심에 농락되기보다는 차라리 바보로 통하는 편이 훨씬 낫다고 생각한다. 요컨대 자기의 마음은 숨기고 싶어 하면서 다른 사람의 마음을 읽으려는 것은 언제나 좋은 방법이 아니다.

베르첼리스 부인은 애정이나 연민이나 호의가 느껴지는 말은 내게 한마디도 한 적이 없다. 그녀는 내게 냉정하게 질문을 던지고, 나도 조심스럽게 대답했다. 나의 대답이 하도 수줍어서 그녀는 내 대답이 재미없다고 생각했는지 싫증을 냈다. 나중에는 내게 더 묻지도 않고 이제 자기 용무 이외에는 말도 걸지 않았다. 그녀는 나를 있는 그대로가 아니라 자기가 만들었던 모습을 갖고 판단했다. 그녀가 나를 한낱 시종으로만 본 나머지 나는 그녀의 눈에 다른 것으로 보일 수 없었다.

이때부터 숨겨진 이해관계가 벌이는 그 간악한 장난을 체험했다고 생각되는데, 나는 그러한 장난으로 평생 성공에 장애를 받았고 그런 장난을 만들어내는 허울뿐인 질서에 대해 매우 자연스러운 반감을 갖게 되었다. 베르첼리스 부인은 아이가 없었기 때문에 조카인 라 로크 백작을 상속인으로 삼았는데, 그는 부인의 환심을 사기에 열심이었다. 그 밖에도 그녀를 모시는 우두머리급 하인들이 부인의 임종이 가까운 것을 알자 자기들 몫을 챙기려고 했다. 그래서 부인의 주위에는 친절을 떠는 사람들이 너무 몰려들어 그녀가 나를 생각할 시간을 갖기란 어려운 일이었다. 그 집의 우두머리로 로렌치 씨[47]라는 약은 사나이가 있었는데, 그의 부인은 훨씬 더 약은 여자여서 그 집에서의 입장이 고용살이 여자라기보다 차라리 부인의 친구라고 할 만큼 교묘하게 부인의 환심을 샀다.[48] 로렌치 부인은 퐁탈 양(孃)이라는 자기 조카딸을 부인의 시녀로 들여앉혔다. 이 조카딸은 꾀바른 여자로 겉으로는 시녀인 척하면서 제 아주머니가 부인 곁을 꼭 지키도록 도와주어서 부인은 그들의 눈을 통해서만 사물을 보고 그들의 손을 거쳐서만 행동했다. 불행하게도 나는 이 세 사람의 마음에 들지 못했다. 그들에게 복종은 했지만 그들을 섬기지는 않았다. 내가 우리들 모두의 여주인을 섬기는 일 이외에 또 그녀의 하인들을 섬기는 하인이 되어야만 한다는 것은 상상도 하지 못했다. 게다가 나는 그들에게 일종의 눈엣가시 같은 존재였다. 그들은 내가 자신에 합당한 자리에 있는 것이 아니라는 사실을 잘 알고 있었다. 부인 역시 이를 알까봐 그리고 내게 그러한 자리를 주기 위해 무슨 일을 한다면 그로 인하여 자기네들의 몫이 줄까봐 두려워하고 있었다. 왜냐하면 너

---

47) 루소는 로렌치니(Lorenzini)라는 이름을 Lorenzy로 잘못 알고 있다.

48) 이러한 루소의 생각은 근거가 없다. 로렌치니 부부는 22년 동안 백작부인을 섬겼고, 백작부인은 1717년 8월 29일 샹베리에서 쓴 유언장에서 이미 그들에게 유산을 물려주었기 때문이다.

무 욕심이 사나워 올바르지 못한 이런 종류의 인간들은 다른 사람에게 가는 유산이라면 죄다 그들 자신의 재산에서 뜯기는 것처럼 간주하기 때문이다. 그러므로 그들은 힘을 합쳐 나를 부인의 눈에서 멀리 떨어지도록 했다. 부인은 편지 쓰기를 좋아했다. 병든 그녀의 처지에서 그것은 일종의 기분전환이었다. 그런데 그들은 그녀가 그 일을 싫어하도록 만들고, 그녀를 피로하게 만든다고 설득시켜가면서 의사를 시켜 그만두게 했다. 그들은 내가 시중을 잘 들지 못한다는 구실로 나 대신 부인 곁에 가마꾼같이 거친 두 촌놈을 고용했다. 요컨대 일을 매우 잘 처리해서 부인이 유언장을 작성했을 때 나는 그 일주일 전부터 부인의 방에 들어간 적이 없었다. 정말이지 그 일이 끝난 후에야 전과 같이 부인의 방에 들어갔는데, 심지어 누구보다도 더욱 열심히 시중을 들었다. 왜냐하면 이 가엾은 부인이 받는 고통으로 나의 마음도 찢어질 듯했기 때문이다. 그녀는 의연하게 고통을 견뎌냈는데, 나는 그 의연함을 보고 그녀가 다시없이 존경할 만하고 사랑스럽게 여겨졌다. 그래서 나는 그녀의 방에서 그녀나 어느 누구도 모르게 진심 어린 눈물을 몹시 흘렸다.

우리는 마침내 그녀를 잃었다. 나는 그녀가 숨을 거두는 것을 지켜보았다. 그녀의 삶이 재치 있고 분별 있는 여인의 삶이었다면, 그녀의 죽음은 현자의 죽음이었다. 나는 그녀가 영혼의 평온함을 갖고 가톨릭교의 의무를 소홀함이나 가식 없이 이행했고, 바로 그 영혼의 평온함을 통하여 가톨릭교를 내 마음에 들게 만들었다고 말할 수 있다. 그녀는 본래 근엄했다. 병의 종국에 이르렀을 때 그녀는 가장된 것이라고 보기에는 너무도 한결같은 일종의 쾌활함을 지니고 있었는데, 그것은 이성(理性) 자체가 그녀가 처한 상태의 음울함을 억제하면서 균형을 부여한 것에 불과했다. 그녀가 병석에 누워있던 것은 마지막 이틀뿐이었고, 그때도 모든 사람들과 평온하게 계속 이야기를 나누었다. 마침내 더 이상 말도 할 수가 없었고 이미 단말마의 고통에 이르렀을 때 그녀는 한 번 크게 방

귀를 꿨었다. 그녀는 돌아누우면서 말했다. "좋아! 방귀를 뀌는 여자라
면 아직 죽은 건 아니지." 이것이 그녀가 한 마지막 말이었다. 49)

　이미 그녀는 지위가 낮은 하인들에게 1년분의 급료를 물려주었다. 그
러나 나는 그 집의 고용인 명부에 기재되어 있지 않아서 아무것도 받지
못했다. 50) 하지만 라 로크 백작은 내게 30리브르를 주게 하고, 내 몸에
걸치고 있던 새 옷도 내게 주었다. 로렌치는 이 옷마저 빼앗으려고 했었
다. 라 로크 백작은 심지어 나를 취직시키도록 애써보겠다고 약속하고
자신을 만나러 와도 좋다고 허락했다. 그후 두세 번 찾아갔으나 말은 할
수가 없었다. 나는 싫증이 쉽게 나는 성격이라 더 이상 다시 찾아가지
않았다. 이것이 나의 잘못이었다는 것은 앞으로 곧 밝혀질 것이다.

　베르첼리스 부인 댁에 머물렀던 동안에 대해 내가 해야 할 이야기가
이것으로 전부 끝났다면 오죽이나 좋겠는가. 그러나 겉으로 보기에는
같은 상태였지만, 그 댁에 들어갔을 때와 같은 상태로 그곳에서 나온 것
은 아니었다. 나는 그 죄에 대한 오랜 기억과 감당할 수 없이 무거운 후
회를 안고 그곳에서 나왔던 것이다. 40년이 지난 지금에도 여전히 그 때
문에 양심의 가책을 받고 있으며 그에 대한 쓰라린 감정은 누그러지기
는커녕 나이가 들수록 심해지고 있다. 한 어린아이의 잘못이 이렇게 끔
찍한 결과를 가져올 줄이야 누가 상상이나 했겠는가? 거의 틀림없을 그
결과에 대해 내 마음은 위로받을 수 없을 것이다. 어쩌면 나는 사랑스럽
고 정숙하고 존중받을 만한, 분명 나보다도 훨씬 더 가치가 있는 한 소

---

49) 베르첼리스 부인은 1728년 12월 19일 사망하여 21일 땅에 묻혔다. 그러므
　　로 루소가 그 집에서 보낸 기간은 대략 5개월 정도이다.
50) 베르첼리스 백작부인의 유언장에 따르면 그녀가 사망한 날 고용상태로 있
　　는 하인들은 각자 특별히 물려주는 유증 이외에 각자 30리브르를 받기로
　　되어 있었다. 그러므로 라 로크 씨는 유언을 집행했을 뿐이다. 루소는 여기
　　서 양심을 잘 품고 의심이 많은 성격의 일면을 보여주고 있다.

138

녀를 치욕과 불행 속에서 죽도록 만들었을지 모른다.

한 집안의 살림살이가 무너질 때 집에 약간의 혼란이 야기되고 많은 물건들이 분실되는 것은 극히 자연스러운 일이다. 그러나 하인들의 충성심과 로렌치 부부의 감시가 너무나 대단해서 재고조사에서 없어진 것은 아무것도 없었다. 다만 퐁탈 양이 장미색과 은색의 작은 리본을 잃어버렸는데, 이미 낡은 것이었다. 내가 수중에 넣을 수 있는 다른 더 좋은 것들도 많았지만, 오직 그 리본만이 탐이 나서 그것을 훔쳤다. 그리고 그것을 별로 감추어두지 않아서, 사람들은 곧 내가 그것을 갖고 있는 것을 발견했다. 사람들은 그것이 어디에서 났는지 알고 싶어 했다. 나는 당황하여 우물거리다가 마침내 얼굴을 붉히면서 그것을 내게 준 사람은 마리옹이라고 말했다. 마리옹은 모리엔51) 출신으로, 베르첼리스 부인이 집에서 손님에게 식사를 대접하는 일을 그만두고 고급 스튜보다 맛있는 수프가 필요해서 집의 요리사를 내보낸 다음 요리사로 썼던 아가씨였다. 마리옹은 예뻤을 뿐만 아니라 산중에서나 볼 수 있는 생기 있는 얼굴빛을 지니고 있었고, 특히 태도가 겸손하고 부드러워서 그녀를 본 사람이면 사랑하지 않고는 배길 수 없었다. 게다가 착하고 얌전하며 더없이 충직한 아가씨였다. 그렇기 때문에 내가 그녀의 이름을 대니 사람들은 깜짝 놀랐다. 하지만 나도 거의 그녀 못지않게 신용이 있었으므로 사람들은 둘 중에 누가 도둑놈인지 확인하는 것이 중요하다고 판단했다. 그녀가 불려왔다. 많은 사람들이 모였는데, 라 로크 백작도 거기에 있었다. 그녀가 오자 사람들은 그녀에게 리본을 보인다. 나는 뻔뻔스럽게 그녀에게 죄를 뒤집어씌운다. 그녀는 어안이 벙벙하여 말을 못하고 내게 악마라도 누그러뜨릴 수 있었을 시선을 보내는데, 내 잔인한 마음은 그에 굴복하지 않는다. 그녀는 마침내 단호하게 그러나 노여워하지

---

51) 사부아 남쪽에 있는 아르크 저지대에 붙여진 이름.

않고 부인한다. 그리고 나를 불러 다시 잘 생각하라고, 내게 결코 나쁜 짓을 하지 않았던 한 죄 없는 처녀를 욕보이지 말라고 타일렀다. 그런데 나는 흉악무도하게도 내가 한 진술을 확언하고 그녀의 면전에서 그녀가 내게 그 리본을 주었다고 우긴다. 그 가련한 처녀는 울기 시작하면서 내게 겨우 이렇게 말할 뿐이었다.

"오, 루소, 나는 당신이 신사라고 생각했는데, 당신은 나를 정말 불행하게 만드는군요. 그렇지만 나는 당신과 같은 처지에 있고 싶지는 않습니다."

그게 전부였다. 그녀는 계속 담담하고 꿋꿋하게 자신을 변호했지만, 예의를 지켜 내게 욕 한마디 입에 담지 않았다. 나의 단호한 태도에 비하여 이렇게 온건하게 나가는 것은 그녀에게 불리했다. 한편에는 그 정도로 악마와 같은 대담성이 있고 또 한편에서는 그 정도로 천사와 같은 유순함이 있다고 생각하는 것은 무리한 일로 보였다. 사람들은 완전히 마음을 정한 것처럼 보이지는 않았지만, 내 말이 맞을 것이라고 추측했다. 사람들은 소란스러운 통에 그 문제를 더 깊이 파고들 짬을 내지 못했다. 그래서 라 로크 백작은 우리 둘을 모두 해고하면서 '죄를 저지른 사람의 양심이 죄 없는 사람을 위해 충분히 복수할 것'이라는 말만 던지고는 말았다. 그의 예언은 헛된 것이 아니었으니, 단 하루도 그 예언이 이루어지지 않는 날이 없기 때문이다.

나로 인해 누명을 쓰고 희생된 그 사람이 어떻게 되었는지는 모르지만, 그후 그녀가 쉽사리 좋은 취직자리를 찾았을 것 같지는 않다. 그녀는 어쨌든 그녀의 명예에 치명적인 혐의를 받고 나갔다. 훔친 물건이 아무리 하찮은 것이라도, 어쨌든 도둑질은 도둑질이고 그것은 설상가상으로 젊은 총각을 유혹하는 데 사용되었던 것이다. 요컨대 그렇게나 많은 악덕들을 겸비하고 있는 데다가 거짓말과 고집까지 추가되어 그녀에게 남은 희망은 전혀 없었다. 게다가 나로 인해 그녀가 처한 최대의 위

140

험이 가난하게 살고 세상에서 버림받는 것에 그치지 않는다고 본다. 그 나이에 결백이 더럽혀졌다는 낙심으로 그녀가 어디까지 전락할 수 있었는지 누가 아는가? 아! 그녀를 불행하게 만들었을지 모른다는 양심의 가책으로도 견딜 수 없는 판에, 그녀를 나보다 더 나쁜 사람으로 만들었을지 모른다는 양심의 가책은 어떨지 그것은 여러분들이 판단하시라.

이 고통스러운 기억은 이따금 내 마음을 어지럽히고 뒤집어놓아, 잠 못 이루는 밤이면 그 가엾은 처녀가 나타나 내가 저지른 죄를 겨우 어제 일인 것처럼 나무라는 것이 보일 정도이다. 평온하게 지내는 동안은 그 기억으로 마음이 그다지 어지럽지 않았다. 그러나 파란만장한 삶의 한 가운데서 시달릴 때 나는 그 기억으로 죄 없이 박해받는 사람들이 갖는 무엇보다도 감미로운 위안을 받지 못한다. 내가 어느 책에서 이미 말한 것으로 생각되는데, 잘 나갈 때는 양심의 가책이 잘 느껴지지 않지만 역경에서는 양심의 가책이 심하게 느껴진다는 것을 그 기억은 절감케 한다. 그러나 나는 결코 내가 먼저 나서 친구의 가슴속에 이러한 고백을 털어놓아 내 마음의 짐을 덜 수 없었다. 아무리 가까운 사이라도 영 그렇게 되지 않았는데, 심지어 바랑 부인에게까지도 그랬다. 내가 할 수 있었던 것이라고는 기껏해야 내가 어떤 잔혹한 행위에 대해 자책하지 않으면 안 된다고 고백한 것이 전부다. 그러나 나는 그 행위가 어떤 것인지 결코 말하지 않았다. 그러므로 그 가책은 이날까지 경감되지 않고 내 양심에 무거운 짐으로 남아있어, 어떤 의미로는 그것으로부터 벗어나고 싶은 소망이 내가 고백록을 쓰고자 하는 결심에 큰 몫을 했다고 말할 수 있다.

나는 내가 방금했던 결심에 따라 솔직하게 말했고, 사람들은 아마도 내가 저지른 엄청난 죄의 악랄함을 여기서 변명했다고 생각지는 않을 것이다. 그러나 이와 동시에 내가 내 속마음을 털어놓고 또 진실에 부합되는 점에서 나 자신을 변호하기를 두려워한다면, 나는 이 책의 목적을 완수하지 못하게 될 것이다. 그 가혹한 순간보다도 더 내가 악의와 거리가 먼 적은 결코 없었다. 그리고 내가 그 가련한 처녀를 고발했을 때, 이상할지 모르겠지만 그녀에 대한 나의 우정이 그 원인이라는 말은 사실이다. 그녀가 내 생각 속에 항상 있었고, 나는 맨 처음 생각에 떠오르는 상대를 빌미로 삼아 자신을 변명했다. 내가 하고 싶어 하던 것을 그녀가 했다고, 즉 내가 그녀에게 리본을 줄 생각이 있었기 때문에 그녀가 내게 그것을 주었다고 그녀를 고발했던 것이다. 이윽고 그녀가 등장한 것을 보았을 때, 나의 마음은 찢어지는 듯했다. 그러나 사람들이 너무 많아 그 앞에서 나의 후회는 힘을 잃었다. 처벌은 별로 두렵지 않았다. 오직 수치만이 두려웠다. 그리고 나는 죽음보다도 죄보다도 세상의 그 무엇보다도 수치를 더 두려워했다. 나는 쥐구멍이라도 있으면 들어가 죽고 싶었다. 견딜 수 없는 수치가 무엇보다 앞섰고, 수치 하나만으로 뻔뻔스럽게 되었다. 그리고 내가 죄를 지으면 지을수록 그것을 시인해야 하는 무서움 때문에 점점 더 대담해졌다. 내가 있는 그 자리에서 공개적으로 도둑놈, 거짓말쟁이, 중상모략자라고 찍히고 선고받는 공포밖에 눈에 보이지 않았다. 온 세상이 빙빙 도는 것과 같은 혼란이 내게서 다른 모든 감정을 앗아갔다. 만약 사람들이 내게 반성할 여유를 주었다면, 틀림없이 모든 것을 자백했을 것이다. 만약 라 로크 씨가 나를 가만히 따로 불러, "이 가엾은 소녀를 망치지 말게나. 자네에게 죄가 있다면, 내게 털어놓게나" 하고 말했다면, 즉시 그의 발치에 꿇어 엎드렸을 것이다. 나는 그랬을 것이라고 정말 확신한다. 그러나 내게 용기를 북돋아 주어야만 할 때, 사람들은 나를 주눅 들게 했을 뿐이다. 나이 역시 당연히 배려해야 할 사정들 중 하나이다. 나는 겨우 소년기를 벗어났을 뿐이다. 아니 보다 정확히 말해 아직도 어린애에 지나지 않았다. 어렸을 때 저지르는 진짜 악랄한 짓들은 성인이 되어 저지르는 죄악보다 한층 죄가 무겁다. 그러나 단지 나약함에 불과한 것은 그 죄가 훨씬 가볍다. 그리고 나의 잘못도 사실 그리 다른 것이 아니었다. 따라서 그 잘못에 대한 기억은 나쁜 짓 그 자체보다 그것이 틀림없이 불러일으켰을 해악 때문에 더 나를 괴롭힌다. 그러나 이러한 기억은 심지어 내게 도움이 되기까지 했다. 내게는 일찍이 저질렀던 단 한 가지 범죄에 대한 무서운 인상이 남아있었는데, 그 기억은 이후 죽을 때까지 그 무서운 인상을 통하여 범죄로 이르는 모든 행위에서 나를 보호했으니 말이다. 또 거짓말에 대한 나의 혐오감은 대부분 내가 그렇게도 흉악한 거짓말을 할 수 있었다는 것에 대한 뉘우침에서 오는 것 같다고 생각한다. 그 죄가 내가 감히 그렇게 믿는 것처럼 속죄할 수 있는 죄라면, 나의 말년을 괴롭히는 그렇게나 많은 불행들로, 또 어려운 상황 속에서도 40년 동안 지켜온 정직함과 명예로 속죄를 받아야만 한다. 그리고 가엾은 마리옹에게는 그녀를 위해 복수를 해주는 사람들이 이 세상에 얼마든지 많기 때문에, 내가 그녀에게 가한 모욕이 아무리 크다 하더라도 그 죄과를 몸에 짊어지고 저 세상까지 갈 것이라고 그리 걱정하지 않는다. 이것이야말로 이 일에 대해 내가 말해야만 했던 것이다. 두 번 다시 여기에 대해 언급하지 않아도 되었으면 한다. 52)

---

52) 그러나 루소는 《고독한 산책자의 몽상》, 〈네 번째 산책〉에서 이에 대해 다시 언급한다.

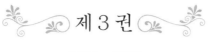

# 제 3 권

## 1728～1730

나는 베르첼리스 부인의 집에 들어갈 때와 거의 같은 상태로 거기서 나와서 다시 예전의 하숙집 여주인에게로 돌아갔다. 거기서 5, 6주 머무르는 동안, 건강하기도 하고 젊기도 하고 할 일도 없어서 종종 내 관능적 감각을 견딜 수 없게 되었다. 마음이 조마조마하고 정신이 딴 데 팔리고 몽상에 잠겼다. 눈물을 흘리고, 한숨을 짓고, 내가 무엇인지 정확히 알지는 못하지만 결여되어 있다는 것은 느끼는 어떤 행복을 원했다. 이러한 상태는 표현될 수도 없거니와 또 이것을 상상할 수 있는 사람들조차 별로 없다. 왜냐하면 대부분의 사람들은 괴로우면서 동시에 즐거운, 또 욕망의 도취 가운데서 그 쾌락을 예감케 하는 이러한 삶의 충만함을 미리 충족시켜버렸기 때문이다. 내 끓는 피는 처녀와 부인들로 내 머릿속을 쉴 새 없이 가득 채우고 있었다. 그러나 그 여성들의 진정한 용도를 깨닫지 못했기 때문에, 그녀들을 더 이상 어찌해야 할지를 모르고 상상 속에서 내 마음대로 이상야릇하게 써먹었다. 이러한 상상은 내 관능적 욕망에 매우 거북스러운 자극을 주었는데, 다행히 내게 그로부터 벗어나는 방법을 가르쳐주지는 않았다.[1] 고통 양과 같은 소녀

---

1) 아직 루소는 자위행위를 모르고 있었다. 당시 자위행위는 건강에 위험하고

144

를 잠깐이라도 다시 만날 수가 있다면 기꺼이 내 생명을 바쳤을 것이다. 그러나 이제는 어린 시절의 장난으로 마치 자연스러운 양 그런 짓을 할 나이가 아니었다. 악에 대한 의식과 함께 생겨나는 수치심이 나이와 더불어 생겨났고, 그 수치심이 나의 천성적인 소심함을 주체할 수 없을 정도로 키워놓았다. 그래서 그 당시나 그 후나 여자가 먼저 수작을 걸어서 말하자면 내가 음란한 제의를 하지 않을 수 없었던 경우가 아니라면, 여자가 조신하지 않다는 것을 알고 내 제의가 받아들여질 것이라고 거의 확신하고 있을 때라도 내가 먼저 음란한 제안을 꺼내는 데는 영 성공할 수 없었다.

내 욕망을 채울 수 없으면서 그것을 더할 나위 없이 엉뚱한 수단으로 부채질할 정도로 내 흥분은 고조되었다. 나는 어두컴컴한 골목길이나 눈에 잘 안 띄는 구석진 곳을 찾아가곤 했는데, 그곳에서는 여자들에게 내가 그녀들 곁에서 그럴 수 있기를 원한 상태로 멀리서 나를 노출할 수 있었다. 그녀들이 보았던 것은 외설적인 것이 아니었다. 나는 그런 것은 생각하지도 않았다. 그것은 우스꽝스러운 것이었다.[2] 그녀들의 눈에 그것을 과시하면서 내가 느낀 어리석은 쾌락은 표현할 수 없다. 내가 바라던 대접을 맛보기 위해서는 거기서 단 한 걸음만 더 나가면 되었다. 그리고 내게 기다리고 있을 만한 뻔뻔스러움이 있었더라면 누군가 과감한 여자가 길을 지나가다가 그 즐거움을 내게 베풀어주었으리라고 의심치 않는다. 이런 미친 짓은 거의 그것과 같이 우스꽝스러운, 그러나 나로서는 좀더 불쾌한 결말을 가져왔다.

하루는 마당 안쪽에 가 자리를 잡았는데, 그 마당에는 우물이 하나 있

---

광기에 이를 수 있다고 생각되었다. 그렇기 때문에 루소는 "다행히"라는 말을 쓰고 있다.

[2] 루소가 내보인 것은 자신의 성기가 아니라 궁둥이로 추측된다. 그는 볼기를 맞고 싶었던 것이다.

어서 집안에 있는 처녀들이 물을 길러 자주 왔다. 그 안쪽에는 조그만 비탈이 있었는데 이 비탈은 여러 갈래의 통로들을 통해 지하도들과 연결되었다. 나는 어둠 속에서 이 지하도들을 살펴보았는데, 그 길들이 길고 컴컴한 것을 보고 끝이 없는 길이어서 만약 내가 발각되어 들키게 되면 그곳에서 안전한 피난처를 찾게 될 것이라는 생각이 들었다. 이러한 자신을 갖고 우물에 온 처녀들에게 유혹적이라기보다는 우스꽝스러운 구경거리를 제공했다. 가장 얌전한 처녀들은 아무것도 보지 못한 척했고, 어떤 처녀들은 웃기 시작했다. 또 다른 처녀들은 모욕을 당했다고 생각해서 떠들썩하게 수선을 떨기도 했다. 나는 내가 보아둔 은신처로 달아났지만 추적을 당했다. 나는 생각지도 않았던 남자의 목소리를 듣고 가슴이 철렁 내려앉았다. 길을 잃을 위험을 무릅쓰고 지하도 깊숙이 들어갔다. 시끄러운 소리며 사람들의 목소리와 그 남자의 목소리가 여전히 내 뒤를 쫓아왔다. 어둠을 믿고 있었는데, 빛이 보였다. 나는 와들와들 떨면서 점점 더 깊이 들어갔다. 그러다가 벽에 부닥치고 말았다. 더 멀리 갈 수도 없어서, 거기서 내 운명을 기다리는 수밖에 없었다. 순식간에 나는 커다란 남자에게 붙잡혔다. 그는 콧수염을 길게 기르고 큰 모자를 쓰고 커다란 군도(軍刀)를 차고 있었는데, 그의 뒤에는 저마다 빗자루로 무장한 네댓 명의 노파들이 따라붙고 있었다. 그들 중 나를 적발했던 그 말괄량이 계집애도 눈에 띄었는데, 그녀는 아마 내 얼굴이 보고 싶었던 모양이다.

군도를 찬 사나이는 내 팔을 잡고는 거기서 무슨 짓을 하느냐고 거칠게 추궁했다. 내 대답이 준비되었을 리 없다는 것은 여러분도 이해할 것이다. 하지만 나는 정신을 차렸다. 그리고 이 위기의 순간에 필사적인 노력으로 소설 같은 궁여지책을 머리에서 짜냈는데, 이것이 내게 성공을 가져다주었다. 나는 그에게 내 나이와 처지를 동정해 달라고 사정했다. 나는 외국의 명문 출신 젊은이인데 머리가 돌았으며, 사람들이 나를 감금하려 해서 아버지의 집을 빠져나왔다고, 그가 나를 사람들에게 알린다면 나는 끝장이라고 말했다. 그러나 그가 정말 나를 놓아주려 한다면 아마 언젠가는 그 은혜를 갚을 수 있으리라고 다짐했다. 전혀 예상 밖으로 내 이야기와 태도가 효과가 있어서, 그 무시무시한 사나이는 이에 감동했다. 아주 잠깐 동안 꾸짖은 뒤에, 더 이상 묻지 않고 슬그머니 놓아주었다. 내가 떠나는 것을 보고 있던 그 처녀와 노파들의 표정으로 보아 내가 그토록 무서워했던 남자가 내게 대단히 도움이 되었으며, 여자들만 있었더라면 나를 그렇게 호락호락 내버려두지 않았으리라는 생각이 들었다. 여자들이 뭐라고 투덜거리는 소리가 들렸지만 나는 별로 개의치 않았다. 그도 그럴 것이 군도의 사나이가 끼어들지만 않는다면 나는 날래고 힘이 세서 그녀들이 든 몽둥이나 그녀들로부터 대번에 벗어날 충분한 자신이 있었기 때문이다.

며칠 뒤에 내가 이웃에 있는 젊은 사제와 거리를 지날 때, 그 군도를 찬 사나이와 딱 마주쳤다. 그는 나를 알아보고서 비웃는 어조로 나를 흉내 내며 말했다.

"난 왕자입니다, 왕자. 그리고 나는 말이죠, 얼간이입니다. 그러니 전하께서는 다시는 그런 짓을 하지 않도록 하십시오."

그러나 그는 그 이상 아무 말도 덧붙이지 않았다. 나는 고개를 숙이고 그를 피했지만 마음속으로 그가 입이 무거운 것에 대해 감사했다. 그 고약한 노파들이 내 말을 쉽사리 믿었다고 그를 비난했다는 생각이 들었다. 어찌 되었든 피에몬테 사람치고는 좋은 사람이었다. 그래서 그를 생각할 때면 언제나 고마운 감정이 솟아오른다. 왜냐하면 그 이야기는 정말 우스워서, 만일 그 사람이 아니고 다른 사람이었다면 단지 웃고 싶어서라도 나를 욕보였을 것이다. 이 사건은 그로 인하여 내가 염려할 수 있었던 결과를 가져오지 않았지만 그래도 오랫동안 나를 얌전히 있도록 만들었다.

베르첼리스 부인 댁에 묵고 있는 동안 나에게는 아는 사람들이 몇몇 생겼는데, 그들이 내게 도움이 될 수 있으리라 기대하며 관계를 유지하고 있었다. 나는 그 중에서도 멜라레드 백작의 아이들을 가르치는 가정교사로 있는 사부아의 신부 갬 씨3)를 가끔 만나러 갔다. 그는 아직도 젊고 별로 교제는 넓지 않았지만 대단히 양식 있고 올바르며 지식 또한 풍부해서, 내가 아는 가장 존경할 만한 사람들 중의 한 분이었다. 내가 그의 집에 다니는 목적에서 보면 그는 내게 조금도 도움이 되지 못했다. 나를 취직시킬 정도로 사람들과의 교분이 많지는 않았으니 말이다. 그러나 나는 그의 곁에 있으면서 평생 내게 도움이 되었던 더욱 귀중한 소득, 건전한 도덕적 교훈과 올바른 이성에서 나온 신조를 얻었다. 내 취미와 사상이 잇달아 나타나는 순서로 볼 때 나는 언제나 너무 고상하거나 혹은 너무 천했다. 아킬레우스4)가 아니면 테르시테스,5) 즉 영웅이 되었다 곧 또 망나니가 되기도 했다. 갬 신부는 너그럽게 봐주지도 않고 용기를 꺾지도 않으면서, 나를 내게 합당한 자리에 앉히고 나 자신을 내게 보여주려고 신경을 썼다. 그는 나의 천성과 재능이 매우 훌륭하다고 말하면서도, 그 이용을 방해할 장애물이 바로 그것들 자체로부터 생겨

3) L'abbé Gaime (1692~1761): 장 클로드 갬(Jean-Claude Gaime)은 1692년 농부의 아들로 제네바의 교구인 에리쉬르알비에서 태어났다. 안시의 성 나자로회 수도사 신학교에서 공부한 후 토리노 대학에서 문학사를 받고 내무장관인 멜라레드 백작의 아이들을 가르치는 가정교사가 되었다. 백작이 죽고 나서 갬 신부는 귀족 자제들을 가르치는 토리노의 왕립 아카데미 프랑스어 교수로 임명된 것으로 추측된다. 1745년 수도원 부원장에서 은퇴해서 뤼미유로가 죽을 때까지 모범적인 삶을 살았다. 그는 《에밀》의 등장인물인 사부아 보좌신부의 모델로 보이는데, 루소에 따르면 그에게 "자존심과 자기 존중"을 일깨워준 사람이 바로 갬 신부이다.
4) 호메로스의 《일리아드》에 나오는 등장인물. 완벽한 전사의 전형이다.
5) 호메로스의 《일리아드》에 나오는 등장인물. 우스꽝스러운 인물로 추악함과 비겁함의 전형이다.

나고 있는 것이 보인다고 덧붙였다. 그래서 내 천성이나 재능은 출세를 향해 올라가는 계단으로서보다도 출세하지 않고도 살아갈 능력으로서 쓰이게 될 것이라고 했다. 그는 내가 그때까지 잘못 생각하고만 있었던 인생의 참모습을 보여주었다. 현명한 사람이 역경에 처했을 때 어떻게 항상 행복을 지향할 수 있으며 그 행복에 도달하기 위하여 어떻게 역풍을 거슬러갈 수 있는지, 어째서 지혜가 없이는 진정한 행복이 있을 수 없는지, 어째서 지혜가 모든 상황에 적합한지를 내게 가르쳐주었다. 다른 사람들을 지배하는 사람들이 지배를 받는 사람들보다 더 현명하지도 더 행복하지도 않다는 것을 증명하여 위대함에 대한 나의 예찬을 상당히 누그러뜨렸다. 그가 내게 말한 것 중에서 자주 기억에 떠오르는 것 한 가지는 만약 누구나 다른 모든 사람들의 마음을 읽을 수가 있다면 위로 올라가기를 바라는 사람보다는 아래로 내려가려는 사람들이 더 많을지도 모른다는 말이다. 이러한 고찰은 그 진실성이 정곡을 찌르며 조금도 지나친 것이 없는 것으로, 나를 조용히 제자리에 붙어있도록 하는 데 평생 큰 도움이 되었다. 그는 내게 올바름에 대한 진실한 개념을 최초로 심어주었는데, 나의 과대망상적인 천성은 그것을 단지 극단적으로만 이해했던 것이다. 숭고한 미덕에 대한 열광은 사회에서 별반 도움이 되지 않았다는 것, 지나치게 높이 날아오르는 사람은 추락하기 쉽다는 것, 사소한 의무들을 지속적으로 행하고 그것을 항상 제대로 완수하는 데에는 영웅적 행위에 못지않은 힘이 필요하다는 것, 명예와 행복을 얻는 데도 그렇게 하는 것이 더 유리하다는 것, 이따금 사람들의 감탄을 사기보다는 늘 사람들의 존경을 받는 편이 비할 바 없이 더 났다는 것 등을 그는 내게 깨우쳐주었다.

인간의 의무를 설정하기 위해서는 당연히 그 근본원리로 거슬러 올라가야만 했다. 또 내가 최근 지나온 과정으로 — 내 현재 상태는 그 과정의 결과였다 — 인하여[6] 자연히 우리들의 화제는 종교로 넘어갔다. 여

러분들은 그 성실한 갬 씨가 적어도 상당부분에서 '사부아 보좌신부'[7]
의 모델이라는 것을 벌써 짐작했을 것이다. 단지 그는 신중해서 더욱 조
심스럽게 말하지 않을 수 없었기 때문에, 어떤 점들에서는 자신의 생각
을 더 솔직하게 말하지 않았을 뿐이다. 그러나 그 이외에 그의 신조나
감정이나 의견은 똑같았으며, 조국으로 돌아가라고 한 충고까지도 모
두 그후 내가 독자들에게 묘사한 바 그대로였다. 그러므로 누구라도 그
내용을 알 수 있는 대화에 대해 긴말 하지 않고 이것만 말하겠는데, 그
의 현명한 교훈이 처음에는 효과가 없었지만 내 마음속에서 미덕과 종
교의 싹이 되었으며, 이 싹은 결코 사람들의 발에 밟혀 죽지 않고 열매
를 맺기 위하여 보다 사랑스러운 손길이 보살피기만을 기다리고 있었다
는 것이다.

당시 나의 개종이 그리 확고한 것은 아니었음에도 불구하고, 그래도
감동하지 않을 수 없었다. 그와 나누는 대화가 지루하기는커녕, 그 명
확성과 단순성 그리고 무엇보다도 그의 대화에 넘쳐흐르는 것처럼 느껴
지는 어떤 진심 어린 호감 때문에 그것이 좋아졌다. 나는 다정한 마음을
가졌고, 언제나 사람들이 내게 베풀었던 선행이라기보다 내게 베풀어
주려 했던 선행에 비례해서 그들에게 애착을 보였다. 그리고 이 점에서
내 직감은 거의 빗나가지 않았다. 그래서 나는 진심으로 갬 씨에게 애정
을 느꼈다. 나는 말하자면 그의 두 번째 제자였으며, 바로 당시 그것은
내가 일이 없어서 끌려 들어간 악의 길에서 벗어나는 데 지대한 도움을
주었다.

하루는 전혀 생각지도 않았는데 라 로크 백작이 나를 부르러 사람을
보냈다. 아무리 찾아가 봐야 그를 만나 말을 할 수 없어 진력이 나서 다
시는 가지 않았던 것이다. 나를 잊어버렸거나 나에 대한 좋지 못한 인상

6) 루소가 가톨릭으로 개종한 것을 가리킨다.
7) 《에밀》 4권에 등장하는 인물로 에밀의 종교교육을 맡는다.

150

이 그에게 남아있으리라고 생각했다. 그러나 내 생각은 틀렸다. 그는 내가 자기 숙모 곁에서 기꺼이 내 할 바를 다한 것을 여러 차례 목격했던 것이다. 그는 심지어 숙모에게 그런 이야기를 하기도 했고, 나 자신도 더는 그것을 생각하지 않을 때 내게 다시 그런 이야기를 했다. 그는 나를 반갑게 맞이하며 이렇게 말했다. 막연한 약속으로 시간을 끌면서 나를 달래지는 않았지만 나를 취직시키려고 애썼으며 그래서 성공했다는 것, 내게 출세하는 길을 터놓았으니 그 다음은 내가 하기에 달렸다는 것, 내가 들어가게 될 집은 세도도 있고 명망도 있는 집이어서 출세를 위해서 다른 후원자가 필요 없다는 것, 그리고 처음에는 저번에 그랬던 것처럼 일개 하인 취급을 받겠지만 사람들이 내 분별력이나 품행을 보고 내가 그보다는 높은 지위에 있을 인물이라고 판단하게 되면 나를 하인으로 내버려두지는 않을 의향을 갖고 있다고 내가 확신해도 좋다는 것이다. 이야기가 시작되었을 때 내가 품었던 청운의 뜻은 이 마지막 말에 산산이 깨어지고 말았다. "뭐라고! 여전히 종노릇이란 말이냐!" 나는 씁쓸한 분노로 속으로 중얼거렸지만, 곧 자신감이 들어 이러한 기분이 사라졌다. 사람들이 이런 자리에 나를 내버려 둘까봐 두려워하기에는 내가 너무도 그 자리에 부적당하다고 느꼈던 것이다.

그는 나를 구봉 백작[8] 집에 데리고 갔다. 구봉 백작은 왕비의 시종장이자 유명한 솔라르 가문의 최고 어른이었다. 이 존경할 만한 노인의 당당한 위풍으로 인하여 친절한 응대에 더욱 감동했다. 그는 관심을 갖고 내게 질문을 던졌으며, 나는 성심껏 대답했다. 그는 라 로크 백작에게 내 얼굴을 보니 호감이 가고 재주가 있을 것 같으며, 정말이지 재주가

---

8) Ottavio Francesco Solaro, comte de Gouvon: 오타비오 프란체스코 솔라로(솔라르)는 1648년 태어났다. 왕의 침실 시종, 왕비의 명예기사, 국무장관, 스위스 대사와 프랑스 대사, 왕자의 가정교사, 아메데 드 사부아 카리냥의 제후를 역임했다. 2명의 아내로부터 10명의 자식을 두었다.

없어 보이지는 않지만, 그것만으로는 충분치 않고 그 밖의 것들도 보아야 한다고 말했다. 그리고 내 쪽으로 몸을 돌려 이렇게 말했다.

"여보게, 거의 무슨 일이든 처음에는 힘든 법이지만, 자네 일은 그리 힘든 일이 아닐 것이네. 말을 잘 듣고 이 집안사람들 모두의 마음에 들도록 노력하게나. 지금으로서는 그것이 유일한 자네 일이네. 하지만 열심히 하면 자네 뒤를 봐주려 하네."

그는 곧장 며느리인 브레이유 후작부인9)에게 가서 나를 소개하고, 다음은 아들 구봉 신부10)에게도 소개했다. 이 첫출발은 좋은 징조로 보였다. 나는 벌써 충분히 세상을 알아서 하인 한 사람을 맞이하는 데 이렇게 격식을 차리지 않는다는 판단쯤은 할 수 있었다. 정말이지 사람들은 나를 하인 취급하지 않았다. 내 식탁은 부엌 옆 찬방에 있었으며,11) 내게는 하인들이 입는 제복도 주지 않았다. 경솔한 젊은이인 파브리아 백작12)이 나를 자기 마차 뒤에 태우려고 했을 때 그의 조부는 내게 어떤 마차든 뒤에 타거나 집 밖에서는 누구라도 수행하는 것을 금지했다. 그렇지만 집 안에서는 식탁 시중을 들었고 거의 하인이 하는 일을 했다. 그러나 나는 그 일을 말하자면 자유롭게 한 것이지 누구에게 매어있도록 정해진 것은 아니었다. 편지 몇 장을 받아쓰는 것과, 파브리아 백작이 시키는 그림을 오리는 일 외에는 온종일 내 시간을 전부 거의 마음대로 쓸 수가 있었다. 내가 눈치 채지 못한 이 시험은 분명 매우 위험한 것이었고, 심지어 그리 인간적인 것도 아니었다. 왜냐하면 이렇게 거의

---

9) 브레이유 후작부인은 구봉 백작의 장남인 브레이유 후작과 결혼했다. 그는 1720년부터 비엔나 대사로 있었다.
10) 구봉 신부는 구봉 백작의 두 번째 결혼에서 태어난 두 번째 아들로 씨에나 대학에서 공부했고 1743년 산타 마리아 델 베촐라노의 신부가 되었다.
11) 당시 하인들은 보통 부엌에서 식사를 했다.
12) 파브리아 백작은 브레이유 후작의 아들이다.

하는 일 없이 지내다가는 바쁘다면 갖지 않았을 악습에 물들 수 있었기 때문이다.

그러나 매우 다행스럽게도 그런 일은 전혀 일어나지 않았다. 갬 씨의 교훈이 내 마음에 깊은 감명을 주었고, 그 교훈이 너무 좋아져서 다시 그것을 들으러 가기 위해 가끔 집에서 빠져나갔다. 내가 그렇게 몰래 빠져나가는 것을 본 사람들도 내가 어디를 가는지 별로 짐작하지 못했던 것 같다. 그가 내 행동에 대해 충고한 말보다 더 도리에 맞는 것은 있을 수 없다. 나의 첫출발은 훌륭했다. 나는 부지런하고 세심하며 열심이어서 모든 사람의 마음에 들었다. 갬 신부는 내게 이러한 최초의 열성을 억제해서 그것이 식지 않도록 또 그것이 사람들의 눈에 띄지 않도록 하라고 현명하게 타이른 바 있었다. 그는 내게 이렇게 말했다. "자네의 첫출발이 사람들이 자네에게 요구할 일의 척도가 된다네. 뒤에 가서 더 일을 많이 하도록 준비하고 결코 일을 덜 하지 않도록 조심하게나."

사람들은 내 대단치 않은 재능에 대해 거의 나를 살펴보지 않았던 바이고 내게 천성적으로 주어진 재능밖에는 없다고 추측했으므로, 구봉 백작이 내게 할 수 있었던 말씀에도 불구하고 내 재능을 이용할 생각을 하는 것처럼 보이지 않았다. 여러 가지 불의의 사건들이 일어났고 나는 거의 잊혀졌다. 구봉 백작의 아들 브레이유 후작은 당시 비엔나의 대사로 있었다. 궁정에 변고가 생겨서 그 영향이 이 집에까지 미쳐 집안사람들은 몇 주 동안 야단법석이었다. 13) 따라서 나 같은 것을 생각해줄 겨를도 거의 없었다. 하지만 그때까지도 나는 거의 긴장을 풀지 않았다. 그런데 내게 이롭기도 하고 해롭기도 한 한 가지 일이 생겼는데, 그로 인해 외부 일에 정신이 팔리지 않게 된 것은 이로운 점이고, 나의 의무에 약간 더 소홀해진 것은 해로운 점이었다.

---

13) 이러한 변고는 빅토르 왕이 곧 산세바스티안 백작부인과 결혼한다는 소문에 대해 왕과 그의 신하들 사이에서 벌어진 논쟁에 관계된 것으로 보인다.

브레이유 양(孃) 14)은 거의 나와 동갑인 젊은 여성으로, 몸매도 좋고 상당히 아름다우며 살결이 매우 희고 머리카락은 무척 까만 편이었다. 흑갈색 머리인데도 얼굴에는 금발 여인들이 갖는 그 부드러운 표정을 짓고 있었는데, 나는 그런 표정에 마음이 끌리지 않은 적이 없었다. 젊은 여성들을 매우 돋보이게 하는 궁정예복은 그녀의 어여쁜 몸매를 강조하면서 가슴과 어깨를 드러내 보였고, 당시 사람들이 입던 상복(喪服) 15)에 의해 그녀의 안색을 훨씬 더 눈부시게 만들었다. 그런 것들을 눈여겨보는 것은 하인이 할 일이 아니라고들 할 것이다. 아마 잘한 일은 아니겠지만, 어쨌든 나는 그런 것들을 눈여겨보았고, 게다가 나 혼자만 그런 것도 아니었다. 급사장과 시중드는 하인들은 식사하면서 이따금 무례하게 그런 이야기를 꺼냈는데, 나는 그런 언사에 쓰라린 고통을 받았다. 그렇지만 정말로 사랑에 빠질 정도로 머리가 돈 것은 아니었다. 나는 조금도 자제심을 잃지 않고 제자리를 지키고 있었으며, 내 욕망조차 날뛰지 않았다. 브레이유 양을 보는 것이 좋았고 재치와 분별력과 교양을 드러내는 그녀의 몇 마디 말을 듣는 것이 좋았다. 야심이라고 해봐야 그녀를 섬기는 기쁨이면 족하여, 자신의 권한을 조금도 넘어서지 않았다. 식사 때 나는 내 권한을 행사할 기회를 찾으려고 신경을 곤두세웠다. 그녀의 시종이 잠시라도 자기 자리를 비우면, 사람들은 내가 곧 그 자리를 차지하는 것을 보았다. 그렇지 않을 때는 그녀와 마주보고 있었다. 나는 그녀의 눈에서 그녀가 시키려고 하는 일이 뭐 없나 하고 살폈고, 그녀의 접시를 바꾸는 순간을 엿보고 있었다. 그녀가 고맙게도 내게 어떤 일을 하라고 분부를 내리고 나를 바라보며 내게 단 한마디라도

---

14)  폴린 가브리엘 드 브레이유(Pauline-Gabrielle de Breil)는 루소처럼 1712 년경 태어난 것으로 추정된다. 루소가 구봉가에 머문 지 1년 후에 결혼했다.

15)  아마도 궁정의 상복으로 보이는데, 사르데냐의 왕비 안 도를레앙(Anne d'Orléans)이 1728년 8월 26일 토리노에서 죽었다.

말을 건네기만 한다면 내가 못할 일이 무엇이 있었겠는가? 그러나 전혀 그런 일은 없었다. 나는 그녀에게 무가치한 존재라는 사실에 자존심이 상했다. 그녀는 내가 있다는 사실조차 알아채지 못했다. 그러나 그녀의 오빠는 식사 때 가끔 말을 걸었는데, 그가 그리 호의적이지 않은 어떤 말을 내게 던졌을 때 그것을 받아 매우 재치 있고 멋진 대답을 해서 그녀가 거기에 관심을 갖고 내게 시선을 던졌다. 이렇게 눈길을 준 순간은 짧았지만 그래도 나는 제정신이 아니었다. 그 다음 날 두 번째로 눈길을 끌 기회가 생겼고 나는 그 기회를 놓치지 않았다. 그날은 성대한 오찬회가 열렸는데, 거기서 나는 급사장이 옆구리에 칼을 차고 머리에 모자를 쓴 채 식사시중을 드는 것을 처음으로 보고 깜짝 놀랐다. 우연히 솔라르 가문의 가훈이 사람들의 화제에 올랐는데, 그것은 문장(紋章)이 들어있는 벽에 거는 장식융단에 'Tel fiert qui ne tue pas'라고 쓰여 있었다. 피에 몬테 사람들은 보통 프랑스어에 능숙하지 않기 때문에, 어떤 사람이 이 가훈에서 오자를 발견하고 'fiert'라는 낱말에서 't'는 전혀 필요하지 않다고 말했다.

연로한 구봉 백작은 막 대답을 하려다가, 내게 눈길을 던진 다음 내가 감히 아무 말도 못하고 있지만 빙긋이 웃고 있는 것을 보고 내게 말하라고 분부했다. 그래서 나는 't'가 쓸데없는 것이라고 생각하지 않으며, 'fiert'는 'fier'(사나운)나 'menaçant'(위협적인)의 뜻을 갖는 'ferus'라는 명사가 아니라 'il frappe'(때리다)나 'il blesse'(상처를 입히다)의 뜻을 갖는 'ferit'라는 동사에서 나온 프랑스 고어이며, 그래서 가훈은 'Tel menace …'가 아니라 'Tel frappe qui ne tue pas'(죽이지 않는 사람이 때린다)라는 뜻으로 보인다고 말했다.

모든 사람들이 아무 말도 하지 못하고 나를 바라보고 서로들 쳐다보았다. 이러한 놀라움은 생전 보지 못한 것이다. 그러나 나를 더욱 흐뭇하게 만든 것은 브레이유 양의 얼굴에서 만족한 기색을 분명히 본 것이

었다. 그렇게나 거만한 그 여인이 황송하게도 적어도 첫 번째 시선에 못
지않은 두 번째 시선을 내게 던져주었던 것이다. 그리고 할아버지에게
시선을 돌리면서 내가 그에게 의당 받아야 하는 칭찬을 일종의 초조함을
갖고 기다리는 것 같았다. 그러자 과연 그는 매우 만족한 듯이 내게 극
찬을 아끼지 않았고 식탁의 모든 사람들은 기다렸다는 듯이 입을 모아
찬사를 보냈다. 그 순간은 짧았지만 모든 점에서 즐거웠다. 그것은 상
황을 그 자연의 질서로 되돌리고 운명의 모욕으로 훼손된 재능의 진가를
회복하는 너무나 희귀한 순간들 중의 하나였다. 잠시 후에 브레이유 양
은 또다시 나를 올려보면서 상냥하고 수줍은 어조로 내게 마실 것을 달
라고 부탁했다. 내가 그녀를 기다리게 하지 않았으리라는 것은 가히 짐
작이 갈 것이다. 그러나 가까이 가면서 너무나 부들부들 떨려서 컵에 물
을 넘치게 채워, 그 일부가 접시 위로 심지어 그녀에게까지 쏟아졌다.
그녀의 오빠는 주책없이 왜 그토록 심하게 몸을 떠느냐고 물었다. 그런
질문은 나를 진정시키는 데 도움이 되지 않았고, 브레이유 양은 눈의 흰
자위까지 빨개졌다.

　여기서 소설은 끝나는데, 여기서 보더라도 바질 부인과의 경우와 마
찬가지로 그리고 그후 내 인생에서도 내 연애의 결말이 행복하지 않다
는 것을 여러분들은 알아차릴 것이다. 나는 브레이유 부인의 대기실에
붙어있었지만 소용이 없었다. 더 이상 부인 따님은 단 한 번도 나를 거
들떠보지 않았기 때문이다. 그녀는 나갈 때나 들어갈 때나 나를 본 체도
하지 않았고, 나로서는 감히 그녀에게 시선을 던질 용기도 거의 없었
다. 내가 얼마나 어리석고 서툴렀던지 하루는 그녀가 지나가다가 장갑
한 짝을 떨어뜨렸을 때 입맞춤을 퍼붓고 싶었던 그 장갑을 달려가 줍
기는커녕 감히 자리에서 일어나지도 못했다. 그래서 정말 버릇없는 종놈
하나가 장갑을 집도록 내버려두었는데, 나는 사정만 허락되었다면 기
꺼이 그놈을 박살내었을 것이다. 설상가상으로 브레이유 부인의 마음

156

에 들 행운을 갖지 못했다는 것을 깨닫고 나니 더욱 주눅이 들었다. 그녀는 내게 아무것도 시키지 않을 뿐만 아니라 내가 시중드는 것조차 받아주지 않았다. 대기실에서 있는 나를 보고 두 번이나 할 일이 없냐고 몹시 무뚝뚝한 말투로 물었다. 그래서 그 소중한 대기실을 포기하지 않으면 안 되었다. 처음에는 그 대기실이 그립기도 했지만, 기분을 전환할 일들로 방해를 받아 이윽고 더 이상 그것을 생각하지 않게 되었다.

브레이유 부인은 나를 경멸했지만, 그녀 시아버지의 호의로 자위할 수 있었다. 왜냐하면 그는 결국 내 존재를 알아차렸기 때문이다. 내가 아까 말한 그 오찬이 있었던 날 저녁, 그는 나와 반시간가량 대화를 나누었는데 그는 이에 만족한 듯 보였고, 나도 무척 즐거웠다. 이 선량한 노인은 재치가 있긴 했지만 베르첼리스 부인만큼은 못했다. 그러나 인정은 그가 더 많았다. 그래서 나는 그의 곁에서 일을 더 잘해냈다. 그는 내게 나를 귀여워해 주는 자기 아들 구봉 신부와 가까이 하라고 했고, 이러한 호의를 내가 잘만 이용한다면 그것으로 도움을 받을 수 있으며 다른 사람들이 내게 모자란다고 생각하는 것을 얻을 수 있게 될 것이라고 했다. 그 이튿날 아침부터 나는 신부 댁으로 달려갔다. 그는 나를 전혀 하인으로 맞지 않았다. 그는 나를 난롯가에 앉히고는 더없이 자상하게 질문을 던지면서 내가 받은 교육이 이것저것 많이 시작만 해놓고 어느 것 하나 끝내지 못했다는 것을 곧 알아차렸다. 그 중에서도 내 라틴어가 형편없는 것을 알고 그것을 더 가르쳐 주려고 했다. 나는 그와 의논하여 매일 아침 그의 집에 가기로 정했고 이튿날부터 공부를 시작했다. 이리하여 내 생애에서 종종 보게 될 그 기묘한 일들 중 하나가 여기서도 벌어져, 나는 자신의 신분보다 높으면서도 동시에 낮은 그러니까 같은 집안에서 제자이면서 하인이기도 한 그런 상태에 놓였다. 하인의 처지로 있으면서 왕자들만이 모실 수 있는 훌륭한 가문의 스승을 모셨던 것이다.

구봉 신부님은 장차 이 집안에서 주교가 되도록 정해진 차남이었다.

이 때문에 명문자제들이 보통 하는 것보다 더욱 깊이 학문에 정진하게 되었다. 씨에나 대학에 유학 가 수년간 머물면서 순수 이탈리아어를 상당히 많이 공부하고 돌아와, 그가 토리노에서 갖는 위상은 예전 파리에서 당조 신부16)가 갖는 위상과 거의 같았다. 그러나 그는 신학을 싫어해서 문예에 몰두했는데, 이는 이탈리아에서 고위 성직자의 길로 나가는 사람에게는 매우 흔한 일이다. 그는 시를 많이 읽었기 때문에 라틴어와 이탈리아어로 웬만큼 시를 지었다. 요컨대 그는 내 취향을 도야하고 내가 머릿속에 가득 쑤셔 넣은 잡다한 것들을 어느 정도 선별하는 데 필요한 정도의 취향은 갖고 있었다. 그런데 내가 쓸데없는 소리를 지껄여서 그가 나의 지식에 대해 오산했던 때문인지, 또는 그가 초보 라틴어에 지루해서 견딜 수가 없었던지, 처음부터 정도를 너무 높이 잡았다. 그래서 그는 파에드루스17)의 우화 몇 편을 내게 번역시키더니 곧 나를 베르길리우스18) 속에 집어던졌는데, 나는 그것을 거의 하나도 이해하지 못했다. 여러분들이 나중에 보게 될 것처럼, 나는 라틴어를 몇 번씩 되풀이하여 배웠으나 영 깨치지 못할 운명이었다. 하지만 나는 꽤 열심히 공부했다. 이에 신부님도 매우 친절하게 수고를 아끼지 않았는데, 그

---

16) Louis de Courcillon, abbé de Dangeau(1643∼1723): 루이 14세의 낭독관(朗讀官)으로 문법에 대해 많은 논문을 썼다.

17) 1세기에 활동했던 로마의 우화작가.

18) Publius Vergilius Maro(B. C. 70?∼19?): 고대 로마시대의 시인으로《일리아드》에 필적하는 로마의 국민적 서사시를 구상했는데, 그것이 시인의 죽음으로 미완성으로 끝난 장편서사시 《아이네이스》이다. 그는 여기서 트로이의 영웅 아이네아스를 등장시켜 트로이의 몰락으로부터 악티움 해전에 이르는 로마의 전 역사를 상징적으로 나타내며 아우구스투스의 승리를 찬양했다. 시인은 쾌락주의로부터 시작하여 신비적인 플라톤주의에 이르기까지 로마의 정신적 사조들을 종합했고 로마의 위대성을 가장 완벽한 형태로 보여주었다. 그는 모든 서구 문학에 깊은 영향을 주어 '시성'(詩聖)으로 불리고 있다.

친절함에 대한 기억은 아직도 나를 감동시킨다. 나는 내 공부 때문에 혹은 그의 시중을 드느라고 오전 나절의 대부분을 그와 함께 보냈다. 그런데 그 시중이란 개인적인 것은 아니었는데, 그는 내가 그에게 그런 시중을 드는 것은 전혀 용납하지 않았기 때문이다. 그것은 그가 부르는 것을 받아쓰는 것과 베끼는 일이었다. 학생으로서의 직무보다 서기로서의 직무가 내게는 더 유익했다. 왜냐하면 이렇게 해서 나는 순수한 이탈리아어를 배웠을 뿐만 아니라 문학에 대한 취미도 생겼고, 라 트리뷔의 대본가게에서 얻지 못한 양서를 분별하는 능력도 어느 정도 갖게 되었는데, 이러한 능력이 후에 내가 혼자서 공부할 때 큰 도움이 되었다.

이 시기는 나의 생애 중 공상적인 계획을 떠나 가장 도리에 맞게 출세할 희망에 매진할 수 있었던 시기였다. 신부님도 내게 매우 만족하여 누구에게나 그런 말을 했다. 그의 아버지도 나를 각별히 귀여워해서, 파브리아 백작이 내게 알려준 바에 의하면, 왕에게까지 내 말을 했다는 것이다. 브레이유 부인 자신도 나에 대해서 멸시하는 기색이 없어졌다. 마침내 나는 그 집에서 일종의 귀염둥이가 되었고 다른 하인들의 질투가 이만저만이 아니었는데, 그들은 주인 아드님에게서 교육을 받는 영광을 갖게 된 나를 보고 내가 자기네들과 같은 신분에 오래 있지는 않게 되리라는 것을 절감했던 것이다.

이 집안사람들이 무심코 흘린 몇 마디 말로 — 이 말은 내가 나중에야 비로소 생각해본 것이지만 — 미루어 보아, 나에 대한 그들의 생각은 내가 판단할 수 있는 한에서는 이런 것 같았다. 솔라르 집안은 외교관의 길로 나가려고 했고 또 짐작컨대 대신(大臣) 자리를 멀리 내다보면서 그 길을 개척하려고 했기 때문에, 이 집안에만 전속되어 있으면서 장차 집안의 신임을 얻어 집안에 유익한 봉사를 할 수 있는 다재다능한 심복한 사람을 미리 길러두고 싶었던 모양이었다. 구봉 백작의 이러한 계획은 고상하고 현명하며 도량이 큰 계획이며, 자비롭고 선견지명이 있는 대귀족에 정말 어울리는 것이었다. 그러나 그 당시 나는 그 전모를 알지도 못했을 뿐만 아니라, 내 머리에 비해서 이 계획은 지나치게 사리에 맞았고 또 너무도 오랜 복종을 필요로 했다. 나의 어리석은 야심은 연애의 모험을 통해서만 출세를 구하고 있었다. 그래서 그 계획 어디에도 여성이 없는 것을 보고 이렇게 출세하는 방식은 더디고 괴롭고 서글프게 여겨졌다. 그러기는커녕 거기에 여성이 관계되지 않는 만큼 그런 방식이 더 명예롭고 확실하다고 여겼어야만 했을 텐데 말이다. 여성들이 후원해주는 그런 종류의 재능은 사람들이 내게 있다고 추측하는 재능만큼 가치가 없는 것이 분명하기 때문이다.

만사가 놀랄 만큼 순조로웠다. 나는 모든 사람들의 존경을 얻었다. 아니 존경을 거의 받아내다시피 했다. 시련은 끝났다. 그래서 집안에서는 누구나 나를 가장 전도가 유망한 젊은이, 지금은 자신에게 합당한 자리에 있지 않지만 그런 자리에 도달할 것으로 기대되는 젊은이로 보았다. 그러나 나의 자리는 사람들에 의하여 정해진 자리가 아니었다. 그리고 나는 전혀 다른 길을 통하여 그곳에 도달하게 되어 있었다. 나는 여기서 내 독특한 성격적 특징들 중의 하나를 언급하고자 하는데, 이것은 반성을 덧붙일 필요 없이 독자에게 제시하면 그것으로 충분한 것이다.

토리노에는 나와 같은 새 개종자들이 많았지만, 나는 그들을 좋아하지도 않았고, 그들 중의 아무도 결코 만나고 싶지 않았다. 그러나 개종자가 아닌 제네바 사람 몇 명을 만났는데, 이들 중 '입 삐뚤이'라는 별명을 가진 뮈싸르 씨라는 사람은 세밀화를 그리는 화가로서 나의 먼 친척이었다. 이 뮈싸르 씨라는 작자는 내가 구봉 백작 댁에 있는 것을 알아내서 바클이란 다른 제네바 친구와 나를 만나러 왔다. 이 바클이란 녀석은 내가 견습공으로 있을 당시 같이 있던 친구였다. 이 녀석은 대단히 재미있고 쾌활하며 익살스러운 재담을 잘하는 친구였는데, 그의 재담은 그의 나이 때문에 더욱 유쾌했다. 나는 단번에 바클에게 홀딱 빠졌는데, 그와 떨어질 수 없을 정도로 빠졌던 것이다. 그는 제네바로 돌아가기 위하여 곧 떠나려던 참이었다. 나는 얼마나 상실감을 맛보게 될 것인가! 나는 그 커다란 상실감을 고스란히 절감했다. 어쨌든 내게 남겨진 시간을 유익하게 이용하고자 더 이상 그와 떨어지지 않았다. 더 정확히 말하면 바로 그가 내 곁을 떠나지 않았다. 처음에는 그와 함께 하루를 지내기 위해서 허락 없이 집을 뛰쳐나갈 정도로 환장하지 않았으니까 말이다. 그러나 이윽고 그가 내 곁을 한시도 떠나지 않는 것을 보자, 집 안사람들은 그의 출입을 금지했다. 이 때문에 나는 몹시 몸이 달아 내 친구 바클 이외에는 일체의 것을 잊어버리고 신부님에게도 백작에게도 가지 않아 사람들은 더 이상 나를 집안에서 보지 못했다. 꾸중을 들어도 귀에 들어오지 않았다. 그랬더니 나를 내보내겠노라고 위협했다. 이 위협이 내게는 파멸을 가져왔다. 바클을 혼자 보내지 않을 수도 있다는 생각이 내 머리에 어렴풋이 떠올랐기 때문이다. 이때부터 오로지 그런 여행을 한다는 것 이외에 다른 즐거움도 다른 운명도 다른 행복도 눈에 보이지 않았다. 그리고 거기에서 이루 말할 수 없는 여행의 행복만을 보았고 게다가 이 여행의 끝에는 까마득히 멀기는 하지만 바랑 부인의 모습이 어른거렸다. 왜냐하면 제네바로 돌아간다는 것은 나로서는 결코 생각한 적이 없었기 때문이다. 산과 초원과 숲과 시내와 마을이 새로운 매력을 띠고 끝없이 계속해서 꼬리에 꼬리를 물고 나타났다. 이 행복한 여정을 돌면서 내 한평생이 다 지나갈 것처럼 보였다. 이리로 올 때도 그와 같은 여행을 했는데 그것이 내게 매력적으로 보였다는 기억이 희열과 함께 떠올랐다. 자유로움이 갖는 일체의 매력에 아울러 동갑에 취미도 같고 성격이 좋은 친구와 함께 거북함도 의무도 구속도 책임도 없이 오직 우리의 기분대로 가고 싶으면 가고 쉬고 싶으면 쉬면서 길을 걷는 매력이 덧붙여질 때 그 여행은 얼마나 신나겠는가! 그러나 내가 가진 야심적인 계획은 그 실현이 더디고 어렵고 불확실했다. 그런데 이와 같은 행복을 그러한 계획을 위해 희생하다니 실로 어리석은 일이 아닐 수 없었다. 설사 그 계획이 언젠가 실현된다고 상정하더라도 그것은 그 절정의 순간에도 젊은 시절 누리는 일순간의 진정한 즐거움과 자유만큼 가치가 없었다.

이런 사려 깊은 공상적인 계획으로 머리가 가득 찬 나는 제대로 처신하여 용케 쫓겨나는 데 성공했다.[19] 그런데 사실을 말하자면 이에 곤란이 없었던 것은 아니었다. 어느 날 저녁 들어오니 급사장이 백작의 명을 받아 내게 해고를 통고했다. 이것이야말로 내가 바라던 바였다. 실제로 나는 나도 모르게 내 행위가 도를 지나침을 느끼면서도 자기변명을 위해서 그것도 모자라 부당하고 배은망덕한 행위까지 저질렀다. 이렇게 해서 그 집 사람들에게 죄를 뒤집어씌운 나는 어쩔 수 없이 이런 결심을 내렸기 때문에 정당하다고 생각했던 것이다. 다음 날 아침 내가 떠나기 전에 이야기하러 오라는 파브리아 백작의 명을 전달받았다. 그리고 급사장은 내가 머리가 돌아있던 터라 오지 않을 수 있음을 알고 내게 정해졌던 얼마간의 돈을 주는 것을 그 방문이 이루어진 뒤로 미루었다. 그런데 이 돈은 분명 내가 당연히 받았을 돈이 아니었다. 왜냐하면 그 집에서는 나를 하인의 신분으로 남겨둘 생각이 아니어서 내게 급료를 정하지 않았기 때문이다.

파브리아 백작은 젊고 경솔했지만 이번 경우에는 더없이 도리에 맞고, 감히 이렇게까지 말할 수 있을지 모르겠지만, 더없이 자상한 이야기를 내게 해주었다. 그 정도로 자기 삼촌의 배려와 조부의 의향을 듣기 좋게 또 감동적으로 내게 설명했던 것이다. 끝으로 그는 스스로의 파멸을 향해 달려가기 위해 내가 희생하고 있는 모든 것을 내 눈앞에 생생하게 제시한 후 화해를 제의했는데, 화해의 조건으로는 나를 꾀어냈던 그

---

19) 반어적 표현으로 "이런 얼빠진 공상으로 머리가 가득 찬 나는 제멋대로 처신하여 쫓겨나게 되었다"라고 이해해야 한다.

162

재수 없는 녀석을 더 이상 만나지 않을 것을 요구한 것이 전부였다.

그가 이 모든 말을 자기 단독으로 하는 것이 아님은 매우 분명해서, 나는 어리석은 무분별에도 불구하고 나이 든 주인의 호의가 고스란히 느껴져 이에 감격했다. 하지만 이 소중한 여행이 내 상상 속에 너무도 깊이 각인되어 있어서 어떠한 것도 이 여행의 매력과는 바꿀 수가 없었다. 나는 완전히 제정신이 아니었다. 나는 결심을 굳히고 냉혹해지고 오기를 부렸다. 그리고 건방지게 이렇게 대답했다. 그만두라니까 그만둔 것이고, 이제는 그것을 번복할 때가 아니고, 내 일생에 어떤 일이 일어날 수 있더라도 같은 집에서 결코 두 번 쫓겨나지 않을 결심을 단단히 했다고 말이다. 그러자 이 젊은이는 마침 화가 났던 참이라 내가 먹어도 싼 욕설을 퍼붓고는 어깨를 잡아 방에서 쫓아내고는 문을 탁 닫아버렸다. 나는 가장 큰 승리를 방금 거둔 것처럼 의기양양하게 그 집을 나왔다. 그리고 다시 전투를 계속하게 될까봐 구봉 신부님에게 그 친절에 감사하는 인사를 드리러 가지 않고 떠나는 무례를 저질렀다.

이때의 내 망상이 어느 정도였는가를 이해하기 위해서는, 내 마음이 극히 사소한 일에도 얼마나 흥분하기 쉬운가를 또 마음이 끌리는 대상을 — 이 대상이 때로는 아무리 헛된 것이라 하더라도 — 상상하면서 그 속에 얼마나 강렬하게 빠져드는지를 알아야만 한다. 아무리 괴상하고 유치하고 어리석은 계획이라도 나는 그것에 대해 내 마음대로 상상의 날개를 펴서 내가 거기 전념하는 것이 그럴듯하게 보이게 된다. 19살 가까운 나이[20]에 빈 유리병을 앞으로의 생계의 밑천으로 삼을 수 있다고 생각하는 사람이 어디 있겠는가? 그렇지만 들어보시라.

몇 주 전에 구봉 신부가 아주 예쁘고 조그만 헤론 분수기[21] 하나를 내

---

20) 루소는 이 당시 실제로는 17살이었다.
21) 2세기 그리스의 공학자이자 수학자인 알렉산드리아의 헤론이 만든 분수로 공기의 압축으로 물이 솟아오르게 되어 있다.

게 주었는데, 나는 이것에 홀딱 반했다. 현명한 바클과 나는 자주 이 분수기가 물을 내뿜게 만들면서 우리들의 여행이야기를 자주 한 덕분에, 이 분수기가 여행에 제대로 도움이 되어 여행을 연장할 수 있다고 생각했다. 세상에 헤론 분수기만큼 신기한 것이 어디 있겠는가? 이러한 대전제를 기초로 우리는 미래의 성공을 꿈꾸었다. 어느 마을에서나 농민들을 이 분수기 주위에 불러 모으면 거기서 식사와 맛있는 음식이 풍성하게 쏟아질 것이다. 더구나 우리 둘은 식량이라는 것이 그것을 거두어들이는 사람들에게는 전혀 돈이 드는 것이 아니고 그들이 나그네들을 배불리 먹이지 않는다면 그것은 순전히 그들의 악의 때문이라고 확신했던 만큼 더욱 풍성한 먹을거리를 기대했다. 어디에서나 잔치나 혼례만 있으리라 상상했고, 분수기만 있다면 허파에서 나오는 숨과 분수기의 물 이외에는 비용을 들이지 않고 피에몬테, 사부아, 프랑스 그리고 세계 어느 곳에서나 공짜로 살 수 있다고 생각했다. 우리는 끝없는 여행계획을 세웠다. 그리고 우선 방향을 북쪽으로 잡았는데, 그것은 결국 어딘가에서 멈추지 않을 수 없다는 예상 때문이라기보다는 오히려 알프스를 넘는다는 즐거움 때문이었다.

나는 바로 이러한 계획을 믿고 진정한 방랑자의 삶을 시작하기 위해 후견인도 스승도 공부도 장래도 그리고 거의 확실한 출세에 대한 기대까지도 아낌없이 내던지고 출정(出征)에 나선 것이다. 수도여, 잘 있거라. 궁정도 야심도 허영심도 사랑도 미인들도 모든 위대한 모험도 ― 나는 작년에 거기에 희망을 걸고 여기 왔었다 ― 포기했다. 나는 내 분수기와 내 친구 바클과 함께 떠난다. 지갑은 가벼웠지만 가슴은 환희에 넘쳐, 내 찬란한 앞날의 계획을 일시에 끝장낸 이 방랑의 행복을 즐기는 것만을 생각했다.

이 엉뚱한 여행은 거의 내가 기대했던 만큼 유쾌하게 진행되었지만 완전히 꼭 들어맞지는 않았다. 왜냐하면 우리들의 분수기는 주막에서 안주인들이나 하녀들을 잠시 즐겁게 하긴 했지만, 나올 때는 그래도 역시 돈을 지불해야만 했기 때문이다. 우리는 그렇다고 해서 당황한 적은 거의 없었고, 돈이 떨어지게 될 때가 아니고서는 정말 이러한 수단을 이용하려고 생각하지 않았다. 어떤 사고 덕분에 우리는 이런 번거로움을 면할 수 있었는데, 분수기가 브라망22) 근처에서 부서진 것이다. 때마침 잘 부서졌다. 왜냐하면 우리 둘이 서로 감히 말을 꺼내지는 못했지만 이 분수기가 우리를 귀찮게 만들기 시작한다고 느꼈기 때문이다. 이 재난으로 우리는 전보다 한층 유쾌해졌고, 옷이나 신발이 해질 것도 잊고 그놈의 분수기 물을 뿜기만 하면 새 것을 살 수 있다고 생각했던 우리들의 경솔함에 둘이서 한껏 웃었다. 우리는 시작할 때와 마찬가지로 경쾌하게 여행을 계속했으나 차츰 주머니가 비어가자 어쩔 수 없이 목적지에 도착할 수밖에 없어 좀더 곧장 목적지를 향하여 갔다.

상베리에 이르러서 나는 근심에 잠기게 되었다. 내가 얼마 전에 저질렀던 어리석은 짓을 근심해서가 아니었다. 과거에 대해 나만큼 빨리 깨끗이 체념해버리는 사람도 결코 없다. 다만 바랑 부인 댁에 가면 나를 어떻게 맞아 줄 것인가 근심한 것이다. 왜냐하면 부인의 집을 꼭 부모님 집처럼 생각하고 있었기 때문이다. 내가 구봉 백작 댁에 들어간 것은 부인에게 편지로 썼다. 부인은 내가 그 집에서 어떤 지위에 있는지를 알고 나를 칭찬하면서, 그 집 사람들이 내게 갖는 호의에 내가 어떻게 보답해야만 하는지 그 방법에 대해 매우 현명한 충고를 했다. 내게 온 행운을 실수로 깨뜨리지만 않는다면 내 행운은 보장된 것이라고 부인은 생각하고 있었다. 내가 온 것을 보면 부인은 무엇이라고 할까? 부인이 내게 문전박대를 할 수 있으리라고는 생각조차 안 했지만, 부인에게 심려를 끼칠까봐 두려웠다. 나는 궁핍보다도 나에 대한 부인의 가혹한 책망이 더

---

22) 모르엔에 있는 마을.

무서웠다. 나는 모든 것을 묵묵히 견디고 부인의 마음을 진정시키기 위하여 무슨 일이든 다 하겠다고 다짐했다. 내게는 이제 이 세상에서 그녀 하나밖에는 보이지 않았다. 그녀의 총애를 잃고 산다는 것은 있을 수 없는 일이었다.

가장 염려되는 것은 내 길동무였다. 부인에게 그 친구까지 덤으로 떠맡기고 싶지는 않아서 쉽사리 그를 떨쳐버릴 수 없을까봐 걱정했다. 마지막 날 나는 그와 꽤나 냉담하게 지내면서 이 이별을 준비했다. 그 별난 놈은 나를 이해했다. 그는 경박하기는 했지만 바보는 아니었다. 나는 그가 나의 배신에 마음이 상할 것이라고 여겼는데, 그런 생각은 나의 오산이었다. 내 친구 바클은 아무것에도 마음이 상하지 않았다. 안시에 와서 우리가 시내에 발을 들여놓자마자 그는 내게 "넌 네 집에 다 왔구나" 하더니 나를 포옹하고 나서 작별을 고하곤 휙 돌아서서 사라져버렸다. 그 이후 그에 대한 소식을 한 번도 들은 적이 없다. 우리의 교제와 우정은 모두 합해서 약 6주밖에 계속되지 않았다. 그러나 그 영향은 내가 살아가는 한 계속될 것이다.[23]

바랑 부인 집에 가까이 이르자 나의 가슴은 얼마나 두근거렸던지! 두 다리는 후들거리고 두 눈은 베일로 씌워진 것 같아, 아무것도 보이지 않고 아무것도 들리지도 않았으며 누구 하나 알아볼 수 없을 것 같았다. 나는 숨을 들이쉬고 정신을 차리기 위하여 몇 번이고 발걸음을 멈추지 않으면 안 되었다. 이토록 정신을 차리지 못하는 것은 내가 필요로 하는 도움을 얻지 못할까 하는 두려움에서 온 것인가? 내 나이가 되어서 굶어 죽을지도 모른다는 무서움이 이런 불안감을 주는 것인가? 아니다. 결코 그런 것이 아니다. 나는 진실과 자부심을 갖고 말하는데, 내 평생 어느 때고 이익에 활짝 마음이 피고 빈궁에 마음 조인 적은 한 번도 없었다.

[23] 왜냐하면 루소는 바클과 함께 구봉 백작 댁을 나와서 확실하고 명예로운 직업을 얻을 기회를 잃고 파란만장한 삶을 살아갈 것이기 때문이다.

166

영고성쇠로 파란도 많고 잊지도 못할 인생길에서 종종 안식처도 없이 빵도 없이 지내기도 했지만 언제나 부귀와 가난을 같은 눈으로 보아왔다. 필요한 경우라면 다른 사람들처럼 동냥도 하고 도둑질도 할 수 있었을 것이다. 그러나 그렇게 할 수밖에 없다고 해서 마음이 흔들리지는 않았을 것이다. 평생 나만큼 탄식하고 눈물을 흘린 사람도 드물 것이다. 그러나 결코 가난이나 가난에 떨어진다는 두려움으로 한숨을 내쉬고 눈물을 뿌렸던 적은 없었다. 재물에 저항할 수 있는 내 영혼은 재물에 관계되지 않는 행복과 불행만을 진정한 행복과 불행으로 인정했다. 그리고 내 자신이 이 세상 사람들 중에서 가장 불행하다고 느낀 것은 생활에 필요한 것이 하나도 부족함이 없었던 때였다.

내가 바랑 부인의 눈앞에 모습을 드러내자마자 그녀가 보인 태도에 안심이 되었다. 그녀의 첫 목소리에 나는 몸이 떨렸다. 나는 그녀의 발치로 달려가 비할 바 없이 격렬한 환희에 휩싸여 그녀의 손에 내 입술을 갖다 댄다. 그녀로서는 내 소식을 알고 있었는지 어떤지는 모르겠다. 그러나 그녀의 얼굴에는 별로 놀라는 빛이 보이지 않았고, 상심의 기색도 전혀 보이지 않았다.

"가엾은 사람." 그녀는 다정스러운 어조로 말했다. "돌아왔군 그래? 네가 그 여행을 하기에는 너무 어리다는 것을 잘 알고 있었단다. 하지만 내가 걱정했던 것만큼 여행이 나쁘게 되지 않아서 참말 다행이다."

그러고 나서 그녀는 내가 지낸 이야기를 들려 달라고 했다. 이야기는 길지 않았지만, 거의 있는 그대로를 그녀에게 말했다. 몇몇 대목을 빼먹기는 했지만 그 밖에는 내 자신을 감싸지도 않고 변명하지도 않았다.

내가 잘 곳이 문제였다. 부인은 몸종과 의논했다. 나는 이 일을 상의하는 동안 감히 숨도 제대로 못 쉬었다. 그러나 내가 이 집에서 잘 수 있다는 말을 들었을 때 나는 내 자신을 억누르기 힘들었다. 내 작은 봇짐이 내게 배정된 방으로 옮겨지는 것을 보니, 생프뢰가 볼마르 부인 집에

자기 마차를 들여놓는 것을 보는 것과 거의 같은 느낌이었다. 24) 게다가
기쁘게도 이 호의가 일시적인 것이 아니라는 것을 알게 되었다. 그리고
사람들이 내가 다른 일에 정신이 팔려 있다고 생각하고 있을 때 부인이
이런 말을 하는 것을 들었다. "사람들이 뭐라고 말하든 그만이야. 하나
님의 뜻이 내게 그를 돌려보낸 이상 나는 그를 버리지 않을 작정이야."

그래서 마침내 나는 부인 집에 자리를 잡게 되었다. 그러나 이렇게 거
처를 정했다고 그로부터 내가 내 생애의 행복한 나날로 잡는 시기가 시
작된 것은 아직 아니었다. 그러나 그런 행복한 나날이 시작하는 안주
(安住)를 준비하는 데는 도움이 되었다. 우리 자신을 진정으로 향유하
게 하는 그 마음의 감수성은 자연의 소산이요 또 어쩌면 우리 성격의 소
산일 것임에도 불구하고, 그것을 발전시키는 외적 상황을 필요로 한다.
이런 기회들이 없다면 매우 감수성이 풍부하게 태어난 사람이라도 아무
것도 느끼지 못하고 또 자기 존재를 의식하지도 못한 채 죽을 것이
다. 25) 그때까지의 내가 거의 그러했다. 그리고 내가 바랑 부인을 결코
몰랐다면, 혹은 부인을 알았다고 하더라도 충분히 오래도록 그녀의 곁
에 살면서 그녀가 내게 불어넣었던 다정한 감정의 감미로운 습관을 들

24) 생프뢰와 후에 볼마르 부인이 되는 쥘리는 《신(新) 엘로이즈》에 등장하는
주인공들이다. 평민 출신인 생프뢰는 쥘리의 가정교사가 되어 쥘리와 사랑
에 빠지지만 쥘리의 아버지의 반대로 이별하게 된다. 쥘리의 남편인 볼마르
는 자신의 부인과 생프뢰가 앓는 사랑의 병을 완전히 고쳐주기 위하여 생프
뢰를 자신의 집안에 아이들 가정교사로 불러들인다. 《신엘로이즈》 4부 여
섯 번째 편지에서 생프뢰는 다음과 같이 쓰고 있다. "브베에 들어가면서
… 나는 숨도 못 쉴 정도로 격렬한 흥분에 사로잡혔다. 나는 감격으로 변질
된 떨리는 목소리로 말했다 … 그녀의 시선과 외침과 몸짓은 한순간에 내게
안도감과 용기와 힘을 돌려주었다 … 이러한 짧은 장면 후 나는 사람들이
내 여행용 가방을 풀고 내 마차를 들여놓은 것을 곁눈질로 살펴보았다."
25) 루소에게 이러한 감수성은 영혼의 뛰어난 품성을 보여주는 표시이며 삶의
모든 가치를 만드는 원동력이다.

이지 못했다면 나는 아마 계속 그러했을 것이다. 감히 말하건대, 사랑
만을 느끼는 사람은 인생에 더 감미로운 것이 있음을 느끼지 못한다. 그
러나 나는 하나의 또 다른 감정을 알고 있다. 아마 사랑처럼 격렬하지는
않을지 모르지만 천 배나 더 감미로운 것으로, 때로는 사랑과도 결부되
기도 하지만 대체로 사랑과는 별개이다. 이 감정은 또한 오직 우정만은
아니다. 그보다는 더욱 관능적이고 더욱 다정한 것이다. 나는 이 감정
이 동성(同性)의 어떤 사람에 대하여 작용할 수 있다고는 생각하지 않
는다. 친구라고 하면 적어도 나는 누구 못지않은 친구였다. 그렇지만
나는 내 친구들 중 누구의 곁에서도 결코 그러한 감정을 경험한 적이 없
었다. 이것은 분명하지는 않지만 뒤에 가면 분명해질 것이다. 감정은
그 결과에 의해서만 제대로 설명되는 법이다.

　부인이 사는 집은 오래되었지만 아름다운 방 하나가 여분으로 있을
만큼 족히 넓었다. 그녀는 그 방을 손님들을 맞는 방으로 만든 것인데
내게 숙소로 내주었다. 그 방은 내가 앞서 말한 바 있는 것처럼 부인과
의 첫 대면이 이루어졌던 그 작은 길을 향해 있었고, 시냇물과 정원 저
쪽으로 전원이 멀리서 보였다. 이러한 광경이 새로 온 거주자에게는 대
단치 않은 것이 아니었다. 내가 창 앞에서 녹음을 대하는 것은 보세 이
래로 처음이었다. 항상 벽에 가려 눈 아래로 보이는 것은 지붕과 회색의
거리밖에 없었다. 이 새로움이 내게는 얼마나 뚜렷하며 감미로웠던가?
이로 인하여 감격을 잘하는 내 성향이 더욱 고조되었다. 나는 이 매혹적
인 경치 또한 내 사랑스러운 여주인이 베푸는 은혜의 하나로 여겼다. 내
게는 그녀가 나를 위해 아주 일부러 이런 경치를 그곳에 펼쳐 놓은 것처
럼 보였다. 그 경치 안에서 나는 그녀의 곁에 평화스럽게 자리를 잡고
있었다. 꽃과 푸른 초목 사이 모든 곳에서 그녀를 보았다. 그녀의 매력
과 봄의 매력이 내 눈에는 하나로 뒤섞였다. 그때까지 억압되었던 내 마
음은 이 공간에서 더욱 넉넉해졌고, 내 한숨도 이 과수원들 사이에서 더

욱 자유롭게 새어나왔다.

바랑 부인의 집에는 내가 토리노에서 보았던 호화로움은 없었지만, 단아함과 품위와 결코 허식이 섞이지 않는 소박한 풍성함이 있었다. 그녀에게는 은(銀) 식기도 별로 없었거니와 도자기는 하나도 없었고 부엌에는 사냥한 고기도 지하실에는 외국산 포도주도 전혀 없었다. 그렇지만 모든 사람을 대접할 수 있을 만큼 모두 잘 갖추어져 있었다. 그녀는 도기 찻잔으로 맛있는 커피를 대접했다. 그녀를 만나러 오는 사람이라면 누구든 그녀와 함께 하는 혹은 그녀의 집에서 하는 점심식사 초대를 받았다. 일꾼이든 심부름꾼이든 나그네든 먹거나 마시지 않고 그냥 나가는 일이란 없었다. 그녀는 메르스레라는 꽤 예쁘장한 프리부르 출신의 몸종, 클로드 아네라는 그녀와 동향 출신의 고용인 — 이 고용인의 이야기는 뒤에 나올 것이다 — , 식모 한 사람, 드문 일이지만 그녀가 사교모임에 갈 때 임시로 쓰는 가마꾼 두 사람을 하인으로 두고 있었다. 연금 2천 리브르로서는 만만치 않은 일이었다. 그러나 토지가 매우 비옥하고 돈을 쓸 일이 별로 없는 지방이니까 잘만 절약하면 그녀의 적은 수입으로도 이 모든 지출을 충당할 수가 있었을 것이다. 그러나 불행히도 절약은 전혀 그녀가 좋아하는 미덕이 아니었다. 그래서 그녀는 빚을 지고 빚을 갚느라 돈이 들락날락했고, 만사는 이럭저럭 굴러갔다.

그녀가 집안을 꾸려나가는 방식은 내가 택했을 방식과 똑같았다. 내가 그것을 기꺼이 이용했다는 것은 상상할 수 있을 것이다. 그 중 내게 그리 유쾌하지 않았던 것은 식탁에 퍽 오래도록 남아있어야만 하는 것이었다. 그녀는 수프나 접시에 담은 요리의 첫 번 냄새를 잘 견디지 못했다. 이 냄새에 그녀는 거의 기절할 지경이었고, 그 불쾌감은 오래 갔다. 차츰 비위가 가라앉으면 이야기는 했지만 음식은 조금도 들지 못했다. 반시간이 지나서야 겨우 음식에 입을 대기 시작했다. 나 같으면 그 사이에 세 번은 식사를 할 수 있었을 것이다. 그녀가 식사를 시작하기

170

휠씬 전에 나는 식사를 다 끝마쳤다. 하지만 나는 그녀와 함께 다시 식사를 시작했다. 그러니 두 사람 몫을 먹은 셈인데, 그 때문에 더 탈이 나지는 않았다. 요컨대 나는 행복의 달콤한 감정에 취해 있었는데, 내가 그 행복을 그녀 곁에서 느꼈고 또 내가 향유하는 행복에는 이것을 지탱해 나가려는 수단에 대한 불안감이 전혀 섞여 있지 않았던 만큼 더욱 그러했다. 아직 그녀의 사업상 비밀을 소상히 듣지 못했던 나는 사업이 언제나 마찬가지로 굴러가는 줄로만 생각하고 있었다. 그 후에도 집안에서 전과 같은 즐거움을 느꼈으나, 실제의 형편을 더 소상히 알게 되고 즐거움에 드는 지출이 정기수입을 초과하는 것을 보고는 더 이상 무사태평으로 즐기고 있을 수만은 없었다. 앞일을 예상하면 내 즐거움은 잡쳐졌다. 그런데 내가 미래를 고려해도 아무 소용이 없었다. 왜냐하면 결코 그것을 피할 수는 없었기 때문이다.

첫날부터 우리 사이에는 비할 데 없이 달콤한 친밀한 관계가 맺어졌고, 이러한 친밀도는 그녀의 남은 생애 동안 변치 않고 지속되었다. '프티'26)가 내 이름이고, '마망'27)이 그녀의 이름이었다. 그리고 우리는 언제까지나 '프티'와 '마망'으로 남았다. 심지어 세월이 흘러 우리 둘 사이의 나이 차이가 거의 드러나 보이지 않을 때도 그랬다. 나는 이 두 호칭이 우리들의 말투의 본질과 소박한 우리의 태도 특히 우리의 마음이 맺은 관계를 놀랍도록 잘 나타내고 있다고 생각한다. 그녀는 내게 세상에서 가장 다정한 엄마였으며, 결코 자신의 즐거움을 구하지 않고 언제나 나의 행복만을 찾고 있었다. 그리고 그녀를 향한 나의 애착에 관능이 포함되었다 해도 그 때문에 애착의 본질이 변한 것이 아니라 단지 더욱 그

26) 'Petit'는 프랑스어로 '아이'를 부르는 애칭.
27) 'Maman'은 프랑스어로 '어머니'를 부르는 애칭인데, 사부아 지방에서는 '주부'를 부를 때도 일상적으로 사용되었다. 어쨌든 루소가 바랑 부인을 '어머니'로 생각한 것은 의심의 여지가 없다.

득하게 되었을 뿐이며, 나는 애무하면서 달콤함을 맛볼 수 있는 젊고 예쁜 엄마를 두었다는 매혹에 취해버렸다. 나는 글자 그대로 '애무한다'고 말하련다. 왜냐하면 결코 그녀는 내게 입맞춤이나 어머니로서의 더할 나위 없이 다정한 애무를 아낄 생각을 하지 않았고, 나도 그것을 남용할 마음이 전혀 없었다. 그렇지만 여러분은 우리가 결국에는 다른 종류의 관계를 갖지 않았냐고 할지 모르겠는데, 그것은 인정한다. 그러나 기다리시라. 한꺼번에 전부 말할 수는 없으니 말이다.

　우리가 처음 만났을 때 그녀를 언뜻 본 것이야말로 일찍이 그녀가 내게 느끼게 해준 참으로 정열적인 단 한 번의 순간이었다. 하지만 그 순간은 뜻밖의 놀라움이 만들어낸 것이었다. 나의 시선은 조심성이 없지만 결코 그녀의 가슴을 덮은 숄 밑을 뒤지는 데까지는 나가지 않았다. 비록 그 자리에 제대로 감추어져 있지 않은 통통한 살집이 절로 내 시선을 그리로 끌 수 있었지만 말이다. 나는 그녀 옆에 있을 때면 흥분도 욕망도 느끼지 않았다. 나는 황홀한 평온상태에 잠겨 있으면서, 알지 못하는 무엇인가를 향유하고 있었기 때문이다. 나는 이렇게 일생을 아니 심지어 영원한 시간을 보낸다 하더라도 잠시도 지루하지 않았을 것이다. 대화가 무미건조할 때면 대화를 지속해야 하는 의무가 고역이었는데, 그녀는 함께 있을 때 내가 결코 그러한 무미건조함을 느끼지 않은 유일한 사람이었다. 단둘이서 나누는 대화는 대화라기보다 그칠 줄 모르는 수다였는데, 그것이 끝나기 위해서는 말을 가로막을 필요가 있었다. 내게는 말을 해야 한다는 규칙이 아니라 차라리 입을 다물고 있어야 한다는 규칙을 부여해야 했다. 그녀는 자기 계획을 하도 궁리한 나머지 종종 몽상에 잠기곤 했다. 그래도 그만이다. 그녀를 몽상에 잠기도록 내버려두고, 입을 다물고 그녀를 응시했다. 이러면 나는 가장 행복한 사람이 되었다. 나는 게다가 매우 묘한 버릇을 갖고 있었다. 단 둘이서 대화를 나누는 호의를 베풀어달라고 요구하지는 않으면서도 끊임없이

172

그 기회를 찾았고 둘만의 대화를 열광적으로 즐겼는데, 귀찮은 사람들이 와서 그것을 방해할 때는 그 열광이 분노로 바뀌었다. 남자든 여자든 상관없이 찾아오는 사람이 있으면, 나는 투덜거리면서 나가버렸다. 그녀 곁에서 제3자로 남아있는 것을 참을 수 없었기 때문이다. 나는 대기실에 가서 이제나저제나 하고 시간을 재면서 한없이 시간을 끄는 그 방문객들을 끝없이 저주했다. 그들이 무슨 할 말이 그렇게 많은지 이해할 수 없었다. 왜냐하면 내가 훨씬 더 할 말이 많았기 때문이다.

그녀가 보이지 않을 때야 비로소 내가 그녀에 대해 갖는 애착이 얼마나 강한가를 느꼈다. 그녀가 보이면 나는 그저 만족이었다. 그러나 그녀가 없을 때 나의 불안감은 고통스러울 정도까지 커졌다. 그녀와 더불어 살고 싶다는 욕구는 폭발적인 감격을 불러일으켰고, 그러한 감격은 종종 눈물을 자아내기까지 했다. 대축제의 어느 날에 대한 추억은 영원히 잊지 못할 것이다. 그녀가 오후 미사에 간 동안 나는 시외로 산책을 나갔다. 그때 내 가슴은 그녀의 모습과 내게 주어진 나날들을 그녀 곁에서 보내고 싶다는 열렬한 욕망으로 가득 차 있었다. 그러나 현재로서는 그것이 불가능하고 내가 한껏 누리고 있는 행복이 오래 가지 못할 것이라는 사실을 알 정도로 지각은 있었다. 그런 생각으로 나의 몽상은 서글퍼졌지만, 이러한 서글픔에는 어두운 것이라고는 전혀 없었고 어떤 낙관적인 희망이 그 서글픔을 덜어주었다. 언제나 내게 묘한 감동을 불러일으키는 종소리, 새들의 노래, 화창한 햇살, 다정한 풍경, 여기저기 흩어진 전원의 집들 — 나는 그 집들 중에 우리가 함께 살 집이 있을 것이라고 상상했다 —, 이 모든 것이 너무나 생생하고 다정하며 서글프고 가슴 뭉클한 인상으로 강렬하게 나의 심금을 울려, 황홀경 속에 빠진 것처럼 그 행복한 시간과 그 행복한 거주지 안에 옮겨져 있는 내 모습이 보였다. 거기서 나는 내 마음이 바랄 수 있는 모든 극진한 행복을 소유하고 말로 표현할 수 없는 환희 속에서 심지어 관능적 쾌락은 생각조차 하지 않은 채 그 행복을 맛보았다. 내 기억으로는 일찍이 그때보다 꿈에 부풀어 힘차게 미래를 향해 돌진한 적이 없다. 그리고 훗날 그 몽상이 실현되었을 때 그 기억에서 내게 가장 인상 깊었던 것은 그때 내가 마음속에 그렸던 것과 너무나 똑같은 것들을 다시 보았다는 것이다. 일찍이 사람이 잠에 들지 않고 꾸는 백일몽이 예언적 환각을 닮은 적이 있다면, 이것이야말로 확실히 그런 것이었다. 다만 내 예상에서 어긋난 것은 상상이 지속되는 기간이었다. 왜냐하면 몽상 속에서는 하루하루가 한 해한 해가 그리고 내 인생 전부가 변함없는 평온함 속에서 흘러간 반면, 실제로는 이 모든 것이 한순간밖에는 지속되지 않았기 때문이다. 슬프도다! 가장 영속적인 나의 행복은 꿈속에 있었다. 그리고 그 행복이 거의 이루어지려는 그 순간 꿈에서 깨어났다.

내가 그녀의 눈앞에 없을 때 그 사랑스러운 엄마를 생각하면서 내가 저지른 터무니없는 짓들을 일일이 늘어놓는다면 한도 끝도 없을 것이다. 그녀가 전에 거기서 잔 것을 생각하면서 나는 내 침대에 몇 번이나 입을 맞추었던가. 또 내 방의 커튼과 모든 가구들이 그녀의 것이고 그녀의 아름다운 손에 닿았다고 생각하면서 그것들에 얼마나 입을 맞추었던가. 그녀가 마룻바닥 위를 걸었다고 생각하면서 내가 엎드려 있는 마룻바닥까지도 입을 맞추어댔다. 때때로 그녀가 있을 때조차도 가장 격렬한 사랑만이 불러일으킬 수 있는 것처럼 보이는 엉뚱한 행동들이 나도 모르게 튀어나오곤 했다. 어느 날 식사 도중 그녀가 음식을 한 입 입에 넣는 순간 나는 거기 머리카락이 보인다고 소리를 지른다. 그녀는 그것을 자기 접시에 내뱉는다. 나는 게걸스레 그것을 낚아채 집어삼킨다. 요컨대 나와 가장 격정적인 연인과의 차이는 단 하나밖에 없었지만 그것은 본질적인 차이로서, 그 때문에 내 상태는 이성(理性)으로서는 거의 이해할 수 없게 된다.

내가 이탈리아에서 돌아왔을 때는 거기에 갔을 때와 완전히 같은 상

174

태로 돌아온 것은 아니었다. 그러나 내 나이의 다른 사람이었다면 아마 결코 나 같은 상태로 돌아오지는 않았을 것이다. 나는 거기서 정신적 순결은 아니지만 육체적 동정(童貞)은 잃지 않고 돌아왔다. 나이가 들어 성숙해지는 것이 느껴졌다. 나의 충족되지 않는 관능적 욕구가 마침내 나타났고, 극히 무의식적인 그 최초의 사정(射精)으로 나는 건강에 대해 두려움을 갖게 되었다. 그런데 그것이야말로 내가 그때까지 순진하게 살았다는 사실을 다른 어떤 것보다도 더욱 잘 보여준다. 나는 곧 두려움에서 벗어나, 자연에는 어긋나지만 건강과 활력과 때로는 생명까지 희생해가면서 나 같은 기질의 젊은이들을 여러 가지 방탕한 행위들로부터 구해주는 그 위험한 보완책을 배웠다. 부끄러움과 수줍음을 타는 사람들이 매우 편리하다고 생각하는 이러한 나쁜 버릇은 게다가 강렬한 상상력을 가진 사람들에게 커다란 매력을 갖는데, 그것은 말하자면 모든 여성들을 자기 마음 내키는 대로 할 수 있으며, 자신을 유혹하는 미녀를 그녀의 동의를 얻을 필요 없이 자신의 쾌락에 봉사하도록 만드는 것이다. 나는 해악을 초래하는 이러한 이점에 유혹되어 자연이 내 안에서 회복시켜 놓았던 그리고 내가 잘 만들어지도록 시간적 여유를 주었던 내 건강한 체질을 애써 망쳐버렸다. 이러한 경향에 덧붙여 내가 현재 처해 있는 입지를 생각해보시라. 한 어여쁜 여인의 집에 살면서 내 마음속에서 그녀의 모습을 애무하고 낮에는 줄곧 그녀를 보고 저녁에는 그녀를 생각나게 하는 물건들에 둘러싸여 있으며 그녀가 누웠던 것을 내가 아는 침대에 누워있는 것이다. 얼마나 많은 자극들인가. 그것들을 상상하는 독자라면 이미 나를 반쯤 죽은 사람으로 간주하리라. 그런데 반대로 나를 파멸시키기로 되어 있던 것이 적어도 한동안은 바로 나를 지켜주는 것이 되었다. 그녀 옆에서 사는 매력과 그녀가 있든 없든 그 곁에서 나날들을 보내고 싶은 불타는 욕구에 도취되어, 나는 언제나 그녀를 다정한 어머니이자 사랑스러운 누이 그리고 매력적인 여자 친구로 보았지만 그 이상은 아니었다. 내게 그녀는 언제나 이렇게, 언제나 같은 사람으로 보였다. 그리고 오로지 그녀만이 보였다. 언제나 내 마음에 떠오르는 그녀의 모습으로 인하여 거기에는 어떤 다른 모습도 들어올 여지가 없었다. 그녀는 내게 이 세상에 존재하는 유일한 여성이었다. 그리고 그녀가 내게 불러일으키는 더할 나위 없이 감미로운 감정은 내 관능이 다른 여성들에게 눈뜰 시간을 주지 않음으로써 나를 그녀와 모든 여성들로부터 보호했다. 요컨대 나는 그녀를 사랑하기 때문에 정숙함을 잃지 않았다. 잘 표현은 안 되지만 이러한 결과에 비추어 그녀에 대한 나의 애착이 어떤 종류에 속하는지를 판단할 수 있는 사람은 판단해 보시라. 나로서 이에 관하여 말할 수 있는 모든 것은, 나의 애착이 벌써 매우 괴상하게 보인다면 뒤에서는 훨씬 더 그렇게 보이리라는 것뿐이다.

　나는 가장 내 마음에 들지 않는 일에 몰두하면서 정말 다시없이 즐겁게 시간을 보냈다. 그것은 계획서를 작성하고 계산서를 정서하며 처방을 옮겨 쓰는 일이었고, 약초를 분류하며 약을 빻고 증류기를 관리하는 일이었다. 이런 모든 일들을 하는 도중에도 행인들이며 걸인들이며 온갖 종류의 손님들이 떼를 지어 오곤 했다. 군인, 약제사, 성당 참사회원(參事會員), 아름다운 귀부인, 재속 수도자 따위를 한꺼번에 대하지 않으면 안 되었다. 나는 욕설을 퍼붓고 짜증을 내며 모욕을 가하고 이 가증스러운 족속들을 내쫓아버렸다. 만사를 유쾌하게 받아들이는 부인으로서는 내가 화를 내는 것을 보고 눈물이 나도록 웃지 않을 수 없었다. 나 자신도 웃음을 억제할 수 없어 그만큼 더 화를 내는 것을 보면 그녀는 더욱더 웃지 않을 수 없었다. 내가 즐겁게 투덜대는 이 짧은 순간들은 매우 유쾌했다. 만약 이렇게 옥신각신하는 중에 또 귀찮은 사람이 나타나면 그녀는 그 기회를 더욱 장난삼아 이용할 줄 알아서 짓궂게 방문시간을 늘리고 나를 힐끗힐끗 쳐다보았는데, 나는 그 눈짓 때문에 기꺼이 그녀를 때려눕혔을 것이다. 예의를 지키느라고 억지로 참고 자제하고 있기는 하지만 미친 사람처럼 눈을 흘기는 나를 보고 그녀는 터져 나오는 웃음을 참느라 고생이었다. 한편 나도 마음속으로는 내 뜻과는 관계 없이 모든 것이 매우 우습다고 생각했다.

이런 모든 일은 그 자체로서 내 마음에 든 것은 아니었지만, 그것이 내게 매력적인 삶의 방식의 일부를 이루고 있었기 때문에 나를 즐겁게 했다. 내 주위에서 일어나는 일이나 사람들이 내게 시켰던 일은 어느 하나 내 취향에 맞지는 않았지만 내 마음에는 맞았다. 내가 의학을 싫어해서 끊임없이 우리들을 배꼽잡게 하는 익살스러운 장면들이 연출되었는데, 그런 일만 없었다면 나는 의학을 좋아하게 되었을지도 모른다고 생각한다. 의학이라는 기술이 그와 같은 효과를 냈던 것은 아마 그것이 처음일 것이다. 나는 의학서적은 냄새로 안다고 우겼는데, 재미있는 것은 내가 그 점에서 거의 실수한 적이 없었다는 것이다. 그녀는 나보고 가장 고약한 약들을 맛보게 했다. 도망을 다녀도, 싫다고 저항해도 소용이 없었다. 아무리 뻗대고 오만상을 찌푸리다가도, 아무리 마다하고 이를 악물다가도, 약 묻은 예쁜 손가락이 내 입 가까이 이르게 되면 결국에는 입을 벌리고 빨지 않을 수가 없었다. 그녀의 단출한 식구가 같은 방에 모두 모여 웃음을 터뜨리며 이리저리 뛰어다니고 소란을 피우는 것을 들으면, 사람들은 우리가 거기서 무슨 소극(笑劇)을 공연한다고 생각하지 거기서 아편제(阿片製)[28] 나 묘약을 만들고 있다고는 생각하지 않았을 것이다.

그렇지만 내가 그런 장난만 치면서 시간을 다 보낸 것은 아니었다. 내가 들어있는 방에서 몇 권의 책을 발견했다. 〈목격자〉,[29] 푸펜도르

---

28) 아편제(opiate)란 아편에 시럽과 꿀을 섞어 제조한 물약이다.

29) 1711년 영국 작가 조셉 애디슨(Joseph Adisson)이 발간한 잡지 *Spectator* 로, 프랑스어 번역판은 1714년 암스테르담에서 최초로 나왔다. 당시에는

프, 30) 생테브르몽, 31) 〈라 앙리아드〉(*La Henriade*) 32) 등이 그것이다.
독서열이 이제는 예전 같지 않았지만 시간을 보내기 위해 이 모든 것들
을 조금씩 읽어나갔다. 특히 〈목격자〉는 상당히 마음에 들었고 유익하
기도 했다. 구봉 신부님이 내게 책은 덜 성급하게 그리고 더 생각하면서
읽으라고 가르쳐주었던 바 있어서 독서가 내게 더욱 도움이 되었다. 나
는 어법이나 우아한 구문에 대해 곰곰 생각해보는 습관이 붙었다. 그리
고 내가 쓰는 지방 사투리와 순수 프랑스어를 식별하는 연습을 했다. 예
를 들면, 우리 제네바 사람들이 다 그런 것처럼 나도 틀리게 쓰던 철자
를 〈라 앙리아드〉의 다음 두 구절을 통해서 고쳤다.

> *Soit qu'un ancien respect pour le sang de leurs maîtres*
> *Parlât encore pour lui dans le coeur de ces traîtres.*
> (또는 주군들의 혈통에 대한 예전의 존경심이
> 그 반역자들의 마음속에서 아직도 그를 위해 호소하든 간에.)

이 '*parlât*'라는 낱말에 화들짝 놀라 접속법 3인칭에 '*t*'가 필요하다는
것을 알았다. 그전에는 직설법 단순과거(單純過去)처럼 '*parla*'로 쓰고
또 그렇게 발음도 하고 있었다.

나는 가끔 나의 독서에 관해 엄마와 이야기했다. 또 때로는 엄마 곁에
서 책을 읽기도 했다. 나는 여기서 큰 기쁨을 느꼈다. 그리고 잘 읽도록
연습했는데, 그것이 또한 내게 도움이 되었다. 앞서도 말한 것처럼 그

---

매우 인기를 끌었다.
30) Smauel Puffendorf(1632~1694) : 독일의 법학자로 그의 저서들은 17세기
    와 18세기에 자연법의 고전이었다.
31) Saint-Evremond(1615~1703) : 프랑스의 모럴리스트이자 평론가.
32) 1728년 출간된 볼테르의 서사시로 종교전쟁을 종식시킨 앙리 4세를 찬양하
    는 내용을 담고 있다.

178

녀에게는 교양이 있었는데, 그즈음 그것이 한창 아름답게 피어났다. 몇몇 문인들이 그녀의 환심을 사려고 애썼으며 그녀에게 문학작품들을 평가하는 법을 가르쳐주었다. 그녀는, 이렇게 말할 수 있다면, 다소 청교도적인 취향이 있어서[33] 벨[34]에 관해서만 이야기했고 프랑스에서는 오래전에 잊힌 생테브르몽을 매우 존경했다. 하지만 그렇다고 해서 그녀가 훌륭한 문학을 알지 못했고 그런 문학에 대해 자신의 생각을 그리 올바르게 표명하지 못했다는 것은 아니다. 그녀는 상류사회에서 자랐고, 사부아로 왔을 때는 아직 젊어서 그 지방 귀족들과 유쾌하게 사귀는 동안에 보 지방[35]의 지나치게 꾸민 말투를 벗게 되었다. 그 지방 여자들은 교양을 사교계의 재치로 잘못 알고 경구(警句)를 쓰지 않고는 말할 줄 모른다.

그녀는 궁정을 지나가면서 보았을 뿐이건만 재빨리 한 번 바라보는 것으로 충분히 궁정을 파악했다. 그녀는 그곳에 언제나 자기 친구들을 갖고 있었다. 그리고 자기의 품행과 빚이 불러일으키는 불평소리에도 불구하고 결코 연금을 잃지 않았다. 그녀는 세상살이의 경험과 이러한

---

33) 바랑 부인은 가톨릭으로 개종한 지 얼마 되지 않았고 그녀가 받은 교육은 개신교도의 교육이었다.

34) Pierre-Bayle(1647~1706): 아버지가 칼뱅교 목사였던 벨은 1669년 잠시 가톨릭으로 개종했다가 1670년 다시 개신교로 돌아왔다. 벨은 1675년에서 1680년에 걸쳐 스당에서, 이후 1693년까지 네덜란드의 로테르담에서 철학을 가르쳤다. 1682년에 혜성을 보고 점을 치는 것을 비롯하여 모든 기성 종교를 비웃는 《혜성에 대한 다양한 생각》을 출간했고 2년 후에는 회의론을 종교에 적용한 《역사·비평사전》을 출간했다. 당시로서는 무척이나 급진적인 견해를 개진한 벨은 볼테르가 그를 '계몽주의의 병기고'라고 불렀을 정도로 18세기 계몽주의의 선구자 역할을 했다.

35) 보(Vaud) 지방은 레만 호 북쪽에 위치한 개신교도 지역이었고 주도는 호수 북쪽 연안에 있는 로잔이다. 호수 남쪽 연안에 있는 사부아는 사르데냐 왕국에 속하는 가톨릭 지방이었다.

경험을 유리하게 살리는 사려 깊은 분별력을 지니고 있었다. 이것이 그녀의 단골 화제였으며, 내 공상적인 생각을 고려하면 그것이야말로 내가 가장 필요로 하는 그런 종류의 교육이었다. 우리들은 함께 라 브뤼예르를 읽곤 했다. 엄마는 라 로슈푸코36) 보다 라 브뤼예르를 더 좋아했는데, 음울하고 서글픈 라 로슈푸코의 책은 인간을 있는 그대로 보기를 좋아하지 않는 젊은 시절에는 특히 그렇게 느껴진다. 엄마는 도덕론을 전개하면서 횡설수설할 때가 가끔 있었다. 하지만 나는 이따금 그녀의 입이나 손에 입맞춤하면서 참을성을 발휘하여 그녀의 장광설에도 지루하지 않았다.

이런 생활은 너무나 달콤해서 지속될 수 없었다. 나는 그렇게 느꼈고, 이런 생활이 끝날지도 모른다는 불안이 이 생활의 즐거움을 깨뜨리는 유일한 것이었다. 엄마는 장난을 치면서도 나를 연구하고 관찰하며 내게 질문을 던지고 내 미래를 위해 내게는 정말 없는 것이 좋았을 계획들을 많이 세웠다. 다행스럽게도 내 성향, 내 취미, 내 대단치 않은 재능을 아는 것만으로는 부족했고, 그것들을 이용할 기회를 찾거나 만들지 않으면 안 되었다. 그런데 이 모든 것은 하루 이틀에 될 일이 아니었다. 이 가엾은 여인은 내 재능에 대해 호의적인 편견까지 갖고 있었기 때문에 방법을 선택하는 데 더욱 까다로워져서 그 재능을 발휘할 시기가 지체되었다. 그녀가 나를 좋게 평가한 덕분에 마침내 모든 일이 내 뜻대로 되었던 것이다. 그러나 환상을 버려야만 했고 그때부터 평온함은 끝장이 났다.

그녀의 친척 중 한 사람인 도본 씨가 그녀를 만나러 왔다. 그는 머리

---

36) La Rochefoucauld (1613~1680) : 프랑스의 모럴리스트로 1665년에 나온 그의 대표적인 작품 《잠언집》(箴言集)에는 모든 인간의 행위란 결과적으로 이기심과 위선에서 온다는 그의 사상이 담긴 5백여 개의 잠언이 실려 있다. 프랑스 고전주의 시대를 대표하는 작가의 한 사람으로 알려졌다.

가 좋고 모사꾼인 데다가 그녀처럼 기획에는 천재이면서도 파산하지는
않는 일종의 협잡꾼이었다. 그는 얼마 전에 매우 공을 들여 만든 복권
계획안을 플뢰리 추기경에게 제출했으나, 그것은 인정받지 못했다. 그
래서 그는 그 안을 토리노 궁정에 제의하러 갔는데, 거기서 그 안이 채
택되고 실행되었다. 그가 얼마 동안 머무르는 동안에 지사 부인과 사랑
에 빠졌다. 이 부인은 내가 아주 좋아하는 매우 사랑스러운 여인으로 내
가 엄마 집에서 기쁘게 만나는 유일한 사람이었다. 도본 씨는 나를 보았
고, 친척인 엄마는 그에게 내 이야기를 했다. 그는 나를 시험해서 어디
에 적합한가를 알아보고 내게 재능이 보이면 내 취직자리를 알아보겠다
고 나섰다.

　바랑 부인은 무슨 심부름이라는 구실을 붙여 나에게는 아무것도 알리
지 않은 채 계속해서 2, 3일간 아침마다 나를 그의 집에 보냈다. 그는
매우 능숙하게 수단을 부려 내게 이런저런 이야기를 떠벌리도록 시키
고, 나를 흉허물 없이 대하고, 될 수 있는 대로 나를 편안하게 해주며,
하찮은 일들과 온갖 종류의 문제들에 대해 내게 이야기해주었다. 하지
만 이 모든 것에서 나를 관찰하는 것처럼 보이지도 않았고 전혀 꾸미는
기색이 없어서, 마치 나와 어울리기를 좋아해서 기탄없이 대화를 나누
고 싶어 하는 것 같았다. 나는 그에게 반하고 말았다. 그가 관찰한 결과
는 이러했다. 내 외모나 활기찬 인상으로 보면 장래성이 있을 것 같음에
도 불구하고, 완전히 무능하지는 않다고 하더라도 어쨌든 별로 재기도
없고 생각도 없으며 거의 지식도 없는 한마디로 말해서 모든 점에서 아
주 모자란 아이고, 장차 시골 사제라도 되는 영광을 누리는 것이 내가
열망해야만 하는 최고의 출세라는 것이었다. 이것이 그가 나에 대해 바
랑 부인에게 보고한 내용이다. 내가 이러한 판정을 받은 것이 두 번째인
가 세 번째였고, 이것이 마지막도 아니었다. 종종 마스롱 씨가 내린 판
정이 옳다고 확인되었던 것이다.

  이런 판단의 원인은 다분히 내 성격에서 기인하는 것인 만큼 여기서 설명해둘 필요가 있다. 솔직히 말해서 여러분도 정말 그렇게 느끼겠지만, 나는 진심으로 거기에 동의할 수도 없고, 또 마스롱 씨나 도본 씨나 그 밖의 많은 여러 사람들이 무슨 말을 하든 나는 가능한 한 공정히 생각해볼 때 그 판단을 그대로 받아들일 수 없기 때문이다.

  나 자신도 어떻게 해서 그런지 알 수는 없지만, 내 안에는 거의 양립할 수 없는 두 가지가 결합되어 있다. 한편에는 매우 불같은 기질, 격렬하고 세찬 열정이 있는가 하면, 또 한편에는 천천히 생겨나고 불분명하며 사후에야 비로소 나타나는 사유(思惟)가 있다. 나의 감정과 정신은 동일한 개인에게 속하는 것이 아닌 것처럼 보인다. 번개보다도 더 신속한 감정이 나의 마음을 채우지만, 그것은 나를 밝히기는커녕 나를 불태우고 눈을 멀게 만든다. 나는 모든 것을 느끼지만 아무것도 보이지 않는다. 나는 성질이 격하지만 머리는 둔하다. 나는 생각하기 위해서는 냉정해져야 한다. 놀라운 사실은 사람들이 기다려주기만 하면 나는 상당히 확실한 직관, 통찰력과 심지어는 명민함까지도 보인다는 것이다. 여유가 있을 때는 훌륭한 즉흥시도 짓지만, 즉석에서는 가치 있는 무언가를 쓰거나 말하는 적이 없었다. 스페인 사람들이 우편으로 체스를 둔다고 하던데, 나도 우편으로라면 꽤 멋진 대화도 했을 것이다. 사부아의 어떤 공작이 돌아오는 길에 뒤를 돌아보면서 "경을 칠 파리 장사치 녀석"이라고 외쳤다는 농담37)을 읽었을 때, 나는 "바로 내 이야기네"라고 말

---

37) 1655년 파리에서 나온 《유명한 속담》에 나오는 일화이다. 어떤 사부아 공작이 파리의 한 가게에서 물건을 흥정하면서 가격을 너무 적게 부르니까 그를 잘 모르는 상인이 욕을 했다. 공작은 그 자리에서는 그 욕에 괘념치 않다가 사부아로 돌아가는 길에 리옹 근처에서야 겨우 그 일을 생각하고 그 무례한 상인에게 하고 싶었던 "경을 칠 파리 장사치 녀석"이라는 말을 외쳤다.

했다.

　이렇게 감정은 활발한데 이에 결부되어 이렇게 생각이 느린 것은 대화할 때만이 아니라 심지어 혼자 있을 때나 일을 할 때도 그러했다. 내 생각을 머릿속에서 정리하기란 더할 나위 없이 어렵다. 내 생각은 머릿속에서 몽롱하게 빙빙 돌다가 나를 흥분시키고 열광시키며 가슴을 두근거리게 할 정도로 부글부글 끓어오른다. 그리하여 완전히 감동상태에 빠져서 아무것도 분명히 보이지 않고 단 한마디도 쓸 수 없을 것 같다. 기다리는 수밖에 없다. 서서히 이러한 격동은 가라앉고, 이러한 혼돈이 정돈되며 사물들이 제각기 제자리에 놓이게 된다. 그러나 이것은 천천히 그리고 길고 혼란스러운 소동 이후에 이루어진다. 여러분은 간혹 이탈리아에서 오페라를 본 적이 있는가? 장면들이 바뀔 때에 그 커다란 무대 위 가득 불쾌한 소란이 일어나 상당히 오랫동안 계속되고, 무대장치들은 모두 뒤죽박죽이 되어버리며, 도처에서 민망스러울 정도로 이리저리 끌어당기는 것이 보인다. 모든 것이 당장 뒤집어질 것 같다. 그러나 모든 것이 조금씩 정돈되어 전혀 빈틈없이 된다. 그 오랜 소란의 뒤를 이어 황홀한 장면이 나타나는 것을 보고 관객들은 정말 깜짝 놀란다. 내가 글을 쓰려고 할 때 내 뇌리에서 이루어지는 조작도 거의 이와 비슷한 것이다. 만약 내가 먼저 기다려서 뇌리에 아름답게 그려진 사물들을 그대로 표현할 줄 알았다면 나를 능가할 작가는 아마 거의 없었을 것이다.

　내가 글을 쓰면서 극도의 곤란을 겪는 것은 이 때문이다. 지우고 갈겨 쓰며 뒤섞이고 알아볼 수 없는 내 원고들을 보면 내가 얼마나 그것들을 쓰면서 고생했는가를 알 수 있다. 어떤 원고든 인쇄에 들어가기 전에 네댓 번씩 다시 옮겨 써야 했다. 손에 펜을 쥐고 책상과 종이를 대하고는 영 아무것도 쓸 수 없었다. 내가 머릿속에서 글을 쓰는 것은 바위와 수목 사이를 산책할 때와 밤에 침대에서 잠을 이루지 못하는 동안이다. 특히 언어에 대한 기억력이 전혀 없어 평생을 6행시(六行詩) 한 구절도 외울 수가 없었던 나 같은 사람에게서 얼마나 그 진행이 지지부진했는지 짐작이 갈 것이다. 내가 쓴 문장들 중에서는 대여섯 밤에 걸쳐 머릿속에서 다듬고 또 다듬은 뒤에야 종이에 옮겨 놓은 것도 있을 정도다. 서간 문처럼 어느 정도 가볍게 써야 하는 것들보다도 노력을 요하는 저작에서 더 좋은 성과를 거두는 것도 이 때문이다. 서간문은 내가 결코 제대로 적응할 수 없었던 장르이고 그것을 일삼아 쓰는 것이 내게는 고역이었다. 아무리 사소한 내용의 편지라도 쓰자면 반드시 몇 시간의 노고를 요하고, 혹은 생각나는 대로 계속해서 쓰자고 하면 시작과 끝을 어떻게 해야 할지 모르겠다. 내 편지는 길고 혼란스러운 헛소리로 그것을 읽어봐야 나를 거의 이해할 수가 없다.

나로서는 생각을 표현하는 데도 힘이 들 뿐 아니라 그것을 받아들이는 데도 곤란을 느낀다. 나는 인간들을 연구해왔다. 그래서 나는 자신을 꽤 괜찮은 관찰자라고 생각하고 있다. 그러나 지금 눈앞에 보이는 것은 아무것도 이해할 수가 없다. 나중에 회상하는 것만이 제대로 이해된다. 나는 추억 속에서만 분별력을 갖는다. 지금 내 앞에서 사람들이 말하고 행하는 모든 것과 일어나고 있는 모든 일에 대해 나는 아무것도 느끼지 못하고 아무것도 통찰하지 못한다. 외적 특징만이 내 주의를 끈다. 그러나 다음엔 이 모두가 내게 되살아난다. 장소, 시간, 말투, 시선, 몸짓, 정황을 떠올리면서 나는 무엇 하나 소홀히 지나치지 않는다. 그러면 사람들이 했던 행동과 말로부터 그들이 생각했던 것을 알아내는데, 내가 잘못 생각하는 일은 거의 없다.

나 혼자만 있을 때도 거의 내 정신을 뜻대로 사용할 수 없는데, 대화에서는 어떨 것인지 판단하기 바란다. 대화할 때는 적절하게 말하려면 즉석에서 동시에 온갖 것들을 생각해야만 한다. 그렇게나 많은 예법들을 생각만 해도 주눅이 들기에 충분한데, 적어도 예법들 중의 하나는 깜빡 잊어버릴 것이 틀림없기 때문이다. 어떻게 사람들이 사교모임에서 감히 말할 수 있는지 나로서는 이해할 수조차 없다. 왜냐하면 말할 때마다 거기 있는 사람들을 모두 훑어보아야만 하며, 어떤 사람의 비위를 상하게 할 수 있는 말은 한마디도 꺼내지 않을 자신을 갖기 위해서는 그들의 성격을 식별하고 그들의 내력을 알아야만 하기 때문이다. 이런 점에서는 사교계에서 사는 사람들이 대단히 유리하다. 그들은 어떤 말을 하지 말아야 하는가를 더욱 잘 알고 있기 때문에 자기들이 하는 말에는 더욱 확신이 있다. 그런데도 그들의 입에서 실언이 새어나오기 일쑤이다. 하물며 하늘에서 그리로 뚝 떨어져 어리둥절해하는 사람은 어떨지 판단해보시라. 단 1분이라도 탈 없이 말한다는 것은 거의 불가능한 일이다. 단 둘이서 대화할 때는 내게 더 괴롭게 여겨지는 또 다른 불편이 있는데, 그것은 어쩔 수 없이 계속 말을 해야 한다는 것이다. 상대가 말할 때는 응답을 해야 하고, 상대가 말이 없을 때에는 이쪽에서 다시 대화의 흥을 돋워야 한다. 이러한 견딜 수 없는 구속만으로도 나는 사교에 혐오감이 들었을 것이다. 즉석에서 계속 말을 지껄여야만 한다는 의무보다 더 끔찍한 곤란은 없다. 예속이라면 어떤 것이든 죽기보다 싫어하는 내 성격과 이러한 것이 관련이 있는지 없는지는 잘 모르겠다. 하지만 내가 꼭 말해야만 한다는 것만으로도 반드시 어리석은 말을 하기에 충분하다.

더욱 치명적인 것은 할 말이 아무것도 없을 때는 입을 다물고 있을 줄 알면 좋을 텐데, 그러기는커녕 그럴 때일수록 더욱 빨리 빚을 갚을 양으로 말하고 싶어 어쩔 줄을 모른다는 것이다. 나는 마음이 급해져 생각 없는 말을 재빨리 지껄여댄다. 그 말이 전혀 아무것도 뜻한 바 없다면 그나마 무척 다행이다. 자신의 어리석음을 극복하려고 하거나 숨기려고 하다가 도리어 십중팔구 그것을 드러낸다. 그런 예를 들자면 부지기수지만 그 중 한 가지만 들어보겠는데, 그것은 내가 젊었을 때의 일이 아니라 이미 몇 해나 사교계에서 살았기 때문에 그것이 가능했더라면 사교계에 대해 여유를 갖고 적응할 만한 시절의 일이었다. 나는 어느 날

저녁 2명의 귀부인[38]과 누구라고 이름을 댈 수 있는 남자 한 분과 — 그
는 공토 공작님이었다 — 자리를 같이하고 있었다.  방안에는 다른 사람
은 아무도 없었고,  나는 우리 네 사람 사이에서 이루어지는 대화에 몇
마디 — 어떤 끔찍스러운 말인지 아무도 짐작하지 못하리라 — 보태려
고 기를 썼는데,  이들 세 사람에게는 내가 말참견하는 것이 분명히 필요
하지 않았다.  이 집 안주인은 매일 두 차례씩 위장을 위해 복용하는 아
편제를 가져오게 했다.  그녀가 상을 찡그리는 것을 보고,  다른 부인이
웃으며 말했다.

  "트롱쉥 선생의 아편제[39]에요?" 안주인은 똑같은 어조로 대답했다.
"제 생각엔 아닌 것 같은데요."재치 있는 루소가 정중하게 덧붙여 말했
다. "제 생각엔 그 약이 그다지 더 잘 듣지 않는 것 같은데요."모든 사람
이 당황한 채 있었다.  일언반구의 말도 없었고 미소도 전혀 없었다.  그
래서 화제는 곧 다른 데로 옮겨갔다.  다른 여성과 마주 앉았다면 이러한
실언이 단지 웃기는 것일 수 있었을 것이다.  그러나 너무나 사랑스러워
그녀에 대해 약간이라도 말하지 않을 수 없게 만드는 부인,  내가 비위를
상하게 만들 의도가 분명히 없었던 부인에 대해 던져진 이러한 실언은
끔찍한 것이었다.  그래서 내 생각에 목격자가 된 두 사람의 남녀는 화를
터트리지 않느라고 무척 애를 썼던 것 같다.  아무 할 말도 없으면서 그
저 지껄이기 위해 내 입에서 나오는 그 재담들이란 것들이 이따위다.  나
는 이 재담을 좀처럼 잊기 어려울 것이다.  왜냐하면 그것은 그 자체가

---

38) 루소는 《고백록》 10권에서 이 두 귀부인이 뤽상부르 부인(Mme de Luxem
 -bourg)과 미르푸아 부인(Mme de Mirepoix)임을 밝힌다.
39) 테오도르 트롱쉥(Théodore Tronchin,  1709~1781)은 당대의 명의로 볼
 테르,  루소 등과도 친분관계가 있었다.  트롱쉥의 아편제는 하제로서의 효
 과를 가졌고 여러 가지 병들 특히 성병에 처방되었다.  데피네 부인도 남편
 때문에 성병이 걸린 후 이 약을 먹었다.

대단히 잊기 어려울 뿐만 아니라, 그것을 잊으려고 해도 너무나 자주 그것을 생각나게 만드는 결과들이 그로부터 생겨났다는 생각이 들기 때문이다.

바보도 아니면서 심지어 올바른 판단을 할 수 있는 사람들 사이에서까지 종종 그런 바보취급을 당하는 까닭은 이것으로 꽤 이해가 될 것이라고 생각한다. 내 얼굴이나 눈이 더욱 유망한 전도를 보여줄수록, 그리고 이러한 기대가 어그러져 내 어리석음이 다른 사람들의 눈에 더욱 거슬릴수록 그만큼 더 결과는 나빴다. 이러한 사소한 이야기는 어떤 특수한 경우에 일어난 것이지만 이후 일어나게 되는 일들을 이해하는 데 소용이 없지는 않다. 사람들은 내가 엉뚱한 짓들을 많이 저지르는 것을 보고 이것들을 비사교적 성격의 — 나는 전혀 그렇지 않다 — 탓으로 돌리는데, 이런 많은 엉뚱한 짓들을 해명하는 열쇠가 거기에 있다. 내가 사교계에서 자신을 불리하게 내보일 뿐만 아니라 나와는 전혀 다른 사람으로 내보이고 있다고 확신하지 않는다면 나도 다른 사람처럼 사교계를 좋아할 것이다. 내가 숨어서 글을 쓰겠다고 결심한 것이야말로 내게 알맞은 것이었다. 내가 앞에 있었더라면 사람들은 결코 나의 가치를 알 수 없었을 것이며 그것을 짐작조차 하지 못했을 것이다. 뒤팽 부인40)은 재원(才媛)이고 내가 그 집에서 여러 해 동안 살았음에도 불구하고, 그녀에게도 그 같은 일이 있었다. 그녀 자신이 그 당시부터 여러 번 내게 그렇게 말했다. 그런데 이 모든 것에도 몇 가지 예외들이 있고, 그것에 대해서는 나중에 다시 말하게 될 것이다.

내가 갖고 있는 재능의 가치가 이렇게 결정되었고 내게 적합한 지위

---

40) Louise Marie Madeleine de Fontaine, Madame Dupin(1706~?) : 퐁텐 부인(Mme de Fontaine)과 그녀의 애인인 징세청부인 사뮈엘 베르나르 (Samuel Bernard) 사이에서 태어난 사생아로 클로드 뒤팽(Claude Dupin) 의 후처이다.

도 이렇게 정해진 이상 두 번째로는 내 천직을 수행하는 것 이외에 더 이
상 문제가 되는 것은 없었다.  곤란한 것은 내가 학교교육을 받지 않았다
는 것과 심지어 신부가 되기에 충분할 만큼 라틴어도 알지 못했다는 것
이다.  바랑 부인은 나를 얼마 동안 신학교[41]에 보내 교육시킬 생각을
해냈다.  부인은 이 일을 교장과 상의했다.  교장은 그로 씨라는 분인데,
성 나자로 교단[42]의 수도사로 키가 작고 반쯤 애꾸였고 말랐으며 머리
가 희끗희끗한 호인이었다.  그는 내가 알고 있었던 성 나자로 교단의 수
도사들 중에서 가장 재기발랄하고 가장 현학적인 냄새를 피우지 않는
사람이었는데, 이것은 정말 과장이 아니다.

　그는 가끔 엄마 집에 놀러왔는데, 엄마는 그를 접대하고 그에게 알랑
거리고 심지어는 성가시게까지 했다.  그리고 가끔 그에게 자기 코르셋
끈을 졸라매는 일을 시켰는데, 그도 이 일을 꽤 기꺼이 맡았다.  그가 끈
을 매는 동안 엄마는 이런 일 저런 일을 하면서 가만히 있지 않고 방안을
이리저리 돌아다니곤 했다.  끈에 끌리면서 교장선생은 투덜대면서 부
인 뒤를 따라다니며 끊임없이 이렇게 말했다. "그런데 부인, 제발 좀 가
만히 계십시오." 이것은 꽤 그림이 될 만한 소재였다.  그로 씨는 엄마의
계획에 쾌히 찬동했다.  그는 아주 적은 기숙사비에 만족하고 나의 교육
을 맡아주었다.  주교의 동의만이 문제였는데, 주교는 그것을 허가했을
뿐만 아니라 기숙사비도 지불해주고 싶어 했다.  게다가 시험을 거쳐 기
대한 성적을 올렸다고 평가할 수 있을 때까지 내가 속인의 복장으로 있
어도 좋다고 허락했다.

　이 무슨 변화인가! 나는 이에 순순히 따라야만 했다.  형장으로 끌려

41) 안시의 신학교는 1663년 건립되어 성 나자로회 수도사들에 의해 운영되었다.
42) 1625년 생뱅상 드 폴(Saint Vincent de Paul)에 의해 설립된 선교교단으로
　　가난한 사람들에게 성서를 설교하는 임무를 맡았다. '성 나자로'라는 이름
　　은 교단이 처음 성 나자로 수도원에 설치된 데서 유래한다.

가는 것처럼 신학교에 갔다. 신학교란 얼마나 음울한 시설인가. 더욱이 사랑스러운 여인의 집에서 살다 나온 사람에게는 말이다! 나는 엄마에게 부탁해서 빌린 책 한 권만을 가지고 신학교로 갔는데, 그것은 내게 큰 도움이 되었다. 독자들은 이것이 어떤 종류의 책인지 짐작이 가지 않을 것이다. 그것은 음악책이었다. 그녀는 갈고 닦은 재능 중에서 음악만은 잊어버리지 않고 있었다. 그녀는 목소리가 좋아서 노래 솜씨도 제법이었고 클라브생43)도 조금은 칠 줄 알았다. 그녀는 친절하게도 내게 노래공부를 좀 가르쳐주었다. 나는 찬송가도 겨우 부를까말까 할 정도였기 때문에 기초부터 시작하지 않으면 안 되었다. 여성에게서 여덟 번이나 열 번 정도 받은 레슨인데다 너무나 자주 중단되었기 때문에 계명으로 노래하기는커녕 음악 기호조차 4분의 1도 배우지 못했다. 그런데도 나는 이 음악이라는 예술에 대해 대단한 정열을 가져서 혼자서라도 연습해보려고 했다. 내가 갖고 갔던 책은 가장 쉬운 것도 아니었다. 그것은 클레랑보44)의 성악곡집이었다. 아직 변조와 장단도 모르면서 〈알페와 아레튀즈〉 성악곡 제 1서창(敍唱)과 제 1아리아를 정확히 읽고 부르는 데 성공했다고 하면 내 열의와 끈기가 어떠했는지 알 것이다. 하기야 이 곡은 박자가 매우 정확해서 그저 시로 된 가사를 그 운율에 맞추어 낭송하기만 하면 가사에 곡조의 박자를 넣을 수 있었다.

신학교에는 나자로 교단의 수도사로 고약한 사람이 하나 있었는데, 그가 나를 맡고 있어서 그가 가르치려던 라틴어에 혐오감을 갖게 되었다. 그는 머리카락이 직모인 데다가 기름이 낀 검은머리, 호밀 빵처럼 거무튀튀한 얼굴, 물소 같은 목소리, 올빼미 같은 두 눈, 턱수염이라기

---

43) 피아노의 전신으로 하프시코드 또는 쳄발로라고도 한다.
44) Louis Nicolas Clérambault(1676~1749): 프랑스의 오르간 연주자이자 오르간과 클라브생 연주곡의 작곡가로 성악곡(칸타타)의 거장들 중의 한 사람이다. 그의 대표작은 《독창과 이중창을 위한 프랑스 성악곡》 5권이다.

보다는 차라리 산돼지 털 같은 수염을 하고 있었다. 웃을 때면 조소하는
것 같고, 손발은 나무로 만든 인형처럼 움직였다. 나는 그의 추악한 이
름은 잊었지만, 그 무시무시한 얼굴에 다정한 체하는 꼴은 아직도 선명
히 기억에 남아있다. 그것을 생각하면 몸이 떨릴 지경이다. 복도에서
그를 만나면 때 묻은 각모(角帽)를 우아하게 내밀면서 내게는 감옥보다
더 지긋지긋한 자기 방으로 들어가라는 제스처를 취하던 것이 아직도
눈에 선하다. 궁정 사제의 제자였던 사람에게 이런 선생이라니 이것이
얼마나 대조적인지 판단하기 바란다.

　이런 괴물의 손아귀에 놓여 두 달 동안 머물렀다면 분명 내 머리는 견
디어내지 못했을 것 같다. 그러나 선량한 그로 씨는 내가 우울해 하고
먹지도 않고 야위어가는 것을 알아차리고, 내가 괴로워하는 까닭을 짐
작했는데, 이것은 어려운 일이 아니었다. 그는 이 야수의 발톱에서 나
를 구해주고, 이번에는 나를 제일 양순한 사람에게 맡겼는데 이는 또 하
나의 훨씬 더 뚜렷한 대조를 이루었다. 그는 가티에 씨45)라고 하는데,
포시니 출신으로 신학을 공부하는 젊은 신부였다. 그는 그로 씨에 대한
호의에서 또 생각건대 인정에 이끌려 자진해서 자기의 공부시간을 할애
해서 내 공부를 지도해주었다. 나는 가티에 씨의 인상보다 더 사람의 마
음을 끄는 인상을 한 번도 본 일이 없었다. 머리가 금발이고 턱수염은

---

45) Jean-Baptiste Gâtier, abbé Gâtier(1703~1760) : 1703년 4월 15일 클뤼
　　즈에서 태어났다. 샹베리의 성 도미니크 신학교에서 신학을 공부한 후 안
　　시의 신학교로 옮겼다. 1729년 3월 12일 성직자가 되어 차부제(次副祭)로
　　임명받은 것으로 보인다. 그후 토리노로 가서 잠깐 있다가 1730년 10월 18
　　일 신학교 교사로 임명되어 약 20년 동안 봉직했다. 1750년 생피에르 드
　　퀴르티유의 주임신부가 되어 거기서 1760년 2월에 죽었다. 루소는 이 신부
　　가 추문에 연루되었다고 생각하는데, 이는 착각인 것으로 보인다. 그는 비
　　슷한 이름을 혼동했을 수 있다. 가티에 씨는 루소가 《에밀》에 등장하는 사
　　부아 보좌신부라는 인물을 창조하는 데 참고한 인물들 중의 한 사람이다.

190

적갈색을 띠었다. 그가 태어난 지방 사람들 모두에게서 흔히 보이는 둔해 보이는 용모 밑에 상당한 재기가 감추어진 풍모를 갖고 있었다. 그러나 그의 진정한 특징으로 나타나는 것은 다정다감하고 자애로운 영혼이었다. 그의 큼직한 푸른 눈에는 상냥함과 부드러움과 서글픔이 함께 어려 있어서, 그를 보게 되면 누구라도 그에게 마음이 끌리지 않을 수 없다. 이 가련한 젊은이의 눈길과 어조로 미루어보건대, 그는 자신의 운명을 예견하고 있었으며 자신이 불행하기 위하여 태어났다는 것을 느끼고 있는 것 같았다.

그의 성격은 그의 외모와 일치했다. 인내와 호의로 가득한 그는 나를 가르치기보다는 오히려 나와 함께 공부하는 것처럼 보였다. 그렇게까지 하지 않았더라도 나는 그를 좋아하지 않을 수 없었는데, 그의 선임자 덕분에 아주 쉽사리 그가 좋아졌기 때문이다. 그러나 그가 나를 위해 그 모든 시간을 내주었고 우리가 서로 그 시간에 열의를 다 쏟아 붓고 그의 지도가 매우 훌륭했음에도 불구하고, 나는 열심히 공부했지만 거의 진도가 나가지 못했다. 이상하게도 이해력은 충분히 있었는데도, 아버지와 랑베르시에 씨는 예외로 하고, 선생들에게서는 통 아무것도 배울 수가 없었다. 여러분들이 다음에 보게 되겠지만, 내가 약소하나마 그 이상 알고 있는 것은 나 혼자서 배운 것이다. 어떤 종류의 속박도 참고 견딜 수가 없는 내 정신은 현재의 명령에 굴복할 줄 몰랐다. 배울 수 있을까 하는 두려움조차 내가 정신을 집중하는 데 방해가 되었다. 내게 말해주는 사람을 짜증나게 할까 걱정이 되어 이해하는 척하고, 그래서 선생은 진도를 나가지만 실상 나는 아무것도 이해하지 못한다. 내 정신은 자신의 리듬에 따라 움직이려고 하며, 타인의 리듬에 복종할 수가 없는 것이다.

서품식 때가 왔고, 가티에 씨는 차부제가 되어 고향으로 돌아갔다. 나는 아쉬움과 애착과 감사를 보내며 그와 작별했다. 내가 그를 위해 올린 기원은 내가 나 자신을 위해 올린 기원만큼 실현되지 않았다. 몇 년 후에 나는 그가 어떤 교구의 보좌신부로 있으면서 한 처녀를 임신시켰다는 말을 들었다. 그녀는 일찍이 그가 매우 다정한 마음으로 사랑했던 단 한 사람의 여성이었을 것이다. 규율이 몹시 엄격한 교구에서 이것은 엄청난 추문이었다. 관례에 따르자면 사제는 결혼한 여자들만을 임신시켜야 한다. 그는 이 예법을 어겼기 때문에 감옥에 들어가 명예를 훼손당하고 추방되었다. 그가 후에 자신의 일들을 원상태로 회복시킬 수 있었는지 그 여부는 알지 못한다. 그러나 그의 불운에 대해 느낀 감정은 내 마음속 깊이 아로새겨져, 《에밀》을 쓸 때도 떠올랐다. 그래서 가티에 씨를 갬 씨와 결합하여서 존경할 만한 이 두 분의 신부를 '사부아 보좌신부'의 모델로 삼았다. 나는 이 모조품이 내 모델들의 명예를 훼손시키지 않았다고 자신한다.

내가 신학교에 있었던 동안 도본 씨는 안시를 떠나지 않으면 안 되었다. 지사는 도본 씨가 자기 부인과 사랑을 나누는 것을 좋지 않게 생각했기 때문이다.[46] 그것은 '정원사의 개'[47] 같은 짓이었다. 왜냐하면 코르브지 부인은 사랑스러웠지만 지사는 부인과 몹시 사이가 좋지 않기 때문이다. 그는 동성연애 취향이 있어서, 그녀는 그에게 쓸모없는 존재가 되고 말았다. 그리고 남편이 아내를 너무 학대해 이혼 이야기까지 나왔다. 코르브지 씨는 비열한 데다가 두더지처럼 안색이 시커멓고 올빼미처럼 교활한 사내로, 아내를 못살게 굴다가 결국엔 자신이 쫓겨나게

[46] 플레이아드판의 주석에 따르면 루소는 도본 씨와 코르브지 부부의 일화에 대해 착각하고 있다. 코르브지 부인은 1729년 4월 16일 아들을 출산해서 그해 여름에는 아기를 돌보기에 여념이 없었을 것이기 때문이다. 게다가 도본 씨는 1730년 봄 다시 안시에 돌아와 있었으므로 두 사람의 연애에 대한 루소의 말은 신빙성이 없다.
[47] '정원사의 개는 자기 밥은 먹고 싶어 하지 않으면서 소들이 그것을 먹으려고 하면 으르렁거린다'(스페인 카스티야의 속담).

되었다. 프로방스 사람들은 노래로 적에게 복수한다지만 도본 씨는 희극으로써 적에게 복수했다. 그는 이 작품을 바랑 부인에게 보냈고, 그녀는 이것을 내게 보여주었다. 이 희극은 내 마음에 들었고, 내가 과연 그 작가가 선언했던 것만큼 바보인지 아닌지를 시험해 보기 위하여 희극을 한 편 써보고 싶다는 생각이 들게 되었다. 그러나 〈자기 자신과 연애하는 남자〉48)를 쓰면서 이 계획을 실행한 것은 겨우 샹베리에 있을 때였다. 그래서 이 작품의 서문에서 내가 그것을 18세에 썼다고 한 것은 나이를 몇 살 속인 셈이다.

이 무렵쯤 어떤 사건이 하나 일어났는데, 그것은 그 자체로는 그리 중요하지 않지만 내게 영향을 끼쳤으며, 내가 그것을 잊어버린 뒤에 세상에 소문이 난 사건이었다. 내게는 매주 한 번씩 외출이 허가되었다. 그것을 무엇에 이용했는가는 말할 필요가 없다. 어느 일요일 내가 엄마 집에 있을 때, 엄마가 있던 집과 이웃한 성 프란체스코 성당 건물에서 불이 났다. 이 건물에는 화덕이 있어서 마른 나뭇단이 지붕 끝까지 잔뜩 쌓여 있었다. 삽시간에 모두 불이 붙었다. 엄마 집은 대단히 위태로웠고 바람을 타고 오는 불길에 휩싸였다. 급하게 짐을 옮기고 세간들을 내가 예전에 있던 방 창가 맞은 편, 전에 말한 그 시냇물 건너편의 정원으로 옮겨야 했다. 나는 거의 정신이 없어서 손에 잡히는 모든 것을 닥치는 대로 창 너머로 집어던졌다. 심지어는 커다란 돌절구까지 집어던졌는데 다른 때 같았으면 들어올리기도 힘들었을 것이다. 누군가 나를 말리지 않았다면 커다란 거울도 마찬가지로 집어던질 판이었다. 그날 엄마를 만나러 온 그 선량한 주교도 가만히 있지 않았다. 그는 엄마를 정원으로 데리고 가서 그녀와 거기 있는 사람들 전부와 함께 기도를 시작했다. 그래서 조금 늦게 간 나는 모두들 무릎을 꿇은 것을 보고 그대로

---

48) 원제는 〈나르시스 혹은 자기 자신과 연애하는 남자〉(*Narcisse ou l'Amant de lui-même*)로 1752년 12월 18일에야 상연되었다.

따라했다. 그 고결한 사람이 기도하는 동안 바람의 방향이 바뀌었다. 그것은 너무나 돌연히 그리고 너무나 시기적절하게 일어난 일로 우리 집을 휩싸고 벌써 창가로 들어가던 불길이 마당 반대쪽으로 옮겨가 집은 조금도 피해를 입지 않게 되었다. 2년 후에 베르네 주교가 죽어서 생전의 동료였던 성 안토니우스 교단의 수도사들은 그의 시복(諡福)에 도움이 될 만한 자료를 수집하기 시작했다. 부데 신부의 간청에 따라 나는 내가 앞서 말한 사실에 대한 증언을 이 자료들에 첨가했다.[49] 그 점에서는 내가 잘했지만, 그 사실을 기적으로 제시한 것은 잘못이다. 나는 주교가 기도하는 것을 보았다. 그리고 그가 기도하는 동안 바람의 방향이 바뀌는 것을, 그것도 꼭 알맞게 바뀌는 것을 보았다. 바로 이것이 내가 말할 수 있었고 증명할 수 있었던 사실이다. 그러나 이 두 사건들 중 하나가 다른 하나의 원인이었다는 것은 내가 증언했어야 할 사실이 아니다. 왜냐하면 나는 그것을 알 수 없었기 때문이다. 그러나 내가 당시의 내 생각을 가능한 데까지 상기하면, 당시 나는 성실한 가톨릭교도로 내가 믿는 대로 말했다. 기적을 좋아하는 것은 사람의 마음에 지극히 자연스러운 것이기도 하고, 내가 그 유덕한 주교를 존경하기도 하고, 나 자신도 이런 기적에 기여했다는 은밀한 자부심을 느끼기도 하여, 이런 것들이 나를 유혹하는 데 거들었다. 그리고 확실한 것은 만약 이 기적이 가장 열렬한 기도의 결과라고 한다면 내가 정말 그 일부는 내 공으로 돌릴 수도 있었을 것이라는 점이다.

---

49) 이것은 《제네바 주교인 고(故) 베르넥스 씨의 전기를 쓰기 위해 수고하는 성 안토니우스 교단의 신부인 보데 씨에게 1742년 4월 19일 제출된 보고서》로, 1751년 보데가 쓴 책에서 단편적으로 출판되었다. 그런데 루소는 1734년 4월 23일 돌아간 베르넥스 주교를 추모하기 원하던 교회 당국의 부탁에 따라 이 보고서를 작성했으며, 그때는 그 사건이 일어난 지 — 화재는 1729년 10월 6일 일어났다 — 2년 후가 아니라 12년 이상이 지난 후였다.

그로부터 30년 이상이 지나서 후에 내가 《산으로부터의 편지》(*Lettres écrites de la montagne*)[50] 를 간행했을 때, 어떻게 발견했는지 모르지만 프레롱 씨[51] 가 이 증언을 자기 저서에 인용했다. 그 발견은 운이 좋았고, 그 시기가 적절한 것이 내 자신에게도 매우 재미있었음을 고백하지 않을 수 없다.

나는 어떤 지위에서나 퇴짜를 맞게끔 예정되어 있었다. 가티에 씨가 내가 이룬 성과에 대해 가능한 한 내게 불리하지 않도록 보고했음에도 불구하고 사람들은 그 성과가 내가 들인 노력에 미치지 못했음을 알게 되었다. 그리고 그것은 내게 공부를 계속시키는 데 고무적이지 않았다. 그래서 주교도 교장도 물리셨고, 사제가 될 자격조차 없는 인물로서 나를 바랑 부인 댁으로 다시 돌려보냈다. 그런데 사람들은 내가 착한 아이로 전혀 품행이 나쁘지 않다고 말했다. 그래서 부인은 나에 대한 불쾌한 선입관에도 불구하고 나를 버리지 않았다.

나는 아주 잘 써먹었던 엄마의 음악책을 의기양양하게 엄마 집으로 갖고 왔다. 내가 부르는 〈알페와 아레튀즈〉의 아리아가 신학교에서 배운 거의 전부였다. 그녀가 나를 음악가로 만들 생각을 갖게 된 것은 내가 남달리 음악에 대한 취미가 있었기 때문이었다. 기회도 좋았다. 최소한 일주일에 한 번은 그녀의 집에서 음악이 연주되었고 이 작은 음악회를 지휘하던 성당의 악장은 빈번히 엄마를 만나러 왔기 때문이다. 그 사람은 이름이 르 메트르[52] 로 파리 태생인데, 훌륭한 작곡가이며 대단

---

50) 1764년 간행.

51) Elie Fréron(1718~1776) : 루소와 볼테르 등 철학자들의 적으로 〈문학연보〉라는 잡지를 만들었다. 1756년 프레롱은 이 잡지에 루소의 보고서를 전문 그대로 실었다.

52) Jacques-Louis Nicolas Le Maître: 자크 루이 니콜라 르 메트르는 파리 출생으로 안시에 머물면서 제네바 성 베드로 성당의 악장을 맡고 있었다. 루소가 그의 제자가 되었을 때 그의 나이는 28세였다. 그는 1728년 행실

히 활발하고 아주 명랑하며 아직 젊고 풍채도 꽤 좋았지만, 재기는 별로 없었다. 그러나 아무튼 매우 좋은 사람이었다. 엄마가 나를 그에게 소개시켜 주었다. 나는 그에게 마음이 끌렸고 그도 내가 싫지는 않았다. 기숙사비에 대해 의논하여 합의를 보았다. 요컨대 나는 그의 집으로 들어갔는데, 성가대 학교가 엄마네 집에서 스무 걸음도 채 떨어져 있지 않아서 우리는 한달음에 엄마 집에 가서 빈번히 함께 식사를 들었기 때문에 그해 겨울을 그만큼 더 즐겁게 보냈다.

음악가들이며 성가대 아이들과 함께 하면서 항상 노래 부르는 즐거운 성가대 학교생활이 성 나자로 교단 신부들과의 신학교 생활보다 훨씬 즐거웠으리라는 것쯤은 쉽게 판단이 갈 것이다. 하지만 이러한 생활이 더 자유스럽다고 해서 규칙이나 규율이 더 느슨했던 것은 아니다. 나는 남에게 구속되지 않는 것을 좋아하지만 그렇다고 그런 자유를 남용할 사람은 결코 아니었다. 6개월 내내 엄마 집에나 성당에 가는 일 이외에는 단 한 번도 외출한 적이 없다. 또 외출하고 싶은 생각조차 없었다. 이 동안이 내가 가장 조용하게 살아온 그리고 가장 유쾌하게 회상하는 기간들 중 하나이다. 내가 처해 있던 여러 가지 상황들 가운데 몇몇 경우에는 너무나 커다란 행복감이 역력히 남아있어 그 상황을 회상할 때마다 아직도 내가 거기 있는 것처럼 행복감으로 흐뭇해진다. 나는 그 시간과 그 장소와 그 사람들을 회상할 뿐만 아니라 주위의 모든 사물, 공기의 온도와 냄새와 색채, 그곳이 아니고는 느낄 수 없는 그 장소에 특유한 어떤 인상을 떠올린다. 그리고 그 생생한 기억은 나를 다시 한번 그곳으로 데려간다. 예를 들면, 이 성가대 학교에서 연습한 모든 것, 성가대에서 노래 부른 모든 것, 거기서 했던 모든 일, 성당 참사회원들의 아름답고 고상한 의복, 사제들의 예복, 성가대원들의 뾰족한 모자, 음악

___

때문에 정직처분을 받고 1730년 4월 해직당했다.

가들의 얼굴, 콘트라베이스를 연주하던 늙은 절름발이 목수, 바이올린을 켜는 키가 작은 금발의 신부, 르 메트르 씨가 칼을 풀어놓은 뒤에 평복 위에 걸쳤던 다 떨어진 수단, 53) 그가 성가대가 있는 자리에 가기 위해 그 누더기 수단을 덮었던 얇고 흰색으로 된 아름다운 법의, 르 메트르 씨가 나를 위해 일부러 지어준 짤막한 독주곡을 연주하기 위해 조그만 리코더를 손에 들고 단상에 있는 오케스트라에 자리를 잡으러 가던 때의 내 자부심, 다음 우리를 기다리던 맛있는 오찬, 거기서 느끼는 왕성한 식욕, 이러한 것들이 한데 엉켜 생생하게 재현되어 실제에서와 마찬가지로 아니 그 이상으로 내 기억 속에서 수없이 나를 매혹시켰다. 나는 단장격(短長格)54)으로 진행되는 〈오, 다정한 창공의 창조자여〉의 어떤 아리아에 대해 늘 다정한 애정을 품고 있었다. 왜냐하면 대림절의 어느 일요일에 이 성당의 관례에 따라 동트기 전 사람들이 대성당 현관 앞 층계에서 부르는 그 찬송가를 침대에서 들었기 때문이다. 엄마의 몸종인 메르스레 양은 음악을 좀 알았다. 르 메트르 씨가 나로 하여금 그녀와 함께 부르게 한 〈아페르테〉55)라는 짤막한 라틴어로 된 성가는 결코 잊지 못할 것이다. 그리고 그녀의 여주인도 이 성가를 여간 즐겁게 듣지 않았다. 요컨대 모든 것, 매우 마음씨 좋은 소녀였는데도 성가대 아이들이 그렇게나 괴롭히던 페린이라는 하녀까지 포함하여, 이 모든 것이 행복하고 순진하던 그 시절의 추억 속에 종종 되살아나서 나를 기쁘게도 만들고 슬프게도 만든다.

나는 안시에서 1년 가까이 살았지만 조금도 비난을 들은 일이 없었다. 모두들 내게 만족하고 있었다. 나는 토리노를 떠난 이후 한 번도 바

---

53) 신부들이 입는 검은 색의 긴 평상복.
54) 로마의 시작법에서 짧은 음절 다음에는 강세가 있는 긴 음절이 오는 형식을 말한다.
55) 라틴어 ‘afferte’는 ‘(당신의 선물을) 가져오십시오’라는 뜻이다.

보짓을 한 일이 없으며, 엄마가 나를 보는 한 전혀 그런 짓을 하지 않았
다. 엄마는 나를 이끌어주었으며 항상 잘 이끌어주었다. 그녀에 대한
애착이 내게는 유일한 열정이 되었다. 그리고 그것이 무분별한 열정이
아니었다는 증거는 내 마음이 내 이성(理性)을 형성하고 있었다는 것이
다. 사실 단 한 가지 감정이 이를테면 나의 온갖 능력을 흡수하여버려,
모든 노력을 다했음에도 불구하고, 나로 하여금 아무것도 심지어 음악
조차 배우지 못하게 만들었다. 하지만 내 잘못은 전혀 없었다. 열의도
충만했고 열심히도 했다. 나는 멍한 채 몽상에 잠겨 한숨만 쉬고 있었
다. 거기서 무엇을 할 수 있었겠는가? 성취를 보이기 위해서 내가 할 수
있는 일은 하나도 빠짐없이 했다. 그렇지만 새로운 바보짓을 저지르기
위해서는, 내게 그런 짓을 할 마음이 생기도록 만들 인물밖에 필요하지
않았다. 그런데 그 인물이 나타났다. 우연이 상황을 준비했고, 뒤에 보
게 되듯이, 내 고집스러운 성격이 그 상황을 이용했다.

　2월의 몹시 춥던 어느 날 저녁, 우리들 모두 화롯가에 둘러앉아 있었
는데, 길가 문을 두드리는 소리가 들렸다. 페린이 등을 들고 내려가 문
을 연다. 어떤 젊은 사나이가 그녀의 안내를 받아 안으로 들어와 위로
올라와서 자연스럽게 모습을 나타냈다. 그리고 르 메트르 씨에게 짤막
하고 멋진 인사말을 하더니, 재정적 형편이 넉넉지 않아 자기 길을 계속
걷기 위해서 어쩔 수 없이 이 마을 저 마을을 다니며 임시적으로 음악 일
을 해야 하는 처지에 있는 프랑스 음악가로 자처했다. 프랑스 음악가라
는 말에 선량한 르 메트르의 가슴은 울렁거렸다. 그는 자신의 조국과 자
신의 예술을 열렬히 사랑하고 있었기 때문이다. 그는 이 젊은 나그네를
받아들여 숙소도 제공했다. 그도 숙소가 절실히 필요했던지 별반 사양
치 않고 받아들였다. 그가 불을 쪼이면서 저녁을 기다리며 잡담하는 동
안에 나는 그를 살펴보았다. 그는 키는 작지만 어깨는 넓었다. 특별히
기형인 곳은 전혀 없었지만 그의 체격에는 어딘지 모르게 보기 흉한 데

가 있었다. 말하자면 어깨가 평평한 곱사등이 같았다. 그리고 다리도
좀 절었던 것 같다. 오래되었다기보다는 차라리 닳아빠져 다 해진 검은
옷에, 매우 고급이지만 매우 더러운 셔츠에, 끝에 술이 달린 예쁜 토시
에, 다리가 둘이라도 들어갈 각반에, 눈 올 때 쓰는 작은 모자를 겨드랑
이 밑에 끼고 있었다. 이런 우스꽝스러운 차림을 했는데도 그의 풍채와
어긋나지 않는 어딘가 고상한 품이 엿보였다. 그의 용모는 섬세하고 매
력적이었으며, 말은 매우 점잖지 못했지만 쉽게 잘했다. 이런 모든 점
으로 미루어 그는 거지는 아니었지만 어릿광대처럼 구걸하며 돌아다니
는, 교육을 좀 받은 방탕아로 보였다. 그는 우리에게 자기 이름이 방튀
르 드 빌뇌브56)이고 파리에서 오는 도중에 길을 잃었다고 말했다. 그리
고 음악가로서의 자기 역할은 약간 잊고서 고등법원에 있는 친척을 찾
아 그르노블에 가는 길이라고 덧붙였다.

저녁식사를 하는 동안에 음악이야기가 나왔는데, 그는 음악이야기에
막히는 데가 없었다. 음악의 거장들, 유명한 작품들, 남녀 배우들, 미
인들, 상류계층 인사들을 모두 알고 있었다. 사람들이 꺼내는 화제에
정통한 것처럼 보였다. 그러나 무슨 화제가 시작되려고 하면 곧 사람들
을 웃기면서 화제에 올랐던 이야기를 잊어버리게 하는 어떤 농담을 끄
집어내서 대화를 뒤죽박죽으로 만들었다. 그날은 토요일이었다. 이튿
날은 성당에서 음악회가 있었다. 르 메트르 씨가 그에게 음악회에서 노
래를 불러줄 수 있겠느냐고 청했다. "좋고말고요." 그러면 어느 파트를
불러주겠느냐고 묻자, "카운터테너"57)라는 말만 하고 이야기를 딴 데로
돌렸다. 성당에 가기 전에 미리 보고 가라고 그가 맡은 파트를 주었더니
그는 그것을 거들떠보지도 않았다. 이러한 허세에 르 메트르 씨는 놀랐

---

56) Venture de Villeneuve: 이 사람에 대해서 알려진 바는 없다.
57) 남자가 부르는 최고 음역으로, 흔히 남성 알토로 분류되기도 하는데, 실제
　　로는 여성의 메조소프라노 음역(중음역)에 더 가깝다.

다. 그는 내 귀에 소곤거렸다. "두고 보게, 음표를 하나도 모를 테니." 나는 그에게 대답했다. "나도 그것이 매우 염려가 되는군요." 나는 매우 근심하며 두 사람의 뒤를 따랐다. 노래가 시작되었을 때 가슴이 너무나 두근거렸다. 그에게 대단히 관심을 갖고 있었기 때문이다.

그러나 나는 곧 안심이 되었다. 그는 자기가 맡은 독창곡 두 곡을 더 이상 그럴 수 없을 정도로 정확하고 세련되게 불렀고, 게다가 목소리도 매우 아름다웠다. 내가 이때보다 더 즐겁게 놀란 일은 거의 없었다. 미사가 끝난 뒤에 방튀르 씨는 참사회원들과 음악가들에게서 무한한 찬사를 받았고, 그는 농담을 하면서도 언제나 매우 기품 있게 이러한 찬사에 응답했다. 르 메트르 씨는 그를 진심으로 포옹했다. 나도 그렇게 했다. 내가 대단히 기뻐하는 것을 보고 방튀르 씨도 즐거워하는 것 같았다.

내가 어디로 보나 시골뜨기에 불과한 바클에게 반한 후, 교육도 좀 받고 재능과 재치도 있고 예절도 알아 귀여운 탕아로 통할 수 있는 방튀르 씨에게 반할 법했다는 것은 수긍이 가리라 믿는다. 이것은 또한 내게 일어났던 일이며, 내 생각으로는 나와 같은 처지에 있는 다른 모든 젊은이들에게도 일어남직한 일이었다. 그 젊은이에게 재능을 느낄 만한 더 훌륭한 직감과 그것에 애착을 느낄 만한 더 훌륭한 취향이 있으면 더욱더 그렇게 되기가 쉬웠을 것이다. 그도 그럴 것이, 방튀르에게는 이론의 여지가 없는 재능이 있었고, 무엇보다도 자기의 조예를 뽐내려고 성급히 굴지 않는 장점, 즉 그 연령에서는 대단히 보기 드문 장점이 있었기 때문이다. 사실 그는 자기가 전혀 알지도 못하는 많은 것들을 아는 체 자랑했지만 자기가 잘 아는 꽤 많은 것들에 대해서는 전혀 아무 말도 하지 않았다. 그는 그것들을 과시할 수 있는 기회를 기다렸다가 그때 그 기회를 여유 있게 이용했던 것인데, 그것이 최대의 효과를 거두었다. 그는 무슨 말을 꺼낸 후 끝을 마무리하지 않고 멈추었기 때문에 그가 언제 다 보여줄지 더 이상 알 수가 없었다. 대화할 때 농담을 잘하고 익살

맞고 화제가 무궁무진하고 매력적이며, 항시 미소를 띨 뿐 결코 소리 내
어 웃는 일이 없고, 아무리 상스러운 것들도 가장 품위 있는 어조로 말
해 그것들이 받아들여지게 만들었다. 더할 나위 없이 정숙한 여인들조
차도 그의 이야기를 참고 듣는 것에 스스로 놀랐다. 그녀들은 화내야 한
다고 느껴도 허사였으니, 그럴 힘이 없었다. 그에게는 매춘부 이외에는
필요가 없었다. 그래서 내 생각에는 그가 연애의 성공을 위해 태어난 것
이 아니라 연애에 성공하는 사람들의 모임을 무한히 즐겁게 하기 위해
서 태어난 것 같았다. 그토록 매력적인 재능들을 가진 그가 그런 재능을
잘 이해해주고 사랑해주는 나라에서 오랫동안 음악가의 영역에만 머물
러 있기란 쉽지 않은 일이었다.

　내가 방튀르 씨에 대해 갖는 애착은 바클에 대한 애착보다도 더욱 강
렬하고 더욱 오래 지속되었음에도 불구하고, 그 원인이 더 합당했기 때
문에 그 결과도 그다지 터무니없지 않았다. 나는 그를 만나고 그의 말을
듣는 것이 좋았다. 내게 그가 하는 일은 모두 매력적으로 보였고, 그가
하는 말은 모두 신탁처럼 여겨졌다. 그러나 나의 열광은 그와 떨어질 수
없을 정도로까지 심하지 않았다. 내 주변에는 이러한 과도함에 대한 한
가지 훌륭한 치료제 바랑 부인이 있었다. 게다가 그의 신조가 그에게는
지극히 타당하다고 생각했지만, 그것이 내게는 소용이 없다고 느꼈다.
왜냐하면 내게는 또 다른 종류의 쾌락이 필요했기 때문이다. 그런데 그
는 이런 쾌락을 알지 못했고, 나도 그가 나를 비웃을 것이라 분명 확신하
고 있어서 이에 대해서는 그에게 감히 말도 꺼내지 못했다. 그렇지만 그
에 대한 이러한 애착과 나를 지배하는 애착을 연결시키고 싶었다. 나는
엄마에게 열광적으로 그에 대해 말했다. 르 메트르도 엄마에게 칭찬조
로 그 사람 말을 했다. 엄마는 그를 집으로 데리고 오는 데 동의했다. 그
러나 이 회견은 완전히 실패하고 말았다. 그는 엄마를 겉멋 부리는 여인
이라고 생각했고, 엄마는 그를 방탕한 사람이라고 생각했다. 그래서 엄

마는 나에 대해 그렇게 나쁜 사귐을 갖는다고 걱정하면서, 그를 집에도 다시 데리고 오지 못하도록 했을 뿐만 아니라 그 젊은이와 함께 있으면서 내가 당하는 위험들을 매우 강력히 일러주어서 그 결과 나도 그런 위험들에 빠져 들어가지 않도록 조금 더 조심하게 되었다. 그리고 나의 품행과 사고력을 위해서는 천만다행으로 우리는 곧 서로 헤어지게 되었다.

르 메트르 씨는 자기 예술에 따르는 취향을 갖고 있었는데, 포도주를 좋아했다. 하지만 식탁에서는 포도주를 삼갔다. 그러나 자기 작업실에서 일을 할 때면 마시지 않으면 안 되었다. 그의 하녀는 그것을 너무나 잘 알고 있어서 그가 작곡하려고 오선지를 준비하고 첼로를 잡으면 으레 술병과 잔이 곧 뒤이어 나왔고, 술병은 때때로 새로 바뀌어졌다. 코가 삐뚤어지도록 취하는 일은 결코 없었지만 거의 노상 포도주에 취해 있었다. 정말로 유감스러운 일이었다. 왜냐하면 그는 근본적으로 선량한 사내로, 엄마가 그를 부를 때는 "귀여운 새끼고양이"라는 호칭만을 사용할 정도로 쾌활했으니 말이다. 불행하게도 그는 자신의 재능을 사랑하며 열심히 일했고 또 그만큼 많이 마셨다. 그것이 그의 건강을 해치고 마침내는 그의 성질까지도 해치고 말았다. 그래서 때로는 시무룩하고 걸핏하면 화를 냈다. 그러나 원래는 무례한 행위도 저지르지 못했고 누구에게도 결례를 범할 줄 몰라서, 결코 욕을 한 적이 없었고 심지어 자기가 가르치는 성가대 어린아이들에게까지 그랬다. 그러나 또한 자기에게도 결례를 범해서는 안 되었는데, 그것은 당연한 일이었다. 고약한 것은 그에게 별반 분별력이 없어서 말투와 성격을 분간하지 못해서 아무것도 아닌 일에 자주 화를 내는 일이었다.

옛날에는 그렇게나 많은 제후들과 주교들이 입회하는 것을 영광으로 삼았던 예전 제네바 성당 참사회58) 는 망명을 하면서 왕년의 그 찬란한

---

58) 제네바에서 개신교 신자들이 권력을 장악한 후 제네바 성당 참사회는 안시로 이전했다.

빛을 잃고 말았지만 그 자부심만은 그대로 간직하고 있었다. 이 회에 가입할 수 있기 위해서는 여전히 귀족이거나 소르본의 박사가 아니면 안 된다. 만약 용납될 수 있는 자부심이 있다면, 그 첫째는 개인적 가치에서 나오는 자부심이고, 그 둘째는 출신 가문에서 나오는 자부심이다. 게다가 모든 신부들은 자기들이 고용하는 속인들을 꽤 거만스럽게 대하고 있었다. 참사회원들이 그 가련한 르 메트르를 대하는 것도 번번이 바로 이런 식이었다. 그 중에서도 비돈 신부님이라는 성가대원은 다른 점에서는 매우 점잖은 사람이면서도 자신이 귀족이라는 의식이 너무 강해서, 르 메트르의 재능에 걸맞은 경의를 항상 표했던 것은 아니었다. 그 쪽에서도 이러한 경멸을 기꺼이 감수할 리가 없었다. 그해 성주간(聖週間) 동안 주교가 참사회원들에게 베푸는 관례적인 오찬회 석상에서 — 여기에 르 메트르도 늘 초대되었다 — 두 사람은 평소보다 더욱 심하게 다투었다. 그 성가대원은 르 메트르에게 어떤 부당한 행위를 했고, 그가 참을 수 없는 어떤 심한 말을 했다. 르 메트르는 그 즉시 다음 날 밤에 도망갈 결심을 했다. 그가 작별인사를 하러 왔을 때 바랑 부인은 그를 달래느라고 무진 애를 썼음에도 불구하고 아무리 해도 그를 만류할 수는 없었다. 그는 자기가 제일 필요하게 될 때인 부활절 축제에 자신을 지배하는 폭군들에게 골탕을 먹여서 그들에게 복수를 하려는 즐거움을 단념할 수가 없었다. 한데 바로 그 자신에게 골칫거리였던 것은 그가 갖고 있는 악보였다. 그것을 가져가려고 했으나 쉬운 일이 아니었다. 그 악보는 꽤 크고 퍽 무거운 상자로 하나여서, 팔 밑에 끼고 갈 수 없었다.

엄마로서는 의당 할 일을 한 것으로, 내가 엄마라도 그렇게 했을 것이고 또 지금도 아마 그렇게 할 것이다. 처음에는 그를 만류하기 위해서 많은 노력을 했지만 소용이 없었다. 그러자 어떻게 해도 그가 떠날 결심을 한 것을 안 그녀로서는 자기로서 할 수 있는 데까지는 모든 일에서 그를 도와줄 결심을 했다. 감히 말하건대 그녀로서는 그렇게 해야 마땅했다. 르 메트르는 말하자면 몸을 바쳐 엄마에게 봉사해왔다. 자신의 예술에 관해서도 엄마를 돌보는 일에 대해서도 그는 전적으로 엄마의 명령을 따랐으며, 그가 성의를 다하여 엄마의 명령을 따랐다는 점에서 그의 배려는 새로운 가치를 부여받았다. 그러므로 엄마는 3, 4년 전부터 그녀를 위해 아무리 사소한 일이라도 빼먹지 않고 돌보아준 한 친구에게 꼭 필요한 경우에 단지 그 은혜를 갚는 것뿐이었다. 하지만 그녀는 이와 같은 의무를 이행하기 위하여 그것이 자신에게 의무라고 생각할 필요가 없는 심성을 가졌다. 그녀는 나를 불러서 최소한 리옹까지는 르 메트르 씨를 따라가고, 그가 나를 필요로 하는 동안만큼 그의 곁을 떠나지 말도록 하라고 명했다. 그녀가 뒤에 털어놓은 이야기지만, 나를 방튀르에게서 떼어놓으려는 바람이 이런 조치에 상당히 작용했다고 한다. 그녀는 자기의 충직한 하인 클로드 아네와 상자의 운반에 대해서 의논했다. 그의 의견은 우리가 안시에서 짐 실을 짐승을 구한다면 발각되기 마련이니 그보다는 밤이 되거든 어느 정도 떨어진 곳까지 그 상자를 손으로 들고 간 다음 어떤 촌마을에서 나귀를 한 필 세내어 세셀[59] 까지 그것을 운반하면 거기는 프랑스의 영토이기 때문에 더 이상 아무런 위험이 없으리라는 것이었다. 우리는 이러한 의견을 따랐다. 우리는 그날 저녁 7시에 떠났다. 그리고 엄마는 내 비용을 낸다는 구실로 이 가련한 "귀여운 새끼고양이"의 빈약한 지갑을 그에게 적이 도움이 되는 여분의 돈으로 두둑하게 채워주었다. 정원사인 클로드 아네와 나는 맨 첫 번째 촌마을까지 간신히 그 상자를 운반했고, 거기서 짐을 나귀와 교대한 다음 그날 밤 세셀로 갔다.

사람들이 나를 전혀 반대되는 성격의 딴 사람으로 착각할 만큼 내가 나 자신과 너무나 비슷하지 않은 때가 가끔 있다는 것은 이미 말한 것으

---

[59] 앵(Ain) 도(道)에 있는 세셀(Seyssel)은 론 강 우안에 있으며 안시에서는 약 30㎞ 떨어져 있다.

로 안다. 다음도 그런 예의 하나이다. 세셀의 주임사제 레들레 씨[60]는 성 베드로 성당의 참사회원이어서 르 메트르와는 아는 사이로, 르 메트르가 가장 피해야만 하는 사람들 중의 하나였다. 그런데 반대로 내 의견은 그에게 가서 우리 소개를 하고, 마치 우리가 성당 참사회의 승낙을 받고 온 것처럼 어떤 구실을 꾸며 그에게 숙소를 부탁하자는 것이었다. 르 메트르는 자신의 복수를 재미있는 희롱으로 만드는 이런 생각을 좋아했다. 그래서 우리는 뻔뻔스럽게 레들레 씨 댁으로 찾아갔고, 그는 우리를 매우 환영했다. 르 메트르는 그에게 주교의 부탁으로 부활절 축제에서 자기 곡을 지휘하기 위하여 벨레에 가는 길이며 수일 내로 다시 들릴 생각이라고 말했다. 나로서도 이런 거짓말을 뒷받침하기 위하여 오만가지 다른 이야기들을 매우 천연덕스럽게 늘어놓았더니 레들레 씨는 나를 귀여운 젊은이라고 생각해서 나를 좋아하고 내게 더할 나위 없는 호의를 보였다. 우리는 잘 대접을 받고, 좋은 데서 잤다. 레들레 씨는 우리를 어떻게 잘 대접해야 할지 모르겠다는 태도였다. 돌아오는 길에는 더 오래 머무를 것을 약속하고 우리는 세상에서 둘도 없는 벗처럼 헤어졌다. 웃음을 터뜨리기 위해서 우리끼리만 있게 되기를 거의 기다릴 수 없을 정도였다. 고백하건대 그 생각을 하면 아직도 웃음이 나온다. 그도 그럴 것이 그보다 더 감쪽같고 더 적절한 장난은 상상할 수 없을 것이기 때문이다. 계속해서 술을 마시고 허튼 말을 하던 르 메트르 씨가 두서너 번 발작을 일으키지 않았다면, 그 장난은 길을 가는 동안 쭉 우리를 즐겁게 해주었을 것이다. 그런데 그는 그런 발작을 매우 자주 했고 그것은 흡사 간질 같았다. 그것 때문에 나는 질겁할 정도로 곤경에 빠졌고 곧 어떻게 하든지 거기서 벗어날 궁리를 했다.

레들레 씨에게 말한 대로 우리는 부활절 축제를 지내러 벨레로 갔다.

---

60) Louis-Emmanuel Reydelet(1692~1743) : 1712년부터 세셀의 주임사제로 있었으며, 1725년 베르넥스 주교가 파리를 여행했을 때 그를 수행했다.

거기서 우리를 기다리고 있었던 것은 아니지만, 악장을 비롯하여 모두들 매우 반갑게 우리를 맞아주었다. 르 메트르 씨는 자기의 예술에 대해 존경을 받았고, 그는 그럴 자격이 있었다. 벨레의 악장은 자기 작품들 중 가장 잘된 것들에 대해 자부심을 느끼고 있었고, 그렇게나 훌륭한 비평가의 칭찬을 얻으려고 노력했다. 왜냐하면 르 메트르는 전문가일 뿐만 아니라 공평무사하고 전혀 질투나 아첨을 몰랐기 때문이었다. 그는 지방의 그 모든 악장들보다 월등히 우수했고 그들 자신들도 분명히 이 점을 알고 있어서, 그를 자기네들의 동료로 대하기보다는 자기네들의 악장으로 대했다.

벨레에서 4, 5일간 대단히 재미있게 지낸 후 우리는 그곳을 다시 떠났다. 그리고 이제 방금 말한 일들 이외에는 별다른 사건 없이 여정을 계속했다. 리옹에 도착해서는 노트르 담 드 피티에에 가서 묵었다. 상자는 우리가 또 다른 거짓말을 해서 그 사람 좋은 보호자 레들레 씨의 배려로 론 강의 배편으로 실어 보낸 후여서, 그 상자를 기다리는 동안 르 메트르 씨는 아는 사람들을 만나러 갔다. 그 중에는 뒤에 말하게 될 성 프란체스코 수도회의 카통 신부와 리옹의 백작 도르탕 신부[61]가 있었다. 카통이나 도르탕은 르 메트르를 반갑게 맞아주었다. 그러나 곧 뒤에 보듯이 그들은 그를 배반했다. 그의 행운은 레들레 씨 댁에서 다했던 것이다.

우리가 리옹에 도착한 이틀 후 우리가 묵는 여인숙에서 멀지 않은 작은 거리를 지나고 있을 때 르 메트르가 갑자기 그놈의 발작을 일으켰는데, 발작이 하도 심해서 나는 공포에 사로잡혔다. 나는 소리를 질러 구원을 청했다. 여인숙의 이름을 대고 그리로 그를 데려다 줄 것을 애원했

---

61) '리옹의 백작'이란 그 신부가 성 요한 대성당의 참사회원이었다는 것을 말한다. 장 프랑수아 드 도르탕(Jean-François de Dortan)은 리옹 참사회의 성가대원이었다.

다. 그러고 나서 거리 한복판에서 인사불성으로 거품을 흘리며 쓰러진 사람 주위로 사람들이 모이고 밀려드는 사이에 그는 오직 단 한 사람의 친구에게 ─ 그는 그 친구를 믿고 있었을 것이다 ─ 버림을 받았다. 아무도 내게 관심이 없는 순간을 틈타 나는 거리 모퉁이를 돌아 자취를 감추었다. 나는 신의 은총으로 이 고통스러운 세 번째 고백을 끝냈다. 만약 이런 일들이 아직도 많이 남아있고 그것들을 고백해야만 한다면 내가 시작했던 이 저작을 집어치울 것이다.

지금까지 말한 것들은 모두 내가 살아온 곳들에 어떤 흔적이 남겨져 있다. 그러나 다음 권에서 내가 말해야 할 것은 거의 완전히 알려지지 않은 일이다. 그것은 내 생애에서 가장 터무니없는 일들인데, 이 일들이 더 나쁘게 끝나지 않았다는 것이 다행한 일이다. 내 것이 아닌 다른 악기의 곡조에 조율된 내 머리는 자기 본래의 가락을 잃어버린 상태에 있었는데, 내 머리가 저절로 제자리에 되돌아오게 되어 바보짓을 하지는 않았다. 아니 적어도 내 천성에 더욱 잘 부합되는 바보짓을 했다. 내 청춘의 이 시기는 그 기억이 가장 혼란스러운 때이다. 내가 생생하게 회상할 정도로 내 마음을 끄는 일들은 거의 하나도 일어나지 않았다. 그리고 그토록 왔다갔다하고 그토록 연달아 이동하는 와중에서 시간과 장소가 약간이라도 뒤바뀌지 않기란 어려운 일이다. 나는 기억을 불러일으킬 만한 증거나 자료도 없이 오직 기억에 의지해서 글을 쓰고 있다. 내가 살아오는 동안 일어난 사건들 중에는 방금 일어난 것처럼 생생하게 떠오르는 것들도 있지만, 누락된 것들과 공백들도 있다. 나는 내게 남아있던 그 기억만큼이나 불명료한 이야기들의 도움을 받지 않고서는 이것들을 메울 수 없다. 그러므로 내가 가끔 착오를 범할 수도 있었고, 또 나 자신에 대해 더욱 확실한 자료를 가질 수 있을 때까지는 사소한 사건에 관해서 잘못 쓰게 되는지도 모른다. 그러나 다루는 주제에서 정말 중요한 것에 대해서는 정확하고 충실하다고 확신한다. 그리고 마찬가지로

나는 언제나 모든 점에서 그렇게 되려고 노력할 것이다. 그 점에 대해서
는 여러분이 믿어도 좋다.

르 메트르 씨의 곁을 떠나자마자, 곧 결심이 서서 다시 안시로 발길을
되돌렸다. 우리가 떠난 까닭이나 남몰래 떠난 것 때문에 내게는 우리가
어떻게 하면 안전하게 몸을 빼낼 수 있을까라는 문제가 커다란 관심거
리였다. 이러한 관심이 나를 완전히 사로잡고 있어서 안시로 되돌아가
자는 생각마저 며칠 동안 잠시 잊고 있었다. 그러나 안심이 되어 마음이
더 가라앉자마자 그 지배적인 감정이 다시 제자리로 돌아왔다. 어떤 것
에도 즐겁지 않았고 어떤 것에도 마음이 끌리지 않았다. 엄마 곁으로 돌
아가고 싶다는 것 이외에는 아무 욕심도 없었다. 엄마에 대한 나의 애착
이 다정하고 진실해서 내 마음에서 모든 공상적 계획이나 어리석은 야
심은 그 뿌리가 뽑혀졌던 것이다. 그녀의 곁에서 산다는 행복 이외에 또
다른 행복은 보지 못했다. 그래서 한 걸음 내딛을 때마다 이 행복에서
멀어지는 것처럼 느껴진다. 그래서 나는 될 수 있는 대로 속히 그곳으로
돌아왔다. 다른 여행들은 모두 그토록 즐겁게 기억되는데, 이번에 돌아
오는 길은 몹시 서둘렀고 정신이 하도 없어서 전혀 기억에 남지 않는다.
리옹을 떠나서 안시에 도착한 것 이외에는 아무것도 기억이 나지 않는
다. 무엇보다도 안시에 도착한 마지막 시기가 어떻게 내 기억에서 사라
질 수 있으랴! 정작 돌아오니 더 이상 바랑 부인이 보이지 않았다. 부인
이 파리로 떠나버린 뒤였기 때문이다.

나는 이 여행의 비밀을 결코 분명히 알지 못했다. [62] 정말 확신하건

---

62) 이 여행의 목적에 대해서 알려진 것은 별로 많지 않다. 학자들이 확실하게
알아낸 것 중 하나는 그녀의 친척인 도본이 이 일에 어쨌든 관여되어 있고
그가 파리로 가는 길에 세셀에서 그녀와 합류했다는 것이다. 플레이아드판
의 주석에 따르면 가장 그럴듯한 추측은 도본이 바랑 부인의 고향 지역인
보 지방에서 혁명을 조장하여 다시 가톨릭의 통치로 돌아가게 되기를 희망

대, 내가 그것을 굳이 캐어물었다면 그녀가 내게 그 이야기를 해주었을 것이다. 그러나 친구들의 비밀에 나만큼 호기심이 적은 사람도 없을 것이다. 내 마음은 오직 현재에만 매여 있어서 그 모든 용량과 공간이 현재로 가득 차 있다. 그래서 이제는 나의 유일한 향락을 이루는 과거의 즐거움을 제외하고는, 내 마음 어느 한구석에도 지나가버려 더 이상 존재하지 않는 것을 받아들일 빈 공간이 없다. 그녀에게서 들은 얼마 되지 않는 이야기를 통해 내가 어렴풋이 짐작했던 것이라고는 사르데냐 왕의 양위가 원인이 되어 토리노에서 소란이 일어났을 때 그녀가 자신이 잊힐까 염려하여 도본 씨의 음모를 이용하여 프랑스 궁정에서 전과 같은 은전을 얻고 싶어 했다는 것이 전부였다.[63] 프랑스 궁정에서는 커다란 사건들이 많이 일어나는 덕분에 그렇게 성가시게 감시받지 않아도 되기 때문에, 거기서 받는 은전이 더 좋을 것이라고 엄마는 내게 자주 이야기했다. 만약 그렇다고 하면 그녀가 돌아와서도 사람들이 그녀에게 더 불친절하게 대하지 않은 것이나 그녀가 계속해서 여전히 연금을 받은 것이나 매우 놀랄 만한 일이다. 많은 사람들은 주교가 당시 프랑스 궁정에 볼일이 있어서 자신이 직접 가야만 했는데, 엄마가 주교의 의뢰로 어떤 비밀 심부름을 맡았다고도 했고, 혹은 만족스러운 보수를 줄 수 있는 훨씬 더 유력한 사람의 의뢰로 그런 일을 맡았다고도 했다. 만약 그렇다고 하면, 사절로 그녀를 선정한 것은 잘한 일이었고 그녀가 아직 젊고 아름다운 데다가 협상을 성공시키는 데 필요한 모든 수완을 갖추고 있었던 것도 확실하다.

---

했다는 것이다.

63) 여기서 루소가 말하는 첫 번째 이유는 정확하지 않은 것이 틀림없다. 왜냐하면 빅토르 아마데우스 2세는 1730년 9월에 사임했기 때문인데, 바랑 부인은 그런 비밀을 알 리가 없었다.

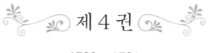

# 제 4 권

## 1730~1731

도착해 보니 그녀가 더 이상 보이지 않았다. 나의 놀라움과 고통이 얼마나 컸을지 생각해 보시라. 그때서야 비열하게 르 메트르 씨를 저버렸다는 후회가 들기 시작했다. 내가 그에게 일어났던 불행을 알게 되었을 때 그러한 후회는 더욱더 강렬해졌다. 그의 전 재산이 들어 있는 악보상자, 그렇게나 힘들게 구해냈던 그 소중한 상자가 리옹에 도착하면서 도르탕 백작의 노력으로 압수되었다. 몰래 상자를 반출한 사실을 참사회가 이미 그에게 전갈을 보내 알렸던 것이다. 르 메트르가 그것이 자기 재산이며 생계수단이고 평생의 작업이라고 주장했지만 소용이 없었다. 그 상자의 소유권을 밝히기 위해서는 최소한 소송을 필요로 했는데, 아무런 소송도 없었다. 그 사건은 강자의 법칙에 의하여 그 즉시 결말이 났고 가련한 르 메트르는 이렇게 해서 자기 재능의 성과이자 젊음의 노작이며 노후를 의탁할 수 있는 수단을 잃고 말았다.

내게 닥친 충격을 감당할 수 없게 만드는 여건들이 완비되어 있었다. 그러나 나는 큰 근심거리도 대수롭지 않게 여겨지는 그런 나이였으므로 곧 위안거리를 만들어냈다. 나도 바랑 부인의 주소를 알 수 없고 그녀도 내가 돌아왔다는 사실을 몰랐음에도 불구하고 오래지 않아 그녀의 소식이 있을 것이라고 생각했다. 그리고 르 메트르를 저버린 일에 대해서도 모든 점을 고려할 때 그것이 그리 죄가 된다고 생각하지 않았다. 그가 빠져나갈 때 나는 그에게 도움이 되었으며, 그것이 내게 속한 유일한 의무였다. 그와 함께 프랑스에 남았다 하더라도 내가 그의 병을 고쳐주었을 것도 아니고 그의 상자를 지켰을 것도 아니며 단지 그의 비용만 곱절로 늘렸을 것이니, 그에게 전혀 도움이 될 수 없었을 것이다. 그때 내 사고방식은 이랬다. 그러나 오늘날 내 사고방식은 다르다. 비열한 행동이 우리에게 고통을 주는 것은 그런 행동을 한 직후가 아니라 오랜 시간이 지난 후 그것을 회상하는 때이다. 그 기억은 조금도 흐려지지 않기 때문이다.

엄마의 소식을 듣기 위해서 내가 취할 수 있는 유일한 방도는 소식을 기다리는 것이었다. 그도 그럴 것이 파리의 어디로 가서 그녀를 찾을 것이며 무슨 돈으로 여행할 것인가? 그녀가 있는 곳을 조만간 알기 위하여 안시만큼 확실한 곳도 없었다. 그래서 나는 거기 남아 있었다. 그러나 나는 처신을 잘하지 못했다. 지금까지 나를 보호해 주었고 또 지금도 나를 보호해 줄 수 있는 주교를 만나러 가지 않았던 것이다. 이제는 그의 곁에 내 후견인이 없어서 우리들이 도주한 일에 대해 질책할까 두려웠다. 신학교에는 더욱더 가지 않았다. 그로 씨는 이제 거기 없었다. 나는 아는 사람을 한 사람도 보지 않았다. 지사 부인은 정말 만나러 가고 싶었지만 결코 감히 그렇게 하지 못했다. 이 모든 것보다 더욱 잘못한 일은 방튀르 씨를 다시 찾은 것이다. 나는 그에 대해 열광했음에도 불구하고 길을 떠난 후에는 그를 생각조차 하지 않았다. 내가 그를 다시 보았을 때 그는 안시의 모든 곳에서 대단한 인기를 누리며 환대받고 있었다. 부인들은 서로 그를 끌어가려고 난리였다. 그러한 성공에 나는 마침내 머리가 돌고 말았다. 내 눈에는 방튀르 씨 이외에 더 이상 아무것도 보이지 않았고 그로 인하여 바랑 부인은 거의 잊어버리게 되었다. 더욱 편

안하게 그에게 가르침을 받기 위하여 그의 숙소를 함께 쓰면 어떻겠냐
고 제안했더니 동의했다. 그는 어떤 구두장이 집에 묵고 있었는데, 그
구두장이는 재미있고 익살스러운 인물로 자기가 쓰는 사투리로 자기 부
인을 꼭 '잡년'이라고 불렀다. 그런데 그것은 그녀에게 아주 어울리는
이름이었다. 그는 자기 아내와 싸움을 벌이곤 했는데, 방튀르는 말리는
척하면서 오히려 일부러 싸움을 부추겼다. 그는 그들에게 냉정한 말투
와 프로방스의 억양으로 최대의 효과를 내는 말을 했다. 그것은 포복절
도할 장면들이었다. 아침나절은 어느 틈에 이렇게 지나가곤 했다. 우리
는 2, 3시경에 간단히 요기를 했다. 방튀르는 자신이 드나드는 사교계
에 가서 저녁을 먹었다. 나는 혼자 산책을 나가 그의 대단한 재능을 곰
곰이 생각하고 그의 희귀한 재주들을 찬양하고 부러워하며 그런 행복한
삶으로 나를 불러주지 않았던 내 따분한 운명을 저주했다. 아! 나는 얼
마나 뭘 모르고 있었던 것인가. 내가 덜 어리석고 삶을 보다 잘 향유할
줄만 알았다면 나의 삶이 백 배는 더 매력적이었을 것이다.

  바랑 부인은 아네만을 데리고 갔다. 몸종 메르스레는 두고 갔는데,
그녀에 대해서는 이미 말한 바 있다. 그녀를 보니 여주인의 집에 여전히
살고 있었다. 메르스레 양은 나보다 약간 더 나이가 위인 처녀로 예쁘지
는 않지만 꽤 마음에 들었다. 악의가 없는 선량한 프리부르 출신 여자로
가끔 여주인의 말을 잘 듣지 않는 것 이외에 다른 결점을 보지 못했다.
나는 꽤 자주 그녀를 만나러 가곤 했다. 왜냐하면 그녀는 오래전부터 아
는 사람이었고 그녀를 보면 나로 하여금 그녀를 좋아하게 만든 더욱 소
중한 지인(知人)이 기억났기 때문이다. 그녀에게는 여자 친구들이 여럿
있었는데, 그 중에서도 특히 지로 양이라는 제네바 출신의 여자가 나로
서는 불행스럽게도 나를 좋아할 생각을 품었다. 그녀는 나를 자기 집에
데려오라고 노상 메르스레를 졸랐다. 나는 메르스레를 꽤 좋아했고 거
기에는 내가 기꺼이 만나는 다른 젊은 여자들이 있었기 때문에 순순히

212

끌려다녔다. 지로 양은 내게 온갖 아양을 다 떨었지만 내가 그녀에 대해
갖는 혐오감은 이루 말할 수가 없었다. 그녀가 스페인 담배처럼 적갈색
으로 얼룩진 거칠고 까만 낯짝을 내 얼굴에 갖다 댈 때면 거기다 침이라
도 뱉으면 속이 시원할 것 같았지만 그런 충동을 참았다. 이런 점만을
제외하면 나는 이 처녀들 모두에 둘러싸여 있는 것이 대단히 즐거웠다.
그리고 모든 여자들이 지로 양의 환심을 사기 위해서인지 아니면 바로
나 때문인지 나를 앞다투어 환대했다. 나는 이 모든 것이 오직 우정에서
나오는 것으로 여겼다. 이후 생각해보니 거기서 우정 이상의 것을 발견
하는 것은 오직 내게 달려 있었던 일이었다. 그러나 거기까지 생각이 미
치지 못했고 또 생각하려고 하지도 않았다.

　뿐만 아니라 양장점의 여직공이나 하녀들이나 장사꾼 계집아이들은
거의 내 마음을 끌지 못했다. 내게 필요한 것은 지체가 높은 아가씨들이
었다. 사람들은 제각기 나름의 취향을 갖고 있는 법이고, 그것은 언제
나 내 특유의 취향이었으며 나는 이 점에 대해 호라티우스[1]와 생각을
달리한다. 그렇지만 내 마음을 끄는 것은 신분이나 지위에 대한 허영이
전혀 아니다. 그것은 더욱 잘 젊음이 보존된 얼굴빛, 더 고운 손, 더 우
아한 차림, 온몸에서 풍기는 곱고 단아한 자태, 옷맵시와 말투에서 나
타나는 더 고상한 취미, 더 세련되고 더 맵시 있는 드레스, 더 예쁜 구
두, 리본이며 레이스며 더 잘 손질된 머리이다. 이 모든 것들이 더 낫다

---

1) Quintus Horatius Flaccus(B.C. 65~B.C. 8): 고대 로마 시인으로 그
시대의 풍속과 도덕적인 삶의 문제와 시의 본질에 대해 성찰했다. 에피쿠
로스학파였던 그는 자족과 중용, 속세로부터 떠나는 것을 현자의 덕으로
삼았고, 행복의 조건들 중 하나로서 전원의 단순성을 강조했다. 그의 지혜
는 '현재를 향유하라'(carpe diem)로 압축되는데, 여기서 중요한 것은 쾌락
을 추구하는 것이라기보다는 단지 살고 있다는 사실에서 쾌락을 발견하는
것이다. 그는 중용과 절제의 본보기로 베르길리우스와 함께 가장 위대한
로마 시인으로 평가를 받는다.

면 나는 좀 덜 예쁘더라도 언제나 그쪽을 더 좋아할 것이다.  나 자신도 그러한 것들을 선호하는 것을 매우 우스꽝스럽다고 생각한다.  그렇지만 내 마음은 내 생각에도 불구하고 그런 것들을 더 선호한다.

자,  그런데 이런 유리한 기회가 또 생겼고,  그것을 이용하는 것도 오로지 내게 달려 있었다.  정말이지 나는 이따금 청춘의 즐거운 시기들에 대한 이야기로 돌아가기를 좋아한다!  그것들은 내게 매우 감미로웠지만 매우 짧고 드물었다.  그리고 나는 그것들을 매우 쉽게 맛보았다.  아! 그것들을 추억만 해도 내 가슴에는 아직도 순수한 쾌감이 되살아나는데,  용기를 북돋고 여생의 고통을 견디어내기 위해서는 이러한 쾌감이 필요하다.

어느 날 아침 동틀 무렵의 햇살이 매우 아름답게 보여서 부랴부랴 옷을 챙겨 입고 해 뜨는 것을 보려고 서둘러 들판으로 나갔다.  나는 이러한 즐거움의 모든 매력을 맛보았다.  그때는 성 요한 축일[2] 다음 주였다.  한껏 성장(盛裝) 한 대지는 풀과 꽃으로 덮여 있었다.  나이팅게일들은 지저귐을 마칠 무렵 더욱 기세 좋게 지저귀며 즐거워하는 것 같았다.  모든 새들은 봄에 작별을 고하는 합창을 하면서 아름다운 여름의 하루,  지금 내 나이에는 볼 수가 없고 더욱이 내가 오늘날 살고 있는 이 음울한 땅[3]에서는 사람들이 결코 본 적이 없던 그 아름다운 나날들 중의 하루가 탄생하는 것을 노래로 찬양했다.

나는 어느새 시내에서 멀리 나와 있었다.  날씨는 차츰 더 더워졌고,  나는 시냇물을 따라 계곡의 나무 그늘 아래서 산책하고 있었다.  그런데 뒤에서 말발굽 소리와 젊은 여자들의 목소리가 들려온다.  그녀들은 난처해하는 듯 보였지만 그런데도 여전히 유쾌하게 웃어대고 있었다.  나는 뒤를 돌아보고 그녀들은 내 이름을 부른다.  가까이 가보니 내가 아는

---

2)  성 요한 탄생 축일로 6월 24일이다.
3)  루소는 스태퍼드셔(잉글랜드 중부의 주) 의 우튼에서 이 글을 썼다.

214

2명의 젊은 여성들이다. 그라펜리드 양(孃)⁴⁾과 갈레 양(孃)⁵⁾으로, 그
녀들은 말을 잘 타지 못해서 어떻게 말을 몰아 시냇물을 건너는지 몰랐
던 것이다. 그라펜리드 양은 매우 귀여운 베른⁶⁾ 태생의 처녀로, 그 나
이에 벌임직한 어떤 철없는 짓으로 자기 고향에서 쫓겨나 바랑 부인의
전철을 밟았는데, 나는 그녀를 바랑 부인의 집에서 가끔 보았다. 그러
나 부인처럼 연금을 받지 못했기 때문에 그녀는 갈레 양 곁에 붙어있는
것을 너무나 만족해 했다. 갈레 양은 그녀를 좋아하게 되어 자기 어머니
에게 그녀가 어떻게든 자리를 잡을 때까지는 동무로 삼게 해달라고 부
탁했던 것이다. 갈레 양은 그녀보다 한 살 아래로 훨씬 더 예뻤다. 그리
고 어딘지 모르게 더 우아하고 섬세했다. 게다가 대단히 귀엽기도 하거
니와 매우 성숙했는데, 처녀로서는 가장 아름다운 시기였다. 이 처녀들
은 둘 다 서로를 다정하게 사랑하고 있었고, 애인이 나타나서 그 사이를
방해하지 않는 한 서로의 착한 성격으로 인하여 그 결합은 오랫동안 유
지되지 않을 수 없었다. 그녀들은 갈레 양의 어머니 소유인 옛 성이 있
는 툰으로 가는 길이라고 했다.⁷⁾ 자기네들만으로는 말들이 냇물을 건
너가게 할 수가 없으니 나보고 도와달라고 사정했다. 내가 말에 채찍을
가하려고 하자, 그녀들은 내가 말의 뒷발질에 차일까봐 또 자기들로서

4) 마리 안 그라펜리드(Marie-Anne de Graffenried)는 1713년생으로 1732년
성모방문회 제2수도원에 들어갔고 1738년 봉리유 시토 수도원 원생이 되
어 거기서 1748년에 죽었다.
5) 클로딘 갈레(Claudine Galley)는 1710년생으로 1740년 자기보다 30살이나
연상인 사부아의 상원의원과 결혼했다. 1761년 과부가 된 그녀는 자식을
남기지 못하고 1781년 샹베리에서 죽었다.
6) 현재 스위스의 수도이며 베른 주의 주도이기도 한데, 인구의 대부분이 독
일어를 사용하는 신교도로 구성되어 있다.
7) 6년 전 과부가 된 갈레 부인은 실제로 톤(Thônes) 근처에 저택을 갖고 있
었다. 루소는 사투리로 톤을 툰(Toune)으로 썼다.

는 말이 껑충 뛸까봐 걱정했다. 그래서 나는 다른 방법을 사용했다. 갈 레 양이 탄 말의 고삐를 잡고 내가 앞장서서 잡아끌면서 물에 무릎까지 잠기며 시내를 건넜다. 그러자 다른 말도 순순히 따라왔다. 그러고 나 서 이 아가씨들에게 인사한 다음 미련한 사람처럼 가버리려고 했다. 둘 은 몇 마디 서로 소곤거리더니, 그라펜리드 양이 내게 말을 건넸다.

"안 돼요, 안 돼. 그렇게 도망치지 마세요. 우리 때문에 옷이 젖었잖 아요. 우리는 양심상 당신의 옷을 말려드려야 합니다. 제발 우리와 같 이 가주세요. 당신은 우리의 포로가 된 거예요."

나는 가슴이 뛰었다. 갈레 양을 바라보았다. 갈레 양은 당황한 내 안 색을 보고 웃으면서 덧붙여 말했다. "맞아요, 맞아. 전쟁 포로여, 저기 뒤에 타시지요. 우리가 당신을 맡을 거예요."

"하지만 아가씨, 나는 아직 당신 어머님을 뵙는 영광을 갖지 못했습니 다. 내가 가면 나를 보고 뭐라고 하실까요?" 그라펜리드 양이 말을 받았 다. "갈레 양의 어머님은 툰에 계신 게 아니에요. 우리들뿐이에요. 그리 고 우리는 오늘 저녁 때 돌아오니 당신도 우리와 함께 돌아오면 되잖아요."

이 몇 마디 말이 정전기보다도 더 빨리 내게 효과를 냈다. 그라펜리드 양의 말 위에 뛰어오를 때 기쁨으로 몸이 떨렸다. 그리고 몸을 지탱하기 위해 그녀를 껴안지 않을 수 없었을 때 심장이 몹시 세게 뛰는 바람에 그 녀가 그것을 알아차렸을 정도였다. 그녀는 내게 말에서 떨어질까 무서 워 자기 심장도 뛴다고 했다. 그것은 나의 자세로 보아 거의 사실을 확 인해 보라고 유혹하는 것과 같았지만 내게는 결코 그럴 용기가 없었다. 길을 가는 내내 내 두 팔은 실상 그녀를 꼭 죄고 잠시도 움직이지 않는 허리띠의 구실을 한 셈이다. 이것을 읽게 될 여성들 중 내 따귀를 기꺼 이 갈길 분이 있다 하더라도 그분 잘못이 아닐 것이다.

나들이하는 것이 즐겁기도 하고 또 그 처녀들이 수다를 늘어놓는 바 람에 나도 자극을 받아 말이 많아져 우리는 저녁때까지 그리고 함께 있

216

는 동안 잠시도 입을 다물지 않았다. 그녀들이 나를 매우 편안하게 만들어주어서 내 혀는 내 눈만큼이나 말을 많이 했다. 비록 혀와 눈이 같은 것을 말하지는 않았지만 말이다. 내가 그녀들 중 하나와 단둘이만 있게 되었을 때 오직 몇몇 순간만 대화가 좀 막혔지만, 다른 쪽이 곧 자리로 돌아와 우리에게 이러한 곤경을 해소할 시간적 여유도 주지 않았다.

튠에 도착하고 내 옷이 잘 마른 후 우리는 아침을 먹었다. 그러고 나서 점심준비라는 중요한 일을 수행해야 했다. 두 아가씨는 요리하면서도 소작인 여자의 아이들에게 가끔 입을 맞추어주었고 그 가련한 요리사의 조수는 이를 악물고 간신히 참으면서 그것을 바라보고 있었다. 식료품은 시내에서 미리 보내온 것이 있어서, 매우 훌륭한 점심, 특히 달콤한 과자가 곁들여져 있다는 점에서 매우 근사한 점심을 만들 재료는 있었다. 그러나 유감스럽게도 포도주를 잊어버렸다. 포도주를 거의 마시지 않는 처녀들이니 그것을 잊어버렸다고 해도 놀랄 것이 없다. 그러나 나는 그것을 유감으로 생각했다. 왜냐하면 대담해지기 위해 포도주의 힘을 빌리려고 다소 기대했기 때문이다. 그녀들도 그것을 유감으로 생각했는데, 어쩌면 그것은 같은 이유에서인지 모르겠지만, 내가 그렇게 믿는 것은 전혀 아니다. 그녀들이 보이는 활기차고 매력적인 명랑함은 천진난만함 자체였다. 게다가 그녀들이 나를 자기네 둘 사이에 놓고 어떻게 할 수 있었겠는가? 그녀들은 포도주를 구하러 근방의 여기저기에 사람을 보냈다. 그러나 포도주는 없었다. 그만큼 이 고장 농부들은 술을 절제하기도 했고 가난하기도 했다. 그녀들이 내게 포도주가 없어 침울한 표정을 드러내서, 그것을 가지고 그렇게 걱정할 것은 없으며 그녀들이 나를 취하게 만들기 위해서 포도주가 필요한 것은 아니라고 말했다. 이것이 그날 하루 동안 내가 감히 입 밖에 꺼낸 유일한 달콤한 말이었다. 그러나 이 장난꾸러기 아가씨들은 이러한 달콤한 말이 진실이었음을 알고도 남았다고 생각한다.

우리들은 소작인 여자의 부엌에서 점심식사를 했다. 두 여자 친구들은 긴 식탁 양쪽에 의자를 놓고 앉았고, 그녀들의 손님인 나는 두 여자들 사이에 껴 삼각(三脚) 의자에 앉았다. 참으로 멋진 오찬이었다. 실로 매력에 가득 찬 추억이 아닐 수 없다! 이렇게 적은 비용으로 이렇듯 순수하고 참된 즐거움을 맛볼 수 있는데 어떻게 다른 즐거움들을 구하려 들겠는가? 암만 파리의 고급 음식점의 저녁식사라 해도 이 식사에는 결코 미치지 못한다. 단지 유쾌함이라든가 달콤한 즐거움에 대해서만 하는 말이 아니라 미각의 즐거움에 대해서도 하는 말이다.

점심식사 후에는 절약을 했다. 식사 때 남았던 커피를 마시지 않고, 그녀들이 가져온 크림과 과자와 함께 간식으로 먹으려고 남겨두었다. 그리고 식욕을 돋우기 위해 과수원으로 가서 버찌로 디저트까지 끝냈다. 내가 나무 위에 올라가 버찌 송이를 따서 그녀들에게 던지면 그녀들은 내게 그 씨를 가지 사이로 되던졌다. 한 번은 갈레 양이 앞치마를 앞으로 내밀고 고개를 뒤로 젖힌 상태에서 몸을 잘 드러내놓고 있었고 나도 겨냥을 잘해서 그녀의 가슴 속으로 버찌 한 송이를 떨어뜨렸다. 그러자 웃음이 터졌다. 나는 속으로 중얼거렸다. "내 입술이 버찌라면 얼마나 좋을까! 정말 기꺼이 내 입술을 그녀들에게 던져주련만."

더할 나위 없이 자유롭지만 여전히 다시없이 조심하면서 장난치는 사이에 이런 식으로 하루가 지나갔다. 야릇한 말 한마디, 야한 농담 한마디도 없었다. 그러나 우리가 이러한 예의를 스스로에게 강요한 것이 전혀 아니라 저절로 그렇게 된 것이다. 우리는 그저 기분에 따랐던 것이다. 요컨대 내가 얼마나 얌전했는가 하면 — 다른 사람들은 나를 멍청이라고 하겠지만 — 어쩌다가 나도 모르게 저지른 가장 허물없는 태도라고 해야 갈레 양의 손에 꼭 한 번 입맞춤을 했던 정도였다. 사실 이 사소한 호의에 중요성을 부여한 것은 그 상황이었다. 갈레 양과 단둘이 있었는데 나는 숨쉬기가 곤란했고 그녀도 눈을 내리깔고 있었다. 내 입은 무

218

엇인가 할 말을 찾는 대신에 그녀의 손에 입을 맞출 생각을 했 그녀는 손에 입맞춤을 받고 나서 화난 기색은 조금도 없이 나를 쳐다 면서 살그머니 손을 빼냈다. 그때 내가 그녀에게 무슨 말을 할 수 있었을지 지금도 모르겠다. 나는 그녀에게 무슨 말을 해야 할지 몰랐다. 바로 이때 그녀의 친구가 들어왔는데, 그 순간 그녀가 밉게 보였다.

마침내 그녀들은 시내까지 돌아가려면 밤까지 거기 있어서는 안 되겠다는 생각이 났다. 해가 있을 때 도착하려면 우리에게 남은 시간이 빠듯했다. 그래서 왔던 것처럼 말을 나눠 타고 출발을 서둘렀다. 내게 용기가 있었다면, 짝을 바꾸었을 것이다. 갈레 양의 시선에 내 마음이 격렬히 흔들렸기 때문이다. 하지만 나는 감히 아무 말도 못했다. 그렇다고 그녀 쪽에서 그렇게 하자고 제의할 수도 없었다. 우리는 돌아오면서 날이 저무는 것이 잘못이라고 했다. 그렇지만 속으로는 하루가 짧다고 불평하기는커녕 우리에게는 갖가지 오락으로 하루를 길게 연장시키는 비결이 있었다고 생각했다. 우리는 그 오락으로 하루를 가득 채울 줄 알았던 것이다.

나는 아까 그녀들에 붙들렸던 거의 같은 장소에서 그녀들과 헤어졌다. 얼마나 서운해 하면서 헤어졌던가! 그리고 얼마나 기쁘게 다시 만나기로 했던가! 함께 보냈던 12시간이 우리에게는 몇백 년 동안 맺은 친교와 같았다. 이날의 달콤한 추억은 이 사랑스러운 처녀들의 마음에 어떠한 부담도 주지 않았다. 우리 세 사람 사이를 지배하는 정다운 결합은 더욱 강렬한 쾌락에 못지않았으며, 그러한 쾌락과는 함께 존속할 수 없었을 것이었다. 우리는 비밀도 수치도 없이 서로 사랑했으며, 언제까지나 이렇게 서로 사랑하고 싶었다. 순결한 품행에는 다른 관능적 쾌락에 못지않은 나름의 관능적 쾌락이 있었다. 왜냐하면 그것은 결코 중단되지 않고 계속해서 작용하기 때문이다. 나로서는 이렇듯 아름다운 날의 추억이야말로 내 평생에 맛본 어떤 즐거움의 추억보다도 한결 나를 감동시키고 매혹시키며 더욱 마음에 되살아난다는 사실을 알고 있다. 내가 이 매력적인 두 처녀들에게 무엇을 바랐는지 그것은 제대로 잘 몰랐지만, 이 양쪽에게 다 마음이 끌렸다. 그러나 내 뜻대로 조정할 수 있었다면 내 마음이 양쪽으로 나뉘어졌을 것이라고 말하려는 것은 아니다. 나는 내 마음에서 누군가에게 약간 더 애정이 기울어지는 것을 느꼈다. 나는 그라펜리드 양을 애인으로 삼는다면 행복했을 것이다. 그러나 의향대로 한다면 그녀를 흉허물 없는 이야기 상대로 삼는 편이 더 좋았으리라고 생각한다. 어쨌든 그녀들과 헤어지면서 나는 그 둘 중 어느 하나고 없다면 더는 살 수 없을 것만 같았다. 내 생전에 그녀들을 다시 만나지 못하게 되어 우리의 덧없는 사랑이 여기서 끝이 나리라고 누가 내게 말할 수 있었으랴?

이것을 읽는 사람들은 서두를 길게 늘어놓은 후에 가장 진행된 것이 고작 손에 입맞춤하는 것으로 끝나는 것을 보면서 틀림없이 나의 연애 사건을 비웃을 것이다. 오, 독자 여러분들이여! 착각하지 마시라. 적어도 손에 입맞춤하는 것으로 시작하는 여러분의 연애에서 여러분들이 얻게 될 쾌락보다도 나는 손에 입맞춤하는 것으로 끝나는 나의 연애에서 아마도 더욱 많은 즐거움을 얻었을 것 같다.

전날 매우 늦게 잠자리에 들었던 방튀르는 내가 들어온 지 얼마 되지 않아 들어왔다. 이번만은 그를 보아도 여느 때만큼 반갑지가 않았다. 그리고 내가 하루를 어떻게 보냈는지에 대해서도 그에게 말하지 않으려고 조심했다. 그 두 아가씨들은 그에 대해 거의 존경하는 기색 없이 말했으며, 내가 그렇게 형편없는 사람의 손에 맡겨져 있는 것을 알고는 불만스러워하는 눈치였다. 이 때문에 나는 그를 마음속으로 못마땅하게 여겼다. 게다가 그녀들로부터 내 주의를 딴 데로 돌리는 모든 것이 내게는 유쾌하지 않을 수밖에 없었다. 그렇지만 그는 내 처지에 대해 말하면서 곧 내 주의를 자신과 내게로 돌려놓았다. 내가 처한 상황은 너무도 절박해서 그대로 지속될 수 없었다. 쓰임새는 거의 없었지만 몇 푼 안 되는 내 저금도 끝내 바닥이 나고 말았다. 어찌할 도리가 없었다. 엄마의 소식은 없었다. 나는 앞날에 눈이 캄캄했다. 그리고 갈레 양의 친구인 내가 거지 신세가 된다고 생각하니 가슴이 고통스럽게 조여드는 것 같았다.

방튀르는 내게 말하길 자기가 지방법원장에게 내 이야기를 했고 나를 내일 오찬에 데리고 가고 싶다고 했다. 또 그 법원장은 자기 친구들을 통해서 나를 도와줄 수 있는 사람인 데다가, 알고 지내기에는 좋은 사람이며 재치도 있고 문학도 알며 매우 유쾌한 사교성을 갖추고 있고 재능이 있으며 재능을 사랑하는 사람이라고도 했다. 그러고 나서 그는 극히 진지한 것들을 가장 하찮은 것들에 뒤섞는 평소의 자기 버릇대로 내게 멋진 가사 1절을 보여주었는데, 그것은 파리에서 온 것으로 당시 상연되던 무레8)의 오페라 곡에서 따온 것이었다. 이 가사가 시몽 씨(이것이 지방법원장의 이름이다)의 마음에 매우 들어서 그도 같은 곡조에 이에 대응하는 또 다른 가사를 짓고 싶어 했다. 시몽 씨는 방튀르에게도 하나 지어보라고 권했던 바 있었다. 그러자 방튀르는 내게 세 번째 것을 짓게 하려는 터무니없는 생각이 들었는데, 그는 말하길 《우스운 이야기》9)라는 소설에 나오는 들것처럼 내일 제각기 가사들을 내놓는 장면을 보여주기 위해서라고 했다.

---

8) Jean Joseph Mouret(1682~1738) : 프랑스의 작곡가. 멘 공작부인 댁의 음악 감독관을 지냈다. 라모와 동시대인이었던 그는 프랑스의 취향과 이탈리아의 취향을 종합하여 프랑스 음악을 혁신했다. 그는 교향악과 실내악과 교회음악과 연극음악 등을 작곡했다. 그의 독창성은 무엇보다도 프랑스의 오페라 코미크를 예고하는 2백여 개의 춤과 노래가 든 막간극에 있다.

9) 《우스운 이야기》(Roman comique)는 17세기의 소설가 스카롱(P. Scarron)의 작품으로 유랑 희극극단의 이야기를 다루고 있다. 1부 7권에 '들것 사건'이 나오는데, 환자를 실은 들것 4개가 한꺼번에 여인숙에 밀려든다.

그날 밤 나는 잠이 오지 않아서 내가 맡은 가사를 겨우 지을 수 있었다. 처음으로 지은 시치고는 제법 괜찮았으며 우수하다고까지 할만 했다. 적어도 그 전날이었다면 그렇게까지 맛깔스럽게 짓지는 못했을 것이다. 왜냐하면 그 주제가 이미 내 마음이 전적으로 쏠렸던 매우 정다운 상황을 중심으로 전개되었기 때문이다. 아침에 내 가사를 방튀르에게 보여주었더니, 그는 멋지다고 하면서 자기 것을 지었는지에 대해서는 아무 말도 하지 않고 내 것을 제 호주머니에 집어넣었다. 우리는 시몽 씨 집에 가서 점심식사를 들었다. 그는 우리를 환대했다. 대화는 유쾌했다. 재치가 있는 데다가 독서로부터 도움을 받았던 두 사람 사이에서 대화가 유쾌하지 않을 리 없었다. 나로서는 분수를 지켜서, 잠자코 그들의 대화를 듣고만 있었다. 두 사람 누구도 가사에 대해서는 이야기하지 않았고 나 역시 그것에 대해 조금도 언급하지 않았다. 그리고 내가 아는 한 내 가사는 결코 언급된 적이 없었다.

시몽 씨는 내 태도에 만족한 것 같았다. 이것이 이 대면에서 그가 나에 대해 본 거의 전부였다. 그는 이미 바랑 부인 댁에서도 나를 여러 차례 보았지만 내게 그다지 주의를 기울이지 않았던 것이다. 그러므로 내가 그와 알게 된 것은 이 점심식사 때부터였는데, 그것이 그를 사귀려고 했던 목적에 비추어 내게 아무런 도움이 되지 못했지만, 그 후에 그 덕택에 다른 덕을 보게 되어 지금도 즐겁게 그를 기억하게 된다.

내가 그의 외모를 말하지 않는다면 잘못이리라. 내가 만약 그것에 대해 말하지 않는다면 사법관이라는 지위나 또 그가 뽐내는 섬세한 지성에 비추어 여러분들은 그의 외모를 상상하지 못할 것이다. 법원장 시몽 씨는 키가 확실히 1미터도 못 되었다. 그는 다리가 곧고 가늘며 제법 길기까지 해서 수직으로 세워져 있었다면 키를 높일 수 있으련만, 쫙 벌려진 컴퍼스 다리처럼 비스듬히 걸쳐져 있었다. 그 몸통은 짧을 뿐 아니라 야위어서 모든 방면에서 상상할 수 없을 정도로 작았다. 옷을 벗고 있을 때

222

면 메뚜기같이 보일 것이 틀림없다. 머리는 보통 크기에 얼굴도 잘 생긴 데다가 품위도 있고 눈도 꽤 아름다워서, 발육이 불완전한 몸통에 머리 만을 따로 떼어 붙여놓은 듯했다. 그가 쓴 커다란 가발만으로도 머리에 서 발끝까지 온몸을 감쌀 수 있으니 복장에는 돈을 들이지 않아도 되었다.

그는 아주 다른 두 가지 목소리를 냈는데, 그 목소리들은 대화 속에서 끊임없이 대조적으로 섞여 나왔다. 그런데 그 대조는 처음에는 재미있 지만 얼마 안 가서 몹시 불쾌하게 들렸다. 하나는 낮고 우렁찬 목소리 로, 내가 감히 이렇게 말해도 된다면 머리에서 나오는 소리라고 할 수 있다. 다른 하나는 높고 날카롭고 째질 듯한 목소리로 몸통에서 나오는 소리다. 매우 가식적으로 말할 때나 매우 침착하게 말할 때 또 숨을 고 르며 말할 때 그는 언제나 자신의 굵은 목소리로 말했다. 그러나 조금이 라도 흥분하거나 더 격한 억양이 나타나면, 그 억양이 관악기 키의 날카 로운 소리처럼 되어서 그가 원래의 저음으로 되돌아가기란 정말로 어려 웠다.

나는 막 시몽 씨의 외모를 묘사했는데, 그것은 조금도 과장된 것이 아 니다. 그런데 그런 외모를 한 그였지만 여자들에게 친절하고 달콤한 말 을 꽤나 속삭였으며 몸치장이 멋 부리는 데까지 나갔다. 그는 자신에게 유리하도록 궁리해서, 아침에 면담하러 오는 사람들을 대체로 침대에 서 나오지 않고 접견했다. 왜냐하면 베개를 받친 그 잘 생긴 얼굴을 보 았을 때, 아무도 그것이 전부라고는 생각하려 들지 못할 것이기 때문이 다. 그로 인하여 가끔 볼 만한 광경들이 일어났는데, 나는 안시 전체가 아직도 그것을 기억하리라고 확신한다. 어느 날 아침 그가 침대 속 아니 더욱 정확히 말하면 침대 위에서, 커다란 장미색 리본매듭 2개로 장식 된 매우 사치스럽고 아주 하얀 아름다운 나이트캡을 쓰고서 소송인들을 기다리고 있었는데, 어떤 농부 한 사람이 와서 문을 두드린다. 하녀는 외출하고 없었다. 법원장은 두 번째로 문을 두드리는 소리를 듣고서 "들

어오시오"라고 외친다. 그런데 약간 너무 세게 말하는 바람에 이것이 날
카로운 목소리에서 나왔다. 그 남자가 들어와서 어디서 그런 여자 목소
리가 날까 살펴보고는, 그 침대에서 여성용 모자와 리본매듭을 보고 부
인에게 공손히 사과하고 다시 나가려고 한다. 시몽 씨는 기분이 상해서
외치는 소리가 더욱 높아질 뿐이다. 농부는 그가 여자라는 자신의 생각
을 굳히고 모욕을 당했다고 생각하며 그에게 욕설을 퍼붓고 "너는 한갓
창녀임에 틀림없다. 법원장이란 사람은 자기 집에서 좋은 모범을 거의
보이지 못하는구나"라고 말했다. 노발대발한 법원장은 손에 잡히는 무
기라고는 요강밖에 없어서 그것을 그 가엾은 남자의 머리에 내던지려고
할 찰나에 마침 가정부가 왔다.

　육체적인 면에서 자연의 혜택을 받지 못하여 볼품없는 이 작은 난쟁
이는 정신적인 면에서 그 보상을 받았다. 그는 천성적으로 매력적인 지
성을 지니고 있는 데다가 정성을 들여 그것을 가꾸었다. 사람들은 그가
상당히 훌륭한 법률가라고 했지만 본인은 자기 직업을 좋아하지 않았
다. 그는 가벼운 문학 방면에 뛰어들어서 성공했다. 그는 그런 문학으
로부터 무엇보다도 교제 특히 부인들과의 교제에서 즐거움을 불러일으
키는 그 화려한 겉모습과 글을 아름답게 꾸미는 것을 받아들였다. 그는
금언집에서 나온 짤막한 표현들이나 또 그와 유사한 표현들을 외워두고
있었다. 그리고 60년 전에 일어났던 일을 마치 어제 일어났던 일화처럼
재미있고 비밀스럽게 이야기해서 그 표현들을 잘 써먹을 줄 아는 재주
가 있었다. 그는 음악에도 조예가 있어서, 그의 남자 목소리로 유쾌하
게 노래를 불렀다. 요컨대 그는 법관으로서는 상당히 다재다능한 사람
이었다. 안시의 부인들의 비위를 잘 맞추는 덕분에 그녀들 사이에서는
인기가 대단했다. 그녀들은 그를 새끼 거미원숭이[10] 처럼 자기들 뒤에

---

10)  거미원숭이는 '작고 못생긴 사람'을 가리키기도 한다.

데리고 다녔다. 그는 심지어 염복을 바라기까지 했는데, 그것이 부인들을 매우 재미나게 했다. 데파니 부인 같은 여인들은 여성의 무릎에 키스하는 것이 그에게는 더 바랄 나위 없는 애정표시라고 말하곤 했다.

그는 좋은 책들을 알고 있었고 즐겨 그 이야기를 해서 그와의 대화는 재미있을 뿐만 아니라 교육적이었다. 내가 후에 공부에 흥미를 갖게 되었을 때 그와의 교제를 돈독히 했고 그로부터 매우 덕을 보았다. 나는 그 당시 샹베리에 있었는데, 거기서 가끔 그를 만나러 다녔다. 그는 칭찬도 하고 경쟁심을 불러일으키기도 하며 나의 독서에 관해서도 훌륭한 의견을 피력하기도 했는데, 나는 자주 그 의견에서 얻는 바가 있었다. 불행하게도 이렇듯 가냘픈 육체에 매우 민감한 영혼이 깃들어 있었다. 몇 해 후에 무슨 일인지는 모르지만 어떤 불상사가 생겨, 그 때문에 마음을 상하여 죽고 말았다. 실로 유감스런 일이었다. 그는 정녕 사람 좋은 난쟁이로 사람들에게 처음에는 웃음거리가 되었지만 마침내는 사랑을 받았다. 그의 생애는 나의 생애와 거의 관계가 없었지만 그에게서 내가 유익한 가르침을 받아왔기 때문에 감사하는 마음에서 그에게 대수롭잖은 추억이나마 바칠 수 있다고 믿는 바이다.

나는 시간적 여유가 생기자마자 갈레 양이 사는 거리로 달려갔다. 누가 들락날락하는 것이 보이거나 하다못해 창이 열리는 것쯤은 보이리라 기대했던 것이다. 그런데 아무것도 없었다. 개미 새끼 한 마리 나타나지 않았다. 뿐만 아니라 내가 거기 서 있는 내내 그 집은 마치 사람이 전혀 살지 않았던 것처럼 닫혀 있었다. 그 거리는 워낙 좁고 인적이 없어서 사람 하나라도 눈에 잘 띄었다. 이따금 부근에서 누군가 지나가고 들어가고 나가곤 했다. 나는 나 자신의 모습에 몹시 당황했다. 내가 왜 거기에 있는지 사람들이 짐작하고 있는 것처럼 보였고, 이런 생각에 정말 못 견디게 괴로웠다. 왜냐하면 나는 언제나 나 자신의 즐거움보다도 내가 사랑하는 여성들의 명예와 평안을 더 소중히 여겨왔기 때문이다.

마침내 스페인 연인11) 행세를 하기에도 지쳤거니와 기타도 갖고 있지 않아서, 그라펜리드 양에게 편지를 쓰기로 마음을 먹었다. 실은 그녀의 친구 갈레 양에게 편지를 쓰고 싶었지만 그럴 용기가 없었다. 그리고 내가 그라펜리드 양 덕분으로 갈레 양을 알게 되었고 그녀와 더욱 친근하기 때문에 그녀부터 시작하는 것이 바람직했다. 편지를 쓴 후 우리가 헤어질 때 두 아가씨들과 약속한 대로 그것을 지로 양에게 가지고 갔다. 내게 이런 술책을 일러주었던 것은 바로 그녀들이었다. 지로 양은 가구 같은 것을 수선하고 실내장식품을 만드는 여자로 가끔 갈레 부인 집에서 일하기 때문에 그 집에 드나들었다. 그렇지만 이 심부름꾼은 내가 보기에 그리 썩 잘 고른 것 같지는 않아 보였다. 그러나 내가 그녀에게 까다롭게 군다면 또 다른 심부름꾼을 추천받지 못할까 염려가 되었다. 게다가 그녀가 자기 속셈을 위해 일하려 한다는 말도 감히 하지 못했다. 나는 그녀가 나에 대해 자신도 그 두 아가씨들과 마찬가지로 여자라고 감히 생각해서 굴욕을 느꼈다. 그래도 나는 이런 연락책이라도 아주 없는 것보다는 나았으므로 모든 위험을 무릅쓰고 그녀에게 매달렸다.

지로는 첫 마디에 내 마음을 알아차렸는데, 그것은 어렵지 않았다. 처녀들에게 보내는 편지로도 뻔했지만, 그렇지 않았다 하더라도 내 어색하고 당황한 태도만으로 내 마음이 드러나고도 남았을 것이다. 이런 심부름을 하는 것이 그녀에게 그다지 달갑지 않으리라는 것은 여러분도 짐작할 수 있을 것이다. 그럼에도 불구하고 그녀는 그 일을 맡아 충실하게 이행했다. 이튿날 아침 나는 그녀에게 달려가서 내게 온 답장을 보았다. 그 편지를 실컷 읽고 그것에 입 맞추기 위하여 얼마나 허겁지겁 그녀의 집을 뛰쳐나왔던가! 그것은 말할 필요도 없다. 그러나 지로 양이 취했던 태도는 꼭 말할 필요가 있다. 나는 거기서 내가 그때까지 기대했

---

11) 창가 아래에서 세레나데를 부르며 여인을 기다려야만 하는 연인의 신세를 암시한다.

던 것 이상의 세심함과 신중함을 보았다. 나이가 37살인 데다가 토끼 같은 눈에 못생긴 코와 앙칼진 목소리에, 피부가 검은 그녀는 맵시가 넘치고 눈이 부시도록 아름다운 두 젊은 처녀들과는 상대가 되지 않는다는 것쯤은 알고도 남을 만한 양식을 갖고 있어서 그녀들을 배반하려고 하지도 않았고 그녀들을 도우려고도 하지 않았다. 하지만 그녀에게는 그녀들을 위해 나를 배려하느니보다 차라리 나를 잃는 것이 더 나았다.

메르스레는 여주인의 소식이 끊어졌으므로 벌써 얼마 전부터 프리부르로 돌아갈 생각을 하고 있었다. 지로는 메르스레에게 그렇게 하도록 단단히 결심시켰다. 뿐만 아니라 지로는 그녀에게 누군가 그녀를 아버지 집에까지 데려다 주는 편이 좋을 것이라는 말을 하고 나를 추천했다. 그 귀여운 메르스레도 내가 싫지는 않아서 그런 구상이 실행되면 대단히 좋겠다고 생각했다. 그녀들은 그날로 다 준비된 일처럼 내게 그 이야기를 꺼냈다. 나를 자기들 마음대로 처분하는 이러한 처사가 전혀 싫지 않았기 때문에, 이번 여행이 고작해야 일주일 정도의 일이겠지 생각하면서 이에 동의했다. 나와는 속셈이 달랐던 지로는 만반의 준비를 했다. 나는 내 주머니 사정을 남김없이 고백하지 않을 수 없었다. 그녀들은 그것에 대비하고 있었는데, 메르스레가 내 경비를 책임지고 부담하기로 했다. 그리고 내게 드는 비용을 다른 데서 만회하기 위해 나의 간청대로 그녀의 작은 짐을 앞서 보내고 우리들은 천천히 걸어가기로 결정했다. 그리하여 그대로 실행되었다.

그렇게 많은 젊은 처녀들이 나를 연모하다니 애석하다. 그러나 그 모든 사랑들에서 내가 얻은 이익에 대해 그리 자만할 이유가 없으므로 거리낌 없이 진실을 말할 수 있다고 생각한다. 지로보다도 더 젊고 덜 영악한 메르스레는 내게 그녀만큼 열렬한 교태를 보인 적은 없지만, 내 어조와 억양을 흉내 내고 내가 하는 말을 되풀이했다. 그리고 내가 그녀에게 마음을 써서 해주어야 했을 일을 도리어 그녀가 내게 해주었다. 그녀는 매우 겁쟁이라서 우리들이 같은 방에서 자게끔 언제나 각별히 신경을 썼다.  그런데 여행하는 중에 20살의 총각과 25살의 처녀 사이에서 혼숙(混宿)이 거기서 그치는 경우는 거의 없다.

   그렇지만 이번 경우는 거기서 그쳤다.  나는 순진하기 짝이 없어서 메르스레가 싫은 것도 아니었는데도 여행 내내 연애하고 싶은 마음은 물론이고 그와 연관된 생각조차 떠오르지 않았다.  또 설사 그런 생각이 있었다고 하더라도 너무나 어리석어서 그것을 이용할 줄 몰랐다.  처녀총각이 어떻게 동침까지 하게 되는지 상상도 못했다.  이런 끔찍한 계획을 꾸미기 위해서는 수백 년이 걸릴 것 같았다.  만약 그 가련한 메르스레가 내 경비를 치러주고 그것에 상당하는 어떤 것을 기대했다면 그녀는 그에 대해 잘못 생각한 것이다.  우리는 안시를 떠났던 때와 똑같은 상태로 프리부르에 도착했으니까 말이다.

   제네바를 지나면서도 나는 누구 한 사람 찾아가지 않았다.  그러나 다리 위에 이르자 기분이 막 불편해지기 시작했다.  이 행복한 도시의 성벽을 바라보고 또 그 안으로 발길을 옮길 때마다 항상 벅찬 감동에 심장이 마비되는 것과 같은 느낌을 가졌다.  고귀한 자유의 이미지가 나의 영혼을 승화시키는 동시에 평등과 단결과 미풍양속의 이미지는 눈물이 흐르도록 나를 감격시켰고 이런 일체의 행복을 상실했다는 절실한 후회를 불러일으켰다.  나는 그때 얼마나 착각하고 있었던 것인가!  그러나 이러한 착각은 또한 얼마나 당연한 것인가!  나는 이런 것들 모두를 마음속에 간직하고 있었기 때문에 내 조국에서 그것들을 보는 듯했다.

   우리는 니옹을 지나가야 했다.  착한 아버지를 만나지 않고 지나가는 것!  만약 내가 이런 만용을 저질렀다면 나는 그 때문에 죽도록 후회했을 것이다.  나는 메르스레를 여관에 남겨둔 채 온갖 위험을 무릅쓰고 아버지를 뵈러 갔다.  그분을 두려워하다니 얼마나 잘못된 생각이었던가!  아버지는 나를 보자마자 그 영혼에 가득히 서리었던 부성애에 휩싸이셨

다. 우리는 서로 얼싸안고 얼마나 눈물을 흘렸던가! 아버지는 처음에
내가 그분에게 아주 돌아온 것이라고 생각하셨다. 나는 아버지에게 내
신상 이야기와 내 결심을 말씀드렸다. 아버지는 강하게 나가지는 않았
지만 내 결심을 꺾으려고 하셨다. 그분은 내게 닥친 위험들을 설명하고
나서 철없는 짓일랑은 되도록 빨리 집어치우는 것이 상책이라고 말씀하
셨다. 그렇지만 아버지도 억지로 나를 붙잡고 싶은 마음까지는 없었다.
나는 이 점에서 그분이 옳았다고 생각한다. 그러나 나를 되돌아오게 하
기 위해서 그분이 할 수 있었을 모든 것을 다 하지 않은 것만은 사실이
다. 그것은 내가 이미 발걸음을 내딛은 후이니 내가 생각을 돌이키지 않
을 것이 틀림없다고 그분 자신이 판단했기 때문에 그랬는지, 혹은 나만
큼 나이가 먹은 사람을 어떻게 하면 좋을지 난감해서 그랬는지 모른다.
후에 나는 아버지가 나와 동행이던 메르스레에 관해 사실과 사뭇 거리
가 먼 부당한 견해를 가졌던 것을 알게 되었다. 그러나 그런 견해를 갖
는 것도 무리는 아니었다. 나의 계모는 좋은 여인으로 겉으로는 다소 상
냥한 편이었는데 나를 저녁식사에 붙들어 두고 싶어 하는 척했다. 그러
나 나는 머무르지 않았다. 그렇지만 돌아오는 길에는 부모님 곁에 더 오
래 머무를 생각이라고 말했다. 그리고 배편으로 보내 놓은 짐이 귀찮기
도 해서 부모님에게 맡겨두었다. 이튿날 아침 나는 일찌감치 길을 떠났
다. 아버지도 만나 뵈었고 용기를 내서 의무도 이행해서 여간 마음이 홀
가분하지 않았다.

우리는 무사히 프리부르에 도착했다. 여행이 끝나갈 무렵에는 메르
스레의 열기도 약간 식었다. 우리가 도착한 후 그녀는 이제 내게 쌀쌀맞
게만 굴었고, 그녀의 아버지도 부유한 생활을 하는 것이 아니었기 때문
에 그리 반갑게 맞아주지 않았다. 나는 주막에 가서 묵었다. 다음 날 메
르스레 부녀를 찾아가서, 그들이 나를 위해 마련한 점심 대접도 받았다.
우리들은 눈물도 흘리지 않고 헤어졌다. 저녁에는 그 싸구려 주막으로

돌아와 쉬고 다음 날 이곳에 온 지 이틀 만에 정처 없이 길을 떠났다.

그런데 이것은 다시 한번 하늘이 내가 행복한 나날을 보내기 위하여 필요로 했던 바로 그것을 내게 마련해준 내 생애의 기회였다. 메르스레라는 여자는 조금도 지적이지 않고 예쁘지도 않았지만 그렇다고 또 조금도 못나지도 않은 지극히 착한 처녀였다. 좀 신경질을 부리는 것을 제외하면 그리 흥분하지 않고 매우 분별이 있었다. 신경질을 부릴 때도 울면 괜찮아졌고 계속 소란을 떨지는 않았다. 그녀는 나를 정말로 좋아했다. 그러므로 나는 힘들이지 않고 그녀와 결혼해서 그녀 아버지의 직업을 이어갈 수도 있었을 것이다. 나는 음악에 취미가 있으므로 그 직업도 내 마음에 맞았을 것이다. 그래서 그리 아름답지는 않지만 대단히 선량한 주민들이 사는 소도시 프리부르에 정착했을 것이다. 어쩌면 큰 즐거움은 잃었을는지 모르지만 마지막 숨을 거두는 순간까지 평화롭게 살았을 것이다. 그러므로 그 거래에서 망설일 필요가 없었다는 것을 어느 누구보다도 내가 더 잘 알 것이다.

나는 니옹이 아니라 로잔으로 돌아갔다. 거기서 가장 전망이 넓게 보이는 그 아름다운 호수를 실컷 바라보고 싶었다. 내가 결정을 내리는 데 있어 숨은 동기들이라는 것은 대부분 그다지 근거가 확실하지 않았다. 내가 먼 안목을 갖고 그것으로 힘을 내어 움직인 적은 거의 없다. 미래의 불확실성으로 나는 오랜 실천을 요하는 계획을 언제나 속임수처럼 여겼다. 희망을 품는 데 아무런 희생을 치르지 않기만 한다면 나도 다른 사람처럼 그것에 빠진다. 그러나 오랫동안 힘을 들여야 한다면 나는 그만 손을 들고 만다. 아무리 하찮은 작은 즐거움이라도 내 손에 쥐어지는 것이라면 그것은 낙원의 환락보다도 더 내 마음을 끈다. 그렇지만 고통이 따라야 하는 즐거움은 예외다. 또 그런 즐거움에는 마음이 끌리지도 않는다. 왜냐하면 나는 오로지 순수한 향락만을 좋아하기 때문이며, 그것이 후회를 자초한다는 것을 알 때 사람들은 순수한 향락을 가질 수 없

230

기 때문이다.

　나는 어디라도 좋으니 도착해 머물 곳이 절실히 필요했다. 그리고 가까울수록 더 좋았다. 그도 그럴 것이 길을 잃고 헤매다가 저녁때야 겨우 무동12)에 이르렀는데, 얼마 되지 않은 나머지 돈을 써버리고 남겨둔 10 크로이처13)는 다음 날 여행 중 점심값으로 날아가버렸기 때문이다. 이튿날 저녁때에는 로잔 근처에 있는 조그만 촌락에 당도했다. 숙박비를 치를 돈도 한 푼 없이 어떻게 될지 걱정도 않고 어느 주막에 들어갔다. 몹시 시장했다. 충분히 지불할 돈이 있는 것처럼 태연히 저녁을 시켰다. 그리고 아무 생각 없이 잠자리에 들어 편안히 잘 잤다. 다음 날 아침에 아침을 먹고 나서 주인에게 계산을 부탁하고 7바츠의 숙박비로 조끼를 잡히려고 했다. 이 선량한 사람은 이를 사양했다. 그는 말하길 다행히도 아직 어느 누구의 옷을 벗긴 적이 없었는데 돈 7바츠 때문에 그런 짓을 시작하고 싶은 생각은 없으니 조끼는 그냥 입고 가고 돈은 치를 수 있을 때 치러달라는 것이었다. 나는 그의 친절에 감동했다. 그런데 그 당시에는 당연히 감동해야 했던 것보다 덜 감동을 받았지만, 그후 이 일을 다시 생각할 때 더욱 감동받았다. 나는 얼마 지나지 않아 확실한 사람을 시켜 감사하다는 인사말과 함께 그가 받을 돈을 보내주었다. 그런데 그로부터 15년이 지난 후 이탈리아에서 돌아오는 길에 나는 로잔을 다시 지나게 되었는데, 그때 그 주막과 그 주인의 이름을 잊어버리고 만 것이 진짜 섭섭했다. 그를 만나러 가고 싶었는데. 그에게 자신의 선행을 상기시키고 그 선행이 헛되지 않았음을 보였다면 정말 기뻤을 것이다. 어쩌면 이보다 더 긴요한 도움이라 할지라도 과시하기 위하여 도움

---

12) 무동(Moudon)은 현재 스위스 보(Vaud) 주(州)의 읍으로 로잔으로부터 23㎞ 떨어진 곳에 있다.

13) 보 지방은 1536년 베른에 의하여 정복당하여 베른의 화폐단위를 채택하게 되었다. 4크로이처는 1바츠이고, 30바츠는 1탈러 혹은 1에퀴이다.

을 준 것이라면 내게는 그것이 이 유덕한 사람의 소박하고 표가 나지 않는 인정만큼 감사할 만한 가치가 있는 것처럼 보이지 않았다.

로잔에 가까워질수록 나는 내가 처한 궁상을 생각하고, 내 비참한 상태를 계모에게 보이러 가지 않고 난관을 벗어날 방도를 곰곰이 생각했다. 그리고 이렇게 걸어서 순례중인 나 자신을 안시에 도착할 때의 내 친구 방튀르와 비교하여 보았다. 나는 이런 생각에 몹시 흥분하여 내게는 그가 갖고 있는 사랑스러움도 재주도 없다는 것은 생각하지도 않고 로잔에서 작은 방튀르 행세를 하면서 알지도 못하는 음악을 가르치고 파리에는 한 번도 가본 적이 없이 자칭 파리사람인 척하기로 마음을 정했다. 그곳에는 임시 고용 교회악사로 일할 성가대도 없었거니와 내가 음악계통 사람들 틈에 끼는 것을 피하려 했기 때문에, 이런 멋진 계획에 따라서 우선 싼 가격에 편하게 지낼 수 있는 자그마한 하숙집을 알아보는 것부터 시작했다. 어떤 사람이 페로테라는 사람을 알려주었는데, 그 사람이 하숙을 친다는 것이다. 이 페로테라는 사람은 세상에 다시없이 좋은 사람으로 나를 대단히 친절하게 맞아주었다. 나는 그에게 미리 꾸며놓은 대로 사소한 거짓말들을 늘어놓았다. 그는 사람들에게 내 이야기를 해서 학생들을 구해주도록 힘써보겠다고 약속했다. 돈도 내가 수입이 있게 되면 그때 가서 받겠노라고 했다. 하숙비는 은화 5에퀴였는데, 자체로는 얼마 안 되지만 그것도 내게는 큰돈이었다. 그래서 그는 내게 우선 저녁만 먹는 하숙으로 하라고 권했다. 거기에는 점심으로 맛있는 수프만 나오고 더 이상 없지만 저녁은 잘 나온다는 것이다. 나는 거기에 동의했다. 이 가련한 페로테는 세상에 다시없는 호의로써 이런 온갖 제안을 내놓았고 내게 도움이 되기 위해서라면 어떤 일도 서슴지 않았다. 젊었을 때는 착한 사람들을 그렇게도 많이 보았건만 나이를 먹어서는 왜 그런 사람들이 그렇게도 보이지 않는단 말인가? 그런 사람들이 다 없어졌단 말인가? 그런 것은 아니다. 오늘날 나는 그런 사람들을 상류계층에서 찾는 것이 필요하지만, 이 계층은 그 당시 내가 이런 사람들을 찾았던 계층과 동일한 계층이 아니다. 민중들에게서 위대한 정열은 아주 가끔씩만 나타나지만 자연의 감정은 더욱 자주 나타난다. 상류계층에서는 그 자연적 감정이 완전히 질식되어버리고, 감정의 가면을 쓰고 말하는 것은 오로지 이기심이나 허영심밖에 없다.

로잔에서 아버지에게 편지를 드렸더니, 아버지는 내 짐을 부쳐 보내고 훌륭한 말씀을 해주셨는데, 나는 그런 말씀을 더욱 잘 받아들여야만 했을 것이다. 이미 말한 바 있지만 내게는 나 자신도 내가 아닌 것처럼 이해하지 못할 착란의 순간들이 있다. 이것 또한 그 가장 뚜렷한 경우들 중 하나이다. 이때 내가 어느 정도로 머리가 돌았고 말하자면 어느 정도로 방튀르가 되었는지를 알기 위해서는 내가 한꺼번에 얼마나 많은 엉뚱한 짓을 거듭했는지를 보기만 하면 된다. 나는 악보를 읽을 줄도 모르는 주제에 노래선생이 된 것이다. 여섯 달 동안 르 메트르와 같이 지낸 것이 내게 도움이 되었다고 해도 결코 그것으로 충분할 리는 없을 것이다. 뿐만 아니라 나는 한 선생에게서 배웠는데, 그것으로 잘못 배우기에 충분했다. 제네바 태생의 파리사람이며 개신교 국가에서 가톨릭이었던 나는 종교와 조국과 함께 이름도 바꾸지 않으면 안 되겠다고 생각했다. 나는 언제나 가능한 한 내 위대한 모델에 나를 맞추어 나갔다. 그의 이름이 '방튀르 드 빌뇌브'였기 때문에 나는 루소라는 이름의 철자를 바꾸어 '보소르'(Vaussaure)란 이름으로 만들어 내 이름은 '보소르 드 빌뇌브'가 되었다. 방튀르는 작곡에 대해 아무 말도 하지 않았지만 작곡할 줄 알았다. 그런데 나는 작곡도 할 줄 모르는 주제에 할 줄 아는 것처럼 모두에게 자랑했다. 그리고 아주 간단한 유행가도 악보에 옮길 줄 모르면서 작곡가로 자처했다. 그뿐만이 아니었다. 법학교수로 음악을 좋아해서 자기 집에서 음악회를 갖기도 하는 트레토랑 씨에게 소개되었던 터라 나는 그에게 내 재능의 일면을 보여주고 싶었다. 그래서 작곡을 어떻게 하는지 알고 있는 듯이 뻔뻔스럽게 그의 음악회에 쓸 곡을 작곡하기 시작했다. 이 기막힌 작품에 끈질기게 두 주일이나 매달려 그것을 정서하고 그 각각의 파트를 베끼고 마치 그 작품이 화음의 걸작이라도 되는 양 대단한 자신을 갖고 그것들을 나누어주었다. 그리고 마지막으로, 여러분들은 믿기 힘들겠지만 정말 사실인데, 이 숭고한 작품의 대미를 훌륭하게 장식하기 위하여 끝에 멋진 미뉴에트를 붙였다. 이것은 예전에 널리 알려진 다음과 같은 가사로 시중에서 유행했던 미뉴에트인데 아마 누구나 아직도 기억하고 있을 것이다.

　　이 무슨 변덕이냐!
　　이 무슨 부정이냐!
　　뭐! 너의 클라리스가
　　네 불같은 사랑을 배반하다니!


　방튀르는 내게 이 노래에 다른 추악한 가사를 붙여 저음부로 가르쳐주었는데, 나는 그 가사 덕분에 이 노래를 잊지 않고 있었다. 그래서 나는 내가 지은 곡 말미에 이 미뉴에트와 그 저음부를 붙이고 가사는 삭제해버렸다. 그리고 달나라 사람들을 상대하듯이 대담하게 그것을 내 자신의 작품이랍시고 내놓았다.
　내 곡을 연주하려고 사람들이 모여든다. 나는 그들 각자에게 연주 속도의 양태와 연주 스타일을 설명하고 파트들의 반복기호들을 설명한다. 나는 몹시 분주했다. 사람들이 악기를 조율하는 동안의 5, 6분이 내 생각에는 5, 6백 년이 되는 것 같았다. 마침내 준비가 다 되었으므로 나는 연주자들의 주의를 환기시키기 위하여 고운 종이 두루마리로 지휘자의 보면대를 대여섯 번 두드린다. 사람들은 조용해졌다. 나는 엄숙하게 박자를 맞추기 시작한다. 시작이다 … 정말이지 프랑스 오페라가 존재한

234

이래 결코 이와 비슷한 야단법석은 아무도 생전 들은 적이 없으리라. 내가 말하던 이른바 재능이라는 것에 대해 사람들이 어떻게 생각할 수 있었는지 몰라도 아무튼 그 성과는 그들이 예상한 듯했던 것보다 한층 더 나빴다. 연주자들은 너무 웃겨 숨이 막힐 지경이었고, 청중들은 눈이 휘둥그레졌으며 정말 귀를 틀어막고 싶을 지경이었지만 그럴 수 없었다. 나를 괴롭히려는 연주자들은 장난을 치고 싶어서 장님의 고막이라도 찢을 듯이 현을 거칠게 긁어댔다. 나는 끈질기게 계속해 나갔지만 정말 구슬 같은 땀방울을 흘렸다. 그러나 수치심에 붙잡혀 감히 모든 것을 버리고 도망갈 수도 없었다. 설상가상으로 내 주위에서 청중들이 귓속말로 서로 소곤대는 소리가 들려왔다. 더욱 정확히 말하면 나더러 들으라고 하는 소리 같았다. 어떤 사람은 "이거 정말 못 참겠군", 또 한 사람은 "정말 지독한 음악이군", 그리고 또 다른 사람은 "무슨 놈의 소란이냐!"고 했다. 가련한 장자크여. 너는 그 잔인한 순간에 훗날 네 음악이 프랑스 국왕과 그 만조백관 앞에서 경탄과 칭찬의 속삭임을 불러일으키고, 네 주위의 모든 칸막이 좌석들 속에서 가장 사랑스러운 여인들이 "아! 정말 매력적인 음이에요. 정말 황홀한 음악이에요. 그 노래들 모두가 가슴에 와 닿지요?" 하면서 서로 소곤대리라고는 거의 기대하지 못했다.

그러나 모든 사람들을 기분 좋게 한 것은 미뉴에트였다. 몇 소절을 연주하자마자 여기저기서 큰 웃음소리가 들려왔다. 저마다 내 노래의 취향이 멋지다고 칭찬했다. 그리고 내가 이 미뉴에트로 사람들의 입에 오르내릴 것이며 어디서든 찬양받을 만하다고 내게 단언했다. 내 불안감이 어땠는지 말할 필요도 없고 또 내가 당연히 그럴 만했다는 것을 고백할 필요도 없을 것이다.

이튿날 연주자들 중의 하나인 뤼톨[14]이라는 사람이 나를 찾아 왔는

---

14) 실제로는 뤼톨(Luthold)이 아니라 뢰톨(Leuthold)이다.

데, 그는 내 음악회가 성공했다고 축하할 만큼 그렇게 나쁜 사람은 아니었다. 내 자신이 저지른 어리석은 짓에 대한 심각한 감정, 수치심, 후회, 내가 처한 상태에 대한 절망 때문에 또 내 자신의 마음을 그 격심한 고통 속에 가두어 둘 수 없어서 그에게 내 마음을 털어놓지 않을 수 없었다. 나는 속 시원히 울었다. 또 나는 그에게 내 자신의 무지를 고백하는 것만으로 성이 차지 않아서 비밀을 지켜달라고 부탁하고 그에게 모두 이야기해버렸다. 그는 비밀을 지키겠다고 약속했지만 사람들이 생각할 수 있을 정도로만 그 비밀을 지켰다. 바로 그날 저녁부터 로잔 사람들 모두가 내가 어떤 사람인지 알아버렸다. 그런데 놀라운 것은 아무도 내게 그런 체하지 않은 것이다. 사람 좋은 페로테까지도 그랬는데, 그는 그 모든 것에도 불구하고 싫은 기색 없이 나를 재워주고 먹여주었다.

나는 살고는 있었지만 몹시 우울하게 살았다. 그와 같은 데뷔의 결과로 나로서는 로잔 체류가 그다지 유쾌하지 못했다. 물론 학생들도 떼를 지어 오지 않았다. 여학생은 한 사람도 없었고, 시내에서도 아무도 오지 않았다. 제자라고는 고작 두서너 명의 몸집이 큰 독일계 스위스 사람들뿐이었는데 내가 무지한 만큼이나 그들은 멍청했다. 그래서 그들 때문에 싫증이 나 죽을 지경이었고, 그들은 내 손에 맡겨져 정말이지 재주 없는 음악가도 되지 못했다. 오직 한 집에서 나를 불러주었다. 그 집에는 뱀처럼 교활한 계집애가 하나 있었는데, 이게 나로서는 음표도 전혀 읽을 수도 없는 악보를 무더기로 꺼내 보여주고 난 다음 선생님에게 그것이 어떻게 불리는가를 보여주기 위하여 그 앞에서 심술궂게 노래하는 그런 짓을 즐거움으로 삼았다. 나는 앞서 말한 그 성대한 음악회에서 내 자신이 작곡했고 내 눈앞에 펼쳐진 곡이 과연 제대로 연주되는지 어떤지 알기 위하여 한순간이라도 연주를 따라가는 것이 불가능했을 정도로 한눈에 곡을 읽을 능력이 거의 없었다.

이런 심한 굴욕 가운데서도 그 2명의 매력적인 여자 친구들에게서 이

236

따금 받는 소식으로부터 매우 달콤한 위안을 받았다. 나는 언제나 여성에게서 커다란 위안의 힘을 발견했다. 그리고 내 불행에서 생겨나는 비탄에 대해 어떤 사랑스러운 여인이 관심을 갖는다고 느끼는 것보다 더 그러한 비탄을 달래주는 것은 없다. 그렇지만 이러한 편지 왕래는 이후 곧 끊어져서 다시 이어지지 않았다. 그런데 그것은 내 잘못이었다. 거처를 옮기면서 그녀들에게 내 주소를 알리는 것을 게을리 했고, 부득이하게 계속해서 내 자신만을 생각하지 않을 수 없어서 곧 그녀들을 완전히 잊어버렸던 것이다.

 내 가련한 엄마 이야기를 하지 않은 지 오래되었지만, 내가 그녀 역시 잊어버렸다고 생각한다면 대단히 잘못 생각한 것이다. 나는 끊임없이 그녀를 생각하고 다시 만나기를 바랐는데, 그것은 내 생계에 관련된 필요 때문이기도 했지만 내 마음의 필요로 한층 더 그러했다. 그녀에 대한 나의 애착이 아무리 열렬하고 다정스럽다고 해도 그 때문에 내가 다른 여인들을 사랑하는 데 방해를 받지는 않았다. 그러나 그 사랑하는 방식이 같은 것은 아니었다. 모든 여인들은 다 같이 그녀들의 매력으로 내 애정을 얻었고, 내 애정은 오직 그 다른 여인들의 매력에서 기인했기 때문에 그 매력이 없어지면 사라졌을 것이다. 반면에 엄마는 늙고 보기 흉해진다 하더라도 그녀에 대한 나의 애정이 엷어질 수는 없었을 것이다. 내 마음은 처음에 그녀의 아름다움에 대해 바쳤던 경의를 그녀의 인격으로 완전히 옮겨놓았다. 그래서 어떠한 변화를 겪더라도 그녀가 언제나 그녀 자신이기만 하다면 내 애정은 변할 수 없었다. 나는 그녀에게 고마워해야 한다는 것을 잘 알고 있다. 그러나 실상 그것을 생각한 적은 없다. 그녀가 나를 위해 무엇을 했든 혹은 무엇을 하지 않았든 그것은 언제나 마찬가지였을 것이다. 내가 그녀를 사랑한 것은 의무나 이해관계나 편의 때문이 아니었다. 나는 그녀를 사랑하게끔 태어났기 때문에 그녀를 사랑했다. 어떤 다른 여자와 사랑에 빠졌을 때 고백컨대 그것이 기분전환이 되어 그녀를 전처럼 자주 생각하지 않았던 것도 사실이다. 하지만 그녀를 생각할 때는 변함없는 기쁨을 느꼈다. 그리고 내가 사랑에 빠졌든 빠지지 않았든 간절히 그녀 생각이 날 때마다 그녀와 헤어져 있는 한 내 생애에 진정한 행복이 있을 수 없다고 느꼈다.

　이렇게 오랫동안 그녀의 소식을 듣지 못했지만, 내가 그녀와 완전히 헤어졌다거나 그녀가 나를 잊을 수 있었을 것이라고는 생각도 하지 못했다. 나는 속으로 이렇게 생각했다. "그녀는 내가 떠돌아다니고 있다는 것을 조만간 알게 될 것이고 내게 기별을 줄 것이다. 그러면 그녀를 다시 만날 것이 틀림없다." 그동안 그녀의 고향에 살면서 그녀가 거닐었던 거리들과 그녀가 살던 집들 앞을 거니는 것이 나로서는 일종의 낙이었다. 그러나 그것은 다 추측에 불과한 것이었다. 그도 그럴 것이 내 어이없는 별난 성격들 중 하나는 정말 꼭 필요할 때가 아니면 감히 그녀에 대해 알아보거나 그녀의 이름을 입 밖에 낼 용기가 없는 것이기 때문이다. 그녀의 이름을 말한다면 그녀가 내게 불어넣은 모든 감정을 발설하는 것 같았고 내 입이 내 마음의 비밀을 폭로하는 것 같았으며 어떻게 보면 그녀의 평판을 해치는 것 같았다. 거기에는 그녀에 대한 나쁜 말을 듣지 않을까 하는 어떤 두려움이 섞여 있었다는 생각까지 든다. 그녀의 교섭에 대해서도 말들이 많았고 그녀의 행실에 대해서도 약간 말들이 있었다. 사람들이 그녀에 관해 내가 듣고 싶지 않은 것을 떠드는 것이 두려워서 차라리 사람들이 그녀에 대해 전혀 말하지 않는 것이 더 나았다.

　학생들로 인하여 그다지 바쁠 것도 없었고 그녀의 고향이 로잔에서 불과 40리밖에 되지 않았기 때문에 그곳에서 2, 3일간 여행을 했는데, 그동안 더할 나위 없이 달콤한 감동이 나를 떠나지 않았다. 제네바의 호수와 그 기막힌 호반의 광경은 내가 보기에 언제나 형용할 수 없을 독특한 매력을 갖고 있는데, 그것은 그저 경치의 아름다움에서만 오는 것이 아니라, 나의 마음을 뒤흔들어 감동시키는 무언가 더 절실한 것에서 오

238

는 것이다. 나는 보 지방에 가까워질 때면 언제나 어떤 감격을 느끼는
데, 그러한 감격은 그곳에서 태어난 바랑 부인과 그곳에서 살던 아버지
와 그곳에서 내 첫사랑을 받았던 뷜송 양과 내가 어렸을 때 그곳에서 했
던 여러 차례의 여행에 대한 기억과 더불어, 내가 보기에는 이 모든 것
들보다 더 은밀하고 더 강력한 어떤 다른 원인에 대한 기억으로 이루어
져 있었다. 내게서 언제나 달아나버리지만 또 내가 태어날 때부터 추구
하던 그 행복하고 달콤한 생활에 대한 열망이 나의 상상을 부채질할 때
그 상상이 자리잡는 곳은 언제고 보 지방, 이 호수에 가까이 있는 아름
다운 전원이다. 내게 꼭 필요한 것은 다른 호숫가가 아닌 바로 이 호숫
가에 있는 과수원이다. 그리고 믿을 수 있는 친구 하나, 사랑스러운 여
인 하나, 암소 한 마리, 작은 배 한 척이 필요하다. 내가 이것들을 죄다
얻게 되면 그때 비로소 나는 지상에서 완전한 행복을 향유하게 될 것이
다. 이런 가공적인 행복만을 생각하고 몇 번이고 그 고장에 갔었던 그
순진성을 생각하면 웃음이 절로 난다. 나는 거기서 사는 사람들 특히 여
자들이 내가 거기서 찾고 있던 것과는 전혀 다른 성격임을 보고 매번 놀
랐다. 그것이 얼마나 조화가 맞지 않아 보였는지 모른다. 내가 보기에
그 고장과 그 고장에 퍼져 사는 사람들은 결코 서로 맞지 않는 것처럼 보
였다.

이번에 브베를 여행하면서 나는 이 아름다운 호반을 따라가며 더할
나위 없이 감미로운 우수에 잠기곤 했다. 내 마음은 수많은 순진한 행복
을 향해 달려 나가고 있었다. 나는 감동하고 탄식하며 어린아이처럼 울
었다. 마음껏 울기 위하여 걸음을 멈추고 바위 위에 걸터앉아 눈물방울
이 물 위에 떨어지는 것을 보면서 부질없이 시간을 보냈던 적이 몇 번인
지 모른다.

브베에 도착하여 라 클레15) 라는 집에 묵었다. 그리고 누구와도 만나
지 않고 여기 머문 이틀 동안에 이 도시에 대해서 애착을 느꼈는데, 그

애착은 내가 한 모든 여행들에서 나를 따라다녔고 그로 인하여 마침내
나는 이곳을 내가 쓴 소설16) 의 주인공들의 무대로 삼았던 것이다. 나는
취향이 있고 감수성이 예민한 사람들에게 기꺼이 이렇게 말하련다. "브
베로 가십시오. 그 고장을 여행하고 그 경관들을 살펴보고 배를 타고 호
수를 돌아다녀 보십시오. 그러고 나서 자연이 이 아름다운 고장을 쥘리
나 클레르나 생프뢰17) 같은 사람들을 위해서 만들지 않았는지 그 여부
를 말해주십시오. 그렇다고 거기서 그 같은 사람들을 찾지는 마십시
오."내 이야기로 다시 돌아가자.

　나는 가톨릭 신자였고 또 그렇게 자처하고 있었으므로 감출 것도 꺼릴
것도 없이 내가 신봉했던 미사에 나가고 있었다. 일요일에는 날씨가 좋
으면 로잔에서 20리 되는 곳에 있는 아센스로 미사를 드리러 갔다. 보통
다른 가톨릭 신자들과 그 길을 다녔는데, 특히 그 이름은 잊었지만 파리
출신의 자수(刺繡) 하는 사람과 함께 다녔다. 그는 나 같은 가짜 파리사
람이 아니라 파리 출신의 진짜 파리사람, 순진한 정통 파리사람으로 샹
파뉴 사람18) 처럼 선량한 사람이었다. 그는 자기 고향을 너무나 사랑하
여서 내가 파리사람이라는 것을 조금도 의심하려 들지 않았는데, 파리
이야기를 할 기회를 잃을까 두려워했기 때문이다. 국왕의 법관 대리관
인 크루자 씨의 집에도 파리 출신의 정원사가 있는데 이 사람은 덜 호의
적이어서 파리사람이라는 영예를 갖고 있지 않은 사람이 감히 파리사람
이라고 자처한다면 그로 인하여 자기 고향의 명예가 손상된다고 생각하
고 있었다. 이 사내는 확실히 내 꼬리를 잡고 말겠다는 사람처럼 내게 질

───────────

15)  라 클레(La Clef) 는 우리말로 '열쇠'라는 뜻이다.
16)  《신엘로이즈》를 말한다.
17)  쥘리, 클레르, 생프뢰는 《신엘로이즈》에 등장하는 주인공들이다. 쥘리와
　　생프뢰는 연인이며 클레르는 쥘리의 여자 친구이다.
18)  샹파뉴 사람들은 어리석을 정도로 순박하다고 평판이 났다.

문하고 나서 빈정대는 미소를 짓곤 했다. 한번은 마르쉐 뇌프[19]에서 유명한 것은 무엇이냐고 물었다. 나는 여러분이 상상할 수 있듯이 허튼소리를 해댔다. 파리에서 20년이나 살아 온 지금 나는 이 도시를 잘 아는 것이 틀림없다. 그런데도 오늘 막상 똑같은 질문을 받는다면 마찬가지로 대답하기에 난처할 것이다. 사람들은 그 당황하는 모습을 보고 내가 파리에 있었던 적이 한 번도 없다고 마찬가지 결론을 내릴 수도 있을 것이다. 그 정도로 사람들은 진실을 앞에 두고서도 기만적 원칙들을 근거로 삼기가 쉬운 것이다.

로잔에 얼마 동안 있었는지 정확히 말할 수는 없을 것 같다. 나는 이 도시에서는 기억에 잘 남는 추억을 갖고 돌아오지 못했다. 내가 아는 것이라고는 단지 그곳에서 먹고살 방도를 찾을 수 없어서 뇌샤텔로 가서 겨울을 지낸 것이다. 이 마지막 도시에서는 전보다 더 잘 지냈다. 여학생들도 있었고, 내 선량한 친구 페로테에게 빚을 갚을 만큼의 돈도 벌었다. 그는 아직 내게 받을 빚이 꽤 있었음에도 불구하고 충직하게 내 작은 짐을 보내주었던 것이다.

나는 음악을 가르쳐 가면서 조금씩 음악을 배웠나갔다. 생활은 꽤 즐거웠다. 분별 있는 사람이라면 그것으로 만족할 수 있었을 것이다. 그러나 안달하는 내 마음은 내게 다른 것을 요구했다. 일요일이나 한가한 날에는 근교의 들이나 숲으로 나가 쏘다니면서 여전히 이리저리 헤매고 몽상에 잠기며 탄식을 계속했다. 일단 시외로 나가면 저녁이 되어서야 겨우 돌아왔다. 어느 날 부드리로 가서 어느 주막에 점심을 먹으러 들어갔다가 거기서 한 남자를 만났다. 그는 더부룩한 수염에 그리스풍의 보라색 옷을 입고 모피를 덧댄 테 없는 모자를 쓰고 있었으며 차림새나 태도가 꽤 품위 있어 보였다. 그런데 거의 알아들을 수 없는 방언만 해서 자

---

19) '마르쉐 뇌프'(marché neuf)는 우리말로 '새로운 시장(市場)'이라는 뜻으로, 1568년 파리 1구에 세워졌다.

주 의사소통에 애를 먹었는데, 그 방언은 다른 어느 말보다도 이탈리아 말과 비슷했다.  나만 유일하게 그가 하는 말을 거의 다 알아들었는데, 그는 주인과 마을 사람들에게 겨우 몸짓으로만 자기 의사를 전달할 수 있었다.  내가 이탈리아 말로 몇 마디 말을 했더니 그는 완전히 그 말을 알아들었다.  그는 일어나서 오더니 나를 열광적으로 부둥켜안았다.  금방 관계가 맺어져서 나는 당장 그의 통역 역할을 맡았다.  그의 점심식사는 훌륭했지만 내 것은 보통도 되지 못했다.  그는 같이 먹자고 청했고, 나는 별로 사양하지 않았다.  술을 마시고 알아듣기 힘든 말을 지껄이면서 우리는 마침내 완전히 친해져서 식사가 끝나자마자 벌써 떨어질 수 없는 사이가 되었다.  이야기를 들어보니 이 사람은 그리스 정교의 고위 성직자로 예루살렘의 수도원장인데,[20] 예수의 성묘(聖墓) 재건을 위해 유럽에서 모금하는 임무를 맡고 있다는 것이었다.  그는 내게 러시아 여제(女帝)와 신성로마제국 황제의 화려한 공식 추천서들을 보여주었으며, 또 다른 군주들의 것도 많이 가지고 있었다.  그리고 지금까지 모은 액수에 상당히 만족하고 있었다.  그러나 독일에서는 고생이 막심했다.  독일어, 라틴어, 프랑스어는 한마디도 알아듣지 못하고 의지할 것이라고는 겨우 자기 나라 말인 그리스어와 터키어 그리고 프랑크어에 불과했기 때문이다.  그래서 잘못 발을 들여놓은 이 지방에서는 대단한 수확을 올리지 못하고 있었다.  그는 내게 비서 겸 통역으로 자기와 같이 가자고 권했다.  새로 사 입은 내 귀여운 보라색 옷은 내가 제의받은 이 새로운 지위에 상당히 어울리는 것이었지만, 그는 내가 그리 당당해 보이지 않아서 나를 손아귀에 넣기가 어렵지 않다고 생각한 모양인데, 그의 예상은 틀리지 않았다.  우리는 곧 합의를 보았다.  나는 아무것도 요구하

20)  플레이아드판의 주석에 따르면 그는 자신을 예루살렘의 성 베드로와 바오로의 그리스 정교회 교단의 아타나시우스 파울루스(Athanasius Paulus) 신부로 소개했다고 한다.

지 않았지만 그는 내게 많은 것을 약속했다. 보증도 없고 확신도 없으며 그에 대해 전혀 알지도 못했지만 나는 그가 이끄는 대로 몸을 맡겨 그 이튿날부터 예루살렘을 향해 길을 떠났다.

우리는 프리부르 주(州)부터 돌기 시작했는데, 거기서 그가 한 일은 대수로울 것이 없었다. 고위 성직자라는 체면 때문에 시주를 받을 수도 없었거니와 개인들에게 기부금을 모을 수도 없었다. 그래서 우리는 상원에 그의 임무를 입증하는 문서를 내서 소액의 돈을 얻었다. 거기서 우리는 베른으로 갔다. 이곳에서는 더욱 수속이 많아서 자격심사도 잠깐이면 되는 일이 아니었다. 우리는 르 포콩21)이라는 여관에 투숙했는데, 당시에는 좋은 여관으로 훌륭한 계층의 손님들도 있었다. 식탁에는 사람들이 많았고 음식도 잘 나왔다. 나는 오랫동안 잘 먹지 못해서 영양보충을 할 필요성이 절실했다. 그래서 그럴 기회를 만났을 때 그 기회를 이용했다. 수도원장 각하도 훌륭한 계층의 사람으로 식사를 내는 것을 꽤 좋아하고, 쾌활하며, 그의 말을 알아듣는 사람들에게는 말도 잘하고, 지식도 상당히 있으며, 꽤 재미있게 그리스에 대한 박학을 곁들였다. 하루는 후식을 들며 호두를 깨다가 손가락을 매우 깊이 베었다. 그는 피가 철철 흐르는 그 손가락을 동석한 사람들에게 내보이고 웃으면서 그리스 말로 말했다. "보십시오, 여러분. 이것이 바로 펠라스고22)의 피올시다."

베른에서의 내 역할은 그에게 무익하지 않았다. 또 내가 염려했던 것처럼 그렇게 일을 잘 못하지는 않았다. 나는 나 자신을 위해서는 그렇게 못했을 텐데, 그를 위해서는 더욱 대담했고 말도 더 잘했다. 일은 프리부르에서만큼 간단히 끝나지 않았다. 정부 고위층과는 빈번히 장시간

21) 르 포콩(le faucon)은 우리말로 '매'라는 뜻이다.
22) 펠라스고(Pelasgo)는 호메로스 이전 그리스에 살던 주민들에게 붙여진 이름이다.

의 교섭을 해야 했고, 자격심사도 잠깐이면 되는 일이 아니었다. 드디어 모든 것이 법규대로 갖추어져서 그는 상원의 접견을 허락받았다. 나는 수도원장과 함께 통역의 자격으로 들어갔는데, 거기서 사람들은 나보고 말을 하라고 명했다. 그것은 정말 예기치 않은 일이었다. 장시간을 두고 의원들과 협의한 후건만 마치 무엇 하나 사전에 이야기된 것이 없었던 것처럼 상원에서 다시 말해야만 한다는 생각은 못했던 것이다. 내가 얼마나 당황했을지 생각해 보시라. 대중 앞에서 그것도 베른의 상원 앞에서 단 1분간의 준비도 없이 즉흥적으로 연설한다는 것은 나같이 부끄러움을 잘 타는 사람에게 견딜 수 없는 것일 수도 있었다. 그렇지만 나는 겁조차 먹지 않았다. 나는 수도원장의 사명을 간단명료하게 설명했다. 그리고 그가 벌였던 모금활동에 이미 협조했던 제후들의 신앙심을 찬양했다. 또 모금에 있어 베른 상원의원 각하들의 경쟁심을 부채질하기 위하여 그들의 평소 너그러운 아량에 기대하는 바가 적지 않다고 말했다. 다음은 이 자선사업이 종파를 초월하여 모든 기독교 신자들에게 똑같은 선행이 된다는 것을 입증하려고 힘쓰면서, 끝으로 이 사업에 참여하고자 하는 사람들에게는 신의 은총이 있을 것이라고 다짐했다. 내 연설이 효과를 발휘했다고는 말하지 않겠지만 연설이 좋다고 생각된 것은 확실하다. 그리고 접견이 끝나고 나갈 때 수도원장은 매우 적절한 선물을 받고 게다가 그의 비서가 보여준 재치에 대해서도 칭찬을 받았다. 그런 칭찬을 통역하는 것은 유쾌한 일이었지만 그렇다고 그에게 그것을 그대로 통역할 용기는 없었다. 이것이야말로 내가 대중 앞에서 그것도 의회를 앞에 두고 연설했던 내 생애 단 한 번의 일이다. 그리고 대담하고 훌륭히 말했던 것도 아마 이때가 처음이자 마지막이었을 것이다. 같은 한 사람의 기질에도 얼마나 큰 차이가 있는 것인가! 3년 전 옛 친구 로갱 씨23)를 만나러 이베르댕에 갔을 때 내가 그 시립도서관에 몇 권의 책을 기증한 데 대해 감사하러 온 사절을 맞이하게 되었다. 스위스 사람들은 대단히 말이 장황하다. 이분들도 내게 장광설을 늘어놓았다. 나는 답사인사를 해야겠다고 생각했지만 답사를 하다가 너무 당황하고 머리가 심히 혼란스러워 갑자기 말이 막혀 결국 웃음거리가 되고 말았다. 천성이 수줍은 나였지만 젊었을 때는 간혹 대담한 적도 있었다. 그러나 나이를 먹은 뒤로는 영 그렇게 되지 않았다. 세상을 알면 알수록 점점 더 세상 분위기에 적응할 수 없었다.

우리는 베른을 떠나 솔뢰르로 갔다. 왜냐하면 수도원장의 계획이 독일에 다시 들어가 헝가리나 폴란드를 거쳐 돌아오는 것이었기 때문이다. 그것은 엄청난 여정이었다. 그러나 길을 가면서 주머니가 줄어들기는커녕 오히려 불어만 갔기 때문에 수도원장은 돌아서 가는 것을 별로 걱정하지 않았다. 나로서는 말을 타고 가나 걸어서 가나 거의 마찬가지로 즐거웠기 때문에 이렇게 한평생을 여행한다면 더 이상 바랄 것이 없었을 것이다. 그러나 이보다 더 멀리 갈 수 없는 것이 나의 팔자였다.

솔뢰르에 도착하여 우리가 제일 먼저 한 일은 프랑스 대사에게 인사하러 간 것이다. 우리 주교로서는 불행하게도 그 대사가 보나크 후작[24]이었다. 그는 터키 궁정 주재 대사를 역임한 바 있었으므로 성묘(聖墓)에 대한 일이라면 모든 것을 잘 알고 있을 터였다. 수도원장은 15분간 접견을 가졌는데, 그 자리에 나는 동석이 허락되지 않았다. 왜냐하면

<hr>

23) Daniel Roguin(1691~1771): 뇌샤텔 호숫가의 이베르댕(현재 지명은 이베르동)에서 태어나 네덜란드를 위해 복무한 관리로, 퇴직하고 파리에 거주했는데 거기서 1742년 루소를 알게 되었다. 그는 이후 얼마 되지 않아 자기 고향으로 돌아갔다. 루소는 그를 "내 존경스러운 옛 친구 로갱 씨"라고 불렀다.

24) Jean-Louis d'Usson, marquis de Bonac(1672~1738): 1727년 11월 4일부터 1736년 10월 3일까지 스위스 주재 프랑스 대사였다. 그의 아내인 마들렌 프랑수아즈 드 공토비롱(Madeleine-Françoise de Gontaut-Biron)은 남편보다 훨씬 더 어렸고, 1739년 46세의 나이로 죽었다.

대사가 프랑크어를 알아들었고 이탈리아 말도 적으나마 나만큼은 했기 때문이다.  우리 그리스 양반이 나왔을 때 나는 그를 따라가려고 했으나 제지당하고 말았다.  이번에는 내 차례였기 때문이다.  나는 파리사람으로 자처했기 때문에 파리사람으로서 대사 각하의 관할에 속했던 것이다.  대사는 내게 내 신분을 묻고 자기에게 진실을 말하라고 권고했다. 나는 그에게 그럴 것을 약속하고 단독접견을 요구했는데 이 요구가 받아들여졌다.  대사는 나를 자기 집무실로 데리고 들어가서 우리 등 뒤로 문을 닫았다.  거기서 나는 그의 발치에 엎드려 약속을 이행했다.  아마 그런 약속을 하지 않았다 하더라도 역시 말했을 것이다.  왜냐하면 의중을 토로하고 싶은 끊임없는 욕구 때문에 항상 내 마음을 터놓고 말하게 되기 때문이다.  게다가 음악가 뤼톨에게도 내 마음을 죄다 털어놓았는데 새삼 보나크 후작에게 숨기려고 조심할 이유가 없었다.  나는 그에게 내 신상이야기를 하면서 흉금을 털어놓았다.  그는 그것을 보고 매우 만족하여, 내 손을 잡고 나를 대사 부인 방으로 안내했다.  그는 부인에게 내 이야기를 간추려 전하면서 나를 소개했다.  보나크 부인은 나를 친절히 맞아주었다.  그리고 나를 그 따위 그리스 수도사에게 끌려다니게 해서는 안 되겠다고 했다.  나는 사람들이 내게 어떤 자리를 구해줄 수 있을지 알아보는 동안 대사관에 머물러 있게 되었다.  나는 내가 모시던 가련한 수도원장에게 작별인사를 하러 가고 싶었는데, 그에게 애착심이 좀 생겼던 것이다.  그러나 그것은 허락되지 않았다.  대신 그에게 내가 억류되어 있다는 것을 알리기 위해 사람이 보내졌다.  그리고 15분 후에 나의 조그만 가방이 도착한 것을 보았다.  대사관 서기관인 라 마르티니에르 씨[25]가 이를테면 나를 맡고 있었다.  그는 내게 지정된 방으로 나

---

25) 로랑 코랑탱 드 라 마르티니에르(Laurent Corentin de la Martinière)는 약 30년 전부터 대사관 통역 서기관이었으며 대사 부재시 여러 번 대사를 대리했다.  그는 루소를 만난 후 6개월 뒤에 죽었다.

246

를 안내하면서 이렇게 말했다.

"이 방은 뒤 뤼크 백작이 대사로 있을 때 당신과 같은 성을 가진 명사한 분이 머물러 있었던 곳이요. 당신이 어쨌든 그의 뒤를 이어 언젠가사람들이 루소 1세, 26) 루소 2세라고 말하게 되는 날이 오는 것은 오직당신 마음먹기에 달려 있소."

나는 당시에 이러한 유사성을 거의 기대하지 않았는데, 만약 그와 비슷해지기 위해 후일 얼마만한 대가를 지불해야 할지 미리 알고 있었더라면 그 유사성은 그렇게 내 욕망을 부추기지 않았을 것이다.

라 마르티니에르 씨가 내게 들려준 말은 호기심을 불러일으켰다. 나는 앞서 이 방에 들었던 사람의 작품들을 읽었다. 그리고 사람들이 내게보내준 찬사에 넘어가 내 자신이 시에 취향이 있다고 생각하고, 보나크부인을 찬미하는 가곡 한 편을 시험 삼아 만들어보았다. 그러나 이런 취미는 오래가지 않았다. 가끔 보잘것없는 운문을 몇 줄 써보았는데, 이것은 멋있는 도치법에도 익숙해지고 산문을 더 잘 쓰는 것을 익히기 위해서는 상당히 좋은 연습이긴 하지만, 나는 프랑스 시에서 거기에 전력투구할 정도의 매력을 느낀 일은 결코 없었다.

라 마르티니에르 씨는 나의 문체를 보고 싶어 했다. 그래서 내가 전에대사에게 말한 상세한 내용을 글로 써보라고 권했다. 나는 그에게 장문의 편지를 한 통 썼는데, 이 편지는 지금 마리안 씨에게 보관되어 있다고 알고 있다. 마리안 씨는 오래전부터 보나크 후작의 보좌관이었는데이후 쿠르테유 씨가 대사로 있을 때 라 마르티니에르 씨의 후임이 되었

---

26) Jean-Baptiste Rousseau(1671~1741): 시인 장 바티스트 루소는 1711년자신에게 영구 추방형을 내린 법원의 체포를 피해서 당시 솔뢰르의 프랑스대사였던 뒤 뤼크 백작에게로 갔다. 그는 대사의 집에서 약 4년을 머물렀다. 장 바티스트 루소는 이미 루소가 살아 있을 때 루소 1세라고 불렸는데장자크는 이를 별로 탐탁하게 생각하지 않았다.

다.27) 나는 이 편지의 사본을 얻도록 힘써 줄 것을 말제르브 씨28)에게
부탁했다. 그를 통해서나 혹은 다른 이들을 통하여 그 편지를 입수하게
된다면 여러분들은 그것을 내 고백록에 붙여질 자료 모음집에서 보게 될
것이다.29)

경험을 쌓기 시작함에 따라 내 공상적인 계획도 조금씩 억제되어 갔
다. 그 일례로 보나크 부인을 연모하지도 않았을 뿐만 아니라 애초에 그
녀 남편 집에 있어보았자 크게 성공할 수 없을 것임을 느꼈다. 현재 라
마르티니에르 씨가 그 자리에 있고, 마리안 씨가 그 뒤를 잇기 위해 대
기중이니 운이 좋아보았자 고작 그리 달갑지 않은 비서관보(秘書官補)
의 자리밖에는 바랄 수 없는 형편이었다. 그래서 나보고 무엇을 하고 싶
으냐고 의견을 물어왔을 때 나는 매우 파리에 가고 싶다는 의사를 표명
했다. 대사는 이 생각에 찬성했는데, 그는 어쨌든 거추장스러운 나를
떼어버리고 싶었기 때문이다. 대사관의 통역관 메르베유 씨는 내게 말
하길, 자기 친구이며 프랑스 군대에서 복무하는 스위스인 대령 고다르

27) 앙투안 마리안(Antoine Marianne)은 1736년 보나크 씨가 떠나고 1738년
그의 후임인 쿠르테유 후작이 올 때까지 대사를 대리했다.
28) Chrétien Guillaume de Lamoignon de Malesherbes(1721~1794) : 프랑
스의 행정가이자 정치인으로 1750년 왕실 경비 충당용 조세원장과 출판총
감으로 임명되었다. 1763년까지 출판총감을 지내면서 가톨릭과 봉건제도
에 비판적인 《백과전서》에 호의를 베풀었다. 왕실 비서관으로 몇몇 개혁을
시도했지만 사임하여야 했다. 그는 국민의회 앞에서 루이 16세를 변호했고
공포정치하에서 처형을 당했다. 루소는 1762년 그에게 〈원장 말제르브 씨
에게 보내는 4통의 편지〉(Quatre lettres à M. le président de Malesherbes)
라는 제목으로 자서전적인 성격을 갖는 4통의 편지를 보냈다.
29) 라 마르티니에르에게 보낸 편지는 제네바의 뒤부아(Dubois)가 넘겨준 사
본에 의거하여 뮈세 파테(Musset-Pathay)의 《미공개 작품집》에서 최초로
출간되었고 이후 여러 차례 루소의 작품집에 실렸지만 위조된 것으로 추정
된다.

씨가 아주 젊어서 입대한 자기 조카 곁에 사람을 구하는 중인데, 내가 적임자라고 생각한다는 것이다. 상당히 경솔하게 채택된 이러한 착상에 따라 내 출발이 결정되었다. 나로 말하면 여행을 할 수 있고 게다가 가는 곳이 파리라는 것을 생각하니 미치도록 마음이 즐거웠다. 나는 훌륭한 훈계를 많이 듣고 더불어 몇 통의 소개장과 여비로서 100프랑을 받고 길을 떠났다.

이 여행에 보름이 걸렸는데, 이것은 내 평생의 가장 행복한 나날로 칠 수 있다. 젊고 건강했으며 돈도 꽤 있었고 희망으로 충만했다. 나는 여행하는 중이었고, 걸어서 그리고 혼자서 하는 여행이었다. 아마 아직 내 기질을 잘 알지 못하는 독자들은 내가 이런 이점까지 셈에 넣는 것을 보고 놀랄지 모르겠다. 감미로운 공상은 내 길동무였고, 상상의 열기가 이때처럼 굉장한 공상을 낳은 적이 없었다. 사람들이 내게 마차에 빈자리가 있으니 타기를 권하거나 혹은 도중에 누가 내게 말을 걸려고 다가올 때면 나는 걸으면서 쌓아올린 성공의 꿈을 무너뜨리는 것 같아서 싫은 기색을 보였다. 이번에 나의 공상은 군인에 관한 것이었다. 나는 군인을 보좌하고 또 내 자신이 군인이 되려고 했다. 사람들은 내가 사관후보생[30]부터 시작하도록 주선해 놓았다. 장교복에 흰 깃털장식의 군모를 쓴 내 자신의 모습이 벌써 눈에 선했다. 내 가슴은 이러한 숭고한 생각에 한껏 부풀어 있었다. 나는 기하학과 축성(築城)에 대해서는 피상적 지식이 약간 있었다. 나에게는 축성 공병장교인 외삼촌이 한 분 있었다.[31] 그러니 어떤 의미에서 나는 가업을 물려받는 셈이었다. 나의 근시가 다소 장애가 되었지만 그 때문에 곤란할 것까지는 없었다. 침착성과 대담성으로 이런 결점은 충분히 보충되리라고 생각했다. 숑베르 원수[32]도 대단한 근시였다고 읽은 적이 있었다. 그렇다면 왜 루소 원수는

---

30) 군직을 배우기 위하여 병사로 복무하는 젊은 귀족.
31) 가브리엘 베르나르를 말한다.

근시가 되어서 안 되는가? 나는 이런 터무니없는 공상에 하도 열을 올려서 군대, 성벽, 보루, 포대 같은 것 이외에는 더 이상 아무것도 눈에 보이지 않았다. 그리고 포화와 연기가 자욱한 한복판에서 망원경을 손에 들고 침착하게 명령을 내리는 나 자신을 보았다. 그렇지만 유쾌한 들판을 지나고 숲과 시냇물이 보일 때 그 감동적인 광경에 탄식이 절로 났다. 나는 영광의 절정에 있으면서도 내 마음은 그런 대소동에 맞지 않는다는 것을 느끼고, 어떻게 된 것인지 몰라도 곧 그리운 목가생활로 되돌아가고 군사작전을 영원히 단념하는 것이다.

　파리에 도착하고 보니 내 예상과 얼마나 어긋났는지 모른다. 나는 토리노에서 외부적인 장식, 시가의 아름다움, 집들이 대칭을 이루어 나란히 늘어선 것을 보았기 때문에 파리에서는 그 이상의 다른 것을 찾았다. 내가 꿈에 그리던 파리는 웅장하고도 아름다우며 더할 나위 없이 장엄한 외관을 가진 도시, 찬란한 거리들과 대리석과 황금의 궁전들만이 눈에 보이는 도시였다. 그러나 변두리 지역인 생마르소를 거쳐 들어가면서 내 눈에 보이는 것이라고는 더럽고 악취를 풍기는 좁은 거리들, 까맣게 더러워진 보기 흉한 집들, 불결하고 빈곤한 분위기, 거지들, 짐수레꾼들, 헌옷을 수선하는 여인들, 허브 차와 헌 모자를 사라고 외치는 여인들뿐이었다. 이 모든 것들이 맨 처음 내게 너무 강한 충격을 주어서 이후 파리에서 본 실제로 화려한 어떠한 것도 이 첫인상을 지워버릴 수 없었으며 그로 인하여 이 수도에서 사는 데 대한 은밀한 혐오가 내게 항상 남아있었다. 그후 내가 파리에서 지낸 모든 세월은 이곳을 떠나서 살 수 있는 방법을 찾는 데만 사용되었다고 말할 수 있다. 지나치게 활동적인 상상력의 결과는 이와 같아서, 세상 사람들이 과장하는 것 이상으로 과장하고 사람들이 말하는 것 이상의 것을 본다. 사람들이 내게 파리를

---

32) Frédéric Armand, duc de Schomberg(1615~1690) : 하이델베르크 출생의 독일계 프랑스 원수이다.

하도 자랑하기에 나는 파리를 고대의 바빌로니아처럼 상상했던 것이다. 그런데 고대 바빌로니아라 하더라도 내가 실제로 보았다면 역시 내가 상상했던 것보다 못하다고 생각했을 것이다. 나는 파리에 도착한 다음 날 서둘러 오페라 극장에 갔는데, 거기서도 같은 일이 일어났다. 이후 베르사유에서도 같은 일이 일어났다. 또 후에 바다를 볼 때도 그러했다. 사람들이 지나치게 선전하는 광경을 실제로 본다면 내게는 언제나 이와 같은 일이 일어날 것이다. 그도 그럴 것이 풍요함이라는 점에서 내 상상력을 넘어선다는 것은 인간들로서는 불가능하며 자연 자체로서도 어려운 일이기 때문이다.

내가 소개장을 갖고 찾아간 사람들 모두가 나를 맞아준 태도로 보아서는 내 출세는 따 놓은 당상같이 생각되었다. 가장 잘 추천을 받았건만 나를 제일 냉대한 사람은 쉬르베크[33] 씨였다. 그는 퇴역하고 바뉴외[34]에서 철학자처럼 생활하고 있었다. 바뉴외에 가서 그를 여러 차례 만났지만 그는 내게 결코 물 한 잔 대접한 적이 없었다. 그러나 통역관의 형수가 되는 메르베유 부인과 그의 조카인 근위사관(近衛士官)이 나를 더욱 환대했다. 이 모자는 나를 친절히 맞아주었을 뿐만 아니라 그들의 식사에까지 초대해 주어 내가 파리에 머무는 동안에는 자주 식사를 같이 했다. 메르베유 부인은 예전에 미인이었던 것으로 보였다. 그녀의 머리카락은 윤이 흐르는 까만색으로 옛날 유행에 따라 고리 모양으로 둥글게 말려 양쪽 관자놀이에 붙어있었다. 그녀에게는 결코 용모의 아름다움과 함께 사라지지 않는 것, 즉 무척 유쾌한 재치가 남아있었다. 내가 보기에 그녀는 나의 재치를 높이 평가했고, 나를 위해 할 수 있는 데까

---

33) Pierre-Eugène de Surbeck (1676~1744) : 쉬르베크 연대와 이후 스위스 근위병 연대에서 사령관을 맡았다.

34) 바뉴외는 파리 남쪽에서 몇 킬로미터 떨어진 곳으로 당시에는 허허벌판이었다.

지는 모든 편의를 돌보아주었다. 그렇지만 아무도 그녀를 거들어주는 사람은 없었다. 그래서 사람들이 내게 그렇게 대단히 호감을 가진 것처럼 보였음에도 나는 그 모든 호감에 환멸을 느꼈다. 그렇지만 프랑스 사람에 대해 인정할 것은 인정해야 한다. 그들은 사람들이 말하는 것처럼 맹세를 지키는 데 그다지 노력을 기울이지 않지만, 그들이 하는 맹세는 거의 언제나 진심이다. 그러나 그들은 상대방에게 관심을 갖는 척 행동하는데, 사람들은 말보다 그 태도에 더 속게 된다. 스위스 사람들이 하는 의례적인 말은 투박하기 때문에 바보가 아니고서는 속을 사람이 없다. 프랑스 사람들의 태도는 훨씬 꾸밈이 없어서 바로 그 점에서 더욱 사람들을 속게 만든다. 프랑스 사람들은 남을 더 유쾌하게 놀라게 해주려고 자기들이 해주려고 하는 일을 죄다 말하지 않는다고 생각할 것이다. 한마디 더하면 그들이 감정을 표명하는 데는 전혀 거짓이 없다. 그들은 천성적으로 호의적이고 인정이 많으며 친절하고 뭐니뭐니해도 심지어 어느 국민보다 더 진실하다. 그렇지만 또 그들은 경솔하고 변덕스럽다. 사실 그들은 상대에게 보이는 감정을 마음속에 갖고 있다. 그러나 그 감정은 생겨난 것처럼 사라져버린다. 상대와 말할 때는 마음이 그의 생각으로 가득 차 있다. 그러나 일단 상대가 눈에 보이지 않으면 그를 잊고 만다. 그들의 마음에는 지속적인 것이란 아무것도 없다. 그들에게서는 모든 것이 순간의 소산이다.

그러므로 사람들이 내 비위를 많이 맞추었지만 나는 거의 도움을 받지 못했다. 사람들은 나를 고다르 대령의 조카에게 붙여주었는데, 그놈의 대령은 고약하고 인색한 늙은이로 판명되었다. 굉장한 부자이면서도 내 궁색한 처지를 보고 공짜로 부려먹으려고 했기 때문이다. 그는 내가 진짜 가정교사로서보다는 오히려 무보수로 일하는 일종의 하인으로 자기 조카 곁에 붙잡아둘 작정이었다. 내가 그의 조카에게 줄곧 붙어 있다면 그로 인하여 군무(軍務)는 면제가 되겠지만 나는 후보생으로서의 급료, 즉 사병의 급료로 생활해야만 했다. 그는 내게 군복을 주는 것도 마지못해 동의했다. 그는 내가 연대에서 지급되는 군복으로 만족하기를 원했던 것 같다. 메르베유 부인조차도 그의 제의에 화가 나서 자신이 나서 나보고 그것을 거절하라고 했다. 그녀의 아들도 같은 의견이었다. 내게 다른 일자리를 구해주려고 했지만 전혀 자리가 없었다. 하지만 나로서는 다급해지기 시작했다. 내가 여비로 받은 100프랑도 여행을 하고 나니 그 돈으로는 그리 오랫동안 지탱해 나갈 수 없었다. 천만다행으로 대사 측에서 얼마 안 되는 송금이나마 또 받게 되어 그것이 내게는 큰 도움이 되었다. 그것을 볼 때 내가 더 참고 견디었더라면 대사는 나를 저버리지 않았을 것으로 생각된다. 그러나 애를 태우고 기다리며 간청하는 것은 나로서는 도저히 할 수가 없었다. 그래서 내가 진절머리를 내고 더 이상 얼굴을 보이지 않았더니 그것으로 모든 것이 끝나버렸다. 나는 내 가엾은 엄마를 한시도 잊은 적이 없었다. 그러나 어떻게 엄마를 만난단 말인가? 어디 가서 엄마를 찾는단 말인가? 내 사정을 알고 있던 메르베유 부인이 엄마를 찾도록 나를 도와준 바 있었지만, 오랫동안 성과가 없었다. 마침내 그녀는 내게 바랑 부인이 2개월도 전에 파리를 다시 떠났는데 사부아로 갔는지 혹은 토리노로 갔는지 모르며, 또 몇몇 사람들의 말로는 그녀가 스위스로 돌아갔다는 소문도 있다고 알려주었다. 내가 그녀의 뒤를 쫓을 결심을 하는 데는 그것으로 충분했다. 그녀가 어디에 있든 파리에서보다는 시골에서 찾기가 한결 쉬우리라는 것을 확신하고 있었기 때문이다.

출발하기 전에 나는 고다르 대령에게 보내는 한 편의 서한시(書簡詩)에서 내 새로운 시적 재능을 시험했는데, 거기서 그를 한껏 조롱했다. 이 서투른 글을 메르베유 부인에게 보였더니 나를 책망했어야 할 부인이 도리어 내 야유를 보고 크게 웃었고 부인의 아들도 마찬가지로 웃었다. 생각건대 그도 고다르 씨를 좋아하지 않은 모양이었다. 사실 고다르 씨는 사람들에게 호감을 주지 못했다. 나는 이 시를 그에게 보내려 했고 메르베유 모자도 그렇게 해보라고 나를 부추겼다. 그래서 그의 주소로 보내려고 이 시를 우편물로 만들었다. 그 당시는 파리에 아직 시내 우체국이 없었으므로 이를 호주머니에 넣고 있다가 지나는 길에 옥세르에서 부쳤다. 나는 정확하게 자기를 묘사한 이러한 찬사를 읽으면서 그가 얼마나 오만상을 찌푸렸을까 생각하며 지금도 가끔 웃을 때가 있다. 이 찬사는 다음과 같이 시작한다.

> 이 방탕함에 곯은 늙은이야. 네놈은 내가 어리석은 광기로 네 조카를 가르치고 싶은 마음이 생겼다고 생각했더냐!

　이 소품은 사실 졸작이긴 하지만 신랄함도 없지 않고 풍자의 재능도 엿보이는데, 어쨌든 내 붓끝에서 나온 유일한 풍자적 작품이다. 나는 이런 재능을 뽐내기에는 너무도 앙심이 부족하다. 그렇지만 때때로 나를 옹호하기 위해 쓰인 몇몇 논쟁적인 글들로 미루어 볼 때, 만약 내게 싸움꾼의 기질이 있었다면 나를 공격하는 사람들이 좀처럼 나를 웃음거리로 삼지는 못했을 것이라는 점은 여러분들이 판단할 수 있으리라 생각한다.

　내 생애의 세세한 일들이 기억에서 사라지고 보니, 여행일기를 써두지 않았던 것이 가장 후회가 된다. 내가 감히 이렇게 말할 수 있다면, 내가 혼자 걸어서 여행하던 때만큼 그렇게 많이 생각하고, 그렇게 충만한 존재감을 느끼며, 그렇게 뿌듯하게 살고, 그렇게 완벽히 내 자신이었던 적은 결코 없었다. 걸을 때는 무엇인가가 내 생각에 생기를 돋우어주고 활기를 불어넣는다. 꼼짝 않고 있으면 거의 생각도 할 수 없다. 내 정신을 움직이기 위해서는 내 육체가 움직이지 않으면 안 된다. 내가 걸으면서 얻는 전원의 전망과 잇달아 펼쳐지는 유쾌한 경치와 깨끗한 야외의 대기와 왕성한 식욕과 넘치는 건강, 주막에서의 자유, 내가 구속당하는 것을 느끼게 하는 또 내 처지를 상기시키는 일체의 것을 잊어버리는 것, 이 모든 것들이 내 영혼을 해방시키고 더욱 대담하게 생각할 용기를 주고, 말하자면 나를 만유(萬有)의 광대무변(廣大無邊) 속에 던져 넣어, 나는 아무런 구속도 두려움도 없이 내 멋대로 우주의 모든 것들을 결합하고 선택하며 소유한다. 나는 자연 전체를 내 마음대로 향유하는 것이다. 내 마음은 이 대상에서 저 대상으로 이리저리 옮겨다니면서 마음에 드는 것들과 결합되어 일체를 이루고, 매혹적인 이미지들에 둘러싸이고, 감미로운 감정에 도취된다. 내가 그것들을 붙잡아 고정시키기 위해서 내 마음속에 그것들을 즐겨 묘사한다면, 그것들에 얼마나 생생한 필치와 얼마나 선명한 색채와 얼마나 강렬한 표현을 부여하겠는가! 사람들은 비록 내 저서들이 만년에 쓰였음에도 불구하고 그 저서들에서도 그 모든 것이 좀 나타나 있다고들 말한다. 오! 만약 독자들이 내가 아주 젊었을 때의 작품들을, 여행 중에 만든 작품들을, 구상만 하고 끝끝내 쓰지 않았던 작품들을 보았다면 … 왜 그런 것들을 쓰지 않느냐고 여러분들은 물을 것이다. 하지만 왜 그런 것들을 써야 하는가? 나는 여러분들에게 "왜 내가 즐겼다는 것을 다른 사람들에게 말하기 위해서 현재 맛보는 즐거움의 매력을 날려버려야 하는가"라고 응수하겠다. 내가 하늘을 나는 동안, 독자니 대중이니 세상 전체니 하는 따위가 나와 무슨 상관이 있단 말인가? 게다가 내가 종이와 붓을 몸에 지니고 있었던가? 내가 그런 모든 것을 생각하고 있더라면 아무것도 떠오르지 않았을 것이다. 나는 착상이 떠오를지 예상치 못했다. 착상은 제멋대로 떠오르는 것이지, 나 좋은 대로 떠오르는 것은 아니다. 이것은 영 떠오르지 않거나 확 밀려들어 그 수나 힘에서 나를 압도한다. 하루에 10권씩 써도 부족했을 것이다. 그것들을 쓸 시간을 어디서 얻는단 말인가? 도착하면 잘 먹을 것만 생각했고 출발할 때는 잘 걷는 것밖에는 생각하지 않았다.

새로운 낙원이 가까이에서 나를 기다리고 있는 것만 같았다. 나는 그 낙원을 찾아갈 생각밖에는 없었다.

이번 돌아가는 길에서만큼 이 모든 것을 그렇게 절실히 느낀 적은 일찍이 없었다. 파리에 올 때는 내가 앞으로 거기서 할 일에 관해서만 생각하게 되었다. 나는 내가 장차 종사할 직업에 달려들어 상당한 긍지를 갖고 그 길을 두루 거쳤다. 그러나 이 직업은 내 마음에 드는 것이 아니었고, 현실적 존재들은 공상적 존재들을 훼손했다. 고다르 대령과 그 조카는 나와 같은 영웅과 잘 어울리지 않았다. 하느님 덕분에 나는 이제 이 모든 방해물들로부터 해방되었고, 나는 제멋대로 공상의 나라에 몰두할 수 있었다. 그도 그럴 것이 내 앞에 남아있는 것은 그것밖에 없었기 때문이다. 따라서 공상의 나라에 너무 잘 빠져 그 결과 실제로 여러 차례 내 갈 길을 잃었다. 그런데 길을 헤매지 않고 더 곧장 갔으면 매우 유감이었을지 모른다. 왜냐하면 내가 리옹에 도착하면서 다시 지상으로 돌아오는 길이라고 느꼈다면 나는 결코 거기 도착하지 않기를 원했을 것이니 말이다.

그런 어느 날 경치가 기막혀 보이는 곳이 있기에 가까이 가서 보려고 일부러 옆길로 돌았는데, 거기 있는 것에 마음을 빼앗겨 마구 돌아다니는 바람에 마침내는 완전히 길을 잃어버리고 말았다. 몇 시간 헛걸음을 친 뒤 몸도 지치고 목이 마르고 배가 고파 죽겠기에 어느 농가에 들어갔다. 그 집은 볼품은 없었지만 그 근처에서는 이 집 한 채밖에 눈에 띄지 않았다. 나는 이곳도 제네바나 스위스처럼 생활이 넉넉한 주민들이라면 누구나 손님들에게 무료로 숙식을 제공할 수 있다고 생각했다. 나는 그 집에 사는 사람에게 돈을 낼 테니까 점심식사를 달라고 요청했다. 차려 내온 것이라고는 멀건 탈지유와 큰 보리빵뿐이었는데, 그것이 자기에게 있는 전부라고 말했다. 나는 그 우유도 맛있게 마시고 그 빵도 남김없이 먹어치웠다. 그러나 이것 갖고는 피곤해 녹초가 된 사람의 원기

256

를 회복시키기에는 부족했다. 나를 유심히 살펴보던 농부는 내 식욕이 거짓이 아닌 것으로 미루어 내 신상이야기가 진실이라고 판단했다. 그는 지체 없이 내가 선량하고 정직한 청년으로 자기를 밀고하러 온 사람은 아니라는 것을 잘 알겠다고[35] 말한 후에 부엌 옆 마룻바닥에 낸 조그마한 뚜껑을 열고 내려가더니 잠시 후에 맛있는 순밀 흑빵과 잘라먹던 것이긴 하지만 매우 먹음직스러운 햄과 포도주 한 병을 들고 왔다. 다른 어느 것보다도 이 포도주 병을 보니 내 마음이 즐거워졌다. 여기에다가 또 꽤 두툼한 오믈렛까지 곁들여 나왔는데, 도보 여행자가 아닌 사람은 절대로 경험하지 못했던 그런 점심식사를 했다. 그런데 막상 돈을 지불할 시간이 왔을 때 그는 다시 불안과 공포에 사로잡히는 것이었다. 그는 내 돈을 받으려 들지 않으면서, 이상할 정도로 동요를 보이면서 그것을 사양했다. 그런데 웃기는 것은 그가 무엇을 겁내고 있었는지를 내가 상상하지 못했다는 점이다. 결국 그는 부들부들 떨면서 세리(稅吏)니, 주세(酒稅) 징수관리니 하는 무시무시한 말들을 입 밖에 꺼냈다. 그는 왕실 경비 충당용 주세가 무서워서 포도주를 감추었고, 빵은 인두세(人頭稅) 때문에 감추었으며 자신이 굶어죽지 않으리라는 것을 남들이 눈치채기라도 하면 자기는 끝장나고 말 것이라는 이야기를 내게 들려주었다. 이 점에 대해 그가 내게 말했던 모든 것은 나로서는 조금도 몰랐던 것으로, 내게 결코 지워지지 않을 인상을 주었다. 바로 이것이 불행한 백성들이 겪는 혹정에 반대하는 또 그 압제자들에 반대하는 그 꺼지지 않는 증오감의 불씨가 되었고, 그것은 그후 내 마음속에서 더욱 크게 타올랐다. 그 사람은 유복하면서도 이마에 땀을 흘려 벌어놓은 빵도 감히 먹을 수 없었으며, 자기 주위에 만연한 빈곤한 생활을 똑같이 가장함으로써 겨우 자신의 파멸을 모면할 수 있었던 것이다. 나는 연민과 동시에

---

35) 〔원주〕 내가 그 당시까지는 내 초상화에서 그려진 용모를 하고 있지 않았음은 분명하다.

분노를 품고, 또 이런 아름다운 고장들의 운명을 한탄하며 그 집을 나섰다. 자연은 이런 고장들에 아낌없이 그 혜택을 내려주건만 고작 가혹한 세리들의 밥이 될 뿐이니 말이다.

　이것이 이 여행을 하면서 내게 일어났던 일들 중 매우 선명히 남아있는 유일한 기억이다. 그리고 리옹에 접어들면서 르 리뇽 강변을 보러 가려고 여정을 늦출 마음이 생겼던 것만이 아직도 기억난다. 왜냐하면 내가 아버지와 같이 읽은 소설들 중에서 《아스트레》[36] 는 잊히지 않았고, 내 마음에 제일 자주 떠오르던 것이었기 때문이다. 나는 르 포레로 가는 길을 물었다. 그리고 주막집 여주인과 이야기하면서 이곳은 노동자들에게 안성맞춤인 자원이 풍부한 좋은 지방이며 철공소들이 많고 여기 사람들은 철제품 분야에서 매우 일을 잘한다는 말을 들었다. 이러한 찬사가 내 소설적 호기심을 갑자기 냉각시켜서, 대장장이들이 많이 사는 곳에서 디안과 실방드르[37] 를 찾으러 가는 것은 적절치 않다는 생각이 들었다. 그리고 나를 그런 식으로 격려하던 그 선량한 여인은 나를 철물공 총각으로 보았던 것이 틀림없다.

　내가 전혀 계획 없이 리옹에 간 것은 아니었다. 나는 리옹에 도착하자 곧 바랑 부인의 친구 샤틀레 양[38] 을 만나러 레 샤조트로 갔다. 내가 르메트르 씨와 같이 왔을 때 바랑 부인이 그녀 앞으로 쓴 편지를 갖고 왔던 일이 있었으므로 그녀와는 이미 초면이 아니었다. 샤틀레 양은 사실 자

---

36) 《아스트레》(*L'Astrée*) 는 16세기 이탈리아와 스페인의 목가소설과 기사도 로망에서 착상을 얻은 오노레 뒤르페(Honoré d'Urfé) 의 애정소설로 17세기를 열광시켰다. 5세기 르 리뇽 강변에 위치한 르 포레를 중심무대로 양치는 소년 셀라동(Céladon) 과 양치는 소녀 아스트레의 사랑이 겪는 우여곡절을 소박하고 우아한 분위기에서 전개하고 있다.
37) 디안(Dianes) 과 실방드르(Sylvandres) 는 《아스트레》의 등장인물들로 서로 연인 사이이다.
38) 샤틀레 양(Mlle du Châtelet) 은 레 샤조트 수도원의 원생이었다.

기 친구가 리옹을 거쳐 갔다고 알려주었다. 그러나 부인이 여정을 피에 몬테까지 밀어붙였는지 여부는 알지 못하며 부인 자신도 떠날 때 사부아에서 멈출지 말지를 확실히 정하지 못했다고 했다. 그리고 내가 원한다면 부인의 소식을 알 수 있도록 자기가 편지를 쓰겠으니 리옹에서 그 소식을 기다리는 편이 나로서 취할 최선의 방법이라고 일깨워주었다. 나는 그녀의 제안을 받아들였지만, 그 답장을 한시바삐 받아야 한다든지 내 변변치 못한 주머니가 다 비어서 그것을 오래 기다릴 여유가 없다든지 하는 말은 그녀에게 감히 하지 못했다. 이런 말을 그녀에게 못한 것은 그녀의 대우가 나빴기 때문이 아니다. 그 반대로 그녀가 내게 많은 호의를 베풀고 대등한 지위로 대해주어서, 그녀에게 차마 내 처지를 내보일 용기도, 신사의 역할에서 비참한 거지 역할로 떨어질 용기도 나지 않았던 것이다.

이 4권에서 기록한 것은 모두 그 앞뒤관계가 꽤 맞아 들어가는 것처럼 보인다. 그런데 바로 그 사이에 또 한 번 리옹을 여행한 기억이 나는 것 같다. 그 장소를 꼭 집어 가리킬 수는 없지만 그때 나는 벌써 매우 궁색했다. 말하기 꽤 어려운 어떤 사소한 일화가 하나 있었는데 그 때문에 그 여행을 두고두고 잊을 수 없을 것이다. 어느 날 저녁 아주 형편없는 저녁식사를 마친 후 벨쿠르 광장에 앉아서 궁지에서 빠져나올 방법을 골똘히 생각하고 있었는데, 그때 테 없는 모자를 쓴 어떤 남자가 내 옆에 와서 앉았다. 이 사람은 리옹에서 타프타티에[39]라고 불리는 견직공(絹織工)들의 한 사람처럼 보였다. 그는 내게 말을 걸어왔고 나는 그에게 대답을 해서 대화가 엮어졌던 것이다. 15분쯤 이야기를 나누고 있었을까, 그는 침착성을 잃지 않고 변함없는 어조로 함께 재미를 보자는 말을 하는 것이었다. 나는 그 재미란 것이 어떤 것인지 그가 설명해주기를 기

---

[39] 타프타티에(*taffetatier*)는 고급 비단인 타프타(琥珀緞)를 만드는 노동자들을 말한다.

다리고 있었다.  그러나 그는 더 이상 아무 말도 덧붙이지 않고 내게 그 시범을 보이려 했다.  우리들은 거의 서로 닿을 정도로 가까이 앉아 있었다.  그리고 그가 어떤 시범을 준비하는지 보이지 않을 정도로 어두운 밤은 아니었다.  그가 내 몸뚱이에 눈독을 들인 것은 전혀 아니었다.  적어도 어디서도 그럴 의도는 엿보이지 않았다.  또 장소도 그런 의도에 적합하지 않았던 것 같다.  그는 정확히 내게 말했던 것처럼 자기는 자기대로 나는 나대로 재미를 보자는 것뿐이었다.  그런데 이런 짓이 그에게는 아주 간단해 보여서 그는 내가 그런 짓을 그처럼 간단히 여기지 못한다는 것을 생각조차 못했다.  나는 이런 파렴치한 짓이 하도 무서워서 대꾸도 않고 화닥닥 일어나서 그 고약한 놈이 쫓아오기라도 하듯 걸음아 날 살려라 도망쳤다.  나는 하도 당황해서 생도미니크 거리를 거쳐 숙소로 가는 대신 강가 쪽으로 달려 나무다리를 건너서야 겨우 걸음을 멈추었다.  방금 무슨 죄라도 지은 것 모양 와들와들 떨렸다.  나도 그 녀석과 같은 나쁜 버릇이 있었지만 이런 기억 때문에 그 버릇을 오랫동안 버렸다.

　이 여행 중에 이것과 거의 비슷한 또 하나의 사건이 있었는데, 이것이 내게는 더 위험했다.  돈이 다 떨어져 가고 있었으므로 얼마 남지 않은 돈이나마 아껴 쓰는 중이었다.  여인숙에서 밥 먹는 횟수를 점점 줄이다가 이윽고 식사를 아예 끊고 말았다.  대중음식점에서는 5, 6수만 내면 여인숙에서 25수 주고 먹는 것만큼 실컷 먹을 수 있었기 때문이다.  더 이상 여인숙에서 식사를 안 하는 이상 그저 잠만 자러 갈 수는 없었다.  대단한 빚을 진 것은 아니지만 안주인에게 돈벌이는 하나도 시켜주지 못하면서 방을 쓸 염치가 없었기 때문이다.  날씨가 좋은 계절이었다.  날씨가 무척 더운 어느 날 저녁 광장에서 밤을 보내려고 작정했다.  그래서 일찌감치 벤치에 자리잡고 있었는데 그때 신부 한 사람이 지나가다가 내가 이렇게 누워있는 것을 보고 가까이 오더니 잘 곳이 없느냐고 물었다.  나는 그에게 내 사정 이야기를 털어놓았더니 딱하게 여기는 것 같았다. 그는 내 옆에 와 앉아 이야기를 나누었다. 그는 재미있게 말을 했다. 그가 하는 이야기를 모두 듣고 보니 그에 대해 더없이 좋은 사람이라는 인상을 갖게 되었다. 그는 내가 기분이 좋은 것을 보고 자기도 그리 넓은 곳에서 묵고 있는 것은 아니고 방 하나밖에는 없지만 절대로 나를 이런 광장에서 자게 내버려둘 수는 없다고 했다. 그리고 이제 잘 곳을 찾기에도 시간이 늦고 했으니 오늘밤은 자기 침대의 반을 내게 제공하겠다는 말도 했다. 내게 도움이 될지 모르는 친구 한 사람을 사귄다는 기대가 앞서 나는 그의 제의를 받아들였다. 우리는 같이 갔다. 그는 부싯돌로 불을 켰다. 방은 작았지만 깨끗하게 보였다. 그는 나를 매우 공손히 방에 맞아들여 환대했다. 그는 찬장에서 유리병을 꺼냈는데, 그 병 속에는 브랜디에 담근 버찌가 있었다. 우리는 그것을 2개씩 먹고 잠자리에 들었다.

이 사람도 내가 전에 수도원 보호시설에서 만났던 그 못된 유대인과 같은 버릇을 갖고 있었다. 그렇지만 그 버릇을 그렇게 노골적으로 드러내지는 않았다. 그는 내가 동의할 가능성이 있는데 자칫하면 내가 방어 태세를 취하도록 만들 우려가 있다고 믿어서 그랬는지 혹은 사실상 자기 계획에 대한 확고한 마음이 덜해서 그랬는지, 내게 감히 솔직하게 그것을 실행하자는 제안을 하지 못했다. 그러면서 나를 불안하게 만들지 않고 내 마음을 움직여보려고 애를 썼다. 나는 첫 번째 당했을 때보다는 더 경험이 있어서 그의 의도를 곧 눈치 채고 소름이 끼쳤다. 나 자신이 지금 어떤 집에 있으며 누구의 수중에 들어있는지도 몰랐기 때문에 소동을 일으키다가 목숨이 날아갈까 겁이 났다. 그래서 나는 그가 내게 무엇을 바라고 있는지 짐짓 모르는 체하고 있었다. 그러나 그의 애무를 매우 성가셔하고 그것이 더 이상 진행되는 것을 참고 견딜 수 없다는 매우 단호한 태도를 보이면서 처신을 잘하니 그도 자제할 수밖에 없었다. 그 때 나는 내가 할 수 있는 가장 부드러우면서도 강경한 어조로 그에게 말했다. 그리고 아무것도 짐작하지 못하는 척하면서 내가 예전에 겪은 사건을 끄집어내어 내가 그에게 보였던 불안을 변명했다. 그리고 너무나 혐오감과 두려움에 가득 찬 말로 꾸며 그 사건을 이야기해서 내 생각에는 그 역시 구역질이 났는지 자신의 추잡한 계획을 완전히 단념하고 말았다. 우리는 남은 밤을 조용히 보냈다. 심지어 그는 내게 대단히 유익하고 분별 있는 일들을 많이 이야기해주었는데, 그는 아주 고약한 인간이긴 했지만 무능한 인간은 정말 아니었다.

아침에 이 신부는 불쾌한 기색을 보이지 않으려고 아침식사 이야기를 꺼내더니 여인숙 여주인 딸들 중 예쁘장하게 생긴 처녀에게 아침식사를 가져오라고 부탁했다. 그녀는 그에게 시간이 없다고 말했다. 그래서 그는 다시 그녀의 동생에게 말을 걸었더니 그녀는 아예 대답조차 해주지 않았다. 우리는 여전히 기다렸지만 아침식사는 끝내 오지 않았다. 기다리다 못해 우리는 그 처녀들이 있는 방으로 건너갔다. 이 처녀들은 매우 상냥하지 않은 태도로 그 신부를 맞이했다. 그러니 하물며 나로서는 그녀들로부터 만족스러운 대접을 받을 턱이 없었다. 언니라는 여자는 내게 돌아서더니 뾰족한 구두 굽으로 내 발끝을 눌렀는데, 거기는 티눈이 박여 매우 아파서 하는 수 없이 구두를 잘라낸 곳이었다. 또 동생은 내가 막 의자에 앉으려고 할 때 내 등 뒤에서 갑자기 의자를 치워버렸다. 그리고 그 어미는 창밖으로 물을 버리면서 내 얼굴에 물을 튀겼다. 뿐만 아니라 내가 어디에고 앉아 있으면 무엇을 찾는답시고 내 자리를 치워버렸다. 내 생전 이렇게 난처한 형편에 처했던 적은 없었다. 나는 그녀들의 모욕적이고 빈정거리는 시선 속에서 어떤 숨겨진 분노를 보았지만, 어리석게도 아무것도 알아차리지 못했다. 깜짝 놀라 어안이 벙벙해져 그녀들 모두 마귀가 들렸다는 생각이 막 떠오르면서 정말 겁을 집어먹기 시작했다. 그때 신부는 보지도 듣지도 못한 체하다가 아침식사가 나올 가망이 없다는 판단을 제대로 내리고 밖으로 나갈 작정을 했다. 나는 이 독살스러운 세 여자들로부터 벗어나는 것이 매우 기뻐서 허겁지겁 신부의 뒤를 따랐다. 걸으면서 신부는 나보고 카페에 가서 아침식사를 들자고 제안했다. 나는 무척 배가 고팠지만 이러한 제안을 사양했고, 그도 그다지 고집을 부리지 않았다. 그래서 우리는 거리의 세 번째인가 네 번째 모퉁이에서 헤어졌다. 나는 나대로 그 저주받을 집에 관련된 일체의 것이 눈앞에 보이지 않게 되어 매우 기뻤고, 또 내가 볼 때 그는 그대로 내가 쉽사리 그 집을 알아볼 수 없을 만큼 나를 상당히 멀리 데리고 온 것을 매우 만족스럽게 여기는 눈치였다. 파리에서도 또 어떤 다른 도시에도 이러한 두 차례의 사건들과 비슷한 일은 결코 일어난 적이 없었기 때문에 내게는 리옹 사람들에 대하여 그다지 좋지 못한 인상이 남아 있었다. 그리고 늘 이 도시를 가장 끔찍한 퇴폐가 창궐하는 유럽의 도시로 여기게 되었다.

이곳에서 내가 곤경에 빠졌던 일을 추억하면 그 또한 이곳을 즐겁게 기억하는 데 방해가 되었다. 만약 내가 다른 사람처럼 생겨먹어 내가 머문 주막에서 돈을 꾸고 빚을 얻는 재간이 있었다면, 쉽사리 궁지에서 헤어났을 것이다. 그러나 나는 그런 짓이 싫고 그런 짓을 할 수도 없었다. 그것이 어느 정도였는지 상상하기 위해서는 내가 거의 전 생애를 빈곤하게 지내며 막 빵이 떨어질 상황에 종종 처했으면서도 빚쟁이가 내게 돈을 달라고 독촉할 때 당장 그에게 돈을 내주지 않은 적은 단 한 번도 없었다는 사실을 아는 것으로 충분할 것이다. 나는 결코 귀찮게 독촉받는 빚을 질 줄 몰랐으며, 빚을 지기보다는 차라리 고생하는 편이 더 편했다.

거리에서 밤을 보낼 수밖에 없다는 것은 분명 고생스러운 일이었는데, 리옹에서는 이런 일이 여러 번 있었다. 주머니에 남은 몇 푼 안 되는 돈을 숙박비보다는 밥값으로 지불하는 편이 더 나았다. 왜냐하면 뭐니뭐니해도 잠을 못 자서 죽을 위험이 배고파 죽을 위험보다는 더 적었기

때문이다. 그런데 놀라운 사실은 이와 같이 비참한 처지에 있으면서도
불안하지도 슬프지도 않았다는 것이다. 나는 앞날에 대해 조금도 걱정
하지 않았다. 노숙을 하거나, 땅바닥이나 벤치 위에 드러누워서도 장미
침대 위에서처럼 편안히 잠을 자면서 샤틀레 양에게 오기로 되어 있는
바랑 부인의 답장을 기다리고 있었다. 시외의 어느 길 위에서 ― 론 강
인지 손 강인지 기억나지는 않지만 그 강을 따라 난 길이다 ― 즐거운 하
룻밤을 보낸 기억까지 난다. 건너편 길 가장자리에는 높은 정원들이 완
만한 비탈을 이루며 쭉 뻗어있었다. 그날은 매우 더웠지만 저녁에는 쾌
적했다. 이슬이 내려 시든 풀잎을 촉촉이 적셨다. 바람 한 점 없는 조용
한 밤이었다. 대기는 선선했으니 차갑지는 않았다. 해는 져서 하늘에
붉은 노을을 남겨두었고, 노을이 물 위에 반사되어 물은 장밋빛으로 물
들었다. 비탈의 나무들에는 밤꾀꼬리들이 가득 깃들어 서로 노래로 화
답하고 있었다. 나는 일종의 황홀경에 빠져 산책하면서 이 모든 즐거움
에 감각과 마음을 내맡기고, 이런 것을 홀로 즐기는 아쉬움만을 약간 탄
식했다. 나는 달콤한 몽상에 잠겨 밤이 아주 깊을 때까지 피로한 것도
모르고 산책을 계속했다. 마침내 피로감이 느껴졌다. 비탈 벽에 움푹
들어간 일종의 벽감(壁龕) 같기도 하고 비밀 문(門) 같기도 한 석판 위
에 기분 좋게 누워버렸다. 내 침대 위의 둥근 지붕은 나무들의 꼭대기로
이루어졌고, 밤꾀꼬리 한 마리가 바로 내 위에 있었다. 나는 그 노랫소
리에 잠이 들었다. 자는 것도 달콤했지만 일어나는 것은 더욱 달콤했
다. 날이 환히 밝았다. 눈을 뜨니 물과 초록빛과 황홀한 경치가 시야에
들어왔다. 자리에서 일어나 몸을 움직이니 시장기가 느껴졌다. 아직 내
주머니에 남아있는 6블랑40) 짜리 동전 두 닢을 털어 맛있는 아침을 먹을

―――――――――
40) 5드니에(denier)에 상당하는 동전이다. 12드니에는 1수(sou)이고 20수는
　　1프랑(franc)이다. 그러므로 6블랑짜리 동전은 30드니에 혹은 0.125프랑
　　이다.

결심을 하고 시가를 향해 즐겁게 걸어 나갔다. 하도 기분이 좋아서 걷는 동안 쭉 노래를 불렀다. 내가 부른 노래는 바티스탱41)이 지은 〈토메리의 온천〉이라는 성악곡이었다는 기억까지 나는데, 나는 이 노래를 외우고 있었다. 그 훌륭한 바티스탱과 훌륭한 성악곡에 축복이 있으라! 이 노래 덕분에 생각하던 것보다 훌륭한 아침과 전혀 생각지도 않았던 훨씬 더 훌륭한 점심이 내게 생겼던 것이다.

한창 신바람이 나서 노래를 부르며 걷는데 누가 내 뒤를 따라오는 소리가 들렸다. 돌아보니 성 안토니우스 교단의 신부였는데, 그는 나를 따라오면서 즐겁게 내 노래를 듣고 있는 것처럼 보였다. 그는 내게 다가와 인사를 하고는 음악을 아느냐고 물었다. 나는 "조금이요"라고 대답했지만 실은 제법 할 줄 안다는 의미로 받아들이게 할 셈이었다. 그는 계속해서 내게 질문을 던졌고, 나는 그에게 내 신상이야기 일부를 말했다. 그는 나보고 혹시 악보를 베껴본 일이 있느냐고 물었다. 나는 "자주 그런 일을 했습니다"라고 대답했다. 그리고 사실이 그러했다. 왜냐하면 악보를 베끼는 일은 내가 음악을 배우는 데 제일 좋은 방법이었기 때문이다. "그렇다면 좋소"라고 그는 말했다. "나와 같이 갑시다. 며칠 동안 당신에게 일거리를 줄 수 있을 것입니다. 그동안 당신이 방에서 나오지 않겠다고 동의만 해준다면 당신에게는 아무것도 부족하지 않을 것입니다." 나는 흔쾌히 승낙하고 그를 따라갔다.

이 성 안토니우스 교단의 신부는 롤리숑 씨였다. 그는 음악을 좋아할 뿐만 아니라 잘 알고 있었다. 자기 친구들과 같이 만든 작은 음악회에서는 노래도 불렀다. 거기까지는 아무런 죄가 되지 않고 괜찮았다. 그러나 그 취미가 격정으로 타락한 것이 분명해서 그 격정의 일부를 숨기지

41) 본명은 Jean-Baptiste Struck (1680?~1755) : 독일계로 플로렌스에서 태어나 파리에서 오를레앙 공작의 음악가로 있으면서 궁정용 발레곡과 성악곡 4권을 썼다.

않을 수 없게 되었다. 그는 나를 조그만 방으로 안내했는데, 거기가 내가 있을 방으로 그가 베껴놓은 악보들이 많이 보였다. 그는 내게 베낄 다른 악보를 내주고, 특히 내가 불렀던 성악곡을 베껴달라고 했는데, 자신이 며칠 후에 그 곡을 부를 예정이었다. 나는 3, 4일 동안 이곳에 머물면서 밥 먹을 때만 제외하고 모든 시간을 악보를 베끼며 지냈다. 사실 평생 그때만큼 그렇게 허기지고 또 잘 얻어먹은 적도 없었으니까 말이다. 그는 손수 내 식사를 주방에서 가져다주었다. 그들이 먹는 평소 식사가 내게 주는 그 정도의 것이라면 주방이 훌륭한 것이 틀림없었다. 내 생애에서 식사하면서 그렇게 즐거움을 느꼈던 적은 없었다. 그리고 이 식사들이 너무나 적절할 때 내게 굴러들어왔다는 사실도 고백해야 하는데, 나는 피골이 상접할 정도로 바싹 말라있었기 때문이다. 먹는 것에 지지 않을 만큼 즐겁게 일을 했는데, 그것은 결코 그냥 하는 말이 아니다. 사실 나는 부지런하긴 했지만 정확하진 않았다. 며칠 후에 롤리숑 씨를 거리에서 만났는데, 내가 베낀 파트들에는 누락되고 중복되고 뒤바뀐 것들이 하도 많아서 그 곡을 연주할 수 없게 되었다는 사실을 알려주었다. 내게는 정말 더할 나위 없이 부적당한 그런 일을 그후 직업으로 선택했다는 사실을 고백하지 않을 수 없다. 음표를 잘 그리지 못하기 때문도 아니고 그리 깨끗하게 베끼지 못해서도 아니건만, 장시간의 작업에서 오는 지루함 때문에 매우 주의력이 산만해져서 그 결과 음표를 적는 것보다 그것을 지우는 데 더 많은 시간을 보냈고, 더할 나위 없이 정성스럽게 주의를 기울여 내가 적은 파트들을 대조하지 않으면 언제나 연주에 맞지 않게 되어버린다. 그러니 잘하려고 하다가 매우 엉망으로 만들었고 빨리 하려다가 완전히 옆길로 샌 것이다. 그래도 롤리숑 씨는 끝까지 나를 잘 대해주었고 게다가 내가 나갈 때는 거의 받을 자격이 없는 3리브르짜리 은화 한 닢을 내게 주었고, 그 돈 덕분에 나는 완전히 재기했다. 그도 그럴 것이 며칠 후 상베리에 있는 엄마로부터 소식을

266

받았고 그녀를 만나러 갈 수 있는 여비까지 받았기 때문인데, 나는 띌 뜻이 기뻐하며 그녀를 만나러 갔다. 그 이후로 자주 내 주머니 사정이 매우 궁한 적이 있었지만, 결코 밥을 굶어야 할 정도는 아니었다. 나는 이 시기를 신의 가호에 감사하는 마음으로 기록해 둔다. 내 생애에서 궁 핍과 굶주림을 느낀 것은 이 시절이 마지막이었다.

나는 엄마가 샤틀레 양에게 맡긴 심부름이 끝나기를 기다리면서 리옹 에서 7, 8일 더 남아 있었다. 그동안 예전보다 더 꾸준히 그녀를 만나 그녀의 친구인 엄마이야기를 함께 나누는 즐거움도 가졌고, 그녀에게 감추지 않을 수 없었던 내 자신의 형편을 고통스럽게 돌이켜 보면서 정 신을 딴 데 파는 일도 더 이상 없었다. 샤틀레 양은 젊지도 예쁘지도 않 았지만 매력이 없지 않았다. 그녀는 상냥하고 허물이 없었는데, 재치로 인해 이러한 친밀함의 가치가 돋보였다. 그녀에게는 관찰하는 모럴리 스트로서의 취향이 있어서, 인간들에 대한 연구에 끌렸다. 바로 그 같 은 취향이 내게 생긴 것은 애초에 그녀 덕분이다. 그녀는 르 사쥐42) 의 소설들, 그 중에서도 특히 《질 블라스》43) 를 좋아해서, 내게 그 이야기

---

42) Alain René Lesage(1668~1747) : 프랑스 브르타뉴 출생으로 부유한 집안 에서 태어났으나 14살에 고아가 되었다. 1692년 변호사가 되었지만 문학에 훨씬 이끌렸던 그는 가족들을 부양하기 위하여 끊임없이 글을 써야 했다. 스페인 극작품을 번역하던 그는 자신이 극작가가 되어 1707년 희곡 《주인 과 맞서는 크리스팽》(Crispin rival de son Maître) 을 상연하여 성공을 거두 었다. 이어 세수(稅收) 청부업자를 주인공으로 하여 돈의 세계를 신랄하게 풍자한 《튀르카레》(Turcaret) 를 코메디 프랑세즈에서 발표했다. 또한 1709년 소설 《절름발이 악마》(Le Diable boiteux) 를 발표했고 스페인을 무 대로 한 악한소설 《질 블라스 이야기》(Histoire de Gil Blas) 는 1715년부터 1735년에 걸쳐 연작으로 출간되어 가장 큰 성공을 거두었다.
43) 프랑스의 소설가 르사쥐가 쓴 4권의 장편소설. 시골구석에서 출생한 주인 공 질 블라스는 17세에 고향을 떠나 공부하기 위해 살라망카 대학으로 가는 길에 갖가지 사건에 휘말린다. 평민 출신의 하인으로 출발한 그는 점차 더

를 해주고 그 책을 빌려주었다. 나는 그것을 재미있게 읽었지만 이러한 종류의 독서를 할 만큼 아직 성숙하지는 않았다. 내게는 과장된 감정으로 넘쳐흐르는 소설들이 필요했다. 나는 이런 식으로 샤틀레 양이 있는 수도원 면회실에서 재미있고 유익하게 시간을 보냈는데, 재능이 있는 여성과 재미있고 사려가 깊은 대화를 나누는 것은 책에 있는 어떤 현학적 철학보다도 젊은이를 교육시키는 데 더욱 적합하다는 것은 확실하다. 나는 레 샤조트 수도원에서 다른 원생들과 그들의 여자 친구들을 사귀게 되었다. 그 중에서도 특히 14살의 소녀인 세르 양과 사귀게 되었는데, 당시에는 그녀에게 그리 대단한 주의를 기울이지 않았지만 8, 9년 후에는 열을 올리게 되었다. 그것도 무리는 아닌 것이 그녀는 매력적인 소녀였기 때문이다.

이제 곧 상냥한 엄마를 다시 본다는 기대에 정신이 모두 팔려 나는 잠시 공상을 중단했고, 현실의 행복이 나를 기다리고 있어서 환상 속에서 행복을 찾지 않아도 되었다. 나는 그녀를 다시 만날 뿐만 아니라 그녀 옆에서 또 그녀를 통하여 쾌적한 상태로 돌아가는 것이다. 왜냐하면 그녀는 내게 어울리기를 원하는 직업을 구해 놓았는데, 그 직업이라면 내가 그녀와 떨어지지 않을 것이라고 적었기 때문이다. 나는 그러한 직업이 어떤 것일 수 있을까 점치기 위하여 있는 힘을 다해 온갖 추측을 해댔다. 그런데 용케 알아맞히기 위해서는 사실 점이라도 쳐야 했을 것이다. 내게는 안락하게 여행할 정도로 충분한 돈이 있었다. 샤틀레 양은 내가 말을 타기를 원했지만 나로서는 거기에 동의할 수 없었는데, 내가

나은 환경 속으로 편입되면서 점차 중요한 일을 하게 되고 마침내 귀족이 된다. 그는 이러한 사회적 신분상승과 더불어 도덕적 가치를 획득한다. 그는 위기를 여러 차례 겪지만 그의 양심은 그가 악의 구렁텅이에 빠지는 것을 막아주었다. 이러한 미덕의 대가는 지혜이며 행복이다. 그러나 이러한 도덕적 확신은 절대적이 아니며 여기에는 일종의 아이러니가 있다.

268

옳았다. 그렇지 않았더라면 나는 내 생애 마지막이 될 도보여행의 즐거움을 잃어버렸을 것이다. 그런데 내가 마지막이라고 한 것은 모티에에서 살던 동안 종종 그 부근으로 소풍을 다녔지만 그 소풍에 도보여행이라는 이름을 붙일 수는 없기 때문이다.

정말 이상한 일은 내 상상력이 가장 유쾌하게 용솟음칠 때는 내 처지가 가장 유쾌하지 못할 때이며 반대로 내 주위의 모든 것이 즐거울 때는 내 상상력이 덜 즐거워한다는 것이다. 내 고집스러운 성격은 상황에 따르려고 하지 않는다. 그것은 아름답게 꾸밀 줄 모르고 새롭게 창조하기를 원한다. 실제 대상들은 내 머리에서 기껏해야 있는 그대로 그려질 뿐이다. 내 머리는 오직 상상의 대상들밖에는 장식할 줄 모른다. 내가 봄을 그리고 싶다면 겨울이어야 한다. 아름다운 경치를 묘사하고 싶다면 나는 벽에 둘러싸여 있어야 한다. 내가 이미 수없이 말한 바이지만 내가 바스티유 감옥에 갇히게 되면 나는 거기서 자유의 그림을 그릴 것이다. 리옹을 떠나면서 오직 즐거운 미래만이 보였다. 내가 파리를 떠날 때 불만족스러웠던 꼭 그 정도로 이번 리옹을 떠날 때는 만족감을 느꼈고 또 충분히 그럴 이유가 있었다. 그러나 이번 여행을 하는 동안에는 저번 여행 때 나를 따라다녔던 그 달콤한 공상에 빠지지 못했다. 내 마음은 차분했지만 그것이 전부였다. 나는 다시 만나게 될 그 훌륭한 여자 친구에게 벅찬 가슴을 안고 다가가고 있었다. 나는 그녀 옆에서 사는 즐거움을 미리 맛보았지만 그것에 도취되지는 않았다. 나는 그 즐거움을 항상 고대했기 때문에 마치 내게 새로운 일은 아무것도 일어나지 않았던 것과 같았다. 나는 앞으로 거기서 무엇을 해야 할지 마치 그것이 매우 염려스러운 일인 것처럼 불안했다. 내 생각은 평화스럽고 온화했지만 천상을 날거나 황홀하지는 않았다. 내가 지나치는 모든 대상들이 내 시선에 강렬한 인상을 주었다. 나는 경치에 주의를 기울였다. 나무들, 집들, 시냇물들을 눈여겨보았다. 십자로들을 만나면 곰곰이 생각에 잠겼다. 길을 잃을까 겁이 났기 때문이다. 그래서 조금도 길을 잃지 않았다. 한마디로 나는 이제 천상에 있지 않았다. 나는 때로는 지금 있는 곳에 또 때로는 가는 곳에 있었지 결코 더 먼 곳에 있지는 않았다.

여행이야기를 할 때면 나는 마치 실제 여행할 때와 같아서 도착할 줄 모르는 것 같다. 내 사랑하는 엄마에게 가까이 감에 따라 기쁨으로 가슴이 뛰었다. 그러나 그렇다고 해서 결코 걸음을 더 빨리 재촉하지 않았다. 나는 내 편한 대로 걷고 기분이 내키면 발길을 멈추기를 좋아한다. 방랑생활은 내게 필요한 생활이다. 좋은 날씨에 아름다운 고장에서 여유롭게 걸어서 길을 가는 것, 그리고 내 여정의 끝에 즐거운 목적이 있는 것이야말로 모든 생활양식 중 가장 내 취향에 맞는 것이다. 그런데 내가 아름다운 고장이라고 말하는 것이 어떤 것인가는 이미 여러분들이 알고 있다. 평야지방은 그곳이 아무리 아름답다고 해도 내 눈에는 아름답게 보이지 않는다. 내게는 급류들, 바위들, 전나무들, 울창한 숲들, 산들, 오르락내리락하는 울퉁불퉁한 길들, 내 옆에 있어 나를 아찔하게 만드는 절벽들이 필요하다. 나는 샹베리에 가까이 가면서 이러한 즐거움을 가졌고 이러한 즐거움의 모든 매력을 맛보았다. 르 파 드 레쉘[44]로 불리는 깎아지른 산에서 멀지 않은 곳, 샤이유라는 곳에 바위를 깎아서 닦은 큰길 아래에, 조그만 강이 무시무시한 깊은 구멍들 안으로 부글부글 물거품을 내며 흐르고 있는데, 그 강은 수십만 년에 걸쳐 그 구멍들을 파놓았던 것으로 보인다. 그 길 가장자리에는 불상사를 방지하려고 난간이 쭉 쳐져 있다. 그 덕분에 나는 그 밑바닥을 감탄하면서 바라볼 수 있었고, 아찔한 현기증을 마음껏 느낄 수가 있었다. 내가 가파른

---

44) 르 파 드 레쉘(le Pas de l'Echelle)은 우리말로 '사다리 모양의 험로'(險路)라는 의미이다. 그런데 루소는 샹베리에서 부아롱으로 가는 길에 있는 레 에쉘(les Echelles)을 레만 호 남쪽 보세 근처에 있는 살레브 산의 오솔길인 르 파 드 레쉘로 혼동하거나 잘못 표기한 것으로 보인다.

곳들을 좋아하면서 재미를 느끼는 것은 머리가 빙글빙글 돌기 때문이다. 그리고 내가 안전하기만 하다면 그 어지럼증이 대단히 좋다. 난간에 몸을 잘 기대고 고개를 내밀고 그 물거품과 시퍼런 물을 이따금씩 멍하니 바라보면서 몇 시간이고 거기에 서 있었다. 그 시퍼런 물이 성내어 울부짖는 소리가 내 밑으로 2백 미터나 떨어진 곳에서 이 바위에서 저 바위로 이 덤불에서 저 덤불로 날아다니는 까마귀들과 맹금들이 내는 날카로운 울음소리 사이로 들려왔다. 조약돌을 굴릴 정도로 비탈도 충분히 고르고 덤불도 그리 무성하지 않은 곳에서, 나는 들고 올 수 있는 한 가장 큰 돌들을 멀리 가서 찾아 와 난간 위에 무더기로 모아놓았다. 그러고 나서 그것들을 절벽 아래로 하나씩 던져가며 밑바닥에 떨어질 때까지 구르고 튀어 오르며 산산조각으로 부서져 날아오르는 것을 보면서 대단히 즐거워했다.

샹베리에서 좀더 가까운 곳에서는 반대의미에서 이것과 비슷한 광경을 보았다. 길이 폭포 밑을 지나가는데, 그것은 내 생전 보았던 가장 아름다운 폭포[45]였다. 산이 몹시 가팔라 물이 바위에서 뚝 떨어져 나와 활 모양으로 멀리 떨어지므로 때로는 몸도 적시지 않고 폭포와 바위 사이를 지날 수가 있다. 그러나 자칫 방심하다가는 나처럼 봉변을 당하기 십상이다. 왜냐하면 까맣게 높아서 물이 갈라져 물보라로 떨어져 내리는데 자칫 이 자욱한 물보라에 조금이라도 너무 가까이 다가서면 처음에는 젖는지도 모르지만 곧 물에 빠진 생쥐 꼴로 흠뻑 젖기 때문이다.

드디어 나는 도착해서 엄마를 다시 만났다. 엄마는 혼자가 아니었다. 내가 들어갔을 때 엄마 방에는 경리국장[46]이 있었다. 그녀는 내게 아무 말도 없이 내 손을 잡더니 나를 그에게 소개했다. 그때 그녀가 부린 애교는 어느 누구라도 마음을 열게 만드는 그런 것이었다.

---

45) 쿠 폭포(Cascade de Couz).
46) 동 앙투안 프티티(Don Antoine Petitti)로 사부아 재정 경리국장이었다.

"선생님,  바로 이 사람이 그 가엾은 젊은이입니다.  그럴 만한 가치가
있는 동안만큼은 그를 돌보아 주세요.  그래만 주신다면 저로서는 이 청
년의 앞날에 대해 더 이상 걱정할 것이 없겠습니다." 다음엔 말을 돌려
내게 말했다. "이봐요,  당신은 이제 왕을 섬기는 것이요.  당신에게 생
계수단을 주신 경리국장께 감사를 드리세요."

나는 어떻게 생각해야 할지 잘 몰라 아무 말도 못하고 두 눈만 휘둥그
레졌다.  하마터면 싹트는 야심에 머리가 돌 뻔했고,  벌써 소(小) 경리국
장이나 되는 것 같았다.  나의 행운은 처음에 내가 상상한 것처럼 그렇게
화려하지는 못했다.  하지만 현재로서는 생활하기에 충분했고,  내게는
오히려 과분한 편이었다.  그 내용은 다음과 같았다.

빅토르 아메데우스 왕은 전에 있었던 전쟁들의 결과와 조상들이 물려
준 옛 영지의 위치 등으로 보아 언젠가는 그 영지가 자기 수중에서 떨어
져나가리라고 판단하고 오직 그 영지에서 짜낼 수 있는 것은 모조리 짜
낼 궁리만 했다.  그는 요 몇 년 전에 그 영지의 귀족들에게 세금을 부과
할 결심을 하고,  과세를 실행하되 그것이 좀더 공평하게 배분될 수 있게
끔 전국적으로 토지측량을 하도록 명령했다.  이 사업은 부왕(父王)  대
에 착수하여 그 아들 대에 완수되었다.  제오메트르[47] 라고 불리는 측량
기사와 스크레테르[48] 라고 불리는 서기를 반반씩 합해서 이삼백 명의
인원들이 이 사업에 종사했다.  엄마는 내 자리를 이 서기들 틈에 마련해
주었다.  그다지 큰 돈벌이가 되지는 않았지만 이 고장에서는 여유 있게
생활할 수 있을 만한 정도의 수입이 나오는 자리였다.  그런데 임시직이
라는 단점이 있었다.  그러나 다른 자리를 찾거나 기다릴 수 있는 발판은
되었다.  그래서 엄마는 앞날을 내다보고 내가 이 일을 하는 기간이 끝난

---

47)  제오메트르(*géomètre*) 는 측량기사를 일컫는 다른 이름이다.  '기하학자'라
는 뜻도 있다.
48)  스크레테르(*secrétaire*) 는 서기를 일컫는 다른 이름이다.  '비서'란 뜻도 있다.

후 더욱 안정된 일자리로 옮겨갈 수 있도록 경리국장으로부터 특별한 후원을 얻어내기 위해 노력한 것이다.

도착한 지 며칠 되지도 않아 나는 일을 보게 되었다. 이 일에는 어려운 것이 하나도 없었고 나는 곧 일에 숙달했다. 내가 제네바를 떠나온 이래 4, 5년간 돌아다니면서 어리석은 짓들을 하고 고생한 후 바로 이렇게 처음으로 명예롭게 내 생활비를 벌기 시작한 것이다.

내 소년시절의 세세한 사연들을 이렇게 길게 늘어놓는다는 것은 정말 유치하게 보일 것이다. 나도 그것을 유감스럽게 생각한다. 나는 어떤 점에서는 태어날 때부터 어른이었지만 다른 많은 점에서는 오랫동안 어린애였고 지금도 여전히 그렇다. 나는 독자들에게 위대한 인물을 보여주겠다고 약속하지는 않았다. 내가 약속했던 것은 있는 그대로의 나를 그리겠다는 것이었다. 그런데 나이를 먹은 후의 나를 알기 위해서는 젊은 시절의 나를 잘 알고 있어야만 한다. 일반적으로 눈앞의 대상들은 그 추억보다 내게 더 강한 인상을 주지 못하고 내 모든 생각들은 다 이미지로 이루어지기 때문에, 내 뇌리에 새겨진 최초의 윤곽들은 거기 그대로 남아있어서 그 후에 각인된 윤곽들은 앞의 것들을 지우기보다는 오히려 그것들과 결합되었다. 어떤 일련의 감정과 생각이 있어서 그것이 그 뒤에 오는 것을 수정하기 때문에 뒤의 것을 제대로 판단하기 위해서는 앞의 것을 알아야 한다. 나는 결과의 연쇄를 느끼도록 하기 위해서 어디서든지 최초의 원인을 잘 설명하려고 애쓴다. 나는 이를테면 내 영혼을 독자의 눈에 투명하게 보이도록 하고 싶다. 그리고 이를 위해서 독자에게 내 영혼을 모든 관점에서 내보이고 내 영혼에 모든 조명을 밝게 비추어 독자들이 알아채지 못하는 움직임이 내 영혼 안에서 하나라도 일어나지 않게끔 노력하고 있다. 이것은 독자가 그 결과들을 낳은 원인에 대해 스스로 판단할 수 있도록 하기 위해서이다.

만약 내가 결과만을 떠맡아 "내 성격은 이렇다"고 말한다면 독자는 내

가 독자를 속이지는 않는다고 하더라도 나 자신을 속이고 있다고 생각
할 수도 있을 것이다. 그러나 내게 일어난 모든 것, 내가 행한 모든 것,
내가 생각한 모든 것, 내가 느낀 모든 것을 독자에게 솔직히 그리고 상
세히 설명한다면 내가 그러기를 원하지 않는 한 독자를 속일 수 없다.
또 설사 내가 그러기를 원한다 하더라도 이런 방법으로는 쉽사리 성공
할 수가 없을 것이다. 이러한 요소들을 모아 그 요소들로 구성되는 인간
존재를 결정하는 것은 독자의 몫이고, 그 결과는 독자가 만들어내는 것
이 되지 않으면 안 된다. 이때 독자가 잘못 생각한다면, 그 오류는 모두
독자 탓이다. 그런데 이런 목적을 위해서 내 이야기가 믿을 수 있다는
것만으로는 부족하다. 그 이야기는 또한 정확해야 한다. 사실의 중요성
을 판단하는 것은 내가 할 일이 아니며, 나는 사실을 다 말하고 그것을
선택하는 수고는 독자에게 맡겨야 한다. 나는 지금까지 내 성심성의껏
바로 여기에 전력했으며, 이후에도 이를 게을리 하지 않을 것이다. 그
러나 중년시절의 추억은 소년시절의 추억에 비해 언제나 덜 선명하다.
나는 소년시절의 추억을 가능한 한 가장 잘 이용하는 것부터 시작했다.
만약 다른 추억들이 소년시절의 추억과 같은 힘을 갖고 내게 다시 떠오
른다면 성급한 독자는 아마 지루해하겠지만 나는 내 작업에 대하여 불
만스럽지는 않을 것이다. 이러한 기획에서 단 하나 내가 염려하는 것은
과장한다거나 거짓말하는 것이 아니라 모두 다 말하지 않고 진실을 숨
기는 것이다.

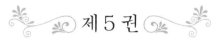

# 제5권

## 1732?~1739

앞서 말한 것처럼, 내가 샹베리에 도착하여 국왕을 위해 토지측량에 종사하기 시작한 것은 1732년이었다고 생각된다. [1] 내가 20살을 넘어 21살에 가까운 때였다. 내 나이에 비해서 지성은 충분히 계발되었지만 판단력은 거의 그렇지 못했다. 그러므로 처세를 배우기 위하여 내 몸을 의탁할 사람의 손길이 절실히 필요했다. 그도 그럴 것이 여러 해 동안 쌓은 경험도 아직 내 소설적인 망상을 근본적으로 고칠 수가 없었으며, 온갖 불행을 겪었음에도 불구하고 마치 그로부터 아무런 교훈을 얻지 못했던 것처럼 세상도 인간도 잘 몰랐으니까 말이다.

나는 내 집에서, 즉 엄마의 집에서 기거하고 있었다. 그러나 안시의 내 방 같은 그런 방을 다시 만나지는 못했다. 정원도, 시내도, 풍경도 없었다. 엄마가 들어 있는 집은 어둡고 칙칙했는데, 내 방은 집안에서도 가장 어둡고 칙칙했다. 전망이라곤 가로막힌 벽뿐, 거리라고는 막다른 골목뿐, 환기도 안 되고, 햇빛도 안 들며, 비좁은 데다 귀뚜라미와 쥐새끼들이 들끓고 마룻바닥마저 썩어있었다. 이런 모든 것 때문에 주

---

1) 실제로는 1732년이 아니라 1731년 9월 말에 샹베리에 도착하여 1731년 10월 1일, 일을 시작한 것으로 추정된다.

271

거하기가 쾌적하지 않았다. 그렇지만 나는 그녀의 집에, 그녀의 곁에 있었다. 나는 언제나 내 책상에 앉아 있거나 그녀의 방에 있어서 내 방이 보기 흉하다는 것을 거의 알아채지 못했고 그런 것을 생각할 여가도 없었다. 그녀가 이런 고약한 집에 살려고 일부러 샹베리에 자리를 잡았다는 것이 이상하게 보일 것이다. 그런데 이것이 바로 그녀의 수완을 보여주는 행위로 그것을 말하지 않으면 안 되겠다. 왕궁에서는 아주 최근에 소란이 일어난 후 아직도 분위기가 뒤숭숭해서, 그런 와중에 모습을 드러낸다는 것은 시기적으로 적당하지 않다는 것을 잘 알고 있었기 때문에 그녀는 토리노에 가는 것을 내켜하지 않았다. 그렇지만 그녀는 사업상의 필요 때문에 그곳에 얼굴을 내밀어야 했는데, 그 까닭은 자신이 잊히거나 피해를 볼까 염려하고 있었기 때문이었다. 무엇보다도 그녀는 재정 경리국장 생로랑 백작[2]이 자기에게 호의를 갖고 있지 않다는 사실을 알고 있었다. 그런데 백작은 샹베리에 낡은 데다가 잘못 지은 집 한 채를 갖고 있었는데, 입지도 매우 나빠서 늘 비어 있었다. 그녀는 이 집을 세내어 거기서 살았다. 이것이 그녀에게 토리노로 가는 것보다 훨씬 성공적이었다. 그녀의 연금은 전혀 삭감되지 않았고, 그때부터 백작은 그녀의 변함없는 친구들 중 한 사람이 되었다.

나는 거기서도 그녀의 세간이 거의 예전과 같이 마련되어 있고 충직한 클로드 아네[3]가 여전히 그녀와 함께 있는 것을 보았다. 내가 이미 말

2) Victoir-Amédée Chapel, comte de Saint-Laurent(1682~1756): 1717년 재무성 수석관, 1733년 재무성 감사국장, 1742년에는 내무성 장관, 1750년에는 국무장관을 역임했다.
3) Claude Anet(1706~1734): 1706년 1월 17일 몽트뢰에서 태어났다. 바랑 부인의 정원사의 조카였던 그는 바랑 부인과 함께 도망했고 바랑 부인을 따라 개신교를 포기했다. 바랑 부인의 애인이자 집사였던 그는 루소가 바랑 부인의 집에 돌아온 지 얼마 되지 않은 1733년 아편을 먹고 자살을 기도했는데, 그것은 루소에 대한 질투 때문이라고 추정된다. 1734년 3월 식물

한 것 같은데, 그는 무트뤼⁴⁾의 농민으로 어렸을 때에는 쥐라 산에서 스
위스 차⁵⁾를 만들기 위한 약초채집을 하였다. 바랑 부인은 자기가 약을
만드는 데 쓸 작정으로 그를 고용했는데, 하인들 중에 약초 캐는 사람이
하나 있는 것이 편리하다고 생각한 것이다. 그는 식물연구에 아주 열심
이었고 부인도 그의 이런 취미에 각별한 호의를 베풀어 그는 어엿한 식
물학자가 되었다. 그는 성실한 사람으로서 명성을 얻을 만했는데, 그가
그렇게 요절하지만 않았다면 식물학에서도 그처럼 명성을 얻었을 것이
다. 그는 이렇듯 착실하고 무게가 있었으며 나보다도 연장이어서 나에
게는 일종의 선생이 되었고, 그 덕분에 나는 어리석은 짓을 많이 피할
수 있었다. 왜냐하면 그는 나를 압도해서 그의 앞에서는 내가 감히 멋대
로 굴 수 없었기 때문이다. 그는 심지어 자신의 여주인인 바랑 부인도
압도했는데, 그녀는 그의 훌륭한 판단력과 정직함과 자기에 대한 변함
없는 애착을 잘 알고 있었고, 그에게 충분한 애정으로 보답했다. 클로
드 아네는 두말할 것도 없이 보기 드문 사람이며 심지어 그와 같은 사람
은 내 일찍이 결코 본 일이 없다. 행동할 때는 느리고 침착하며 사려가
깊고 조심스럽고, 태도는 냉정하며, 말할 때는 간단명료하지만, 정열
은 격렬했다. 그는 결코 그러한 열정을 겉으로 드러내는 일은 없었지
만, 그로 인하여 속이 타들어 갔으며 일생에 꼭 한 번이지만 끔찍한 실
수를 저지른 일이 있었다. 스스로 독약을 마신 것이다. 이 비극적 사건
은 내가 온 지 얼마 안 되어 일어났는데, 나로서는 이 하인과 여주인 사
이의 깊은 관계를 그 사건을 통해 겨우 알게 되었다. 그도 그럴 것이 만
약 그녀가 자기 입으로 그런 관계를 말해주지 않았다면 나는 그것을 전

---

채집을 위해 알프스에 올라갔다가 늑막염을 얻어 죽었다고 하지만 이 또한
자살로 추정하는 사람들이 많다.
4)  몽트뢰(Montreux)의 오기이다.
5)  산중 식물을 주성분으로 하여 달인 차.

혀 눈치 채지 못했을 것이기 때문이다. 만일 애착과 열의와 충실성이 그 같은 보상을 받을 만한 가치가 있다면, 정녕 그 보상은 그에게로 돌아가야 했다. 그리고 그가 그 보상을 받을 가치가 있다는 것을 증명하는 것은 그가 그것을 결코 남용하지 않았다는 것이다. 그들은 거의 다투는 일이 없었고 다툼은 항상 좋게 끝났다. 그렇지만 좋게 끝나지 않은 적이 단 한 번 있었는데, 여주인이 화가 난 나머지 그가 참고 견딜 수 없는 모욕적인 말을 던진 것이다. 그는 자신의 절망만을 생각하고 알코올에 용해된 아편 추출물을 담은 약병이 손에 닿는 데 있는 것을 보고, 그것을 꿀꺽 삼키고, 영원히 잠에서 깨어나지 않을 생각으로 조용히 잠을 자러 갔다. 바랑 부인 자신은 불안하고 심란하여 집안을 이리저리 돌아다니다가 다행히 빈 병을 발견하고 그 나머지 일을 알아챘다. 그를 구하려고 달려가면서 그녀는 소리를 질렀고, 그 소리에 나도 가보았다. 그녀는 내게 모든 것을 털어놓고 도와달라고 애원했고 무진 애를 써서 아편을 토하게 하는 데 성공했다. 이 현장을 목격한 나는 그녀가 내게 알려준 그들의 관계를 전에는 조금도 짐작하지 못했던 내 자신의 우둔함에 놀랐다. 그러나 클로드 아네는 매우 신중해서 나보다 더 통찰력이 있는 사람이라도 그 점에 대해 잘못 생각할 수 있었을 것이다. 두 사람의 화해는 나까지도 깊이 감동했을 정도였다. 그리고 나는 이때부터 그에 대한 존경심이 점점 깊어져 말하자면 그의 제자가 되었는데, 그렇다고 해서 더 기분이 상할 것도 없었다.

하지만 어떤 사람이 나보다도 더 그녀와 친밀하게 지낼 수 있다는 것을 알았을 때는 고통스러웠다. 나로서는 그런 자리를 탐내려는 생각조차 하지 않았지만, 남이 그 자리를 차지한 것을 보기란 힘들었으며, 그것은 매우 당연한 일이었다. 그러나 나는 그 자리를 내게서 가로챈 사람을 미워하는 대신에, 그녀에 대하여 내가 갖는 애착이 실제로 그 사람에게까지도 확장되는 것을 느꼈다. 나는 무엇보다도 그녀가 행복하기를 바랐다. 그리고 그녀는 행복하기 위해서 그가 필요하기에 나는 그도 또한 행복한 것이 기뻤다. 그는 자기대로 완전히 여주인과 생각을 같이하여, 그녀가 자신을 위해 택한 친구에게 진실한 우정을 품었다. 그는 직분상 당연히 갖는 권위를 내게 뻐기지 않고, 그의 판단력이 그에게 부여하는 권위를 내 판단력에 대해 자연스럽게 행사했다. 나는 그가 반대할 만한 일은 감히 아무것도 하지 못했고, 그는 나쁜 짓 이외에는 반대하지 않았다. 이렇게 우리는 우리 모두를 행복하게 만드는 결합 속에서 살았고, 오로지 죽음만이 이 결합을 파괴할 수 있었다. 이 사랑스런 여인의 성격이 훌륭하다는 것을 보여주는 증거의 하나는 그녀를 사랑하는 사람들은 누구나 서로를 사랑하게 된다는 것이다. 질투나 경쟁심까지도 그녀가 불어넣은 그 지배적인 감정에는 굴복하고 말았다. 그리고 나는 그녀를 둘러싸고 있는 사람들 중 어느 누구도 서로 잘못되기를 바라는 것을 결코 본 일이 없다. 이 글을 읽는 분들은 이 찬사에 즈음하여 잠시 책을 놓아주기 바란다. 그리고 이러한 찬사를 생각하면서 만일 그 정도 찬사를 보낼 수 있는 어느 다른 여인이 떠오르거든, 그 여인이 비록 천하의 창녀일지라도 여러분의 삶의 안식을 위하여 그 여인에게 애착을 갖기를 바란다.

내가 샹베리에 도착한 후부터 1741년 파리로 떠날 때까지 8, 9년간의 시기가 여기서 시작되는데, 이 기간 동안 내 삶은 즐겁고 단순하여, 이야기할 만한 사건들이 그리 없을 것이다. 그리고 이러한 단조로운 생활이야말로 내 성격형성을 완성하는 데 내가 가장 필요로 했던 것으로, 끊임없는 혼란은 내 성격이 고정되는 것을 방해했기 때문이다. 바로 이 소중한 기간 동안 뒤죽박죽 일관성이 없는 내 교육이 견실해져서, 나는 내가 앞으로 거쳐나갈 폭풍우에도 불구하고 더 이상 바뀌지 않을 존재가 되었던 것이다. 이러한 발전은 눈에 띄지 않게 느리고 별반 기억할 만한 사건도 없었지만 그 추이를 뒤따라가면서 자세히 설명할 가치는 있다.

처음에는 거의 내 일에만 열중했다. 사무실 일이 어려워서 다른 것을 생각할 여지가 없었기 때문이다. 얼마 안 되는 여가는 정다운 엄마 곁에서 보냈다. 심지어는 책 읽을 틈조차 없어서 책 읽을 생각도 나지 않았다. 그러나 일이 일종의 판에 박힌 일처럼 되어 정신도 덜 쓰게 되자, 예의 불안이 다시 머리를 쳐들었다. 내게는 다시 독서가 필요하게 되었는데, 이러한 독서취미는 항상 그것에 열중하기 곤란하다는 점 때문에 고조되었던 것처럼 전에 있던 주인집에서와 마찬가지로 다시 강한 집착이 되었을지 모른다. 만일 다른 취미들이 방해물처럼 나타나 독서취미를 잠시 잊게 만들지 않았다면 그랬을 것이다.

우리들의 계산에 고등산술은 필요하지 않았지만, 가끔 나를 난처하게 만드는 정도의 산술은 필요했다. 이러한 곤란을 극복하려고 산술책 몇 권을 사서 그것을 제대로 익혔다. 그도 그럴 것이 혼자서 배웠기 때문이다. 실용적인 산술도 거기에 엄밀한 정확성을 기하려면 생각보다 더 범위가 넓다. 굉장히 긴 계산들도 있어서 뛰어난 측량기사들이라도 계산하는 중에 헤매는 것을 가끔 보았다. 실제 사용과 결부시켜 궁리하면 명확한 개념을 얻을 수가 있으며, 그때 간략한 방법들을 찾게 된다. 그러한 방법들의 발견은 자존심을 충족시키고 그 방법들의 정확성은 정신의 욕구를 만족시켜주고, 그 방법들은 그 자체로는 신통치 않은 일도 재미있게 만든다. 나는 이러한 궁리에 깊이 몰두하여 숫자로만 풀 수 있는 문제에 난처함을 겪은 일은 없다. 그래서 전에 알았던 것 모두가 날로 기억에서 사라지는 지금에도, 이 지식만은 중단한 지 30년이나 되었는데도 아직 얼마간은 기억에 남아있다. 며칠 전 대번포트에 여행했을 때 나를 초대한 주인집6) 에서 아이들의 산수공부를 돕게 되었는데, 더

6) 리차드 대번포트(Richard Davenport) 는 루소가 박해를 당하고 있을 때 그를 영국으로 초대한 영국의 철학자 흄(Hume) 의 친구로, 루소는 우튼에 있을 때 대번포트에 사는 리처드 대번포트의 집에서 1766년 3월 22일부터

할 나위 없이 복잡한 계산들 중의 하나를 틀리지 않고 풀어서 말할 수 없이 기뻤다. 숫자를 쓰고 있자니까 아직도 행복한 나날을 보내면서 샹베리에 있는 기분이었다. 먼 옛날로 다시 돌아갔던 것이다.

우리 측량기사들의 지적도를 채색하는 일은 또한 내게 그림에 대한 흥미를 다시 되찾게 했다. 나는 물감을 사서 꽂이며 풍경을 그리기 시작했다. 그러나 여기에 전적으로 애정을 쏟았건만 유감스럽게도 미술에 대한 소질이 거의 없음이 판명되었다. 연필과 화필 속에 파묻혀 있었으면 몇 달이고 내내 두문불출했을 것이다. 내가 이 일에 너무 집착해서 사람들이 나를 이 일로부터 끌어내지 않으면 안 되었다. 그것이 어떤 취미이든 내가 한번 빠지기 시작하면 늘 이런 식이다. 그 취미는 정도가 심해져서 강한 집착으로 변하고, 곧 내가 열중하는 즐거움 이외에는 세상의 아무것도 눈에 보이지 않는다. 나이가 들어도 이런 결점은 고쳐지지 않았을 뿐 아니라 심지어 완화되지도 않아서, 이것을 쓰고 있는 지금도 노망한 늙은이 모양으로 전혀 알지도 못하는 또 다른 쓸데없는 공부에 심취하여 있는 것이다. 젊어서 이런 것에 빠졌던 사람들조차 지금 내 나이가 되면 부득이 포기하고 마는데 나는 그런 공부를 시작하고 싶어하는 것이다.

오히려 당시야말로 이 공부가 제격이었을 것이다. 기회도 좋았고 내게는 그 기회를 이용하고 싶은 약간의 욕심도 있었다. 새로운 식물을 잔뜩 걸머지고 돌아오는 아내의 눈에서 만족한 기색을 보고는 나도 그를 따라 두세 번 식물채집을 하러 갈 뻔했다. 단 한 번만이라도 내가 그를 따라 거기 갔었다면 그것은 내 마음을 사로잡아 어쩌면 오늘날 위대한 식물학자가 되었을지도 모른다고 나는 거의 확신하고 있다. 왜냐하면 나는 이 세상에서 식물연구보다 더 내 타고난 취향과 어울리는 연구를

---

1767년 5월 1일까지 머물렀다.

모르며, 또 내가 10년 전부터 전원에서 지내는 생활도 거의 지속적인 식
물채집 ─ 여기에는 목적도 없고 진보도 없는 것이 사실이지만 ─ 에 지
나지 않기 때문이다. 나는 그때는 식물학에 대한 개념이 전혀 없어서 그
것에 대해 일종의 경멸감 내지 반감까지 품고 있었다. 식물학을 오직 약
제사나 공부하는 것으로 보았던 것이다. 엄마는 식물학을 좋아했지만
그녀 자신도 이를 다른 용도로 이용하지는 않아서, 자기가 만드는 약에
쓰기 위해 오직 상용 식물들만을 찾아다녔다. 이렇게 해서 식물학과 화
학과 해부학은 내 머릿속에서 의학이란 이름 아래 뒤범벅이 되어, 내게
온종일 재미있게 빈정거릴 소재를 제공하거나 가끔 따귀 맞는 일을 버
는 데밖에는 소용이 없었다. 게다가 이런 취미와는 다른 너무나 상반되
는 한 가지 취미가 점점 커져서 이윽고 나의 모든 취미들을 흡수해버렸
다. 그것은 바로 음악이다. 정녕 나는 이 예술을 위해 세상에 태어난 것
임에 틀림없다. 나는 어릴 때부터 이 예술을 좋아하기 시작해서 언제 어
느 때나 변함없이 이 예술만을 사랑하였으니 말이다. 놀라운 것은 내가
이것을 위해 태어났건만 이것을 배우기 그토록 힘이 들었고 또 성과를
거두는 데도 매우 더뎌서, 평생을 두고 연습한 후에도 악보를 보자마자
노래를 정확히 부르는 데 성공할 수 없었다는 점이다. 특히 그 당시 내
게 음악공부가 즐거웠던 것은 엄마와 함께 그것을 할 수 있었다는 점 때
문이었다. 게다가 우리는 매우 취미가 달라서 음악은 우리의 연결점이
되었고 나는 즐겨 이것을 이용했다. 그녀도 이것을 거부하지는 않았다.
나는 그때 거의 엄마와 같은 수준이었다. 그래서 우리는 처음 보는 곡이
라도 두세 번 연습하고 나면 불렀다. 간혹 나는 엄마가 약을 달이는 화
덕 주위에서 분주한 것을 보고 이렇게 말하곤 했다. "엄마, 여기 매력적
인 이중창이 한 곡 있는데, 이걸 부르다간 엄마 약이 타는 냄새가 날 것
같은데요." 그러면 그녀는 말했다. "아! 맹세하건대 너 때문에 내 약을
태우면 네게 그걸 먹일 거야." 이렇게 옥신각신하면서 나는 엄마를 클라

브생이 있는 데로 끌고 갔다. 우리는 거기에 몰두하여, 노간주나무 열매와 쑥의 추출물이 새까맣게 타고 말았다. 엄마는 그것으로 내 얼굴에다 칠했다. 그리고 그런 모든 일이 즐거웠다.

이처럼 내게는 여가라 할 게 거의 없었는데도 그 여가를 활용할 수 있는 오락거리는 많았다. 이런 와중에 내게 또 하나의 오락거리가, 다른 모든 오락들을 제대로 활용할 수 있게 해주는 그런 오락거리가 하나 더 늘었다.

사는 곳이 지하감옥 같아서 하도 숨이 막혀 가끔 바람을 쐬러 지상으로 나갈 필요가 있었다. 아네가 엄마에게 권해서 교외에 식물을 심을 정원을 빌렸다. 이 정원에 꽤 멋진 작은 시골집이 붙어 있었는데, 거기에는 꼭 필요한 가구들만 갖추어져 있었다. 침대도 하나 놓여 있어서, 우리는 자주 거기 가서 점심식사도 했고 나는 때로 거기서 자기도 했다. 어느 틈에 나는 이 작은 은신처에 푹 빠져들어 그곳에 책도 몇 권 갖다놓고 판화도 많이 들여놓았다. 나는 그 집을 꾸미고 엄마가 그곳으로 산책하러 올 때 그녀에게 즐거운 놀랄 거리를 준비해 두는 데 내 시간의 일부를 들였다. 나는 돌아와 그녀에게 전념하고 그녀를 보다 즐겁게 생각하기 위해 그녀 곁을 떠나곤 했는데, 이것은 내 또 다른 변덕의 하나로 나는 그것을 변명하거나 설명하자는 것이 아니라 사실이 그러니 고백하는 것이다. 언젠가 뢱상부르 부인[7]이 조롱한 어떤 남자의 이야기가 기억나는데, 그는 자기 애인에게 편지를 쓰기 위해 그녀의 곁을 떠났다는 것이다. 나도 꼭 그런 사람이었을지 모른다고 부인에게 말했지만 가끔 나도 그 사람과 같은 짓을 했다고 덧붙여 말할 수도 있었을 것이다. 그러나 엄마 곁에 있으면서 그녀를 더 사랑하기 위해 그녀 곁을 떠나야만 할 그럴 필요는 결코 느껴본 적이 없었다. 왜냐하면 그녀와 함께 마주앉아

---

7) 뢱상부르 부인은 루소의 후원자인 뢱상부르 원수(Maréchal de Luxembourg)의 부인이다. 10권에 자세히 나온다.

284

있을 때 나는 나 혼자 있을 때나 조금도 다름없이 편안했기 때문이다. 이런 느낌은 남자든 여자든 또 내가 아무리 애착을 갖는 사람이든 다른 사람 곁에서는 한 번도 느껴본 일이 없다. 그러나 엄마가 너무 자주 그것도 나와는 너무 마음이 맞지 않는 사람들에게 둘러싸여 있어서, 나는 분하고 따분하기도 해서 쫓기듯이 내 안식처를 찾곤 했다. 그 성가신 사람들이 우리를 여기까지 따라올 염려가 없어서 나는 내 마음대로 그녀를 가질 수 있었다.

　이렇듯 나는 일과 오락과 교육에 시간을 쪼개어 보내면서 지극히 달콤한 안식 속에 살았던 반면, 유럽은 나처럼 평온하지는 못했다. 때마침 프랑스와 신성로마제국 황제가 서로에게 선전포고를 했던 것이다.[8] 사르데냐 왕도 이 전쟁에 뛰어들었다. 프랑스의 군대는 밀라노 공국에 들어가기 위하여 피에몬테로 진군해왔다. 그 중 한 부대가 샹베리를 통과했는데, 특히 샹파뉴 연대가 있었다. 라 트리무이유 공작이 연대장이었는데 나는 그에게 소개되었다. 그는 내게 많은 것을 약속했으나, 나를 결코 다시 생각하지 않았음이 분명하다. 우리의 작은 정원은 바로 군대가 입성하는 교외의 높은 곳에 있어서 나는 군대가 지나가는 것을 보러 가 마음껏 즐길 수가 있었다. 그리고 이 전쟁의 성공이 마치 나와 무슨 큰 관계나 있는 것처럼 거기에 열을 올렸다. 그때까지는 아직 내가 공사(公事)라는 것을 깊이 생각해보려고 한 일이 없었는데, 이때 비로소 처음으로 신문을 읽었다. 그런데 나는 프랑스에 대하여 심한 편애를 갖고 있어서, 프랑스가 조금이라도 유리해지면 기쁨으로 심장이 고동

8) 1733년 10월 10일 프랑스와 신성로마제국 황제는 폴란드의 아우구스투스 2세가 죽은 후 왕위계승 문제로 서로에게 선전포고를 했다. 신성로마제국 황제는 러시아와, 프랑스는 스페인과 사르데냐 왕과 동맹을 맺었다. 선전포고를 하고 바로 얼마 후 프랑스의 선봉부대가 이탈리아에서 사르데냐의 군대와 합류하기 위해 사부아를 통과했다.

쳤고 프랑스가 패배하면 마치 내 자신이 패배했던 것처럼 마음이 아팠다. 이러한 분에 넘치는 애정이 일시적인 것에 불과했다면 말도 꺼내지 않았을 것이다. 그러나 이러한 애정이 별다른 이유도 없이 내 가슴속에 매우 깊이 자리를 잡아, 그후 파리에서 반(反) 전제주의자 혹은 대담한 공화주의자로 자처했을 때에도 내가 비굴하다고 생각하던 바로 그 국민에 대하여 그리고 내가 즐겨 비난하던 그 정부에 대하여 본의 아니게 남모를 편애를 느끼고 있었다. 재미있는 것은 나의 신조와 전혀 반대되는 성향이 부끄러워서 감히 아무에게도 그것을 털어놓지 못했으며, 프랑스 사람들의 패배를 빈정대면서도 한편 그로 인하여 내 마음은 그들 이상으로 피가 나도록 아팠다는 사실이다. 프랑스 국민은 나를 잘 대해주었고 나도 프랑스 국민을 무척 좋아했다. 그런 나라에서 살면서 겉으로는 짐짓 그 국민을 경멸하는 체하는 사람은 정녕 나밖에 없다. 요컨대 이런 경향은 나로서는 정말 이해관계가 없는 매우 강하고 변함없고 어쩔 수 없는 것이어서, 심지어 내가 프랑스 왕국을 떠난 이후에도 또 그 나라 정부고 관헌들이며 문인들이 다투어 내게 분노를 터트린 이후에도 또 불의와 모욕으로 나를 못살게 구는 것이 당당한 일이 된 이후에도, 나는 이러한 광기를 고칠 수가 없었다. 그들은 나를 박해하지만 웬일인지 나는 그들을 사랑한다. 영국이 승리의 절정에 있을 때 내가 예언했던 영국의 쇠퇴가 이미 시작되는 것을 보면서 나는 이번에는 승리할 프랑스 국민이 어쩌면 언젠가는 나를 이 서글픈 포로생활에서 해방시켜주러 올 것이라는 어리석은 희망을 마냥 품고 있다. 9)

나는 오랫동안 이 편애의 원인을 탐구했는데, 그것은 그 편애가 생겨났던 정황에서만 찾을 수 있었다. 내가 점점 더 문학에 대해 취미를 갖게 됨에 따라 프랑스 책과 그 책의 저자들 그리고 그 저자들의 나라에 애

9) 1766년 말에 이 글을 우튼에서 쓰고 있는 루소는 그를 영국에 가두어두려는 음모가 있다고 생각했다.

정을 품게 되었다. 프랑스 군대가 내 눈앞에서 행진하고 있을 바로 그
무렵, 나는 저 유명한 브랑톰[10]의 명장전(名將傳)을 읽고 있었다. 내
머리는 클리송,[11] 바야르,[12] 로트렉,[13] 콜리니,[14] 몽모랑시,[15] 라
트리무이유 같은 장군들로 가득 차 있었다. 그리고 그들의 공훈과 용기
의 계승자들에게 그랬던 것처럼 그들의 후손들에게도 애착을 느꼈다.
거리를 지나는 연대 하나하나에서, 일찍이 피에몬테에서 그토록 많은
공훈을 세운 저 유명한 흑기병(黑旗兵)을 다시 보는 듯했다. 요컨대 나
는 책에서 얻은 생각을 내가 본 것에 적용시켰다. 계속해서 프랑스 국민
에 관한 책을 읽고 늘 프랑스 국민에게서 나온 책만 읽고 있어서 그 국민
에 대한 나의 애정이 자라나 그것은 내게 마침내 어떠한 것도 능가할 수
없는 맹목적인 정열이 되었다. 그후 나는 여행을 다니면서 이러한 인상
은 비단 내게만 국한된 것이 아니라는 것, 이러한 인상은 어느 나라에서
든 독서를 즐기고 문예에 관심을 갖는 일부 국민들에 다소간 영향을 미
쳐 프랑스 사람들의 콧대 높은 태도가 불러일으키는 일반의 증오를 상

---

10) Pierre de Bourdeilles, seigneur de Brantôme(1538?~1614) : 프랑스의
   작가이자 군인으로 자신의 풍부한 견문을 집대성한 《피에르 드 부르데이유
   씨의 회고록》(Les Mémoires de Pierre de Bourdeilles, 사후 간행, 1665)을
   집필했다. 거기에 〈명사들과 명장들의 전기〉(Les Vies des hommes illustres
   et des grands capitaines)가 들어있다.

11) 올리비에 드 클리송(Olivier de Clisson)은 브르타뉴 출신의 장군으로 14세
   기에 활약했다.

12) 바야르 영주(Le seigneur de Bayard)는 15세기 말과 16세기 초에 무훈을
   떨친 장군으로 '겁이 없는 완전무결한 기사'라는 별명을 가졌다.

13) 로트렉 자작(Le vicomte de Lautrec)은 16세기 초 프랑스의 원수를 역임
   한 장군이다.

14) 콜리니 경(Le sire de Coligny)은 15세기 중반 해군대장을 역임했다.

15) 초대 몽모랑시 공작(Le premier duc de Montmorency)은 16세기 전반기
   에 프랑스 원수와 총사령관을 역임했다.

쇄하고 있다는 것에 주목할 기회를 가졌다. 남자들로 인해서보다는 소
설로 인해 여자들은 프랑스에 애착을 느끼고 프랑스 희곡의 걸작을 통
해 젊은이들은 프랑스 극장에 애착을 느낀다. 파리 극장의 명성은 많은
외국인들을 극장으로 끌어들이고, 그들은 열광하며 돌아간다. 요컨대
프랑스 문학이 갖고 있는 훌륭한 취향으로 인하여 훌륭한 취향을 갖고
있는 모든 사람들은 프랑스 사람들에게 무릎을 꿇는다. 그리고 이번에
프랑스 사람들이 겪은 이렇듯 불행한 전쟁에서 군인들이 빛을 흐려놓은
프랑스의 영광된 이름이 작가와 철학가들에 의해 유지되는 것을 나는
보았다.

그러므로 나는 열렬한 프랑스 사람이었다. 또 그래서 뉴스광(狂)이
되었다. 나는 남의 말에 솔깃해하는 군중들과 더불어 광장에 가서 우체
부가 도착하는 것을 기다렸다. 그리고 우화에 나오는 나귀[16] 보다도 더
어리석어서 어떤 주인의 짐을 질 영광을 누릴지 알고 싶어 매우 초조해
했다. 왜냐하면 당시 소문으로는 우리들이 프랑스 관할로 들어가고, 사
부아는 밀라노 공국과 교환된다고 했기 때문이다. 그렇지만 내가 걱정
할 만한 몇 가지 이유가 있었음을 시인하지 않을 수 없다. 왜냐하면 만
약 이번 전쟁이 동맹국들에게 불리하게 돌아간다면 엄마의 연금이 매우
위태로웠기 때문이다. 그러나 나는 우리들의 좋은 친구인 프랑스군을
전적으로 믿고 있었다. 그리고 이번에 브로이유 씨가 당한 기습에도 불
구하고, [17] 나로서는 생각하지 않았던 사르데냐 왕의 덕택으로 이러한

---

16) 라 퐁텐의 우화 《노인과 당나귀》에서 나오는 당나귀로, 주인이 도망가자고
    하자 짐을 두 배 더 많이 실을 것인가 묻는다. 주인이 적이 와서 그런 것이
    라고 하자 누가 주인이든 무슨 상관이냐고 하면서 우리의 주인이야말로 우
    리의 적이라고 말한다.

17) 1734년 9월 14일 브로이유 백작은 신성로마제국 군대에 기습을 당해 옷도
    입지 못하고 황망히 도망쳐야 했다.

신뢰는 기대에 어긋나지 않았다.

 이탈리아에서는 전투가 벌어지고 있었는데 프랑스에서는 노래를 부르고 있었다. 라모[18]의 오페라가 커다란 반향을 일으키기 시작하여, 난해해서 사람들이 거의 이해하지 못했던 그의 이론적 저작들도 다시 각광을 받게 되었다. 나는 우연히 그의 《화성론》에 관해 사람들이 말하는 것을 듣고 그 책을 손에 넣기까지는 조바심이 나서 가만히 있을 수가 없었다. 또 우연히 나는 병에 걸렸다. 그 병은 염증성(炎症性)이어서 증상이 심하지만 오래 가지 않는 급성이었는데도 내 경우는 그 회복기가 길어서 한 달이나 외출할 수가 없었다. 그동안에 나는 그 《화성론》을 대충 윤곽을 잡고 탐독했다. 그러나 그것은 매우 길고 장황하며 산만해서, 연구하고 정리하자면 상당한 시간이 필요하다고 느꼈다. 나는 하던 공부를 중지하고 음악으로 눈의 피로를 풀었다. 내가 연습하던 베르니에[19]의 성악곡들은 내 마음에서 잊지 않았다. 그 중에서도 〈잠자는 사랑의 신들〉은 그 이후 복습한 적이 없지만 아직도 거의 다 알고 있다. 거의 같은 때에 익혔던 〈벌에 쏘인 사랑의 신〉이란 클레랑보의 아주 재미나는 성악곡도 마찬가지이다.

 나의 음악수업을 완성시키기 위하여 발레다오스타[20]로부터 팔레 신

---

18) Jean-Philippe Rameau(1683~1764) : 프랑스의 작곡가이자 오르간 연주자로, 1722년에는 음악 기초이론서인 《화성론》(和聲論)을 간행하여 이론가로서 인정받았다. 이탈리아 음악과 프랑스 음악의 우열을 둘러싸고 일어난 부퐁 논쟁(1752) 때 그는 프랑스 음악을 옹호하는 입장에서 논문을 발표한 반면, 루소는 이탈리아 음악을 옹호했다. 바흐와 헨델과 더불어 18세기 전반부를 풍미한 그는 드라마적인 표현과 춤을 위한 관현악법 덕분으로 프랑스 오페라를 가장 높은 수준으로 올려놓았다.

19) Nicolas Bernier(1664~1734) : 프랑스의 작곡가. 파리 생트 샤펠의 악장을 역임했으며 성악곡과 교회 합창 성가를 작곡했다. 당대에 가장 기교적인 작곡가들 중 한 사람으로 알려져 있다.

20) 이탈리아 북서부에 있는 주.

부라는 젊은 오르간 연주자가 왔는데, 그는 훌륭한 음악가이고 좋은 사람으로 클라브생으로 반주를 아주 잘했다. 나는 그와 사귀어 우리 둘은 떨어질 수 없는 사이가 되었다. 그는 위대한 오르간 연주자인 어떤 이탈리아 수도사의 제자였다. 그는 내게 자신의 음악 원리를 말해 주었는데, 나는 그의 원리를 내가 좋아하는 라모의 것과 비교하고 내 머릿속을 반주와 화음과 화성으로 가득 채웠다. 이 모든 것에 대해 귀를 익혀두는 것이 필요했다. 나는 엄마에게 매달 작은 음악회를 열자고 제안했더니 엄마도 이에 동의했다. 나는 이 음악회에만 몹시 열중한 나머지 밤이고 낮이고 다른 일은 제쳐놓았다. 그리고 실제로 이것에 전념하여 악보와 연주자와 악기를 모으고 파트를 따로 옮겨 적는 일 등에 시간을 많이 썼다. 엄마가 노래를 불렀다. 앞에서도 이미 말했고 후에도 또 말해야만 하는 카통 신부도 노래를 불렀다. 로슈라는 무용교사와 그의 아들이 바이올린을 연주했다. 지적과에서 일하다가 그후 파리에서 결혼한 피에몬테의 음악가 카나바스란 분이 첼로를 연주했다. 팔레 신부는 클라브생으로 반주했다. 그리고 나는 그 잘난 지휘봉을 잃어버리지 않고 음악을 지휘할 영광을 가졌다. 이 음악회가 얼마나 근사했는가는 독자들도 판단할 수 있으리라. 앞서 트레토랑 씨 댁에서 한 연주회와는 완전히 같지는 않았지만 큰 차이는 없었다.

왕의 자비로 살아가고 있다는 세평을 듣는 새로 개종한 바랑 부인이 개최한 작은 음악회는 신앙이 깊은 사람들의 불평을 샀지만 여러 신사들에게는 즐거운 오락이었다. 이번 경우에 내가 그들의 지도자로 누구를 앉혔는지 알아맞히지 못할 것이다. 그 사람은 수도사였다. 재능도 있는 사람이고 심지어 다정하기까지 했는데, 그의 불행은 후에 내 마음을 몹시 아프게 했고 그에 대한 기억은 내 아름다운 나날의 기억과 결부되어 내게는 아직도 소중하게 남아있다. 그 주인공은 성 프란체스코 수도회의 신부 카통으로 그는 앞서 도르탕 백작과 함께 리옹에서 그 가련

290

한 "귀여운 새끼고양이"21)의 악보를 압수한 사람이다. 그 일은 그의 생애에서 가장 훌륭한 행위라 할 수 없다. 그는 소르본 대학에서 학위논문을 낸 사람으로 오랫동안 파리 최상류사회에서 살았고 특히 당시 사르데냐 대사 당트르몽 후작과 각별한 친분이 있었다. 키가 크고 풍채가 좋으며 얼굴이 둥글고 눈이 툭 튀어나왔으며, 검은 머리털은 자연스럽게 이마 옆으로 고리 모양으로 둥글게 말려 있었다. 그리고 고상하고 솔직하며 겸손한 태도에 소박하면서도 인상이 좋게 보였다. 신앙이 독실한 척하거나 뻔뻔스러운 수도사 특유의 태도도 없었으며 상류사회에서 인기 있는 사람이기는 했지만 그런 사람들이 흔히 그렇듯 사람을 무례하게 대하지도 않았다. 그는 자신이 입은 법의를 부끄럽게 여기지 않고 자신을 떳떳이 여기며, 신사들 사이에서도 언제나 자신이 제자리에 있음을 느끼는 신사로서의 자신감이 있는 사람이었다. 카통 신부는 박사로서는 그리 학식이 풍부하지 않았지만 사교계 인사로서는 아는 것이 많았다. 그는 자기 학식을 과시하려고 덤비지 않고 매우 적절한 시기에 그것을 내놓아 실력 이상으로 보였다. 사교계의 경험이 많은 그는 딱딱한 학문보다도 유쾌한 재능에 더 열중했다. 그는 재치가 풍부하고 시도 지었으며 말도 잘했지만 노래는 더 잘 불렀고 목소리도 좋았으며 파이프오르간과 클라브생도 연주했다. 인기를 끌기에는 이렇게까지 필요치 않았다. 그러니 그의 인기는 대단했다. 그러면서도 자기의 직분을 그리 소홀히 하지는 않았기 때문에 질투가 심한 경쟁자들이 있었음에도 불구하고 자기 관구(管區)의 사무를 관장하는 교단 총회 대표보좌관, 즉 이른바 교단의 고위성직자들 중 한 사람으로 선출되었다.

　이 카통 신부는 당트르몽 후작 댁에서 엄마와 알게 되었다. 그는 사람들로부터 우리의 음악회 이야기를 듣고 거기 끼고 싶어 했다. 그가 끼어

―――――――――
21) 르 메트르 씨의 별명.

서 음악회는 활력이 넘치게 되었다. 우리들은 음악에 대한 공통된 취미로 곧 친한 사이가 되었는데, 그것은 우리 서로에게 매우 강렬한 열정이었다. 그는 진짜 음악가이고 나는 엉터리 음악가에 불과하다는 그런 차이는 있었지만 말이다. 우리는 카나바스와 팔레 신부와 함께 그의 방에 가서 연주하곤 했으며, 축제일 같은 때는 가끔 그의 파이프오르간으로 연주하기도 했다. 우리는 자주 그가 베푸는 조촐한 오찬에 가 식사를 했다. 왜냐하면 그는 또한 수도사로서는 놀랍게도 인심이 후하고 너그럽고 세련되게 감각적이었기 때문이다. 우리의 음악회가 열리는 날에는 그는 매번 엄마 집에서 저녁을 같이했다. 그 저녁식사는 매우 즐겁고 유쾌했다. 일동은 약간 외설적인 농담까지도 늘어놓았고 이부합창을 했다. 나는 마음이 편했고 기지와 번뜩이는 재치를 보였다. 카통 신부는 매력적이었고 엄마는 사랑스러웠으며 황소 같은 목소리의 팔레 신부는 모든 사람들의 놀림거리가 되었다. 쾌활한 청춘시절의 그렇게도 감미로운 순간들이여. 그 순간들이 지나간 지 벌써 얼마나 되었는가!

그 가련한 카통 신부에 대해서 다시 말할 기회가 없을 테니 여기서 그의 비극적인 이야기를 간단히 끝내도록 하겠다. 다른 수도사들은 카통 신부가 재능이 있고 수도사답지 않게 방탕한 생활과는 전혀 거리가 먼 우아한 품행을 갖춘 것을 보고 질투랄까 혹은 더 정확히 말하면 분개랄까 그를 미워했는데, 그것은 그가 자기들처럼 가증스럽지 않았기 때문이다. 그 괴수들은 카통 신부에게 대항하려고 편을 짜고는, 그의 자리를 부러워하면서도 지금까지 그를 감히 똑바로 쳐다보지도 못했던 풋내기 수도사들을 선동했다. 그는 무수한 모욕을 당하고 그 자리에서 쫓겨났고 검소하긴 하지만 세련되게 꾸민 자기 방까지 빼앗겼다. 그리고 그는 내가 알지 못하는 곳으로 추방되었다. 요컨대 이런 비열한 놈들에게 갖은 모욕을 당한 끝에 성실하고 정의롭게 자존심을 세웠던 그의 영혼은 이에 버티지 못했던 것이다. 그리하여 가장 다정스러운 사교계에서 사랑을 받은 후 감옥 독방인지 지하 감옥인지 어느 구석에 있는 초라한 싸구려 침대에서 고통스럽게 숨을 거두었다. 그를 아는 신사들은 모두가 그의 죽음을 애석히 여기며 슬퍼했고, 그에게 잘못이 있다면 그가 수도사라는 잘못밖에는 없다고 생각했다. [22]

이런 식의 잔잔한 생활방식이 그리 오래지 않아 내게 착 들어맞게 되었고, 그 결과 음악에 완전히 골몰하여 다른 것은 생각할 수가 없었다. 이제는 사무실에도 겨우 마지못해 나갔다. 일로 구속을 받고 일에 열중한다는 것이 나에게는 견딜 수 없는 고문이 되었다. 그래서 마침내 직장은 집어치우고 음악에 전적으로 몰두하고 싶어졌다. 그러나 이런 철없는 생각이 반대 없이 받아들여지지 않았다는 것은 짐작이 갈 것이다. 고정수입이 있는 번듯한 자리를 버리고 확실치도 않은 학생들을 쫓아다닌다는 것은 엄마의 마음에 들기에는 너무나 분별이 없는 결심이었다. 내 생각대로 장차 크게 발전한다고 가정하더라도 내가 평생 음악가의 신분으로밖에 살 수 없다는 것은 나의 야망을 매우 겸손하게 제한하는 것이다. 거창한 계획만을 세우고 또 더 이상 전적으로 도본 씨[23]의 말에 따라서 나를 판단하지는 않았던 엄마는 자기가 보기에 매우 하찮은 재주에 진지하게 전념하는 내 꼴을 걱정스럽게 바라보았다. 그리고 파리에

---

22) 필리베르 카통(Philibert Caton)은 1675년과 1680년 사이에 부르제 뒤 라크에서 태어났던 것으로 보인다. 그는 매우 어린 나이에 수도회에 들어갔고 샹베리에 있는 이집트의 성녀 마리 수도원에서 수련기를 보냈던 것 같다. 이후 장학금을 받아 파리 신학부에 들어갔고, 1729년 성 프란체스코 수도회의 교단 총회 대표보좌관으로 있었고, 1732년 8월 1일에는 이집트의 성녀 마리 수도원장이 되었다. 그러나 카통 신부가 몰아낸 수도원장은 공동체에 심각한 반목을 일으켰고, 카통 신부는 부정 관리로 고발되어 빅토로 아마데우스 왕은 조사를 명해야 했다. 도마 씨(M. Daumas)는 신부에 대한 모든 비난을 일소하는 결론을 발표했다.
23) 3권에 등장하는 바랑 부인의 친척으로 루소에 대해 바보라서 시골 사제라도 되면 다행이라고 평가했다.

서는 좀 어울리지 않는, "노래 잘하고 춤 잘 추는 사람은 별 볼일 없는 직업을 갖는다"는 이 지방의 격언을 내게 종종 되풀이할 뿐이었다. 그러나 한편으로 엄마는 내가 억제할 수 없는 취미에 이끌리고 있음을 알고 있었다. 음악에 대한 열정은 일종의 광기가 되어, 일하는 데 부주의한 것이 엿보여 해고당할까 염려스러웠다. 그런데 해고당하느니 자진해서 사퇴하는 편이 훨씬 나았다. 그러므로 나는 또다시 엄마에게 이 일은 오래 지속되는 것도 아니고, 먹고살기 위해서 내게는 한 가지 재능이 필요하며, 후원자들의 뜻에 맡겨지거나 또 성공하지 못할 수도 있는 새로운 것들을 시도하느라 무언가 배울 수 있는 나이가 지나서 생활비를 벌 아무런 대책도 없는 상태에 놓이게 되느니 차라리 내 취미에도 맞고 나를 위해 엄마가 기왕 선택해준 그 재능을 실제 연습을 통하여 완전히 획득하는 편이 더욱 확실하다고 지적했다. 결국 나는 엄마가 만족할 만한 논거라기보다는 귀찮게 보채기도 하고 비위도 맞추어가면서 억지로 그녀의 동의를 얻었다. 나는 그 즉시 최고로 영웅적인 행동을 한 것처럼 의기양양하게 지적과장 코첼리 씨에게 인사하러 달려갔다. 동기도 이유도 구실도 없이 자발적으로 그 일을 그만두었다. 내가 이 일을 구한 지 2년도 안 되었지만 그때만큼이나 아니 그 이상으로 기뻐하면서 말이다. 24)

이런 행보가 무모한 짓이기는 했지만 그 때문에 나는 이 고장에서 일종의 존경을 받게 되었고 그것이 내게 도움이 되었다. 어떤 이들은 내가 갖고 있지 않던 재능이 내게 있다고 추측했고, 또 어떤 이들은 내가 완전히 음악에 미친 것을 보고는 거기에 들인 희생으로 나의 재능을 판단하여 내가 그 정도로 음악에 열정을 갖고 있으니 음악에 대단히 정통할 것이 틀림없다고 생각했다. 장님들의 나라에서는 애꾸눈이 왕이다. 이곳에는 변변치 못한 선생들만 있었기 때문에 나는 훌륭한 선생으로

---

24) 루소가 지적과에서 일한 것은 실제로 2년이 아니고 8개월간이다.

통하게 되었다. 뿐만 아니라 노래에 대한 감각이 상당히 있었고 또 나이나 외모로 혜택을 보아 얼마 안 가서 서기의 봉급을 충당하고도 남을 만큼 여학생들이 많이 생겼다.

생활의 즐거움이라는 측면에서 이보다 더 빨리 극에서 극으로 옮겨갈 수 있는 경우는 분명 없었을 것이다. 지적과에서는 매일 여덟 시간씩 더할 나위 없이 따분한 일에 매어, 일보다 훨씬 더 따분한 사람들과 함께, 그리고 이 촌뜨기들 모두가 내뿜는 숨결과 땀으로 악취가 풍기는 우울한 사무실에 갇혀 지냈다. 그들 대부분은 머리에 빗질조차 잘하지 않았고 매우 더러웠던 것이다. 그래서 나는 긴장과 냄새와 속박과 권태로 때로 현기증이 날 정도로 짓눌리는 기분이었다. 그런데 이와는 대조적으로 지금 나는 갑자기 우아하고 부유한 사람들 틈에 들어가 최고의 집안들에 받아들여져 인기를 누리고 있는 것이다. 어디를 가나 친절하고 다정한 접대를 받았고 축제 분위기였다. 옷을 잘 차려입은 친절한 아가씨들이 나를 기다리고 있다가 열렬히 나를 맞아주었다. 눈에 들어오는 것은 매혹적인 것들뿐이고 코에 들어오는 것은 장미와 오렌지 꽃 향기뿐이었다. 우리들은 노래하고 이야기하며 웃고 놀았다. 그곳을 나와 다른 곳을 가도 역시 매한가지였다. 수익이 같다면 선택에 조금도 주저할 필요가 없었을 것이라는 점은 여러분도 인정할 것이다. 그래서 나는 내 자신의 선택이 마음에 들었고 그래서 한 번도 후회한 일이 없었다. 내 생전의 행위를 이성으로 저울질하고 나를 사로잡아왔던 무모한 동기에서 해방되어 있는 지금 이 순간까지도 나는 그 선택을 후회하고 있지 않다.

오직 내 성향만을 따르면서 내 기대가 배반당하지 않은 것은 거의 이 한 번뿐이다. 이 고장 주민들의 자연스러운 환대와 사교적인 기질과 유순한 성질 때문에 나는 사람들과 다정하게 교제하게 되었다. 그리고 내가 당시 사교의 취미를 붙였다는 사실은 지금 내가 사람들과 어울려 사는 것을 좋아하지 않는 것이 내 탓이라기보다는 세상 사람들의 잘못이라는 것을 내게 확실히 증명해주고 있다.

　사부아 사람들이 부유하지 못하다는 것은 유감스러운 일이지만, 그
들이 부유했다면 오히려 유감스러울지 모른다. 왜냐하면 지금 그대로
의 그들이야말로 내가 아는 한에서 가장 선량하고 사교적인 사람들이기
때문이다. 유쾌하고 믿을 만한 교제를 하면서 인생의 감미로움을 맛볼
수 있는 작은 도시가 이 세상에 있다면, 그것은 바로 샹베리이다. 이곳
에 모인 이 지방 귀족들은 먹고살 만한 재산만을 가지고 있을 뿐, 출세
하기에 충분한 재산은 없다. 그래서 야심에 몰두할 수 없기 때문에 어쩔
수 없이 시네아스[25]의 충고를 따르고 있다. 여기 귀족들은 젊음을 군직
(軍職)에 바치고 나서, 자기 고향으로 돌아와 평화스럽게 노후를 보낸
다. 젊었을 때는 명예가 노후에는 이성이 지배하는 것이다. 여자들은
아름답다. 그러나 아름답지 않아도 괜찮다. 그녀들은 아름다움을 돋보
이게 할 수 있는 모든 것과 심지어 그것을 대신할 수 있는 것까지도 갖고
있다. 직업상의 필요로 많은 처녀들과 만나본 내가 샹베리에서는 매력
적이지 않은 여자는 단 한 명도 본 기억이 없다는 것은 이상한 일이다.
여러분들은 내가 그렇게 생각하려고 하니까 그렇다고 할 것이며, 또 그
말에도 일리가 있다. 그러나 나로서는 그것을 위해 노력할 필요가 없었
다. 진실로 나는 내가 가르치던 여학생들을 회상할 때면 즐거움을 금할
수 없다. 그러니 어떻게 내가 여기서 가장 사랑스러운 여학생들의 이름
을 부르면서 그녀들을 또 그녀들과 더불어 나 자신을 우리들의 행복한
시절로 다시 불러오지 않을 수 있겠는가! 그 시절 나는 그녀들 곁에서
달콤하고도 순진했던 순간들을 보냈던 것이다. 그 첫 번째 여학생은 이

---

25) 그리스의 연설가이자 정치가로 에페이로스의 왕 푸로스 2세에게 로마 원정
　　계획에 대해, 지금 당장 즐길 수 없고 또 그렇게나 많은 고통을 감수하지
　　않고는 즐길 수 없는 세계정복이 그에게 어떤 현실적 이익을 가져다줄 것인
　　지를 물으면서 그 계획을 포기하라고 충고했다.

웃집 아가씨로 갬 씨 제자의 누이 되는 멜라레드 양26)이다. 갈색머리에 매우 경쾌하면서도 귀여운 발랄함이 있었고, 매력이 넘쳤으며 경솔한 데가 없었다. 그만한 나이에는 대개의 처녀들이 그렇듯이 좀 야윈 편이 긴 했지만 빛나는 눈, 날씬한 몸매, 매력적인 자태는 살이 더 오르지 않아도 사람들 마음에 들기에 충분했다. 나는 아침에 그녀 집에 가곤 했는데, 그녀는 그때까지도 보통 실내복 차림이었고 아무렇게나 올린 머리카락은 다른 머리장식 없이 꽃 몇 송이가 장식되어 있었다. 내가 도착하면 그녀의 머리카락에 꽃들을 꽂았다가 내가 나가면 머리를 하기 위해 그것들을 뽑아버렸다. 실내복 차림을 한 아름다운 여인만큼 내가 이 세상에서 무서워하는 것은 없다. 성장한 여자라면 그 100분의 1도 무섭지 않을 것이다. 망통 양27)의 집에는 오후에 갔기 때문에 그녀는 언제나 성장을 하고 있었고, 내게 멜라레드 양과 아주 똑같이 감미로운, 그렇지만 다른 인상을 주었다. 그녀는 머리가 회색이 감도는 금발이었고, 매우 귀엽고 몹시 수줍고 아주 살결이 희었다. 목소리는 또렷하고 음정이 정확하고 맑았지만 감히 목청껏 발휘되지 못했다. 가슴에는 끓는 물로 화상을 입은 흉터가 있었는데, 푸른 비단으로 된 네커치프도 그 상처를 완전히 가려주지는 못했다. 이 자국이 이따금 그쪽으로 내 주의를 끌었는데, 곧 흉터보다 다른 것에 주의가 끌리게 되었다. 내 또 다른 이웃집 아가씨인 샬 양28)은 성숙한 처녀로 키도 크고, 덩치도 좋으며, 살도 통통했다. 과거에는 매우 아름다웠지만 이제는 미인이라고 할 수는 없

---

26) 마리 안 드 멜라레드(Marie-Anne de Mellarède)는 국무장관인 피에르 드 멜라레드의 딸로 1718년생인데, 루소에게 음악수업을 받았을 때 15살이었다.
27) 프랑수아즈 소피 드 망통(Françoise-Sophie de Menthon)은 베르나르 드 망통 백작의 딸로 1719년생인데, 이때 나이는 14살이었다.
28) 가스파르드 발타자르드 드 샬(Gasparde-Balthazarde de Challes)은 드 샬 후작의 딸로 1702년생인데 이때 대략 30살이었다.

다. 그러나 친절하다든지 변덕스럽지 않다든지 천성이 선량하다든지
하는 점에선 손꼽을 만한 처녀였다. 그녀의 언니인 샤를리 부인[29]은 샹
베리에서 제일가는 미인으로 이제는 음악을 배우지 않았지만 아직 아주
어린 자기 딸에게는 음악공부를 시키고 있었다. 그런데 그 딸은 유감스
럽게도 머리카락이 좀 적갈색이었는데 그렇지 않았더라면 이제 막 움트
기 시작한 그 아름다움이 장차 엄마 못지않았을 것이다. 성모방문회 수
도원에는 어린 프랑스 아가씨가 있었는데, 그녀 이름은 잊었지만 나의
애제자 명단에 끼어야 마땅하다. 그녀는 수녀들처럼 느리고 길게 끄는
어조를 가졌는데, 이런 길게 끄는 어조로 자신의 태도와는 어울리지 않
는 매우 기발한 말을 하곤 했다. 게다가 그녀는 게을러서 자신의 재치를
남에게 애써 과시하는 것을 좋아하지 않았다. 그것은 일종의 호의로 그
녀는 아무에게나 그 호의를 베풀지는 않았다. 한두 달 동안 성의 없는
수업을 받은 뒤에야 비로소 그녀는 내가 수업을 더 열심히 하도록 그런
술책을 궁리해냈다. 그도 그럴 것이 나는 결코 자진해서 그렇게 할 수
없었기 때문이다. 나는 가르칠 때는 수업이 재미있었지만, 어쩔 수 없
이 수업에 가야 한다거나 시간에 제약받는 것은 좋아하지 않았다. 무슨
일이든지 속박과 굴종은 딱 질색이었다. 그런 것들이 있으면 즐거움일
지라도 싫어지게 된다. 회교국(回敎國)에서는 남자 한 사람이 새벽녘에
거리를 돌아다니면서 남편들에게 아내에 대한 의무를 다할 것을 명령한
다고 하는데, 그런 시각에는 나는 좋은 터키 남자가 될 수 없을 것이다.
　평민계층에도 여학생들이 몇 명 있었는데, 그 중 한 학생이 엄마와 나
의 관계를 변화시킨 간접적 원인이 되었다. 이왕 죄다 이야기해야 하니

---

29) 카트린 프랑수아즈 드 샬(Catherine-Françoise de Challes)은 1697년생으
　　로 1723년 마르크 앙투안 코스타 후작과 결혼했다. 그녀의 딸인 프랑수아
　　즈 카트린느(Françoise-Catherine)는 1725년생으로 루소가 그 집을 드나
　　들었을 때 8살이었다.

까 그 관계에 대해서도 말하지 않을 수가 없다. 그녀는 식료품가게의 딸인 라르 양[30]으로, 그리스 조각상의 진짜 모델 같았다. 만약 생명도 혼도 없는 진정한 아름다움이라는 것이 있을 수 있다면 나는 그녀를 내가 일찍이 본 중에서 최고의 미인으로 들 것이다. 그녀의 무정함과 냉담함과 무관심은 믿어지지 않을 정도였다. 그녀의 마음에 드는 것도 그녀를 화내게 하는 것도 똑같이 불가능했다. 남자가 그녀에게 어떤 유혹을 던졌다면 그녀는 좋아서가 아니라 우둔해서 하자는 대로 내버려두었을 것이라고 나는 확신한다. 그녀의 어머니는 이러한 위험을 당하고 싶지 않아서 딸의 곁을 한 발자국도 떠나지 않았다. 어머니는 그녀에게 노래도 배우게 하고 젊은 선생도 붙여주기도 하면서 딸의 마음을 즐겁게 해주려고 하는 데까지는 다해주었지만 조금도 효과를 거두지 못했다. 선생이 딸에게 추파를 던지는 사이 어머니는 선생에게 추파를 던졌는데 그것도 그리 더 좋은 성과를 거두지 못했다. 라르 부인은 천성이 활발한데다가 거기 덧붙여 그 딸이 가져야 했을 활발함까지 모두 갖고 있었다. 그녀는 쾌활하고 반반하지는 않으나 매력이 없지 않았고 약간 곰보자국이 있는 귀여운 얼굴의 여자였다. 매우 정열적인 작은 눈은 거의 언제나 눈병에 걸려 약간 붉게 충혈이 되어 있었다. 아침마다 내가 도착하면 언제나 크림커피가 나를 위해 준비되어 있었다. 그리고 어머니는 반드시 내 입술에 잘 겨냥된 입맞춤을 하면서 나를 맞아주었는데, 나는 호기심에서 이 입맞춤을 그 딸에게 답례로 돌린다면 그녀가 그것을 어떻게 받아들이는가 보고 싶어 했다. 그런데 이런 모든 일은 아주 단순하고 대수롭지 않게 이루어졌기 때문에 라르 씨가 곁에 있을 때라도 애교와 입맞춤이 여전히 아무 구애를 받지 않고 계속되었다. 그 아버지에 그 딸이라

---

30) 페론 라르(Péronne Lard)는 식료품가게 주인인 장 라르와 그의 부인인 마리 보르가르의 딸로 루소에게 노래수업을 받았을 때 아주 어렸다. 그녀는 1749년 의사인 조제프 플뢰리 박사와 결혼했다.

고, 라르 씨는 무골호인이었다. 그래서 그 부인도 남편을 속이는 일이 없었는데, 그것은 그럴 필요가 없었기 때문이다.

  나는 평소의 우둔함으로 이런 모든 애정의 표시에 응하면서 그것을 그저 순수한 우정의 표시로만 여겼다. 하지만 때로는 그것이 성가셨을 적도 있었다. 왜냐하면 극성스러운 라르 부인은 강짜를 부리지 않으면 못 견뎌서 낮에 그 가게 앞을 지나면서도 들르지 않았다면 야단이 났을 것이다. 그래서 나는 바쁠 때면 다른 길로 돌아서 가야만 했는데, 그 가게에 들어가기는 쉽지만 거기서 나오기란 그처럼 쉬운 일이 아니라는 것을 잘 알고 있었기 때문이다.

  라르 부인이 나에게 하도 관심을 기울이는 바람에 나도 부인을 모르는 체할 수가 없었다. 부인의 친절에 나도 몹시 감동되었다. 나는 그 일을 비밀로 할 필요가 없는 일처럼 엄마에게 이야기했다. 설사 비밀이 있었다 하더라도 역시 그녀에게 말했을 것이다. 그것이 무슨 일이든 엄마에게 비밀로 한다는 것은 나로서는 있을 수 없는 일이었기 때문이다. 나의 마음은 신 앞에서처럼 엄마 앞에서 열려 있었다. 그런데 엄마는 그 일을 완전히 나처럼 단순히 받아들이지는 않았다. 그녀는 내가 우정만을 본 데서 은근히 연애를 거는 수작을 보았다. 그녀는 라르 부인이 전에 나를 숙맥으로 생각했는데 그런 숙맥으로 내버려두지 않는 데 자신의 명예를 걸고 어떤 방법으로든지 자신의 속뜻을 이해시키는 데 성공할 것이라고 판단했다. 그런데 엄마 제자의 교육을 다른 부인이 맡는다는 것은 정당하지 못할 뿐 아니라, 엄마는 나의 연령이나 신분으로 보아 빠지기 쉬운 함정으로부터 나를 보호한다는 그녀에게 더욱 어울리는 이유들도 갖고 있었다. 바로 그 무렵 나를 잡으려는 한결 위험한 종류의 함정이 쳐져 있었고 나는 그것에서 벗어나기는 했지만, 이를 계기로 엄마는 이렇게 쉴 새 없이 나를 위협하는 위험들 때문에 그 위험들에 방비할 수 있는 그 모든 예방책들이 필요하다는 것을 느끼게 되었다.

망통 백작부인[31]은 내 여학생들 중 한 학생의 어머니로 상당한 재원이지만 그 재주만큼 심술이 많은 여자로 알려졌다. 들리는 말에 의하면 그녀는 많은 불화의 원인이 되었는데, 그 중에는 당트르몽 집안에 치명적인 결과를 초래한 불화도 포함되어 있다고 한다.[32] 엄마는 그녀와 상당한 관계가 있어서 그녀의 성격을 알고 있었다. 망통 부인이 터무니없이 자기 남자라고 주장하는 어떤 남자에게 엄마가 정말 별 뜻 없이 애정을 불러일으킨 적이 있었다. 엄마가 그 남자의 사랑을 구하지도 받아들이지도 않았음에도 불구하고 그 여자 쪽에서는 그 사랑의 죄를 엄마에게 뒤집어씌웠다. 그런 일이 있은 후부터 망통 부인은 자신의 연적인 엄마에게 여러 가지 모략을 일삼았지만, 한 번도 성공하지 못했다. 그 대표적인 예로 가장 우스꽝스러운 것 하나를 이야기하고자 한다. 그 부인과 엄마는 함께 이웃의 여러 신사들과 어울려 시골에 간 일이 있었다. 그 중에는 문제가 된 그 구애자(求愛者)도 있었다. 어느 날 망통 부인이 함께 간 그 신사들 중 한 사람에게 말하길, 바랑 부인은 그저 겉멋만 부렸지 실상은 취향도 없고 옷차림도 형편없으며 젖가슴도 평민 아낙네처럼 가린다고 했다. 그 남자는 익살스러운 사람이라서 그녀에게 이렇게 말했다.

"그 마지막 문제에 관해서 말씀드리면 그 부인에게는 나름대로의 이유

---

31) 사부아 회계감사원장의 딸 마르그리트 드 레슈렌느(Marguerite de Lescheraines)는 1714년 22살의 나이에 망통의 베르나르 4세 백작과 결혼했다. 1728년 그녀는 비방문 사건에 연루되었다.

32) 루소는 여기서 젊은 벨가르드 백작(Le comte de Bellegarde) 사건을 암시하는 것으로 보이는데, 그는 경찰 대리관에 대해 모욕적인 격문을 쓰고 유포시킨 혐의로 고발당해 감옥에 가는 것을 피하기 위하여 그 고장을 떠나야 했다. 그러나 이 사건은 그에게 치명적인 결과를 초래하지는 않았다. 왜냐하면 벨가르드 백작은 작센 선제후를 모시면서 눈부신 경력을 쌓고 선제후의 시종이 되고 파리와 토리노 궁정 주재 대사가 되었기 때문이다.

가 있습니다. 나는 그녀 가슴에 보기 흉한 커다란 쥐 모양의 자국이 있다는 것을 알고 있는데, 어찌나 쥐와 비슷한지 쥐가 돌아다니는 것 같다고들 말합니다."

사람은 사랑만큼이나 증오로 남의 말을 쉽사리 믿게 된다. 망통 부인은 이 새로운 사실을 써먹으려고 단단히 별렀다. 하루는 엄마가 그 부인의 총애를 받으면서도 고마운 줄 모르는 남자와 카드놀이를 하고 있을 때, 부인은 기회를 잡아 자신의 연적인 엄마 뒤로 지나가다 그녀의 의자를 반쯤 뒤로 넘어뜨리고 솜씨 좋게 엄마의 네커치프를 벗겨버렸다. 그러나 그 신사는 커다란 쥐 대신 전혀 다른 것만을 보았는데 그것을 보는 것보다 그것을 잊어버리기가 더 어려웠다. 그리고 그것은 물론 그 부인이 바라던 바는 아니었다.

나는 망통 부인의 마음을 사로잡을 만한 인물은 아니었는데, 그녀는 주변에 뛰어난 사람들만을 두기를 좋아했기 때문이다. 하지만 그녀는 내게 다소 관심을 보였는데, 그것은 내 용모 때문이 아니라 사람들이 내게 있다고 추측했던 재능 때문이었다. 그녀는 확실히 내 용모 같은 것은 전혀 개의치 않았지만, 내 재능이 그녀의 취향에 도움이 될 수 있을지 모른다고 생각했다. 그녀는 풍자시에 꽤 대단한 흥미를 갖고 있었다. 자기 비위에 거슬리는 사람들을 상대로 노래나 시를 짓기 좋아했다. 만약 그녀가 내게서 자기의 시를 다듬어줄 정도의 재능과 그것을 써줄 만한 호의를 찾아내었다면 우리 둘이서 곧 샹베리를 뒤집어엎었을 것이다. 그렇게 된다면 사람들은 그 풍자문의 출처로 거슬러 올라갔을 것이고, 망통 부인은 나를 희생시키고 자기는 궁지에서 빠져나왔을 것이며 나는 부인들을 상대로 시인인 척 뽐내는 것을 배우기 위하여 어쩌면 남은 생애 동안 갇혀 있었을 것이다.

다행히 이런 모든 일은 일어나지 않았다. 망통 부인은 나를 두세 번이나 오찬에 잡아놓고 이야기를 시켜보고 나서 내가 바보에 지나지 않는다는 것을 알았다. 나 자신도 그렇게 느끼고 그것을 한탄하며 내 친구 방튀르의 재주를 부러워했지만, 실은 위험에서 나를 구해준 내 우둔함에 감사해야 마땅했을 것이다. 나는 망통 부인에게 그 딸의 노래 선생으로서만 있었고, 그 이상 아무것도 아니었다. 그러나 샹베리에서 나는 편안히 그리고 늘 사람들의 호의를 받아가며 살았다. 그 편이 망통 부인에게는 재주꾼으로 인정받고 이 고장 다른 사람들에게는 뱀처럼 미움을 받는 것보다 나았다.

아무튼 엄마는 내가 젊기 때문에 빠지기 쉬운 위험에서 건져내기 위해 나를 남자로 취급할 때가 되었다고 생각했다. 그리고 그것을 실행에 옮겼는데, 그 방법은 이러한 경우에 일찍이 여자가 생각해낼 수 있는 가장 기묘한 것이었다. 엄마가 평소보다도 더 근엄한 태도를 짓고 더 교훈적인 말을 한다고 생각되었다. 평소 그녀의 교훈에 섞여 있었던 그 경쾌한 농담은 갑자기 한결같이 점잖은 어조로 바뀌었는데, 그것은 친근하지도 엄격한 어조도 아니었고 어떤 설명을 준비하는 것처럼 보였다. 이 변화의 까닭을 내 자신에게서 찾아보았지만 알 길이 없어서 엄마에게 그것을 물었다. 그런데 그것이 그녀가 기다리던 것이었다. 엄마는 나보고 내일 작은 정원으로 산책가자고 했다. 우리는 아침부터 그곳에 갔다. 하루 종일 우리 둘이서만 있을 수 있도록 엄마는 조치를 취해 놓았던 것이다. 엄마는 내게 베풀고 싶어 하는 그 친절한 행위에 대하여 내 마음의 준비를 시키려고 하루를 할애한 것이다. 그런데 그 준비는 다른 여자들처럼 잔꾀나 교태를 통해서가 아니라 감정과 이성이 넘쳐흐르는 대화를 통해 이루어졌는데, 그 대화는 나를 유혹하기 위해서라기보다 나를 가르치기에 더욱 알맞았고 내 관능보다는 나의 마음에 더 호소했다. 그러나 그녀가 내게 늘어놓는 연설이 아무리 훌륭하고 유익했다 하더라도, 또 그것이 조금도 냉정하거나 음울하지 않았다 하더라도, 나는 거기에 합당한 모든 관심을 기울이지는 않았고 다른 때처럼 그것을 내 기억에 깊이 새겨두지도 않았다. 엄마의 서두와 무엇인가를 준비하는 그 태도가 나를 좀 불안하게 했다. 엄마가 말하는 동안 나는 자신도 모르게 생각에 잠기고 딴 데 정신이 팔려 그녀가 말하는 내용보다도 그녀가 그로부터 어떤 결론을 내리려고 하는 것인지를 탐색하는 데 더욱 관심이 쓰였다. 그래서 그 결론을 이해하자마자 ― 그것은 내게 쉽지 않았다 ― 지금까지 엄마 곁에 살면서 단 한 번도 내 머리에 떠오른 적이 없었던 그 새로운 착상이 그 당시 내 마음을 완전히 사로잡아 그녀가 내게 한 말의 내용을 더 이상 내 뜻대로 생각할 겨를이 없었다. 나는 오로지 엄마만을 생각했을 뿐 그녀의 말에는 귀를 기울이지 않았다.

　자신이 젊은이들에게 말하고 싶어 하는 것에 그들의 주의를 기울이게 하려고 그들에게 매우 흥미로운 것을 끝에 내보이는 것은 교육자로서 자칫 빠지기 쉬운 과오로, 나 자신도 《에밀》에서 그런 과오를 피하지 못했다. 젊은이들은 제시되는 대상에만 마음이 쏠려 오로지 그것에만 몰두한다. 그래서 여러분들이 너무 천천히 그를 인도하면, 그는 여러분들의 서론을 껑충 뛰어넘어 여러분들이 인도하는 곳에 자기 멋대로 가버린다. 그들로 하여금 주의를 기울이게 하려면 이쪽의 의도가 미리 간파되게 해서는 안 된다. 이 점에서 엄마는 서툴렀다. 엄마의 체계적인 성격에서 기인하는 어떤 유별남 때문에 자신의 조건을 내세우는 데 주의를 기울였지만 그러한 주의는 매우 헛된 것에 불과했다. 그리고 나는 그 값을 알자마자 조건 같은 것에는 귀도 기울이지 않고 허겁지겁 모든 것에 동의했다. 그런데 이런 경우에 감히 값을 깎을 만큼 솔직하고 대담한 남자가 이 세상을 통틀어 한 사람이라도 있을지 또 그런 짓을 한 것을 용서할 수 있는 여자가 한 사람이라도 있을지 심히 의심스럽다. 바로 그 유별난 성격에 따라 엄마는 이 동의에 더할 나위 없이 근엄한 형식을 달아서 그것을 숙고하라고 내게 일주일간의 여유를 주었다. 나는 그럴 필요가 없다고 단언했지만 그것은 사실과 달랐다. 왜냐하면 나도 너무도 유별나서 그만한 여유를 갖는 것이 매우 편했기 때문이다. 그 정도로 그 새로운 착상은 내게 충격을 주었고 또 그 정도로 내 생각에 동요가 일어나는 것이 느껴져 내가 생각을 정리하는 데 시간이 좀 필요했던 것이다.

여러분들은 이 일주일간이 내게는 8백 년처럼 길었다고 생각할 것이다. 그러나 정반대이다. 나는 실제로 이 기간이 8백 년쯤 지속되었으면 하고 바랐다. 당시 내가 처했던 상태를 어떻게 묘사해야 좋을지 모르겠다. 나는 초조함이 섞여 있는 어떤 두려움에 가득 차서 내가 원하던 것을 두려워하면서 행복해지는 것을 피할 어떤 정당한 수단을 찾아내기 위해 가끔 그리고 진심으로 모색할 정도가 되었다. 내 열정적이며 관능적인 기질, 내 끓어오르는 피, 내 사랑에 도취된 마음, 내 정력, 내 건강, 내 연령을 상상해 보라. 그리고 이런 상태에서 여성들을 애타게 갈망하면서도 아직 한 사람의 여성도 가까이하지 못했다는 것을 생각해 보라. 상상, 욕구, 허영심, 호기심이 합세하여, 남자가 되고 싶고 또 남자처럼 보이고 싶다는 열망으로 나를 괴롭혔다는 것을 생각해 보라. 무엇보다도 — 왜냐하면 이것이야말로 여러분들이 잊어서는 안 되는 것이기 때문이다 — 다음과 같은 사실들을 아울러 생각하시라. 그녀를 향한 나의 강렬하고 다정스러운 애착은 식어가기는커녕 날이 갈수록 더해갔으며, 나는 오직 엄마의 곁에 있어야만 좋았고, 내가 엄마 곁에서 떨어져 있을 때는 오직 엄마를 생각하기 위해서만 그런 것이라는 사실을. 또 내 마음은 그녀의 친절함과 그녀의 사랑스러운 성격만이 아니라 그녀의 성, 그녀의 용모, 그녀의 몸, 그녀 자체, 한마디로 말해서 그녀가 내게 소중할 수 있었던 모든 것들과의 관련에 의해서 가득 차 있었다는 사실을 말이다. 그러니 내가 그녀보다 열두 살쯤 아래라고 해서 그녀가 늙었다거나 또 내게 그렇게 보였다고 상상하지 말라. 내가 그녀를 처음 보고 그렇게나 달콤한 열정을 느낀 지 이미 5, 6년이 지났건만, 그녀는 실제 거의 변하지 않았으며 내게는 전혀 변한 것처럼 보이지 않았다.

내게는 그녀가 변함없이 매력적이었으며, 세상 사람들에게도 여전히 그렇게 보였다. 다만 그녀의 몸매가 좀더 통통해졌을 뿐이다. 그러나 눈, 안색, 젖가슴, 얼굴 모습, 아름다운 금발, 쾌활함, 목소리에 이르기까지 예전 그대로였다. 특히 은방울 같이 맑고 생기에 찬 젊은 목소리는 언제나 내게 강렬한 인상을 주어 오늘날까지도 소녀의 예쁜 목소리를 들을 때면 감개무량하다.

　이렇듯 사랑하는 한 여인을 소유하기를 기다리면서 응당 내가 두려워해야 했던 것은 소유를 미리 맛보지 않을까, 자제력을 유지할 정도로 욕망과 상상을 충분히 제어할 수 없게 되지 않을까 하는 것이었다. 여러분이 앞으로 보겠지만, 나는 나이가 들어서도 사랑하는 여인에게서 약간의 가벼운 애정표시를 받게 될 것이라는 생각만 해도 그녀와 나 사이에 놓인 멀지 않은 거리를 무사히 지나갈 수 없을 정도로 피가 끓었다. [33] 그런 내가 꽃다운 청춘시절에 처음으로 향락을 대하고도 그렇게 덤비지 않았다는 것은 어찌된 일인가? 정말 놀랄 만하지 않은가? 또 어떻게 그 시간이 다가오는 것을 보면서 기쁨보다 고통을 느낄 수 있었을까? 그리고 나를 도취시켜야 했을 환희 대신에 거의 혐오감과 두려움을 느낀 것은 무슨 까닭인가? 만약 내가 예의에 어긋나지 않게 이 행복으로부터 도망칠 수 있었다면 진정 그렇게 했으리라는 것은 조금도 의심할 여지가 없다. 나는 그녀에 대한 나의 애착을 이야기하면서 거기에 기묘한 점들이 있다고 예고한 바 있는데, 분명 이것은 여러분들이 예상치 못했던 그 기묘한 점들 중 하나이다.

　독자들은 벌써 분개하면서 다음과 같이 판단할지 모른다. 이미 다른 남자의 소유가 되어 있으면서도 자신의 사랑을 나누어주는 그녀가 내 눈에는 타락한 것으로 보였고, 일종의 경멸감으로 인하여 그녀가 내게

---

33) 루소는 두드토 부인을 보러 레르미타주에서 오본으로 다니곤 했는데, 그때의 일을 이야기하는 것이다(9권 참조).

306

불어넣었던 애정이 식었다고 말이다. 그러나 그것은 잘못된 생각이다. 이렇게 그녀를 나누어 갖는 것이 나를 잔인하게 괴롭혔던 것은 사실이다. 그것은 매우 자연스러운 민감함 때문에도 그러했고 또 실제로 나는 그 공유라는 것이 그녀나 내게 그리 어울리지 않는다고 생각했기 때문에도 그러했다. 그러나 그녀에 대한 내 애정으로 말하면 그것은 그 공유로 조금도 변질되지 않았고, 내가 그녀를 소유하기를 그렇게 별로 원하지 않았던 이때보다 그녀를 더욱 다정스럽게 사랑한 적은 없었다는 것을 다짐할 수 있다. 나는 그녀의 정숙한 마음과 냉담한 기질을 너무도 잘 알고 있어서 그녀가 이렇게 자기 몸을 내어주는 데 관능적 쾌락이 조금이라도 개입되었다고는 한순간이라도 생각하지 않았다. 나는 그녀가 이런 방법이 아니고는 거의 피할 수 없는 위험들로부터 나를 구해내고 또 나와 내 의무에 나를 전적으로 붙잡아두려는 정성 하나로 자신의 의무까지 어기게 되었다는 전적인 확신을 갖고 있었다. 그런데 뒤에 이야기할 것처럼, 그녀는 이 의무를 다른 여자들과 같은 시각으로 바라본 것은 아니다. 나는 그녀를 불쌍히 여기고 나 자신을 불쌍히 여겼다. 나는 그녀에게 이렇게 말하고 싶었다.

"아녜요, 엄마, 그럴 필요 없어요. 그렇게 하지 않아도 나는 괜찮아요."

그러나 나는 감히 그런 말을 하지 못했다. 첫째로 그것은 할 말이 아니었다. 다음으로 나는 내심으로 그것은 진실이 아니며 또 실상 나를 다른 여자들로부터 보호해줄 수 있고 유혹에 견디게끔 해줄 수 있는 여성은 단 한 사람밖에 없다고 느꼈기 때문이다. 나는 그녀를 소유하고 싶은 생각은 없이, 그녀가 내게서 다른 여자들을 소유하고 싶은 욕망을 없애줄 것이 대단히 기뻤다. 그 정도로 나는 내 관심을 그녀로부터 딴 데로 돌리게 할 수 있는 것이라면 모두 불행으로 간주하고 있었다.

순진무구하게 함께 살아온 오랜 습관은 그녀에 대한 나의 애정을 약화시키기는커녕 도리어 강화시켰고 동시에 애정에 또 다른 성질을 부여

했는데, 이로 인하여 애정은 더욱 정답고 어쩌면 더욱 다정하지만 덜 관
능적인 것이 되었다. 그녀를 엄마로 부르고 마치 아들인 양 그녀를 친숙
하게 대한 나머지 나는 스스로를 아들처럼 생각하는 데 익숙해져버렸던
것이다. 그녀가 내게 그렇게 사랑스러웠음에도 불구하고 내가 그녀를
소유하려고 별로 덤비지 않았던 그 참된 이유는 바로 거기에 있었다고
생각한다. 내가 처음에 품은 애정은 지금보다 더 열렬한 것이 아니라 더
육감적이었음을 나는 생생히 기억한다. 안시에서 나는 도취되어 있었
지만, 샹베리에서는 더 이상 그렇지 않았다. 나는 그녀를 있는 열정을
다해 사랑했지만 나보다는 그녀를 위해서 사랑했다. 적어도 나는 그녀
에게서 내 쾌락보다는 내 행복을 구했던 것이다. 그녀는 내게 누이 이상
이었고, 어머니 이상이었으며, 여자 친구 이상이었고, 심지어 애인 이
상이었다. 그런데 바로 이러한 이유로 그녀는 한낱 애인이 아니었다.
요컨대 나는 그녀를 탐내기에는 너무나 그녀를 사랑하고 있었다. 바로
이것이 내 생각들에서 가장 확실한 것이다.

   마침내 기다렸다기보다는 오히려 두려워하던 그날이 왔다. 나는 모
든 것을 약속했고, 그 약속대로 행동했다. 내 마음은 그 대가를 바라지
않고 내가 맺은 계약을 지킬 것을 확인했다. 그렇지만 나는 그 대가를
얻었다. 나는 처음으로 한 여인, 그것도 내가 사랑하는 한 여인의 품에
안긴 나 자신을 보았다. 과연 나는 행복했던가? 아니다. 나는 쾌락을 맛
보았을 뿐이다. 어떤 것인지 모르겠지만 억누를 수 없는 슬픔이 그 쾌락
의 매력에 독약처럼 스며들었다. 나는 마치 근친상간이라도 범한 것 같
았다.[34] 두세 번 격정적으로 그녀를 팔로 껴안고 눈물로 그녀의 가슴을

---

[34] '근친상간'이라는 말은 루소와 바랑 부인의 애매한 관계를 요약하고 있다.
     그런데 바랑 부인은 루소와의 육체적 관계를 근친상간으로 여기지 않고 단
     지 그에게 세상물정을 가르치기 위한 것으로 생각했던 것 같다. 그러나 그
     녀의 차가움은 아주 상대적인 것이고 그녀는 오랫동안 애인 없이 지내본

308

흠뻑 적셨다. 그러나 그녀 쪽에서는 슬퍼하지도 흥분하지도 않았다. 그녀는 다정하고 조용했다. 그녀는 별로 관능적이지도 않았고 조금도 관능적 쾌락을 구하지도 않았으므로 거기서 오는 환희도 없었고 그에 대한 후회도 결코 없었던 것이다.

거듭 말하거니와 그녀가 저질렀던 모든 잘못들은 그녀의 잘못된 생각에서 나온 것이지 결코 그녀의 정욕에서 생긴 것은 아니었다. 그녀는 천성이 훌륭하고 마음이 순수해서 바른 것을 좋아하며 성향이 곧고 유덕하며 취향이 섬세했다. 그녀는 천성적으로 우아한 품행에 적합했는데, 그녀는 항상 그것을 좋아하면서도 결코 지키지는 못했다. 왜냐하면 그녀는 자신을 올바른 길로 인도하는 마음에 귀를 기울이는 대신에 자신을 그릇된 길로 인도하는 이성에 귀를 기울였기 때문이다. 그릇된 신조들이 그녀를 올바른 길에서 벗어나게 했을 때, 그녀의 진실한 감정은 항상 그것들을 부인했다. 그러나 불행하게도 그녀는 철학을 자랑으로 삼았고 자신이 만들어낸 도덕으로 마음이 그녀에게 명하는 도덕을 못 쓰게 만들었다.

그녀의 첫 애인 타벨 씨[35]는 그녀의 철학 선생이었는데, 그가 그녀에게 가르친 신조들은 그녀를 유혹하는 데 필요한 것들이었다. 그녀가 남편에게 또 자신의 의무에 충실하고 언제나 냉정하고 이성적이어서 도저히 관능으로는 공략할 수 없음을 안 그는 그녀를 궤변으로 공략했다. 그래서 그는 그녀가 그토록 집착하는 그 의무란 단지 어린아이들을 속이기 위해 만들어진 교리문답처럼 쓸데없는 소리고, 남녀의 결합은 그 자체로 가장 사소한 행위고, 부부 사이의 정조란 불가피한 겉치레로 그러

적이 없었다.
35) 에티엔느 시지스몽 드 타벨(Etienne-Sigismond de Tavel)은 프랑스군에 복무했던 퇴역 대위로 바랑 부인 남편의 친구였다. 바랑 부인과 타벨 씨의 관계는 오직 루소의 글을 통해서만 알려져 있다.

한 도덕관념은 모두 세상 여론에 관계된 것이고,  남편의 마음이 편안한
것이 아내의 의무의 유일한 규범이므로 부정을 저질러도 남들이 알지
못하면 그로 인해 모욕당하는 남편에게 아무것도 아닌 일이기 때문에
또한 양심에 대해서도 아무것도 아닌 일이 된다는 것을 납득시키기에
이르렀다.  요컨대 그런 일 자체는 아무것도 아니며 오로지 추문에 의해
서만 존재하게 되는 것이기 때문에 어떤 여자든 겉으로 정숙하게만 보
인다면 그것만으로도 정숙하다는 것을 그녀에게 설득시킨 것이다.  바
로 이렇게 해서 그 흉악한 사람은 어린아이 같은 여인의 마음을 타락시
키지는 못했지만 그녀의 이성을 타락시켜 자신의 목적을 달성했다.  타
벨 선생은 자기가 그녀에게 그녀 남편을 그렇게 다루라고 가르쳐준 대
로 자기 자신이 그녀로부터 그런 취급을 받고 있음을 확신하고 더할 나
위 없이 지독한 질투심에 사로잡힘으로써 그 벌을 받았다.  그러나 이 점
에 있어 그가 착각하고 있었는지 아닌지에 대해서는 나는 모른다.  페레
목사가 그의 후임자라고 한다. 36)  내가 아는 것은 처음에는 이런 이론체
계에서 그녀를 보호해 주어야 했을 이 젊은 여인의 냉정한 기질이 후에
는 그것을 버리려고 했을 때 방해가 되었다는 것이다.  그녀는 자신에게
는 아무것도 아닌 것에 사람들이 그토록 중요성을 부여하는 까닭을 이
해할 수가 없었다.  그녀는 자기로서는 별로 고통스럽지 않은 금욕이란
것을 결코 미덕이라는 이름으로 존중한 일이 없었다.

　그러므로 그녀는 이 그릇된 신조를 자기를 위해서는 남용한 일이 거
의 없지만 다른 사람을 위해서는 남용했다.  그런데 그것은 거의 마찬가
지로 그릇되지만 그녀의 착한 마음과 더욱 잘 일치하는 신조에 따라서

---

36) 페레 목사(Le ministre Perret)는 바랑 부인보다 25살 위로 결혼하여 아이
　　를 여럿 둔 아버지로 브베의 중요한 가문들로부터 전적인 신뢰를 얻고 있었
　　다고 한다.  루소는 페레 목사의 일을 바랑 부인으로부터 직접 듣지는 않은
　　것으로 보인다.

였다. 그녀는 남자를 여자에게 붙잡아 두는 데 육체의 소유만한 것이 없
다고 늘 믿어왔다. 그녀가 자기 남자 친구들을 단지 우정으로서 좋아했
음에도 불구하고 그 우정은 하도 다정해서 그녀는 그들을 자기에게 더
욱 강력히 붙잡아두기 위해 자기 힘이 닿는 한 온갖 방법을 다 사용했
다. 대단한 것은 그녀가 거의 언제나 성공했다는 사실이다. 실상 그녀
는 그지없이 사랑스러워서 그녀와 같이 살며 친밀한 정이 깊어질수록
더욱더 그녀를 사랑해야 할 새로운 이유가 발견되었던 것이다. 또 하나
주목할 만한 사실은 그녀가 처음으로 과오를 저지른 바로 그 후부터 불
쌍한 남자들 외에는 거의 애정을 베풀어주지 않았다는 것이다. 잘나가
는 남자들은 그녀 곁에서 헛물만 켜고 말았다. 그렇지만 처음에 그녀에
게 동정을 받던 남자가 끝내 그녀의 사랑을 받지 못했다면 그런 남자는
참 사랑스럽지 못한 사람이었음이 틀림없다. 만약 그녀가 자신에게 그
리 어울리지 않는 남자를 선택하는 일이 있더라도 그것은 그녀의 고결
한 마음씨와는 전혀 동떨어진 저열한 성향에서가 아니라 단지 그녀의
지나치게 너그럽고 인정이 많고 동정심이 많고 다감한 성격에서 그런
것인데, 그녀는 언제나 충분한 분별을 갖고 그런 성격을 억제하지는 못
했다.

　비록 몇 가지 그릇된 신조 때문에 길을 잘못 들기는 했으나 그녀는 실
로 많은 훌륭한 원칙을 갖고 있었으며 결코 그것을 버리지 않았다. 별로
관능이 관계되지 않는 과오들을 약점이라고 부를 수 있다 해도, 그녀는
수많은 미덕으로 그 약점들을 보상하지 않았던가! 한 가지 점에서 그녀
를 속였던 바로 그 남자는 다른 많은 점에서 그녀를 훌륭히 가르쳤다.
그리고 그녀의 열정도 격렬하지는 않아서 그녀는 항상 자기 이성의 빛
을 따를 수 있었고 자신의 궤변 때문에 길을 잘못 들지 않을 때는 처신을
잘했다. 그녀가 과실을 범할 때조차 그녀의 동기만은 칭찬할 만한 것이
었다. 잘못 생각해서 잘못할 수는 있었지만 그것이 어떤 일이든 의도적

으로 나쁜 일을 할 수는 없었다. 그녀는 위선과 거짓말을 싫어했다. 그
녀는 올바르고 공정하며 인정이 많고 사리사욕이 없으며, 자신의 말과
자신의 친구와 스스로 자신의 의무라고 인정하는 것들에 충실하고, 복
수나 원한을 품을 수 없었고 남을 용서하는 것이 조금이라도 칭찬받을
만한 일이라고 생각조차 하지 않았다. 끝으로 그녀에게 가장 용서하기
어려운 점을 다시 말하자면, 그녀는 자신이 베푸는 애정의 가치를 제대
로 평가하지 않았으며 그것을 비천하게 판 일은 한 번도 없었다. 그녀는
자신의 애정을 베푸는 데 헤펐지만, 언제나 돈에 쪼들려 살아가면서도
애정을 팔지는 않았다. 그래서 나는 감히 소크라테스가 아스파시아[37]
를 높게 평가할 수 있었다면 바랑 부인도 존경했을 것이라고 말하련다.

    그녀의 성격은 다정다감한데 기질은 냉정하다고 하면, 나는 여느 때
처럼 모순이라고 비난받을 것을 미리 알고 있으며 또 그런 비난도 그만
큼의 일리는 있다. 자연의 잘못이었을지도 모르고 또 그 배합은 존재하
지 않았어야 했을지도 모르지만, 나는 단지 그것이 존재했다는 사실만
을 알고 있을 뿐이다. 바랑 부인을 알고 있던 사람들 중 꽤 많은 사람들
이 아직도 생존해 있는데, 모두들 그녀가 그랬다는 것을 알고 있었을 것
이다. 심지어 나는 감히 덧붙여 이렇게 말하련다. 그녀는 이 세상에서
진정한 즐거움을 단 한 가지 알고 있었는데, 그것은 자기가 사랑하는 사
람들을 즐겁게 해주는 것이었다고. 그렇지만 그 점에 관해서 제멋대로
반론을 내세우고 그것이 사실이 아니라는 것을 현학적으로 증명하는 것
은 각자의 자유다. 내 임무는 진실을 말하는 것이지 그것을 믿게 하려는
것은 아니기 때문이다.

    내가 방금 말한 것들은 모두 우리 두 사람이 정을 나눈 다음 주고받은

37) 아스파시아(Aspasia)는 아름다움과 지성으로 유명한 그리스의 창녀로 아
    테네의 지식인들을 자기 집에서 대접했는데, 그들 중 한 사람인 소크라테
    스도 그녀를 "최고의 변증법과 수사학의 여교사"라고 칭송했다고 한다.

이야기들에서 조금씩 알게 된 것인데, 이런 이야기들만으로도 우리들이 결합된 관계가 한없이 즐거웠다. 그녀로서는 자신이 베푸는 친절이 내게 유익하기를 바라는 것은 당연했고, 나는 그로부터 내 자신의 교육을 위해 적지 않은 이익을 얻었다. 그녀는 그때까지는 마치 어린아이에게 하듯 내게 말할 때는 내 문제에 대해서만 이야기했다. 그러던 것이 이제는 나를 어엿한 한 사람의 남자로 대하기 시작했으며, 자신에 대한 이야기도 들려주었다. 그녀가 내게 들려준 이야기는 모두 내게 무척 흥미롭고 또 나는 그것에 아주 감동되어서, 스스로를 깊이 성찰하면서 일찍이 그녀로부터 받은 교훈보다도 그녀의 속내 이야기를 더 내 자신을 위해 적용했다. 상대방이 마음을 털어놓고 있다고 진심으로 느낄 때, 우리들의 마음도 그 심정의 토로를 받아들이기 위하여 활짝 열린다. 그러므로 현학자들의 교훈은 절대로 우리들이 애착을 갖는 분별 있는 여성의 다정다감한 잡담만한 가치를 가질 수가 없다.

그녀와 같이 살며 친밀한 정이 깊어져서 그녀는 나를 전보다도 더욱 좋게 평가할 수 있게 되었다. 그래서 그녀는 내가 서투른 태도에도 불구하고 사교계로 나가기 위한 교양을 쌓을 가치가 있으며 또 거기서 언젠가 어떤 지위에 올라 실력을 발휘하게 되면 출세의 길을 열 수 있으리라고 판단했다. 그녀는 이런 생각에서 내 판단력만이 아니라 외모나 태도까지도 계발하여 나를 존경과 사랑을 동시에 받을 수 있는 사람으로 만들려고 애썼다. 만약에 세상에서의 성공이 미덕과 결부될 수 있다는 것이 진실이라면 — 나로서는 그렇게 믿지 않지만 — 적어도 그를 위해 그녀가 택하여 내게 가르치려고 하는 그 길 외에 다른 길이 없다고 확신한다. 그도 그럴 것이 바랑 부인은 인간이란 어떤 것인가를 잘 알고 있어서 거짓말이나 경솔한 짓을 하지 않고도 또 남을 속이거나 화내게 만들지 않고도 사람을 다루는 기술을 아주 능란히 구사했기 때문이다. 그러나 이러한 기술은 그녀의 교훈에서 나오기보다는 그녀의 성격에서 나왔다. 그녀는 그것을 남에게 가르치기보다는 그것을 실행에 옮기는 방법을 더 잘 알았다. 그런데 나는 그런 기술을 배우기에는 이 세상 그 누구보다도 제일 부적당한 사람이었다. 그러므로 그녀가 그것에 관해 했던 일들은 모두 거의 헛수고였다. 그녀가 나를 배려해서 춤 선생과 펜싱 선생을 붙여준 것도 마찬가지로 헛수고로 돌아갔다. 나는 재빠르고 몸매도 날씬했지만 미뉴에트 추는 것도 배울 수 없었다. 발에 생긴 티눈 때문에 발뒤꿈치로 걷는 버릇이 아주 굳어져 로슈 선생도 그 버릇을 고칠 수가 없을 정도였다. 그래서 꽤 건장한 다리를 가진 것처럼 보였음에도 웬만한 도랑 하나도 뛰어넘질 못했다. 펜싱장에서는 더욱 형편이 없었다. 석 달 동안 배웠는데도 정식 대련은 할 형편이 못되고 여전히 기본적인 수비자세만 연습했다. 손목도 충분히 유연하지 못했고 팔도 충분히 억세지 못해서 선생이 검을 쳐서 떨어뜨릴 마음을 먹었을 때는 그 놈의 검 하나도 제대로 붙잡지 못했다. 덧붙여 말하면 그 훈련과 그것을 내게 가르치려고 애쓰는 선생에 대해 극도의 반감을 갖고 있었다. 나는 사람을 죽이는 기술을 그토록 뽐낼 수 있다는 사실을 결코 이해할 수 없었을 것이다. 선생은 자신의 해박한 재능을 내게 이해시키려고 자기가 전혀 알지도 못하는 음악에서 끌어온 비유를 통해서 설명을 했다. 그는 펜싱에서 제 3자세 찌르기와 제 4자세 찌르기[38] 그리고 음악에서 같은 용어로 사용되는 제 3도와 제 4도 사이에서 놀라운 유사성을 발견했다. 그는 '치는 시늉'(feinte)을 하려고 할 때는 "반음올림표"(dièse)에 조심하라고 말했다. 왜냐하면 예전에는 '반음올림표'를 'feinte'[39]라고 불렀기 때문이다. 그가 내 손에서 검을 쳐서 떨어뜨렸을 때는 비웃으며 이것은 "온쉼표"(pause)라고 말했다. 아무튼 내 평생에 모자에 깃털 장식을 하

---

38) 펜싱에서 제 3자세와 제 4자세는 공격을 막는 자세인데, 손에 쥔 검의 자세에 따라 이름이 달라진다.

39) 이때의 'feinte'는 검도가 아닌 음악용어로서 임시부호를 말한다.

고 가슴 보호구를 찬 이 딱한 사나이보다 더 참을 수 없는 현학자를 본 일이 없다.

그러므로 펜싱훈련에도 별로 진전이 없어서, 그저 싫증이 난 나는 그 것도 곧 집어치우고 말았다. 그렇지만 좀더 유용한 어떤 재주에서는 많은 발전을 보았는데, 그것은 내 운명에 만족하고 더 잘나가는 운명을 바라지 않는 것이다. 그런 잘나가는 운명은 내 팔자에 타고나지 않았다는 것을 비로소 느끼기 시작했던 것이다. 엄마에게 행복한 삶을 돌려주고 싶다는 소망에만 온통 마음을 쏟았기 때문에, 나는 엄마 곁에 있는 것이 점점 더 즐거웠다. 그래서 시내를 돌아다니느라고 그녀의 곁을 떠나야 만 했을 때도 그토록 음악에 미쳐 있었건만 수업의 답답함을 느끼기 시작했다.

클로드 아네가 우리들의 친밀한 사이를 눈치챘는지 그 여부는 잘 모르겠지만, 그가 우리의 관계를 모르고 있을 리 없다고 생각된다. 그는 매우 통찰력이 있는 총각이었으나 극히 신중해서 자기 마음에 없는 말은 절대 하지 않았으며, 자기 생각도 언제나 털어놓는 것은 아니었다. 나한테는 조금도 아는 체를 안 했지만, 그의 태도로 보아 아는 것 같았다. 그런데 그런 태도는 영혼의 비열함에서 나온 것이 아니고 자기 여주인의 신조에 공감하던 그로서는 그녀가 자신의 신조에 따라 행동하는 것을 못마땅하게 여길 수가 없었다는 데서 나온 것이다. 그는 여주인만큼이나 젊은 나이였지만 무척 노련하고 무게가 있어서 우리 둘을 거의 너그럽게 보아주어야 할 어린아이처럼 여겨왔다. 그래서 엄마나 나나 그를 존경할 만한 사람으로 보고, 우리는 그로부터 받는 존경을 조심스럽게 다루어야 했다. 나는 엄마가 그에게 얼마나 애착을 느끼고 있었는가를 엄마가 그에게 불성실해진 후에서야 비로소 잘 알게 되었다. 그녀는 내가 그녀를 통해서만 생각하고 느끼며 호흡한다는 것을 알고 있었으므로, 그녀는 자기가 아네를 얼마나 사랑하고 있는가를 내게 보여서 나도 그녀와 똑같이 그를 사랑하게 만들려고 했다. 그리고 그녀는 아네에 대한 우정보다도 존경을 훨씬 더 강조했는데, 그것은 내가 전폭적으로 공유할 수 있는 감정이었기 때문이다. 그녀가 우리 두 사람 모두가 자기 생애의 행복에 없어서는 안 된다는 것을 말하면서 아네와 나의 마음을 감동시키고 우리들이 눈물을 흘리며 서로 껴안게 만들었던 것이 몇 번이었던가! 이것을 읽을 여성들이 조소를 보내지 말기를 바란다. 그녀의 기질로 보아 이런 요구는 애매한 것이 아니다. 그것은 오로지 그녀의 본심에서 나오는 요구였다.

　이와 같이 해서 우리 세 사람 사이에는 아마 지상에서 달리 그 유례를 찾아볼 수 없을 만한 모임이 이루어졌다. 우리 세 사람의 소원과 관심과 애정이 모두 공통적이어서, 그 중의 무엇 하나도 이 조그만 모임을 벗어나지 않았다. 함께 생활하며 다른 누구도 받아들이지 않고 생활하는 습관이 하도 심해져서 식사할 때 우리 세 사람 중 한 사람이라도 빠지거나 우리 셋 말고 다른 한 사람이라도 끼게 되면 모든 것이 뒤틀어졌다. 그리고 엄마와는 특별한 관계에 있으면서도 둘이서만 있는 것보다는 세 사람이 같이 모이는 편이 더 기분이 좋았다. 우리들은 서로 더할 나위 없이 믿고 있어서 우리 사이에는 거북한 느낌이 없었고 모두가 매우 바빴기 때문에 지루하지 않았다. 끊임없이 계획을 세우고 쉴 새 없이 활동을 전개하는 엄마는 아네나 나를 그리 한가롭게 내버려두지 않은 데다가 아네나 나에게도 제각기 충분한 소일거리가 있었다. 내가 생각하기에는 할 일이 없다는 것은 혼자 있을 때만큼이나 여럿이 모여 있을 때 커다란 해가 된다. 사람들이 한 방 안에 죽치고 마주 앉아서 하는 일이라고는 고작 끊임없이 수다를 떨 수밖에 없을 때가 있는데, 그것보다 더 정신을 편협하게 만들고 고자질, 사기, 험담, 거짓말 등의 쓸데없는 일들을 조장하는 것도 없다. 모두들 일이 있을 때에는 무언가 할 말이 있을 때만 말을 한다. 그러나 할 일이 아무것도 없을 때에는 반드시 계속해서 말해야 한다. 이것이 거북스러운 일들 중 가장 귀찮고 위험한 것이다. 나는 감히 더 나아가 어떤 모임을 정말 유쾌하게 만들려면 각자 그 모임에서 무엇인가를 해야 할 뿐만 아니라 약간의 주의를 요하는 일을 해야 한다고 주장한다. 뜨개질 같은 일은 아무 일도 하지 않는 것과 마찬가지다. 뜨개질하는 부인의 관심을 사로잡기 위해서는 아무 일도 하지 않고 팔짱을 끼고 있는 부인의 관심을 사로잡기 위한 정도의 마음만 쓰면 된다. 그렇지만 자수를 하고 있을 때는 문제가 다르다. 그녀는 말이 없는 동안에도 그 시간적 공백을 충분히 채울 정도로 전념한다. 눈에 거슬리기도 하고 우스꽝스럽기도 한 것은 그동안에 열두어 명의 키 큰 놈팡이들이 일어섰다 앉았다 왔다갔다하고 또 발뒤축으로 맴을 도는가 하면 벽난로 위의 도자기 장식품들을 몇 번이고 방향을 돌리기도 하고, 그 끊이지 않는 수다를 유지시키려고 머리를 쥐어짜는 꼴을 보는 것이다. 이 얼마나 근사한 일거리인가! 이런 놈들은 무슨 일을 한다 해도 다른 사람들에게나 자기 자신에게 노상 짐만 될 것이다. 내가 모티에 있을 때에 이웃 여자들 집에 레이스를 뜨러 가곤 했는데, 그때 나는 이런 생각을 했다. 만약 내가 다시 사교계에 되돌아간다면 주머니 안에 빌보케[40]를 넣고 다니면서 할 말이 없을 때에는 말하지 않아도 되게 온종일 이것을 가지고 놀겠다고. 각자가 이렇게 한다면 인간은 덜 고약해질 것이다. 그리고 교제도 더욱 안전해질 것이고, 내 생각이지만 더욱 유쾌해질 것이다. 요컨대 빈정거리기를 좋아하는 사람은 비웃고 싶으면 비웃어라. 그러나 나는 현대에 가능한 유일한 도덕은 빌보케의 도덕이라고 주장한다.

그렇지만 우리들은 스스로 지루함을 피하려고 신경 쓸 일이 거의 없었다. 귀찮은 방문객들이 몰려들어와 우리를 하도 지루하게 만들어서

---

40) 공이 끈에 매달려 있고 그 공을 받는 공받이가 한쪽 끝에 있는 장난감.

우리끼리만 있게 되면 지루할 일이 없었다. 예전에 그들 때문에 느끼는 초조감이 줄어든 것은 아니지만, 다만 달라진 것은 내가 초조함에 빠질 시간이 예전보다 없었다는 것이다. 가련한 엄마는 무엇을 시도하고 계획을 세우는 그 예전의 변덕스러운 욕망을 버리지 않았다. 반대로 살림에 드는 생활비가 다급해질수록 이를 대비하기 위하여 점점 자신의 망상에 빠져들었다. 현재의 재원이 줄어들수록 그녀는 그 재원을 미래 속에서 지어냈다. 세월이 갈수록 엄마의 이런 광기는 더해만 갈 뿐이었다. 그녀는 사교계의 청춘의 즐거움에 취미를 잃게 됨에 따라 비방(秘方)을 만들고 계획을 세우는 취미로 예전의 취미를 대신했다. 집안에는 사기꾼, 제조업자, 연금술사, 온갖 종류의 기업가들이 들끓었는데, 이들은 수백만씩 거금을 뿌리면서도 결국은 단돈 1에퀴가 필요한 사람들이었다. 누구 한 사람 그녀 집에서 빈손으로 나가지 않았는데, 내가 이상하게 여기는 것들 중의 하나는 그녀가 그렇게 오랫동안 그런 낭비를 감당하면서도 그로 인하여 밑천을 다 들어먹지도 않고 채권자들을 진력나게 만들지 않을 수 있었다는 것이다.

　지금 말하고 있는 이 무렵에 그녀가 가장 골몰하던 계획은 그녀가 세웠던 계획 중 가장 무분별하지 않은 것으로 유급 실습교수가 배치된 왕실 식물원을 샹베리에 설치하는 것이었다. 이 자리가 누구를 위하여 마련되었는지는 여러분들이 미리 짐작할 것이다. 샹베리라는 도시는 알프스산맥 가운데 위치하고 있어서 식물연구에 여간 적합하지가 않았다. 언제나 어떤 계획을 쉽게 밀어붙이기 위하여 또 다른 계획을 이용하려드는 엄마는 여기에 약학 교육시설까지 부설하려고 했는데, 의사래야 고작 약제사밖에는 없는 그렇게 가난한 지방에서 그런 시설은 참으로 매우 유익할 것 같았다. 빅토르 왕이 죽은 뒤 어의(御醫)였던 그로시씨[41]가 샹베리로 은퇴했는데, 이것이 그녀에게는 이런 착상에 유리하게 돌아갈 것처럼 보였고 어쩌면 엄마는 여기서 그 착상을 얻었는지도

318

모른다. 아무튼 엄마는 그로시 씨를 구슬리기 시작했지만, 그는 그리 호락호락 넘어갈 사람이 아니었다. 왜냐하면 그는 정말 내가 일찍이 알고 있던 사람들 중 가장 신랄하고 거친 양반이었다. 내가 이제 실례로 들 두세 가지 언행을 보고 그 사실을 판단하시라.

어느 날 그는 다른 의사들과 협의하고 있었는데, 그 중에는 일반 병자 전속의사로 안시에서 불려온 의사가 있었다. 의사로서 아직 배움이 부족한 이 젊은이는 어의 나리의 의견에 감히 반대했다. 어의 나리는 이에 대한 답변으로 고작 그 젊은이에게 언제 돌아가고, 어떤 길로 가며, 어떤 마차를 타는지를 물었을 뿐이다. 젊은이는 이런 질문들에 또박또박 대답하고 나서 그가 이번에는 뭐 도와드릴 일이 있느냐고 물었다. 어의는 이렇게 말했다. "아니, 아무것도 없네. 그저 자네가 지나가는 길가 옆의 창가에 앉아서 말을 탄 당나귀⁴²⁾가 지나가는 것을 보면서 즐기고 싶을 뿐일세."

그는 돈 많고 매정스러운 만큼 인색한 사람이었다. 하루는 그의 친구 하나가 확실한 담보를 잡히고 돈을 좀 꾸려 했다. 어의는 그 친구의 팔을 잡고 이를 갈면서 말했다. "여보게, 성 베드로가 천당에서 내려와 삼위일체를 담보로 10피스톨만 꿔 달라 해도 빌려주지 않을 판일세."

또 어느 날은 사부아 지사이며 신앙심이 매우 깊은 피콩 백작 나리 댁에서 오찬 초대를 받고 시간보다 일찍 도착한다. 그때 백작은 묵주신공(默珠神功)을 드리던 중이었기 때문에 심심풀이로 같이 기도하자고 그

---

41) 의사 프랑수아 그로시(François Grossi 혹은 Grossy)는 1682년생으로 1726년 사르데냐 왕의 시의가 되어 왕이 이동할 때 왕을 수행했고 바랑 부인이 에비앙에서 개종할 때도 참석했던 것이 틀림없다. 1727년 사부아의 어의가 된 후 1733부터 1734년까지 피에몬테에 체류했고 1735년 샹베리에 와서 1749년 은퇴할 때까지 의사로 일했다.
42) 당나귀는 프랑스어로 '바보'를 의미하기도 한다.

에게 권한다. 그는 이에 어떻게 대답해야 할지 너무도 몰라, 잔뜩 오만
상을 찌푸리며 무릎을 꿇는다. 그러나 성모송을 두 번 외기도 전에 더
이상 견딜 수가 없어 벌떡 일어나 지팡이를 들고 아무 말 없이 나가버린
다. 피콩 백작은 뒤쫓아 가며 그에게 외친다. "그로시 씨! 그로시 씨!
게 좀 계십쇼. 저기 선생께 드릴 맛있는 붉은 자고새를 꼬치에 굽고 있
답니다." 이 말에 그는 뒤를 흘긋 돌아보곤 백작에게 이렇게 대답한다.
"백작 나리! 천사를 구워주신다고 해도 못 있겠소이다."

어의 그로시 씨는 바로 이런 사람이었다. 그렇지만 엄마는 그를 구슬
려 용케 길들이는 데 성공했다. 그는 몹시 바빴지만 엄마 집에는 습관적
으로 매우 자주 들렀다. 그는 아네를 좋아할 뿐만 아니라 아네의 지식을
존중하는 티를 내고 그에 대해 말할 때는 존경을 표하며 — 이는 그처럼
곰같이 무뚝뚝한 사람에게서는 기대하지 못할 일이었다 — 아네를 정중
히 대하는 척해서 과거의 인상을 지우려고 했다. 왜냐하면 아네가 지금
은 하인의 지위에 있지 않지만 예전에는 그가 하인이었다는 것을 사람
들이 알고 있어서 그를 어떻게 대해야 할지 그 기준을 정하는 데는 다름
아닌 어의의 시범과 권위가 필요했기 때문이다. 사람들은 다른 사람이
정한 행동기준이었다면 이를 따르지 않았을 것이다. 클로드 아네는 검
은 예복을 입고, 잘 빗은 가발을 쓰고, 몸가짐도 근엄하고 점잖으며, 행
동도 신중하고 조심스러웠고, 의학이나 식물학에도 꽤 해박한 지식을
갖고 있었다. 거기다가 의과대학장의 총애를 받고 있어서 계획된 시설
이 실현된다면 그가 식물원의 왕실 실습교수의 직책을 멋지게 수행하리
라는 것은 마땅히 기대할 수 있었다. 그리고 사실 그로시 씨도 이 계획
을 좋다고 생각해서 이를 채택했고, 이를 궁정에 제출하기 위해서 평화
가 돌아와서 유익한 사업들을 생각하고 그것에 충당될 얼마간의 돈을
사용하게 될 수 있는 시기만을 기다리고 있었다.

이 계획이 실현되었다면 나로서는 천직처럼 생각되는 식물학에 십중

팔구 뛰어들었을 것인데, 그것은 가장 잘 짜인 구상마저 뒤집어엎는 예기치 않은 타격으로 좌절되었다. 내 운명은 서서히 인간이 겪을 수 있는 불행의 한 예가 되게끔 정해졌던 것이다. 이런 큰 시련을 겪도록 나를 이끈 섭리는 내가 그 시련에 이르지 못하도록 방해하는 일체의 것을 손수 물리치는 것 같았다. 아네는 알프스산맥에서만 자라는 희귀한 식물로 그로시 씨가 필요로 하던 다북쑥을 캐러 가기 위하여 산 정상을 돌아다니다가 가엾게도 심한 열병에 걸려 늑막염을 얻었다. 이 병의 특효약이라는 다북쑥도 그를 구할 순 없었다. 확실히 매우 유능한 의사였던 그로시 씨의 그 모든 의술에도 불구하고, 또 그의 선량한 여주인인 엄마와 내가 그에게 기울였던 극진한 간호에도 불구하고, 그 가련한 총각은 닷새째 되던 날 가장 끔찍한 임종의 고통을 겪은 후에 우리의 팔에 안기어 숨을 거두고 말았다. 43) 그런데 그가 임종의 고통을 겪을 때 그의 신앙심을 격려하는 설교를 한 사람은 나밖에 없었다. 나는 북받치는 고통과 열의를 갖고 그에게 설교를 아끼지 않았는데, 그가 내 말을 들을 수 있었다면 그 설교가 그에게 얼마쯤 위안이 되었을 것이 틀림없다. 나는 이렇게 해서 내 생애에 가장 변치 않을 친구 한 사람을 잃게 되었다. 그는 존경할 만하고 또 보기 드문 사람으로, 그에게서는 본성이 교육을 대신

---

43) 루소 연구자인 뮈니에(Mugnier)는 처음으로 3월에는 알프스 산이 눈에 깊이 파묻혀 있어서 다북쑥을 찾기가 불가능하다는 점을 지적했다. 이후 연구자들은 아네의 죽음이 사실 자살이었을 것이라고 추측했다. 클레망 (Clément)이 《유죄의 에로스에서 영광스러운 에로스로》(De l'Éros Coupable à l'Éros glorieux)에서 지적한 것처럼 바랑 부인이 아네의 죽음에 대한 자신의 잘못을 인식했고 사람들의 의혹을 미리 해소하기 위해 등반이야기를 꾸며냈다고 생각할 수 있다. 그 당시 루소는 식물학에 대해 거의 아무것도 몰랐기 때문에 그것을 믿었을지 모르는데, 그가 지난해에 있었던 아네의 자살 시도를 아네의 죽음과 결부시켜 생각하지 않았다는 것은 정말 놀라워 보인다.

했고 종의 처지에서도 위대한 인물로서 갖추어야 할 모든 미덕을 키웠
다. 그러므로 그가 죽지 않고 살아서 적합한 지위를 얻기만 했다면 아마
그것만으로도 그는 모든 사람들에게 위대한 인물로 판명되기에 모자람
이 없었을 것이다.

그 다음 날 나는 더할 나위 없이 애절하고 진정 어린 비탄에 잠겨 엄마
와 그에 대한 이야기를 하고 있었는데, 이야기 도중에 갑자기 저속하고
도 비열한 생각이 떠올랐다. 그것은 아네가 입던 옷, 특히 나를 현혹시
켰던 멋진 검은 예복을 물려받게 되었다는 생각이었다. 나는 그런 생각
을 했고 따라서 그것을 엄마에게 말했다. 나로서는 엄마 곁에 있을 때
생각과 말이 다를 수 없었기 때문이다. 무사무욕과 고결한 정신이야말
로 고인의 뛰어난 장점이었던 만큼 이러한 언사만큼 그녀가 입었던 손
실을 더욱 절실히 느끼게 한 것은 없었다. 그 가련한 여인은 아무 대답
도 없이 다른 쪽으로 몸을 돌려 울기 시작했다. 고귀하고도 소중한 눈물
이여! 그 눈물은 이해가 되어 내 마음속에 속속들이 흘러들어 내 마음속
에 있는 천하고 추잡한 감정의 마지막 흔적까지 말끔히 씻어버려, 그후
다시는 그런 감정이 내 마음에서 일어나지 않았다.

아네의 죽음은 엄마에게 고통만큼이나 큰 손해를 가져왔다. 이때부
터 그녀의 사업은 계속해서 기울어갔다. 아네는 꼼꼼하고 견실한 총각
으로 여주인의 집안에서 질서를 유지하고 있었다. 식구들은 아네의 감
시를 두려워해서 낭비를 덜했다. 엄마까지도 그의 책망이 두려워 더욱
낭비를 삼갔다. 그녀로서는 그의 애정만으론 부족하여 그의 존경도 잃
지 않기를 원했다. 그는 그녀가 남의 재산을 자기 재산만큼 펑펑 쓴다고
그녀를 거리낌 없이 나무랄 때가 가끔 있었는데, 그녀는 그런 정당한 나
무람을 두려워했다. 내 생각도 그의 생각과 같았고, 또 그런 말을 하기
까지 했다. 하지만 나는 아네만큼 엄마에 대해 영향력이 없어서, 내가
하는 말은 그가 하는 말만큼 강한 효과가 없었다. 그가 이제 죽었으니

정말 어쩔 수 없이 내가 그를 대신하여야만 했는데 그런 일은 좋아하지
않을 뿐더러 소질도 없어 일을 제대로 수행하지 못했다. 나는 그리 꼼꼼
하지 않은 데다가 무척 소심했다. 혼자 투덜거리면서도 만사를 되는대
로 내버려두었다. 게다가 아네만큼 신용은 얻었지만 그만한 권위는 없
었다. 혼란이 역력하여 그 때문에 한탄도 하고 불평도 했지만 그녀는 귀
를 기울이지 않았다. 나는 사리를 분별할 만한 자격을 갖기에는 너무나
젊고 성급했다. 그래서 내가 감사 역할을 하려고 하면 내 뺨을 사랑스럽
게 도닥거리고 나를 자기의 귀여운 상담자라고 부르면서 나로 하여금
내게 적합한 역할을 다시 맡도록 만들었다.

　　그리 신중하지 못한 지출로 그녀가 조만간 필연적으로 빠지게 될 궁
핍한 생활에 대해 깊이 자각하고 있던 나는 그 집의 감독관이 된 후 내
스스로 수지의 불균형을 판단했기 때문에 그만큼 더 강한 느낌을 받았
다. 추정하건대 그 이후로 줄곧 내 자신에게서 느꼈던 인색한 성향은 이
때부터 시작된 것이다. 나는 돌발적 충동이 아니라면 결코 미친 듯이 돈
을 낭비한 적이 없다. 그러나 그때까지는 돈이 많든 적든 그리 걱정해
본 적이 결코 없었다. 그런데 그때부터 그런 데 주의를 기울이고 내 지
갑에 신경을 쓰기 시작했다. 나는 매우 고귀한 동기로 인색한 인간이 되
었다. 왜냐하면 정말이지 나는 내가 예상하던 파국을 대비하여 엄마에
게 약간의 돈을 마련해 주려는 생각밖에는 없었기 때문이다. 나는 채권
자들이 그녀의 연금을 차압하지 않을까 혹은 그 연금이 완전히 정지당
하지 않을까 걱정되었다. 그래서 내 좁은 소견으로는 그때 내가 몰래 모
아둔 얼마간의 돈이라도 있다면 엄마에게 크나큰 도움이 되리라고 생각
했다. 그러나 그 돈을 만들려면 특히 그것을 간수하려면 그녀 몰래 해야
만 했다. 왜냐하면 엄마가 돈에 쪼들려 쩔쩔매고 있을 때 내가 돈을 따
로 모아둔 것을 알았다면 좋지 않았을 것이기 때문이다. 그래서 나는 여
기저기 돈을 숨길 만한 조그만 곳을 물색해서 금화를 몇 닢 넣어 보관하

려고 했는데, 그 예금을 엄마의 발치에 한꺼번에 내놓을 때까지 계속 불려나갈 생각이었다. 그러나 감추는 곳을 아주 서투르게 골라서 늘 엄마에게 발각되곤 했다. 그 다음부터 엄마는 자기가 발견했다는 것을 내게 알리려고 내가 넣어둔 금화를 치우고 대신에 보다 많은 액수의 다른 종류의 금화를 그 자리에 넣어두곤 했다. 나는 몹시 수치를 느끼고 나의 그 조그만 금고를 공동의 지갑에 합치고 말았다. 그러면 엄마는 반드시 나를 위해 은으로 만든 검이며 시계며 그와 비슷한 물건들과 같은 장신구들과 물품들을 사주는 데 그 돈을 써버렸다.

　이런 식으로 돈을 모으는 것에 내가 결코 성공하지 못할 것이고 엄마에게도 그리 대단한 방도가 되지 못하리라는 것을 분명히 확신하게 된 나는 마침내 그녀가 내 생활비를 댈 수 없게 되고 자신의 호구지책에도 궁하게 될 때는 내 스스로의 힘으로 엄마의 생활비를 댈 수 있게 되는 것 말고는 내가 두려워하는 불행에 대처하는 다른 방도가 없다는 것을 느끼게 되었다. 나는 불행하게도 내 계획을 내 취미 쪽으로 세워서, 어리석게도 음악에서 행운을 찾으려고 고집했다. 그래서 악상과 노래가 머릿속에 떠오르는 것을 느끼고, 이것을 활용할 수 있게 되면 곧 현대의 오르페우스와 같은 유명인사가 되어 그 음악으로 페루의 은을 몽땅 끌어들이게 되리라 믿었다. 악보는 어지간히 읽기 시작했으니 나로서 문제가 된 것은 작곡을 배우는 일이었다. 그렇지만 내게 작곡을 가르쳐줄 사람을 찾아내는 일은 쉽지 않았다. 왜냐하면 내 수중에 있는 라모의 책만 갖고 혼자 힘으로 그것을 성취하기란 희망이 없었고, 또 르 메트르 씨가 떠나버린 이후로는 화성학을 조금이라도 이해하는 사람이라고는 사부아에 한 사람도 없었기 때문이다.

　여러분들은 여기서 내 생애에서 빠지지 않는 그 지각없는 짓들의 하나를 또 보게 될 것인데, 내가 곧장 내 목표를 향하여 가고 있다고 생각할 때조차 그런 짓들로 인하여 너무나 자주 내 목표에서 반대되는 길로

324

나가게 되었다. 방튀르는 자기의 작곡 선생 블랑샤르 신부[44]에 대해 말을 많이 했는데, 그 신부는 능력도 있고 대단한 재능도 있는 사람으로 당시 브장송 대성당의 악장이었고 지금은 베르사유 예배당의 악장이다. 나는 브장송에 가서 블랑샤르 신부에게 가르침을 받을 결심을 했다. 이런 생각은 내게 매우 타당한 것으로 보여 엄마도 이 생각이 타당하다고 생각하도록 만드는 데 성공했다. 엄마는 나의 이 대단치 않은 여행준비에 열심이었고, 만사에 그렇듯이 이번에도 비용을 많이 썼다. 언제나 파산을 미연에 방지하고 장래에 엄마의 낭비로 벌어지게 될 일을 바로잡을 계획을 세우면서도 바로 그 순간 그녀에게 8백 프랑의 비용을 내게 하는 일부터 시작했다. 나는 엄마의 파멸을 막는답시고 도리어 파멸을 재촉했다. 이런 행동이 어리석기 그지없음에도 불구하고 나나 심지어 엄마까지도 완전히 환상에 사로잡히고 말았다. 나는 엄마를 위하여 도움이 되는 일을 하고 있고 엄마는 내가 나 자신을 위하여 도움이 되는 일을 하고 있다고 둘은 서로 확신하고 있었다.

나는 방튀르가 아직도 안시에 있는 줄 알고 그에게 블랑샤르 신부에게 드릴 소개장을 부탁할 작정이었다. 그러나 그는 이미 거기에 없었다. 알아낸 것이라고는 고작 그가 작곡하여 자필로 쓴 4부 미사곡으로 그것에 만족하여야 했는데, 그것은 그가 내게 남겨놓은 것이다. 이것을 소개장 삼아 브장송으로 갔는데, 도중에 제네바에 들러 내 친척들을 만났고 니옹에 들러 아버지를 만났다. 아버지는 나를 평소처럼 맞아주었고, 내가 말을 타고 다니는 바람에 나보다 늦게 오는 내 여행가방을 내게 부치는 일도 맡아주셨다. 나는 브장송에 도착했다. 블랑샤르 신부는

---

44) 에스프리 조제프 앙투안 블랑샤르 신부(l'abbé Esprit-Joseph-Antoine Blanchard)는 브장송 대성당의 악장으로 있다가 1730년 결근과 부적절한 처신으로 징계를 당했고, 결국 1732년 말 자리에서 쫓겨났다. 그러나 그는 1737년 혹은 1738년에 왕의 예배당 악장으로 임명되었다.

나를 친절히 맞아주고, 자기가 가르쳐줄 것을 약속하고 자기 힘이 닿는 대로 도와주겠다고 말한다. 우리가 막 공부를 시작하려고 할 때, 아버지의 편지를 받고 내 여행용 가방이 스위스 국경 프랑스 세관이 있는 레루스[45]에서 걸려 압수되었다는 것을 알게 되었다. 이 소식에 놀라서 나는 그 몰수의 까닭을 알기 위하여 브장송에서 사귄 사람들의 신세를 졌다. 그도 그럴 것이 밀수품은 전혀 없다고 확신했기 때문에 어떤 구실로 몰수할 수 있었는지 이해할 수 없었다. 나는 결국 그 까닭을 알게 되었다. 이것은 이상한 일이어서 말하지 않을 수 없다.

나는 샹베리에서 리옹 출신의 노인 한 분과 사귀었는데, 매우 선량한 분으로 이름은 뒤비비에였다. 그는 섭정시대에 검인실(檢印室)[46]에서 근무하다가 실직한 후에는 지적과에 와서 일했다. 그는 사교계에서 살았기 때문에 재능과 약간의 지식도 있었고 온화하고 예의가 있었으며 음악도 알았다. 그리고 나와는 같은 방을 쓰고 있었으므로, 우리 주위의 버릇없는 사람들 중에서는 특히 친하게 지내고 있었다. 그는 파리와 서신왕래가 있었으므로, 사소한 일들이나 하찮은 소식들을 듣고 있었다. 그런데 이런 것들은 까닭 없이 퍼졌다가 이유도 모르게 사라지고 사람들이 그것에 대한 이야기를 그만두면 아무도 그것에 대해 다시 생각하지 않는다. 내가 그를 가끔 엄마 집 오찬에 데려갔기 때문에 어떤 의미로 그는 내게 나름대로 아첨을 했고, 호감을 사기 위하여 그런 객쩍은 이야기들을 내가 좋아하도록 만들기 위해 애를 썼다. 그러나 나는 늘 그런 것들을 너무나 싫어해서 평생 나 혼자서 그런 이야기를 단 하나도 읽은 적이 없었다. 그의 비위를 맞추느라고 그 소중한 휴지 같은 글들을

---

45) 쥐라 산맥에 있는 도시.
46) 검인실(la chambre du visa)은 존 로(John Law)가 발행한 주식수를 제한하기 위하여 섭정시대에 창설된 행정부처이다. 이 부처의 임무는 이 주식들을 관리하고 그 주식들을 부분적으로 상환하는 것이었다.

326

받아서 호주머니에 집어넣고, 그것을 써먹기 좋은 유일한 용도 이외에는 더 이상 그것에 대해 생각도 하지 않았다. 불행하게도 이 망할 놈의 종잇조각들 중 하나가 새 옷 저고리 호주머니 속에 남아 있었던 것이다. 그런데 이 새 옷은 세관원들에 대해 규정을 지키려고 두서너 번 입어두었던 것이다. 47) 이 종잇조각은 라신48)의 〈미트리다트〉의 아름다운 장면을 장세니슴49) 풍(風)으로 우스꽝스럽게 개작한 상당히 평범한 시문(詩文)이었다. 나는 이 시를 열 줄도 안 읽고 무심코 호주머니 속에 넣어둔 채 잊고 있었다. 바로 이것이 내 짐을 몰수당한 원인이었다. 세관원들은 이 여행가방 안의 물품목록 첫머리에 거창한 조서를 붙였다. 그들은 그 조서에서 이 원고가 프랑스에서 인쇄하여 배포할 목적으로 제네바에서 가져온 것이라고 추정하면서, 신과 교회의 적들에 대한 신성한 욕설과 이런 극악무도한 기도를 저지시킨 자신들의 경건한 경계심에 대한 찬사를 길게 늘어놓았다. 아마 세관원들은 내 셔츠들도 이단의 냄새가 난다고 생각했던 모양이다. 왜냐하면 그 끔찍한 종잇조각을 구실로 일체가 몰수되었기 때문이다. 내가 할 수 있는 수단을 다 써보아도 내 가엾은 물품들에 대해서는 해명도 소식도 없었다. 세관 사람들에게 조회를 했더니 통지서니 자료니 증명서니 진정서니 잔뜩 요구해서 나는

47) 당시 새 옷은 상품의 수입으로 보아 관세를 물었던 것으로 보인다.
48) Jean Racine (1639~1699) : 몰리에르, 코르네이유와 더불어 프랑스 고전희곡의 최고봉을 이루는 비극 작가. 그는 〈앙드로마크〉, 〈브리타니쿠스〉, 〈바자제〉, 〈미트리다트〉, 〈올리드의 이피제니〉, 〈페드르〉, 〈아탈리〉 등 위대한 비극작품들을 남겼다.
49) 장세니슴은 네덜란드의 얀세니우스(혹은 장세니우스)(Jansenius, 1585~1638)가 창시한 교리로 아우구스티누스의 주장을 받들어 은총의 절대성과 운명예정론을 주장했다. 프랑스에서는 포르루아얄의 은둔자 등을 중심으로 신봉되었으나 인간의 자유의지를 내세우는 예수회와 갈등을 일으키게 되어 1713년 로마교황에 의해 금지되었다. 장세니슴을 신봉하는 사람들은 특히 엄격한 도덕관을 갖고 있었다.

이 복잡한 미로에서 수없이 길을 잃다가 죄다 포기하지 않을 수 없었다. 나는 지금 레루스 세관의 그 조서를 보존해두지 않은 것을 진정 후회하고 있다. 그것을 이 글에 뒤이어 출간할 자료모음집 속에 수록한다면 특이한 서류가 되었을 것이다.

이런 손실로 블랑샤르 신부에게서 아무것도 배우지 못하고 바로 샹베리로 돌아가게 되었다. 나는 심사숙고한 끝에, 내가 하는 일마다 불행이 뒤따른다는 것을 깨닫고, 앞으로는 오직 엄마 곁에만 있으면서 엄마와 운명을 같이하고 내가 어쩔 수 없는 미래에 대해서는 더 이상 쓸데없이 걱정하지 않기로 결심했다. 엄마는 내가 무슨 큰 재물이라도 가지고 온 양 맞아주었고, 내 보잘것없는 옷가지도 조금씩 장만하여 주었다. 그래서 나의 불행은 엄마에게나 나에게나 타격이 컸지만, 그것이 닥쳐온 때와 거의 동시에 잊혀졌다.

이런 불행으로 음악에 대한 계획에서는 열이 식어버렸음에도 불구하고 그래도 여전히 내가 갖고 있는 라모의 책을 공부했다. 노력을 거듭한 결과 마침내 그 책을 이해하고 작곡 습작으로 소품 몇 편을 만들기에 이르렀고 그 성공으로 용기를 얻었다. 아우구스투스 왕의 사후 당트르몽 후작의 아들인 벨가르드 백작50)이 드레스덴으로부터 돌아왔다. 그는 오랫동안 파리에서 살았던 터라 음악을 대단히 사랑했고 라모의 음악에 열광했다. 그의 형제인 낭지 백작51)은 바이올린을 연주했고 그의 누이인 라 투르 백작부인52)은 노래를 좀 불렀다. 이래서 샹베리에 음악이

---

50) 벨가르드 백작은 폴란드의 왕이자 작센 선제후인 아우구스투스 2세의 딸 루토브스카 백작부인(La comtesse Rutowska)과 결혼할 예정이었다. 1733년 2월 1일 왕이 죽자 사부아로 돌아왔던 것으로 보인다.

51) 낭지 백작(Jean-Baptiste-François, comte de Nangy, 1700~1788)은 군에서 복무하고 포병 장군과 사르데냐 폐하의 군대 감찰관이 되었다.

52) 라 투르 백작부인(Jeanne-Lucie Noyel de Bellegarde, comtesse de la Tour)은 1723년 라 투르 백작과 결혼했는데, 그는 후일 스페인 왕의 대사

유행하기 시작했고, 일종의 공개음악회 같은 것도 열리게 되었는데, 사람들이 처음에는 그 지휘를 내게 맡기려고 했다. 그러나 곧 그 지휘가 내 힘에 벅찬 것을 눈치 채고, 다른 식으로 해결했다. 나는 그래도 자작소곡 몇 편을 그 음악회에 내놓았는데, 그 중에서도 성악곡은 대단한 인기였다. 그 곡은 잘된 것은 아니었지만 사람들이 내게 기대하지 않았던 새로운 가락과 효과적인 요소들로 가득 차 있었다. 그런데 그 양반들은 악보도 제대로 못 읽는 내가 그런대로 괜찮은 곡을 작곡할 수 있을 것이라 믿을 수 없어서, 내가 다른 사람의 작품을 갖고 자신에게 영광을 돌렸음을 믿어 의심치 않았다. 사실 여부를 확인하기 위하여 어느 날 아침 낭지 백작이 클레랑보의 성악곡을 갖고 나를 찾아왔다. 그의 말로는 이 곡을 성음부(聲音部)의 편의를 위하여 이조(移調)를 했더니 원곡의 저음부가 악기로 연주할 수 없게 되어서 여기에 다른 저음부를 만들지 않으면 안 된다는 것이었다. 나는 그것이 상당한 작업이어서 지금 당장은 할 수가 없다고 대답했다. 그는 내가 핑계를 찾고 있다고 생각해서, 서창의 저음부라도 만들어달라고 다그쳤다. 그래서 하는 수 없이 그것을 만들기는 했지만 틀림없이 제대로 되지 않았을 것이다. 왜냐하면 나는 무슨 일이든지 잘하려면 여유와 자유가 필요하기 때문이다. 그러나 적어도 규칙에 따라서 만들었다. 그리고 그가 그 자리에 있었기 때문에 내가 작곡의 초보쯤은 알고 있다는 것을 의심할 수 없었다. 이래서 내 여학생들은 잃지 않았지만 사람들이 나 없이도 음악회를 할 수 있다는 것을 알고는 음악에 대한 열도 얼마쯤 식었다.

평화조약이 체결되고 프랑스 군대가 알프스 산을 다시 넘어 돌아온 것이 거의 이 무렵이었다. [53] 여러 명의 장교들이 엄마를 만나러 왔다.

---

관이 된다.

53) 프랑스와 신성로마제국 사이의 평화조약 예비교섭이 1735년 10월 30일 체결되었다.

그 중에서도 오를레앙 연대장인 로트렉 백작 나리는 후에 제네바 주재
전권공사를 역임하고 마침내 프랑스 원수가 되었는데, 엄마는 그에게
나를 소개했다.  그는 엄마 이야기를 듣고 내게 깊은 관심을 가진 듯 내
게 많은 것을 약속했다.  하지만 그는 말년에 이르러서야 겨우 그런 약속
을 기억했는데, 그때는 나도 더 이상 그를 필요로 하지 않았다.  당시 토
리노 주재 대사의 아들인 세넥테르라는 젊은 후작이 샹베리에 들른 것도
바로 이때였다.  그가 망통 부인 댁에서 오찬을 하는 그날 나도 거기서
식사를 하게 되었다.  식사가 끝나고 음악이 화제로 올랐다.  그는 음악
에 매우 조예가 깊었다.  오페라 〈제프테〉[54]가 이즈음 처음으로 발표되
었다.  그가 이 오페라에 대해 이야기하자 사람들이 그 악보를 가져오게
했다.  그가 나보고 둘이서 이 오페라를 불러보자고 하는 바람에 나는 떨
렸다.  그가 책을 펼치자 마침 이부합창으로 된 유명한 부분이 나왔다.

　　　대지도 지옥도 천당까지도,
　　　모두가 주 앞에 떨고 있도다.

　그는 내게 말했다. "몇 파트쯤 부르겠소? 나는 이 여섯 파트를 맡겠
소." 나는 아직 프랑스 사람들의 그 극성스러움에 익숙하지 않았다.  악
보를 어물어물 읽은 적은 가끔 있었지만 어떻게 한 사람이 동시에 여섯
파트는 고사하고 두 파트를 부를 수 있는 것인지 이해할 수 없는 일이었
다.  음악연습에서 이토록 날렵하게 한 파트에서 다른 파트로 옮겨가며
악보 전체를 한꺼번에 훑어보는 것만큼 내게 어려운 일은 없었다.  내가
이런 공격에서 몸을 빼려고 하는 모양을 보고 틀림없이 세넥테르 씨는

---

54) 〈제프테〉(*Jephté*)는 펠그랭 신부가 성서에서 소재를 얻어 쓴 서정 비극에
　　몽트클레르가 곡을 썼는데, 1732년 2월 28일 왕립 음악아카데미에서 상연
　　되었고 같은 해 파리에서 출판되었다.

330

내가 음악을 모른다고 여기는 듯했다. 아마 이런 의심을 확인해보려고
했는지 그는 나보고 망통 양에게 주려는 노래를 하나 악보로 써달라고
했다. 나는 이를 거절할 수가 없었다. 그는 노래를 부르고 나는 그것을
악보에 옮겼는데 심지어 노래를 많이 되풀이하여 부르게 하지도 않았
다. 그는 이어 그것을 읽고 그것이 매우 정확히 악보로 옮겨진 것을 알
았다. 사실이 그러했기 때문이다. 그는 내가 당황해 하는 기색을 보았
기 때문에 이 하찮은 성공을 칭찬했다. 그렇지만 그것은 매우 간단한 일
이었다. 사실 나도 음악에는 조예가 깊었다. 단지 한 번 척 보고 신속히
이해하는 능력만이 부족했다. 무슨 일에서나 나는 이런 능력이 없었고
더욱이 음악에서 이런 능력은 오직 완벽한 연습을 통해서만 얻어지는
것이다. 그는 내가 느낀 별것도 아닌 수치심을 나의 마음에서나 또는 다
른 이들의 마음에서 지워버리기 위해 마음을 썼는데, 어쨌든 나는 그의
이 올바른 배려를 깊이 느낄 수 있었다. 이로부터 12년인가 15년인가
지나서 그를 파리의 이 집 저 집에서 만났을 때, 나는 그에게 이런 일화
를 상기시키고 내가 그 추억을 간직하고 있다는 것을 보여 주고 싶은 마
음이 여러 번 들었다. 그러나 그는 그 이후 두 눈을 잃고 말았다. 예전에
두 눈을 쓸 줄 알았던 그 용도를 그에게 상기시키면 그의 아쉬움이 되살
아날까 두려워 잠자코 있었다.

　이제 비로소 나는 과거의 삶이 현재의 삶에 연결되기 시작하는 시기
에 도달한다. 그 시절부터 지금에 이르기까지 계속돼 온 몇몇 교우관계
가 내게는 정말 소중한 것이 되었다. 그러한 우정을 생각하면 내가 세상
에 알려지지 않았던 그 행복한 시절을 자주 그리워하게 된다. 그 당시
내 친구라고 자처한 사람들은 참다운 친구였고 나를 위해 나를 사랑해
주었다. 그것은 순수한 호의에서 그랬던 것이지, 저명인사와 교제한다
는 허영심이나 교제하면서 그를 해칠 기회를 더 많이 찾으려는 은밀한
욕망에서가 아니었다. 내가 추정하건대 내 오랜 친구 고프쿠르55) 와 처

음 사귄 건 바로 이때부터였다. 사람들이 내게서 그를 떼어내기 위해서
노력했음에도 불구하고 그는 항상 내게 남아 주었다. 항상 남아 주었다
고! 아니다. 아! 나는 이제 막 그를 잃었다. 하지만 그는 생애가 끝나는
그 순간까지 나를 끊임없이 사랑하고 있었다. 우리의 우정은 오직 그의
죽음과 더불어 끝났던 것이다. 고프쿠르 씨는 이 세상에서 제일 사랑스
러운 사람들 중의 하나였다. 그를 만나면 그를 사랑하지 않을 수 없고,
그와 살면 그에게 완전히 집착하지 않을 수 없었다. 나는 내 평생에 이
사람의 얼굴보다 더 허심탄회하고 더 상냥하고 더 평온하며 그 이상의
풍부한 감성과 재치를 나타내고 그 이상의 신뢰를 불어넣는 얼굴을 본
적이 없다. 아무리 조심성이 많은 사람이라도 처음 그를 보자마자 마치
20년 전부터 알고 지냈던 사람처럼 그와 격식 없이 친해지지 않고는 못
배긴다. 처음 보는 사람들에게 그토록 낯을 가리던 나부터가 그와는 첫
순간부터 편안했다. 그의 음성, 그의 어조, 그가 하는 말도 그의 얼굴
모습과 완벽히 어울렸다. 그의 목소리는 또렷하고 우렁차며 퍽 낭랑했
고, 성량이 풍부하고 왕성한 그 아름다운 저음은 귀에 가득 차고 가슴에
울렸다. 변함없고 부드러운 유쾌함, 진정에서 우러나오는 소박한 맵시,
멋과 더불어 천부적이면서 동시에 후천적으로 계발된 재주를 이 사람
이상으로 갖추기란 불가능하다. 여기에 덧붙여 애정이 깊어 모든 사람
을 좀 지나칠 정도로 사랑하는 마음, 사람을 그다지 가리지 않고 돌보아
주기 좋아하는 성격까지 갖추고 있었다. 그래서 친구들을 열심히 도와

55) Jean-Vincent-Capperonnier de Gauffecourt(1691~1766): 예수회 학교
에 다니다가 제네바에서 시계제작 견습공을 하고 1735년부터 1737년까지
제네바 주재 프랑스 외교 변리공사인 라 클로쥐르 씨의 서기로 근무했다.
이후 발레와 제네바에서 소금 조달 계원이 되어 부자가 되었다. 징세청부
업자들 그리고 그림과 디드로와 매우 친분이 있었던 그는 라 슈브레트에서
데피네 부인의 열성적인 손님이었다. 책을 너무 좋아한 나머지 제네바 부
근의 몽브리앙에 인쇄소를 설립하기도 했다.

주었고 더 정확히 말하면 스스로 자기가 도와줄 수 있는 사람들의 친구가 되었으며, 또 다른 사람들의 일을 극진히 돌보아주면서도 자기 일도 아주 빈틈없이 처리해 나갈 줄 알았다. 고프쿠르는 일개 시계공의 아들로 그 자신도 시계공이었다. 그러나 그 용모와 재능 때문에 그는 다른 계층에 불려가 빠르게 그 계층의 일원이 되었다. 그는 제네바 주재 프랑스 변리공사 라 클로쥐르 씨와 알게 되고 또 공사의 사랑을 받았다. 라 클로쥐르 씨의 소개로 파리에서 자신에게 도움이 될 만한 또 다른 사람들을 알게 되었고, 이들의 주선으로 발레 지방의 소금 조달을 맡게 되어 여기서 1년에 2만 리브르의 정기수입을 올렸다. 그가 남성들 쪽에서 얻은 행운은 꽤 대단한 것이기는 했지만 이 정도로 그쳤다. 한편 여성들 쪽에서는 여자들이 들끓었다. 그는 골라잡아야만 했고, 자기가 하고 싶은 대로 했다. 그의 경우에 더욱 희귀하고 또 더욱 명예로운 것은 모든 계층의 사람들과 교제하며, 어디에서나 사랑받고 누구에게나 인기가 있어서 결코 누구에게도 질투나 미움을 산 일이 없었다는 점이다. 그러므로 내가 생각하기에 그는 죽을 때까지 평생 한 사람의 적도 가지지 않았을 것 같다. 행복한 사람이여! 그는 해마다 엑스의 온천으로 놀러왔는데, 이곳은 그 부근의 상류인사들이 모이는 곳이다. 사부아의 모든 귀족들과 친분이 있던 그는 엑스에서 샹베리로 와서 벨가르드 백작이며 그 부친되는 당트르몽 후작을 만났다. 엄마는 이 후작 댁에서 그를 알게 되어 나도 그에게 소개했다. 이 교제는 아무런 결실도 맺지 못할 것으로 보였고 수년간 중단되었다가, 내가 나중에 말하게 되겠지만, 어떤 기회에 다시 회복되어 진정한 애정이 되었다. 그토록 친근하게 사귄 친구에 대해 내가 말할 자격을 갖기에는 그것으로 충분하다. 그러나 내가 설사 그를 추모하는 데 추호도 개인적 호의를 갖지 않는다 하더라도 그는 매우 사랑스럽고 행복하게 태어난 사람이어서 나는 인류의 명예를 위하여 그에 대한 기억을 보존하는 것이 좋을 듯하다고 생각한다. 이렇듯 매력

적인 이 사람에게도 뒤에서 볼 수 있듯이 여느 사람들처럼 결점이 있었
다. 56) 만약 그가 결점이 없는 사람이었다면 그는 어쩌면 덜 사랑스러웠
을 것이다. 될 수 있는 한 그를 훌륭한 사람으로 만들기 위해서는 그에
게 용서할 만한 일이 있어야만 했던 것이다.

　지금도 계속되는 이 시절의 또 다른 교우관계가 있는데, 이 관계는 인
간의 마음속에서 좀처럼 사라지기 어려운 세속적 행복에 대한 희망으로
아직도 나를 유혹하고 있다. 사부아의 귀족 콩지에 씨57)는 그 당시 사
랑스러운 젊은이였는데, 음악을 배우고 싶다는 생각, 아니 더 정확히
말하자면 음악을 가르치는 사람과 사귀어보고 싶다는 생각을 가졌다.
콩지에 씨는 학문에 대한 재능과 취미를 가진 데다가 다정한 성격이어
서 붙임성이 있었다. 그리고 나 자신도 그 사람이 다정한 성격이라고 생
각하면 그런 사람들에 대해서는 매우 붙임성을 보였다. 그러므로 우리
들은 곧 교우관계를 맺었다. 내 머릿속에서는 문학과 철학에 대한 소양
이 싹트기 시작하고 있어서 그것을 조금만 계발하고 약간만 다른 사람
과 경쟁시키기만 하면 완전히 발전될 참이었는데, 그것을 그에게서 찾
았던 것이다. 콩지에 씨는 음악에 대한 소질은 별로 없었는데 그것이 내
게는 오히려 다행이었다. 수업시간에도 계명으로 노래하는 것을 제외
하면 음악 아닌 다른 모든 것들에 시간을 보냈다. 우리는 아침을 같이
먹고 잡담을 하며 몇몇 신간 서적을 읽으면서 음악에 대해서는 한마디
도 하지 않았다. 당시는 볼테르와 프로이센 황태자58)와의 서신왕래가

---

56) 8권에서 나오듯이 고프쿠르는 파리에서 리옹으로 가는 길에 테레즈를 유혹
　하려고 했다.
57) François-Joseph de Conzié, comte des Charmettes et baron d'Arenton
　(1707~1742): 프랑수아 조제프 드 콩지에는 어머니로부터 레 샤르메트와
　아랑통의 영지를 물려받았다. 레 샤르메트에는 1733년과 1734년 사이의
　겨울에 머물렀다.
58) 프리드리히 2세.

커다란 반향을 일으키고 있었다. 우리도 자주 이 두 유명한 사람들에 대해서 이야기했다. 한쪽은 최근에 즉위했는데 얼마 되지 않아 드러나게 될 그런 자질이 이미 그때부터 엿보였다. 다른 쪽은 지금 찬탄을 받고 있는 만큼이나 당시에는 비난을 받고 있어서 우리는 그를 집요하게 괴롭히는 것처럼 보이는 불행을 진정으로 동정했는데, 이러한 불행은 위대한 재능의 소유자들에게 너무나 자주 따라붙는 속성처럼 보인다. 프로이센 황태자도 젊은 시절에는 그다지 행복하지 못했다. 볼테르는 결코 행복하지 못하도록 태어난 것처럼 보였다. 우리가 이 두 사람에 대하여 품은 관심은 이 두 사람에게 관계되는 온갖 것에 확대되었다. 볼테르가 쓴 글이라면 우리는 무엇 하나 놓치지 않았다. 이러한 독서를 통해 갖게 된 취미로 우아하게 글을 쓰는 것을 배우고 싶은 욕망, 그리고 내가 매혹된 이 작가의 멋진 화려한 문체를 모방하고 싶다는 욕망이 생겼다. 그로부터 얼마 후에 그의 《철학 서한》이 세상에 발표되었다. 물론 이 책이 그의 최고 작품은 아니었지만, 나를 공부로 이끄는 데 가장 큰 기여를 했다. 그리고 그때 생겨난 이 취미는 그 이후 결코 없어지지 않았다.

그러나 진심으로 공부에 전념할 시기는 아직 오지 않았다. 아직도 내게는 약간 변덕스러운 기질과 여기저기 돌아다니고 싶은 욕망이 남아 있었다. 이런 기질과 욕망은 사라진 것이라기보다는 차라리 억제되어 있었는데, 내 고독한 기질에 비해 너무도 소란한 바랑 부인의 집 형편이 이것들을 키워주었다. 날마다 각처에서 그녀에게 몰려드는 그 많은 낯선 사람들, 그리고 그런 인간들이 단지 각기 자기 나름대로 그녀를 속여먹으려고 든다는 내가 갖고 있는 확신 때문에 거기 기거한다는 것이 정말 고역이었다. 클로드 아네의 뒤를 이어 여주인의 속내 이야기를 듣고 그녀의 사업상태를 더 가까이서 지켜본 이후 나는 사업이 기울어져 가는 것을 보고 겁이 났다. 나는 수없이 타이르고 부탁하며 조르고 간청했지만, 언제나 헛일이었다. 그녀의 발치에 엎드려 그녀를 위협하는 파국을 강력하게 경고했다. 그리고 쓸데없는 지출을 줄이고, 우선 내게 드는 비용부터 삭감을 시작하고, 또 빚과 채권자들을 계속 늘려나가 늘그막에 채권자들의 성화를 당하고 궁핍으로 쪼들리는 것보다는 차라리 엄마가 아직 젊었을 때 다소 고생을 하라고 간곡히 권했다. 내 열의의 진실함에 마음이 움직여 그녀는 나와 함께 감동하여 별별 것을 다 약속하곤 했다. 그러나 불쌍한 사람이 하나라도 오면 그 순간 모든 약속은 잊혀졌다. 내 충고가 쓸데없다는 것이 수없이 입증된 후 이제는 내가 막을 수 없는 불행으로부터 눈을 돌리는 수밖에는 별 도리가 없었다. 나는 문을 지킬 수 없는 그 집에서 멀어졌다. 나는 니옹으로, 제네바로, 리옹으로 짧은 여행을 했다. 이 여행으로 남모를 고통은 가라앉혔지만 동시에 한편으로는 내가 쓰는 돈 때문에 그 고통의 이유는 더해갔다. 내가 절약한 돈을 엄마가 정말 유용하게 사용했다면 나는 내가 쓰는 돈을 모조리 삭감한다 해도 그것을 즐겁게 참을 수 있었을 것이라고 맹세할 수 있다. 그러나 내가 절약한 것이 사기꾼들의 손에 넘어갈 것이 뻔하기 때문에 나도 엄마의 너그러움을 빌미로 삼아 그들과 나누어 먹었다. 마치 도살장에서 되돌아오는 개처럼 나는 자신이 구해낼 수 없었던 고깃덩이에서 내 몫을 갖고 가는 격이었다.

내게 이 모든 여행들에 대한 구실은 얼마든지 있었다. 그리고 엄마 혼자서라도 내게 그러한 구실을 얼마든지 제공했을 것이다. 그 정도로 그녀는 각처에 교섭이며 협상이며 사업이며 믿을 수 있는 사람에게 맡겨야 할 심부름이 많았다. 엄마는 나를 보내기만을 원했고 나도 내가 가기만을 원했다. 그래서 걸핏하면 떠도는 생활을 면할 수 없게 되었다. 나는 이런 여행들을 통해서 몇몇 좋은 친구를 사귈 수 있었는데, 이러한 사귐은 훗날 내게 흐뭇하기도 했고 또 유익하기도 했다. 그 중에도 리옹에서 알게 된 페리숑 씨[59]에 대해서는 내게 보인 친절에 비추어 볼 때 친하게 사귀어두지 않은 것이 후회가 된다. 선량한 파리조와의 교제에 대해서는 적당한 때가 되면 이야기할 것이다. 그로노블에서는 데뱅스 부인과 바르도낭슈 재판소장의 부인과 알게 되었는데, 재판소장의 부인은 대단한 재원으로 그녀를 더 자주 만날 수 있었다면 나를 좋아했을 것이다. 제네바에서는 프랑스 공사 라 클로쥐르 씨와 사귀었다. 그는 내게 내 모친의 이야기도 자주 들려주었는데, 어머니가 세상을 떠나고 또 오랜 세월이 흘렀건만 그는 마음속으로 그분을 잊지 못하고 있었다. 바리요 부자(父子)[60]와도 알게 되었는데, 그 아버지 되는 사람은 나를 자기 손자라고 불렀다. 무척 다정한 사교성이 있는 분으로 지금까지 내가 일찍이 알던 가장 훌륭한 사람들 중의 하나였다. 공화국에 내분이 일어났던 동안[61] 이 두 시민은 서로 반대되는 당(黨)에, 그러니까 아들은 시민당에 아버지는 정부당에 가담했다. 그리고 1737년 전투가 벌어졌을 때 나는 제네바에 있으면서 아버지와 아들이 무장을 하고 한 집에서 나와 한 사람은 시청으로 올라가고 한 사람은 자기 진영으로 가는 것을 보았다. 그들은 두 시간 뒤면 서로 마주하고 서로를 죽일 처지에 놓이게 될 것을 확신하면서 말이다. 나는 이 끔찍한 광경을 보고 너무나 강한 인상을 받고 언젠가 내가 시민권을 회복하더라도, 어떤 내란에도 결코 가담하지 않을 것이며, 국내에서는 무력에 의한 자유를 내가 직접 나서든 동의를 통해서든 결코 옹호하지 않겠다고 맹세했다. 나는 몹시 난처한 경우에서도 이 맹세를 지켰다고 확신한다. 여러분들은 이러한 온건

---

59) 카미유 페리숑(Camille Perrichon)은 리옹 시장이자 사령관으로 1749년 바랑 부인의 도기공장의 출자자가 되었다.

60) 아버지인 자크 바리요(Jacques Barillot)는 리옹의 서적상으로 1705년경 제네바에 정착했다. 그는 1726년 자기 아들 자크 프랑수아(Jacques François)와 함께 도시의 부르주아로 받아들여졌다.

61) 1737년 8월 21일 부르주아 민병대는 정치적 판결을 계기로 무장을 하고 거의 도시 전역을 점령했다. 르 페롱에서 그들은 수비대 병력과 충돌했다. 10여 명의 희생자가 난 소요는 프랑스와 스위스 주들의 개입을 유발했다.

함이 어느 정도 가치가 있었음을 보게 될 것이다.  적어도 나는 그렇게 생각한다.

  그렇지만 나는 아직 무장한 제네바가 내 마음속에 불러일으켰던 그 최초로 들끓은 애국심에까지는 이르지 못했다.  내게 책임이 있는 매우 중대한 한 가지 일만 놓고 보더라도 내가 얼마나 애국심과 거리가 멀었는가를 판단하게 될 것이다.  이 사건은 제때에 이야기할 기회를 잃었지만 그렇다고 빼먹지는 않을 것이다.

  베르나르 외삼촌은 몇 해 전부터 아메리카의 캐롤라이나 주(州)로 건너가서 자신이 설계한 찰스타운 시(市)의 건설을 감독하고 있었다. 62) 그는 얼마 되지 않아 그곳에서 세상을 떠나고 말았다.  내 가련한 외사촌도 프로이센 왕 밑에서 일하다 죽었다. 63) 이렇게 해서 외숙모는 아들과 남편을 거의 동시에 잃었다.  이러한 사별로 외숙모는 남아있는 친척 중 제일 가까운 내게 약간 정을 쏟게 되었다.  제네바에 갔을 때 나는 이 외숙모 댁에서 묵었다.  그리고 외삼촌이 남겨둔 책이며 서류들을 뒤적거리고 훑어보면서 놀았다.  나는 여기서 틀림없이 아무도 짐작하지 못했을 희귀한 서류며 편지들을 많이 발견했다.  외숙모는 쓸데없는 서류들을 별로 대수롭게 여기지 않았기 때문에 내가 원했더라면 죄다 가져가라고 했을 것이다.  그러나 나는 목사였던 외할아버지 베르나르가 친필로 주석을 붙인 두세 권의 책으로 만족했다.  그 중에는 4절판인 로오의 《유작집》이 있었는데, 그 여백에는 공리와 명제에 대한 훌륭한 주석들

---

62) 가브리엘 베르나르가 아메리카로 가기 50년 전에 찰스타운은 이미 건설되어 있었다.  가브리엘은 찰스타운에 가서 기술자로 근무했을 것이다.  1736년 5월 찰스타운 항구의 요새를 재건하는 일을 맡았던 그는 다음 해 사망하여 성 필립교회 묘지에 묻혔다.

63) 아브라함 베르나르는 루소가 제네바를 떠난 다음 몇 달이나 몇 년 후에 제네바를 떠난 이후 자기 가족에게 소식을 전하지 않았다.

338

이 빽빽이 채워져 있었다. 내가 수학을 좋아하게 된 것도 그 주석들 때문이었다. 이 책은 바랑 부인의 장서들 가운데 남아 있는데, 내가 그 책을 보관하지 못한 것이 두고두고 한이 되었다. 이 몇 권의 책 외에도 손으로 쓴 대여섯 편의 논문과 단 한 편의 인쇄된 논문을 얻었다. 그 인쇄된 논문은 저 유명한 미슐리 뒤 크레[64]의 것으로, 그는 재주가 비상하고 식견이 높은 학자였지만 너무 소란을 떨어서 제네바 관헌들에게 지독히 가혹한 취급을 받았고, 오랜 세월을 아르베르 요새에 감금되어 있다가 — 소문에 따르면 그가 베른 음모에 가담했기 때문이라고 한다 — 최근에 그곳에서 세상을 떠났다.

이 논문은 제네바에서 일부 실행된 그 엄청난 그러나 우스꽝스러운 축성계획에 대한 상당히 타당한 비판이었다. 그런데 위원회가 이 굉장한 기획을 실행하려는 그 이면의 목적을 알지 못하는 전문가들은 그 계획을 크게 비웃었다. 미슐리 씨는 이 계획을 비난했다는 이유로 축성위원회에서 제명당한 후 2백 인 위원회의 일원으로서 더 나아가 시민으로서 그것에 대한 자신의 견해를 더욱 상세하게 말할 수 있다고 생각했고, 이 논문을 갖고 그 생각을 실천했던 것이다. 그는 무모하게도 그것을 인쇄케 했지만 출간은 하지 않았다. 그도 그럴 것이 그는 2백 인 위원회에 보내는 부수만을 찍었기 때문이다. 그런데 소위원회의 명령으로 역참

---

64) Jacques-Barthélemy Micheli du Crest(1690~1766) : 기술자이며 물리학자이자 지형학자로 〈제네바 주변 지도〉를 작성했다. 1721년 제네바의 2백 인 위원회에 들어가자마자 요새 보수 계획을 비판했다. 이러한 의견이 받아들여지지 않자 1728년 11월 그는 자신의 견해를 설명한 〈제네바 2백 인 위원회를 위한 논문〉을 스트라스부르에서 출간했다. 이로 인해 유죄판결을 받자 그는 파리로 망명했다. 1735년 새로운 소송으로 대역죄와 반란죄로 사형을 선고받았다. 그는 망명생활을 하다가 베른에서 체포되어 무기징역을 선고받아 아르베르 요새에서 약 17년 동안 복역하다가 출옥한 지 3개월 후인 1766년 3월 29일 사망했다.

에서 그것들이 몽땅 가로채졌다. 나는 이 논문을 외삼촌의 서류들 가운데서 발견했는데, 거기에는 외삼촌이 명령에 의해 그 논문에 대해 쓴 반박문도 딸려있었다. 나는 그것을 둘 다 가져갔다. 이 여행은 지적과를 나온 지 얼마 되지 않아 했기 때문에, 거기 과장인 코첼리 변호사와는 아직도 약간 관계를 맺고 있는 상태였다. 그런데 얼마 후 세관장이 내게 자기 아이의 대부가 되어 달라고 부탁할 생각을 했고 대모로는 코첼리 부인을 내게 붙여주었다. 그런 명예로운 자리가 내 머리를 돌게 만들었다. 그래서 변호사 나리와 그렇게 가깝다는 것을 자랑으로 생각하고, 내 자신이 이런 명예에 손색이 없음을 과시하기 위하여 뻐기려고 애를 썼다.

   이런 생각에서 나는 내가 국가기밀을 아는 제네바의 명사들에 속한다는 것을 입증하기 위하여 갖고 있는 미쥴리 씨의 그 인쇄된 논문을 ─ 이 논문은 진짜 귀한 것이다 ─ 코첼리 변호사에게 보여주는 것보다 더 좋은 방법은 있을 수 없다고 믿었다. 그렇지만 설명하기 어려운 절반쯤은 조심하는 마음에서, 이 논문에 대한 외삼촌의 반박문은 전혀 보이지 않았다. 어쩌면 그 반박문은 원고상태이고 변호사 나리에게는 인쇄된 것만이 필요했기 때문일지 모르겠다. 그런데 그는 내가 어리석게도 그에게 맡긴 그 문서의 가치를 잘 알고 있어서, 나는 그것을 다시는 되찾을 수도 다시 볼 수도 없었다. 되찾으려는 내 노력이 헛됨을 깨닫고 나는 그 물건을 자랑으로 삼고, 도둑맞은 것이지만 선물한 셈 쳐버렸다. 그렇지만 유용한 이상으로 희귀한 이 서류를 그가 토리노 궁정에서 이용하려 들었을 것이고 또 자기가 그것을 입수하는 데 돈이 들었다는 핑계로 거기 들었음직한 돈을 어떻게 해서든지 우려내려고 갖은 애를 썼을 것이라는 점은 조금도 의심할 여지가 없다. 다행히도 미래에 우연히 일어날지 모르는 일들 중에서 사르데냐 왕이 훗날 제네바를 포위 공격할 가능성은 전혀 있을 법하지 않은 일들 중 하나이다. 그렇지만 무슨 일이든 전혀 불가능한 것은 없는 법이므로 제네바의 가장 오랜 숙적에게 이곳의 최대 약점을 알려준 내 어리석은 허영심을 두고두고 자책하지 않으면 안 될 것이다.

나는 이런 식으로, 음악과 묘약과 계획과 여행으로 2, 3년을 보냈다. 이 일에서 저 일로 쉴 새 없이 떠돌아다니면서, 어디에 정착할지도 모르는 채 정착하려고 애쓰면서 말이다. 그러나 문인들을 만나고, 문학에 대해 나누는 이야기를 듣고, 때로는 나 자신도 가끔 문학을 논하려 들고, 책의 내용을 알기보다는 차라리 책에 나오는 독특한 용어들을 받아들이면서 점차 학문의 길로 이끌렸다. 제네바를 여행할 때면 지나는 길에 때때로 예전의 좋은 친구였던 시몽 씨를 보러가곤 했다. 그는 바이에[65] 나 혹은 콜로미에스[66] 에서 나온 문단의 최신 소식을 갖고 싹트는 내 경쟁심을 상당히 부채질했다. 나는 또 샹베리에 도미니크회(會) 의 수도사를 자주 만나러 갔는데, 그는 물리학 교수로 마음씨 착한 수도사였다. 그의 이름은 잊어버렸는데, 그는 종종 작은 실험을 해서 나를 무척이나 즐겁게 해주었다. 한번은 그를 흉내 내어 감응잉크를 만들어보려고 했다. 이를 위해 병 속에 생석회와 석웅황(石雄黃) 과 물로써 절반 이상을 채우고 마개로 꽉 막았다. 그랬더니 거의 바로 그 순간에 아주 격렬하게 부글부글 끓어오르기 시작했다. 나는 마개를 빼려고 달려갔으나 이미 늦었다. 병이 폭탄처럼 내 얼굴을 덮치면서 폭발하였다. 나는 석웅황과 석회를 삼켜서 하마터면 죽을 뻔했다. 6주 이상 장님상태에 있었다. 나는 이렇게 해서 원리도 모르고 물리학 실험 같은 것에 끼어드는 것이 아니라는 것을 배웠다.[67]

---

65) Ardien Baillet(1649~1706) : 《작가들의 주요 작품에 대한 학자들의 판단》의 저자.

66) Paul Colomiès(1638~1692) : 개신교 작가.

67) 이 사건은 1737년 6월 27일 일어났다. 장자크는 자신의 최후가 왔다고 생

얼마 전부터 건강이 눈에 띄게 나빠진 마당에 설상가상으로 이 뜻밖의 사건이 일어난 것이다. 원래 체격도 좋고 어떤 무리도 한 일이 없는데, 왜 이렇게 눈에 띄게 몸이 쇠약해지는지 그 까닭을 알 수 없다. 어깨도 딱 벌어지고 가슴도 넓어서 폐도 그 안에서 편안하게 제 기능을 발휘함이 틀림없다. 그럼에도 불구하고 숨이 가쁘고, 압박감을 느끼며, 저절로 한숨이 나오고, 가슴이 두근거리며, 각혈을 하곤 했다. 갑자기 지속적인 미열이 났는데, 이 미열은 한 번도 딱 떨어진 적이 없었다. 어떤 장기도 고장이 없고 건강을 해칠 만한 일은 아무것도 하지 않았건만, 한창 혈기왕성한 나이에 어째서 이런 상태에 빠질 수 있는가?

"칼은 칼집을 닳게 한다"고 흔히들 말한다. 그것이 바로 내게 해당되는 이야기이다. 내 정열은 나를 살렸지만 또한 나를 죽였다. 여러분들은 그것이 어떤 정열이냐고 물을 것이다. 아무것도 아닌 것이다. 세상에서 제일 유치한 것이지만 그것은 내게 헬레네를 소유하느냐 전 세계의 제왕이 되느냐는 문제가 달려있기나 한 것처럼 작용하고 있었다. 첫째는 여자들이다. 한 여자를 가졌을 때 내 관능은 평온했지만, 내 마음은 결코 평온하지 않았다. 사랑의 욕구는 향락의 한가운데서도 내 마음을 괴롭혔다. 정다운 어머니도 있었고 사랑스러운 여자 친구도 한 사람 있었지만 나에게는 애인이 한 사람 필요했다. 나는 엄마 대신 애인을 머릿속에서 그렸다. 또 나 자신을 속이기 위하여 애인의 모습을 천만 가지로 만들어보기도 했다. 만약 내가 엄마를 껴안고 있을 때, 이것이 엄마를 껴안고 있는 것이라고 생각했다면 내 포옹의 힘은 줄지 않았더라도 욕정은 싹 꺼져버렸을 것이다. 나는 다정함에 흐느껴 울기는 했어도 쾌

---

각하고 유언을 작성했지만, 눈이 보이지 않아 유언에 서명하지 못했다. 그러나 그가 6주 이상 장님상태로 있었다는 것은 과장이다. 왜냐하면 2주 후 그는 어머니와 형의 상속에서 자기 몫을 요구하는 위임장을 공증했기 때문이다.

락을 즐기지는 못했을 것이다. 쾌락을 즐기는 운명, 이것이 인간을 위하여 만들어진 것일까? 아! 만약 내가 평생에 단 한 번만이라도 사랑의 온갖 환희를 남김없이 맛보았더라면 내 나약한 존재가 그것을 감당할 수 있었으리라고 상상할 수 없다. 나는 그 자리에서 죽어버렸을 것이다.

　그래서 나는 대상도 없는 사랑에 애만 태우고 있었다. 아마 이런 사랑이야말로 가장 사람의 진을 빼는 것 같다. 나는 가엾은 엄마의 기울어져가는 사업과 머지않아 그녀를 완전히 파산시키지 않을 수 없는 엄마의 무모한 행위가 걱정되어 고민하고 있었다. 언제나 불행에 앞서 오는 내 고통스러운 상상은 불행의 최악의 상태와 모든 결과들을 쉴 새 없이 보여주었다. 나는 그녀에게 온 생애를 바쳤고 그녀 없이는 삶을 즐길 수 없었는데, 곤궁에 못 이겨 어쩔 수 없이 그녀와 헤어져야만 하는 내 자신의 모습이 먼저 떠올랐다. 이래서 언제나 내 마음이 산란했던 것이다. 욕망과 두려움이 번갈아 내게 고통을 안겼다.

　음악이 내게는 또 하나의 정열이었다. 격렬한 점에서는 좀 못했지만, 체력을 소모시키는 점에서는 결코 뒤지지 않았다. 열의를 다해 음악에 몰두하고, 라모의 난해한 책들을 고집스럽게 공부하며, 계속 기억되지 않는 그 책들을 외우겠다고 완강하게 고집을 부리고, 용무 때문에 계속 외출하며, 내가 쌓아놓은 산더미 같은 편집자료를 베끼느라 너무나 자주 날밤을 세우느라 그랬던 것이다. 그러나 어찌 언제나 하는 일들로 끝나랴? 내 변덕스러운 머리에 떠오르는 온갖 터무니없는 짓들, 단 하루면 변해버리는 취미, 여행, 음악회, 만찬회, 해야 할 산책, 읽어야 할 소설, 관람해야 할 연극 등 내 오락이나 일로 전혀 미리 잡아놓지 않았던 것들이 죄다 격렬한 정열이 되어서 터무니없이 격렬하게 나를 정말로 괴롭혔다. 나는 《클레블랑》[68]의 가공적인 불행을 자주 중단해가면

─────────
[68] 아베 프레보의 소설 《영국인 철학자 혹은 크롬웰의 사생아인 클레블랑 씨의 이야기》로 1732년에서 1739년에 걸쳐 출간되었다.

서도 열광적으로 읽었는데, 내 생각으로는 내 자신의 불행보다도 그 독서로 더 근심거리를 갖게 되었던 것 같다.

바그레 씨[69] 라는 제네바 사람이 하나 있었는데, 전에 러시아 궁정에서 표트르 대제 밑에서 일했던 적이 있었다. 내가 아는 사람 가운데 제일 비열하고 천하에 바보 같은 녀석이었는데, 자신과 똑같은 바보 같은 계획들에 항상 도취하여 수백만 금의 돈을 비 오듯 내리게 하는 마술을 부렸는데 그에게는 백만에 붙어있는 0들은 별것 아니었다. 이 사람은 상원의 무슨 소송사건 때문에 샹베리에 왔다가 당연한 것처럼 엄마에게 달라붙었다. 그리고 0들로 이루어진 가상의 재물을 그녀에게 후하게 뿌려놓고는 그 대가로 그녀의 얼마 남지 않은 돈을 한 푼씩 빼내갔다. 나는 그를 전혀 좋아하지 않았고 그도 이것을 알고 있었다. 내 성미로 봐서 그것은 어려운 일이 아니었다. 그는 내 비위를 맞추느라 온갖 비열한 수단을 다 썼다. 그는 궁리 끝에 내게 체스를 가르쳐 주겠다고 했는데, 그는 체스를 약간 두었다. 그리 기분이 내키지 않았지만 해보았다. 이럭저럭 행마를 배운 후 부쩍 수가 늘어서, 처음 시작할 때 그가 내게 떼 주었던 루크를 첫 판이 끝나기도 전에 그에게 돌려주었다. 나로서는 더이상의 것이 필요 없었다. 이때부터는 체스에 미치게 되었다. 체스판도 하나 사고 칼라브레[70] 체스 책도 사서 방안에 틀어박혔다. 거기 나온 대국들을 모조리 외우려고 무조건 그것들을 머릿속에 쑤셔 넣으며 쉬지 않고 끝없이 혼자 체스를 두면서 밤낮을 보냈다. 두세 달 동안 이렇게 지독히 공부하고 상상할 수 없는 노력을 한 후 몸은 야위고 얼굴은 노래

---

69) 가브리엘 바그레(Gabriel Bagueret)는 독일에서 몇 년간 밀수품을 취급한 후 모스크바로 가서 〈화폐와 광산과 수공업 공장 학교 고문〉 면허장을 얻었다.

70) 체스 책을 쓴 사람이 이탈리아 칼라브리아 출신이기 때문에 칼라브레(칼라브리아 사람)라는 별명이 붙었다.

344

지며 거의 얼빠진 모습을 하고 카페에 갔다. 시험삼아 나는 바그레 씨와 다시 체스를 둔다. 그는 나를 한 번 이기고, 두 번 이기며, 스무 번 이긴 다. 내 머릿속에는 너무 많은 수들이 안개처럼 뿌옇게 떠올랐고 상상력 이 몹시 무디어져, 이제는 눈앞에 구름이 낀 것처럼 흐릿하게밖에 보이 지 않았다. 필리도르[71]의 책이나 스타마[72]의 책을 갖고 대국을 공부해 보려고 했을 때도 번번이 똑같은 일이 일어났다. 피로로 기진맥진한 후 전보다 더 몸이 약해졌다. 게다가 체스를 그만두든 혹은 체스를 두면서 분발할 만큼 몸의 상태가 다시 좋아졌든 결코 첫판 이래로 한 단계도 더 나가지 못했다. 그리고 체스를 끝내고 나면 언제나 첫 대국을 끝냈을 때 와 같은 위치에서 제자리걸음을 하고 있었다. 몇백 년 동안 체스공부를 한들 바그레에게 루크를 떼 줄 수 있는 정도가 고작이지, 그 이상은 어 림도 없었다. 정말 시간을 제대로 썼다고 독자들은 말하리라! 사실 여 기에 적잖은 시간을 들였다. 나는 더 이상 계속할 힘이 없을 때까지 처 음에 시도한 것을 끝내지 않았다. 내가 방에서 나와 모습을 드러냈을 때 나는 무덤에서 파낸 시체와 같았다. 만일 내가 그런 짓을 끝내 계속했더 라면 얼마 못 가 무덤에 묻혔을 것이다. 이런 머리를 갖고 항상 건강을 유지해나가는 것이 — 특히 혈기왕성한 시절에는 — 어렵다는 것은 여 러분들도 인정할 것이다.

건강의 악화는 기분에도 영향을 주어 내 공상의 열기도 식어버렸다. 몸이 쇠약해지는 것을 느끼면서 더욱 조용해졌고 여행에 대한 정열도 다소 잃었다. 한층 더 집에 틀어박혀 지내면서 지루함이 아니라 우울증 에 사로잡혔다. 우울함이 정열을 대체했고 무기력함은 슬픔이 되었기 때문이다. 나는 까닭 없이 눈물을 흘리고 한숨을 쉬었다. 삶을 맛보지

71) Philidor(1726~1795) : 당시 유명한 체스의 고수로 1748년 《체스개론》을 냈다. 또한 작곡가이기도 하다.
72) 당시 유명한 체스의 고수로 1737년 《체스놀이론》을 냈다.

도 못했는데 삶이 내게서 빠져나가는 것을 느꼈다. 나로 인해 내 가없은 엄마가 처한 상태와 내가 보는 앞에서 그녀가 막 빠져들고 있는 상태를 한탄했다. 나로서는 그녀의 곁을 떠나 그녀를 불쌍히 남겨둔다는 것이 내 유일한 애석함이었다고 말할 수 있다. 마침내 나는 완전히 병이 들었다. 그녀는 나를 보살폈는데 어떤 어머니도 그렇게 자기 아들을 돌보았을 것 같지 않다. 그리고 엄마는 그로 인하여 사업계획들을 잠시 잊고 사업을 기획하는 사람들을 멀리해서, 그것은 그녀 자신에게도 도움이 되었다. 그때 죽음이 찾아왔다면 얼마나 감미로운 죽음이었을 것인가! 내가 인생의 행복을 그리 맛본 적이 없었다면, 그때까지 나는 인생의 불행도 그리 맛본 적이 없었다. 내 평화로운 영혼은 인간들의 불의에 대한 쓰라린 감정 없이 떠날 수 있었는데, 그러한 감정은 삶과 죽음에 독을 집어넣는다. 내게는 죽음 이후에도 더 나은 나의 반신(半身)인 바랑 부인 속에서 살아남을 것이라는 위안이 있었다. 그렇다면 그것은 거의 죽는 것이 아니었다. 내가 그녀의 운명에 대해 갖는 근심이 없었더라면 나는 잠이 드는 것처럼 죽었을 것이다. 그리고 그러한 근심마저도 그 쓰라림을 완화시키는 다정다감한 대상을 갖고 있었다. 나는 그녀에게 이렇게 말하곤 했다.

"내 모든 존재를 맡으신 분은 바로 당신이십니다. 부디 그것이 행복해지도록 해주십시오."

병이 가장 나빠졌을 때 두세 번 밤중에 일어나 간신히 그녀의 방으로 기어가 그녀의 처신에 대해서 몇 가지 충고를 했다. 감히 말하건대 그 충고는 너무나 적절하고 도리에 맞는 것으로서, 거기서는 무엇보다도 내가 그녀의 운명에 대해 갖는 관심이 두드러지게 나타났다. 눈물이 내가 먹는 음식이며 약이나 되는 것처럼, 나는 엄마의 침대 위에 앉아 그녀의 손을 잡고 그녀 옆에서 그녀와 함께 흘리는 눈물로 기운을 차렸다. 밤에 이렇게 이야기를 나누는 가운데 시간이 흘러갔고, 나는 들어왔을 때보다 상태가 더 좋아져 돌아가곤 했다. 그녀가 내게 했던 약속과 그녀가 내게 주었던 희망에 만족과 안도감을 느끼고, 신의 섭리를 묵묵히 받아들이면서 평화로운 마음으로 곧 잠이 들었다. 신이시여. 이미 저는 삶을 증오할 너무나 많은 이유들을 갖고 있으며, 너무나 많은 인생의 파란곡절을 겪어 삶이 저에게는 단지 무거운 짐이 되었습니다. 그런 저에게 삶을 끝내기로 되어 있는 죽음이 그때 그랬던 만큼 그리 가혹하지 않도록 하여주소서.

극진한 보살핌과 세심한 주의와 엄청난 노고 끝에 그녀는 나를 살렸다. 그리고 오직 그녀만이 나를 살릴 수 있었다는 것은 분명하다. 나는 의사들의 의술은 그리 신뢰하지 않지만 진짜 친구들의 의술은 상당히 신뢰하는데, 우리는 우리의 행복이 달려있는 일들을 다른 모든 일들보다 항상 훨씬 더 잘하기 때문이다. 인생에 감미로운 감정이 하나 있다고 한다면, 그것은 우리가 느꼈던 서로가 서로에게 받아들여진다는 감정이다. 우리들이 서로에게 갖는 애착이 그 때문에 더 커진 것은 아니다. 그것은 불가능했다. 그러나 그 애착에는 그 대단한 단순함 속에서 무언지 모를 더욱 내밀하고 감동적인 어떤 것이 깃들게 되었다. 나는 완전히 그녀가 만든 사람 완전히 그녀의 아이가 되어서, 그녀가 나의 친어머니인 것 이상이었다. 우리는 어느덧 더 이상 서로 떨어지지 않고, 말하자면 우리의 존재를 공유(共有)하기 시작했다. 그리고 우리가 서로에게 필요할 뿐만 아니라 충분하다는 것을 느끼면서, 우리와 관계가 없는 것은 더 이상 아무것도 생각하지 않고 우리의 행복과 모든 욕망을 이러한 상호간의 소유에 완전히 국한시키는 데 익숙해졌다. 이러한 소유는 아마 인간들 사이에서 유례가 없는 것으로서 이미 말한 바와 같이 사랑의 소유가 아니라 더욱 본질적인 소유로서, 관능이나 성이나 나이나 용모와는 관계없이 인간이 그로 인하여 자신이 되는 모든 것, 인간이 존재하기를 그칠 때만 상실할 수 있는 모든 것과 관계가 있다.

　이 소중한 전기(轉機)가 그녀와 나, 두 사람의 여생의 행복을 가져오지 못한 것은 어떤 연유에서일까? 그것은 내 탓이 아니었다. 나는 그에 대해 위안이 되는 확신을 갖고 있다. 그것은 또한 엄마 탓도 아니었다. 적어도 엄마의 의도를 탓할 일은 아니었다. 저항할 수 없는 기질이 곧 그 영향력을 다시 발휘하리라는 것은 어쩔 수 없는 운명이었다. 그러나 이 불행을 초래하는 재발은 갑자기 일어나지 않았다. 고맙게도 시간적인 여유가 있었는데, 짧았지만 귀중한 시간이었다. 그것은 내 잘못으로 끝난 것도 아니며, 또 그 시간을 충분히 이용하지 못했다고 해서 나 자신을 책망하지도 않을 것이다.

　중병은 나았지만, 기운은 회복되지 않았다. 가슴도 원상태로 회복되지 않았고 미열이 계속 나서 생기가 없었다. 내가 바라는 것이 있다면 내 생애를 내가 사랑하는 엄마 곁에서 마치는 것, 엄마의 훌륭한 결심을 그대로 유지시키는 것, 행복한 삶의 진정한 매력이 어디에 있는가를 엄마가 느끼게 하는 것, 또 그것이 내게 달려 있는 한 그녀의 삶을 행복하게 만들어주고 싶다는 것밖에는 없었다. 그렇지만 나는 어둡고 음울한 집 안에서 단둘이서 계속 고독하게 살면 결국에 가선 역시 우울해지리라는 것을 알았고 또 그렇게 느끼기까지 했다. 이에 대한 대책이 저절로 그런 것처럼 생겨났다. 엄마는 내게 우유를 처방하면서 우유를 시골에 가서 마시기를 바랐다. 나는 엄마가 같이 시골에 가기만 한다면 그렇게 하겠다고 동의했다. 그녀를 결심시키는 데는 그것으로 충분했다. 이제 문제는 장소를 정하는 것뿐이었다. 그 교외의 정원은 진짜 시골에 있지는 않았다. 집들과 다른 정원들로 둘러싸여 있어서 전원의 한적한 거처다운 매력이 없었다. 그뿐 아니라 아내가 죽은 뒤에는 절약한다는 이유로 이 정원을 떠났는데, 거기서 식물들을 가꿀 열의도 더 이상 없었고, 또 달리 생각하는 바가 있어서 이 오막살이집을 별로 아쉬워하지 않게 되었기 때문이다.

348

나는 엄마가 도시에 싫증을 느끼게 된 것을 보고 지금 그것을 기회로 삼아 완전히 도시를 버리고 인적이 드문 쾌적한 곳, 그 귀찮은 사람들을 따돌릴 수 있을 정도로 외딴 조그마한 집에 자리를 잡는 것이 어떠냐고 권했다. 그녀가 그렇게 했더라면, 엄마의 착한 천사와 내 착한 천사가 내게 제시한 이 방안은 죽음이 우리를 떼어놓을 그 순간까지 아마 우리에게 행복하고 평온한 여생을 약속했을 것이다. 그러나 이러한 처지는 우리에게 허락된 것이 아니었다. 엄마는 미련을 덜 갖고 세상을 떠나기 위해서 호사스러운 생활을 한 후 가난과 불만족에서 생기는 온갖 고통을 맛볼 운명이었다. 그리고 나로 말하면 온갖 종류의 모든 불행을 통하여, 오로지 공익과 정의에 대한 사랑에 고무되고 자기 혼자만의 청렴결백을 확신하면서 또 자신을 보호하기 위해 어떤 당파에도 의지하지 않고 파당도 만들지 않으며 감히 인간에게 숨김없이 진리를 펼 수 있는 사람들 모두에게 훗날 모범이 될 운명이었다.

어떤 사소한 염려 때문에 엄마는 주저앉고 말았다. 혹시나 집주인의 감정을 상할까 두려워서 그 몹쓸 집을 감히 떠나지 못했던 것이다. 엄마는 내게 이런 말을 했다.

"네 은거계획은 매력적이고 대단히 내 취향에 맞아. 하지만 그렇게 은거한다 하더라도 먹고는 살아야지. 이 감옥 같은 집을 떠나면 빵을 잃을 우려가 있거든. 숲속에서 더 이상 빵을 얻을 수 없을 땐 빵을 구하러 도시로 되돌아와야만 한다. 도시로 나올 필요를 줄이기 위해서 집을 아주 떠나지는 말도록 하자. 생로랑 백작이 내 연금을 건드리지 않도록 그에게 이 얼마 되지 않는 집세를 지불하도록 하자꾸나. 그러니 시내에서 충분히 떨어져 조용히 살 수 있고 또 필요할 때는 언제나 돌아올 수도 있는 그런 가까운 곳에 오두막집을 하나 구해보자꾸나."

그 말대로 되었다. 얼마간 찾아다니다가 레 샤르메트로 정했는데, 그곳은 콩지에 씨의 땅으로 샹베리의 성문 가에 있으면서도 천 리나 떨어져 있는 것처럼 외지고 고적했다. 상당히 드높은 두 언덕 사이로는 남북으로 펼쳐진 작은 계곡이 있고, 그 밑바닥으로는 개울 하나가 조약돌과 수목 사이를 흐르고 있다. 이 계곡을 따라 산 중턱에는 몇 채의 집들이 드문드문 서 있었는데, 약간 황량하고 외딴 안식처를 좋아하는 사람이면 누구에게나 매우 마음에 들 집들이었다. 두서너 집을 가본 뒤에 그 중 제일 멋진 집을 한 채 골랐다. 누아레 씨라고 하는 군직에 있는 귀족의 소유였다. 그 집은 제법 거주할 만했다. 바로 앞에는 비탈을 이룬 계단식 정원이 있고, 그 위쪽에는 포도밭이 아래쪽에는 과수원이 있었고, 맞은편에는 자그마한 밤나무 숲과 이용할 수 있는 샘이 있었다. 산의 더 높은 곳에는 가축을 먹이는 초원도 있었다. 요컨대 우리가 여기서 차리려고 하는 조촐한 시골살림을 위해 필요한 모든 것이 갖추어져 있었던 것이다. 내가 시대와 시기를 기억할 수 있는 대로 말하면 우리가 이 집에 든 것은 1736년 여름이 끝나갈 무렵이었다. [73] 우리가 거기서 잠을 잔 첫날 나는 흥분상태에 빠졌다. 나는 이 사랑스러운 여자 친구를 껴안고 감격과 환희의 눈물로 그녀를 적시면서 이렇게 말했다.

"오 엄마! 이 거주지야말로 행복과 순진함이 머무는 곳입니다! 우리가 여기서 서로 함께 있으면서 행복과 순진함을 찾지 못한다면, 이 세상 어디에서도 그것들을 찾으려 해서는 안 됩니다."

---

[73] 루소와 바랑 부인이 레 샤르메트에 정착한 시기는 가장 논란이 많은 문제들 중의 하나이다. 노에레 씨(M. Noëray)가 소유한 집을 바랑 부인이 임대하는 계약은 날짜가 1738년 7월 6일자로 되어 있기 때문이다. 그러나 자료는 없지만 바랑 부인과 장자크는 1737년 인근에 있는 르빌(Revil)의 집을 임대하기 전 한 번 이상 노에레의 집에서 거주했던 것으로 보인다.

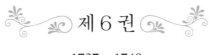

# 제 6 권

## 1737~1740

이것이 내가 원하는 전부이다. 적당한 넓이의 땅,
정원 하나, 집 앞에 맑게 흐르는 샘물,
게다가 작은 숲이 있으면 … 1)

　나는 여기에 이렇게 덧붙일 수 없다. "신들은 내게 그 이상을 주셨다."2)
그러나 상관없다. 나에게는 더 이상 필요하지 않았고 심지어 그 소유도 필
요하지 않았다. 나로서는 즐기는 것으로 충분했다. 나는 오래전에 소유자
와 점유자가 종종 아주 다른 사람들이라는 것을 말한 바 있고 느낀 바 있
다. 심지어 남편과 애인은 제쳐놓고라도 말이다.
　여기서 내 생애의 짧은 행복이 시작된다. 여기서 내게 "나는 진정 살
아보았다"고 말할 자격을 주었던 평화롭지만 빨리 지나가버리는 순간들
이 찾아든다. 소중하고도 너무나 아쉬운 순간들이여. 아! 나를 위해서
그 사랑스러운 순간들의 흐름을 다시 시작하도록 하라. 현실에서 그 순
간들은 덧없이 연속되어 흘러가버렸지만, 할 수 있다면 내 기억 속에서

---

1) 호라티우스, 풍자시집 1권, II, 풍자시 VI에서 인용.
2) 앞에 있는 호라티우스 시의 다음에 나오는 구절.

그보다 더욱 천천히 흘러가도록 하라. 이렇게도 감동적이고 소박한 이
야기를 내 멋대로 늘리려면, 항상 같은 이야기를 반복하려면, 끊임없이
같은 이야기를 다시 시작하면서도 나 자신은 지루하지 않았던 것만큼
같은 이야기를 되풀이하면서도 독자들을 지루하지 않게 만들려면 어떻
게 해야 할까? 이 모든 것이 사실과 행위와 말로 되어 있기만 하다면, 나
는 어떻게든 그것을 묘사하고 표현할 수 있을 것이다. 그러나 말한 것도
행한 것도 심지어 생각한 것도 아니고 그저 맛보고 느낀 것을 어떻게 말
할 것인가? 나는 그 감정 자체 이외에 내 행복의 다른 대상을 명확히 표
현할 수 없는데 말이다. 해가 뜨면 일어나니 행복했다. 산책을 하니 행
복했다. 엄마를 보니 행복했고 그녀 곁에서 물러나니 행복했다. 숲과
언덕을 두루 돌아다녔고, 골짜기를 떠돌아다녔으며, 책을 읽었고, 빈
둥거렸으며, 정원 일을 했고, 과일을 땄으며, 살림을 도왔는데 행복은
어디서나 나를 따라다녔다. 행복은 무엇이라고 꼬집어 말할 수 있는 어
떤 것에 있는 것이 아니라, 완전히 내 자신 안에 있어서 단 한순간도 나
를 떠날 수 없었다.

　이 그리운 시절 동안 내게 일어났던 모든 일, 이 시절이 지속되는 동
안 늘 내가 행하고 말하며 생각했던 무엇 하나 내 기억에서 사라지지 않
았다. 그 이전 시기와 그 이후 시기는 군데군데 기억에 떠오르고, 불규
칙하며 희미하게 기억날 뿐이다. 그러나 그 시기는 아직도 계속되는 것
처럼 고스란히 기억난다. 젊을 때는 늘 미래를 향해 앞서 갔던 내 상상
력은 지금은 과거로 되돌아가서 영원히 잃어버린 희망을 이 감미로운
추억들로 보상한다. 미래에서는 내 마음을 끄는 것이 더 이상 아무것도
보이지 않는다. 나는 오직 과거로 돌아갈 때만 마음이 흐뭇해질 수 있
고, 내가 지금 이야기하는 시절로 이처럼 생생하고 진실하게 돌아갈 때
나는 불행에도 불구하고 종종 행복하게 살게 된다.

　나는 이러한 추억들 가운데 추억의 힘과 진실을 판단할 수 있게 해 줄

예를 단 하나만 들어보겠다. 레 샤르메트에 자러 간 첫날, 엄마는 가마
꾼들이 맨 가마를 타고 나는 걸어서 그녀를 따라가고 있었다. 오르막길
이다. 그녀는 꽤 무거워서 가마꾼들이 너무 힘들까 걱정되어 길 중간쯤
에 내려 나머지 길을 걷기를 원했다. 그녀는 걸어가면서 울타리에서 무
언가 푸른 것을 보고 내게 말했다.

"빙카3) 가 아직도 피어있는 것 좀 봐."

나는 전에 빙카를 본 적이 전혀 없었고, 몸을 구부려 그것을 살펴보지
않았다. 그리고 나는 지독한 근시라서 선 채로는 땅바닥의 식물들을 식
별하지 못했다. 그저 지나가면서 그것을 힐끗 보았을 뿐, 그 뒤 30년 가
까이 빙카라는 것을 다시 보거나 거기에 주의를 기울이지도 않았다.
1764년 친구 뒤 페루 씨4) 와 크레시에에 있을 때 우리는 작은 산을 오르
곤 했는데, 그 정상에는 그가 벨뷔5) 라고 그럴듯하게 이름을 붙인 멋진
정자가 있었다. 나는 그 당시 식물채집을 좀 시작한 참이었다. 산에 오
르다가 수풀 사이를 바라보다가 환호성을 질렀다. "아, 빙카 좀 봐!" 과
연 그것은 빙카였다. 뒤 페루는 내가 흥분한 것은 눈치챘지만 무슨 영문
인지는 몰랐다. 언젠가 그가 이 글을 읽고 그 이유를 알기를 바란다. 이
렇게 사소한 것에 대한 인상에 비추어 독자들은 바로 그 시절과 관계된
모든 것들이 내게 준 인상에 대해 판단할 수 있을 것이다.

그렇지만 시골의 공기도 내 원래의 건강을 되찾아주지는 못했다. 나
는 기운이 없었는데 더 그렇게 되었다. 우유를 견디어낼 수 없어 끊었

---

3) 협죽도과(科) 의 꽃.
4) Pierre Alexandre du Peyrou (1729~1794) : 아버지가 수리남에서 쌓은 엄
   청난 부를 상속한 뒤 페루는 루소가 필요한 자료들을 모티에에 보내서 그가
   자서전을 집필하는 것을 도왔다. 루소의 친구로 상당히 많은 서신을 교환
   했지만, 나중에는 루소와 사이가 틀어졌다. 그렇지만 그는 루소가 죽었을
   때 미망인 테레즈를 위하여 루소가 쓴 작품들의 출판을 시도했다.
5) 벨뷔 (Belle-vue) 는 '아름다운 전망'이라는 뜻이다.

다. 당시 만병통치약으로 물을 마시는 것이 유행이었다. 그래서 물을 마시기 시작했는데 너무 조심성이 없어서 병을 고치는 것이 아니라 생명을 잃을 뻔했다. 매일 아침 일어나서 커다란 컵을 들고 샘으로 가서 두 병 분량의 물을 산책하면서 계속 마시곤 했다. 식사 때마다 마시는 포도주는 완전히 끊었다. 내가 마시던 물은 산악지대의 물이 대부분 그렇듯이 약간 센물이어서 소화가 잘되지 않았다. 요컨대 나는 매우 고지식하게 물을 마셔 대서 두 달 만에 그때까지 매우 상태가 좋았던 위를 완전히 망가뜨리고 말았다. 이제는 소화도 하지 못해서 더 이상 낫기를 바라서는 안 된다는 사실을 깨달았다. 바로 같은 시기에 그 결과도 기묘하지만 그 자체로도 기묘한 사건이 일어났는데, 그 결과는 내가 죽어야 종결될 것이다.

어느 날 아침, 보통 때보다 상태가 더 나빴던 것도 아니었는데 작은 테이블 판을 테이블 다리 위에 올리면서 거의 상상하지도 못할 급작스러운 변동이 온몸에서 느껴졌다. 핏속에서 일종의 폭풍우 같은 것이 일어나 단숨에 사지 전체로 퍼져나갔다고 하는 것 말고는 더 적당한 비유가 없을 것 같다. 동맥은 정말 무서운 힘으로 뛰기 시작하여 그 고동이 느껴질 뿐만 아니라 심지어 그 소리가 들릴 정도였다. 특히 경동맥의 고동이 그랬다. 여기에 심한 귀울림(耳鳴)까지 겹쳤는데, 그것은 삼중 아니 더 정확히 말하면 사중으로 울렸다. 즉, 낮고 어렴풋한 윙윙거리는 소리, 흐르는 물처럼 더 맑은 소리, 무척 날카로운 삑 소리, 그리고 지금 말한 고동소리가 그것이다. 그런데 고동치는 횟수는 손으로 맥이나 몸을 짚어보지 않더라도 쉽사리 셀 수 있었다. 이 내부의 소리가 하도 심해서 그때까지 예민했던 청각이 없어져, 아주 귀머거리가 되지는 않았어도 가는귀를 먹어 그 뒤로 지금까지 이 모양이다.

내 놀라움과 두려움은 짐작이 갈 것이다. 나는 죽었다고 생각했다. 나는 침대에 누웠고 의사가 불려왔다. 나는 떨면서 내 증세를 의사에게 말해주었지만 거기에는 약이 없다고 생각했다. 그도 그렇게 생각한 모양이나 자기 직분은 다했다. 내가 전혀 이해하지 못하는 긴 추론을 늘어놓은 다음 그 고매한 이론에 따라 자기가 해보고 싶은 동물에다가 하는 실험요법을 시작했다. 치료는 몹시 괴롭고 무척 불쾌한 데다가 너무 효과가 없어서 곧 싫증이 나버렸다. 몇 주가 지나도 그냥 좋아지지도 나빠지지도 않은 것을 보고, 동맥의 고동과 귀울림은 여전했지만 침대에서 일어나 다시 일상적 생활로 돌아갔다. 그때부터 그러니까 30년 전부터 이 동맥의 고동과 귀울림은 한시도 나를 떠난 적이 없다.

그때까지 나는 매우 잠이 많은 사람이었다. 그런데 이런 온갖 증세들에 겹쳐 지금까지도 끊임없이 계속되는 심한 불면증으로 나는 마침내 내게 살날이 얼마 남지 않았다고 확신하게 되었다. 이런 확신은 병을 고치려고 애쓰던 나를 얼마 동안 진정시켰다. 삶을 연장할 수가 없으므로 내게 남은 얼마 되지 않은 인생을 될 수 있는 한 전부 이용하려고 결심했다. 그리고 그것은 자연의 기묘한 혜택에 의해서 가능했는데, 이로 인하여 이렇게 치명적인 상태에서 그 상태가 내게 초래할 것처럼 보이는 고통들로부터 벗어난 것이다. 이 귀가 울리는 소리는 나를 괴롭혔지만 그로 인해 고통스러워하지는 않았다. 밤에 잠을 못 자고 노상 숨찬 증세 외에 또 다른 습관적인 불편함은 전혀 수반되지 않았고, 그 숨찬 것도 천식으로까지는 발전하지 않아 달리거나 조금 심하게 움직이려 할 때가 아니면 느껴지지 않았다.

내 육신을 죽여야 했을 이 증상은 내 정열만을 죽였다. 그래서 나는 그것이 내 영혼에 초래한 다행스러운 결과에 매일 하늘에 감사하고 있다. 나는 나 자신을 죽은 사람으로 여겼을 때 비로소 살기 시작했다고 분명히 말할 수 있다. 내가 막 헤어지려고 하던 사물들에 그 진가를 부여함으로써, 내가 지금까지는 매우 태만히 하였지만 곧 완수해야만 할 임무들을 미리 앞당겨서 하는 것처럼 더욱 고결한 임무에 전념하기 시

356

작했다. 나는 종종 종교를 내 멋대로 왜곡하고 있었지만 완전히 종교가
없었던 적은 결코 없었다. 이러한 주제로 되돌아가는 것이 내게는 덜 고
통스러웠는데, 종교는 많은 사람들에게 매우 침울한 주제이지만 그것
을 위안과 희망의 대상으로 삼는 사람에게는 매우 기분 좋은 주제이기
때문이다. 엄마는 이런 경우 어느 신학자보다 훨씬 더 도움이 되었다.

모든 것에 체계를 세우려는 엄마는 종교에도 역시 체계를 세우기를
잊지 않았다. 그런데 이 체계라는 것이 어떤 것들은 매우 건전하고 또
어떤 것들은 매우 어리석은 매우 잡다한 개념들, 그녀의 성격에 관련된
감정들, 그녀가 받은 교육에서 생겨난 편견들로 이루어져 있었다. 일반
적으로 신자들은 자기 자신들을 닮은 신을 만든다. 선량한 사람들은 선
량한 신을 만들고 악한 사람들은 악한 신을 만든다. 증오와 분노를 품은
독신자(篤信者)들은 지옥만을 보는데, 그것은 그들이 모든 사람들을 지
옥에 떨어뜨리고 싶어 하기 때문이다. 그러나 다정하고 온유한 사람들
은 지옥을 거의 믿지 않는다. 내가 지금도 깜짝 놀라는 것들 중 하나는
그 선량한 페늘롱이 그가 쓴 《텔레마크》6)에서 진실로 지옥을 믿는 것
처럼 지옥에 대해 말한다는 점이다. 그러나 나는 그가 그때 거짓말했기
를 바란다. 왜냐하면 결국 아무리 진실한 사람이라도 그가 주교일 때는

---

6) 프랑수아 드 살리냐크 드 라 모트 페늘롱(François de Salignac de La
Mothe-Fénelon, 1651~1715)은 프랑스의 성직자이자 작가로, 1689년 루
이 14세의 손자 부르고뉴 공작의 가정교사로 임명되었다. 그는 자신이 가
정교사로 있었던 어린 부르고뉴 공작에게 재미있는 도덕적이고 정치적인
교훈을 주기 위하여 1694년경 서사적 소설인 《텔레마크》(Télémaque)를 썼
다. 이 작품은 실종된 아버지를 찾아 나선 오디세우스의 아들 텔레마크가
겪는 모험을 이야기한다. 자연에 대한 감수성, 황금시대의 꿈, 현명함에
결합된 단순성, 행복하고 정의로운 사회가 가능하다는 생각과 함께 페늘롱
은 18세기 철학자들에게 선구자의 한 사람으로 등장하였다. 루소의 《에
밀》도 페늘롱의 《텔레마크》에서 영감을 받았다.

가끔 거짓말하는 것이 불가피하기 때문이다. 엄마는 나와 함께 있을 때
는 거짓말을 하지 않았다. 그리고 악의가 없는 이 영혼은 복수심에 불타
고 항상 성이 나 있는 신을 상상할 수가 없어서, 독신자들이 정의와 처
벌만을 보는 곳에서 오직 관용과 자비만을 보았다. 엄마는 종종 이렇게
말하곤 했다.

"신이 우리에 대해 공정하다면 신에게는 전혀 정의가 없을 것이다. 왜
냐하면 우리에게 정의롭기 위해 필요한 것을 부여하지 않은 이상 그것
은 준 것보다 더 많은 것을 다시 요구하는 셈이기 때문이다."[7]

이상한 것은 그녀가 지옥을 믿지 않으면서도 연옥은 믿었다는 점이
다. 그것은 그녀가 나쁜 사람들을 지옥에 떨어뜨릴 수도 없고 그렇다고
해서 착한 사람이 될 때까지 그들을 착한 사람들과 함께 둘 수도 없어서
나쁜 사람들의 영혼을 어떻게 해야 할지 몰랐기 때문에 그런 것이다. 아
무튼 이 세상에든 저 세상에든 나쁜 사람들은 언제나 정말 골치라고 하지
않을 수 없다.

또 다른 별난 점이 있다. 우리가 보기에 이러한 체계는 원죄와 속죄의
교리 전체를 깨뜨리고 일반적인 기독교의 기초를 뒤흔들어 적어도 가톨
릭교는 성립할 수 없다. 그렇지만 엄마는 선량한 가톨릭 신자였다. 아
니 가톨릭 신자라고 주장했다. 그리고 그녀가 매우 진심을 갖고 그렇게
주장했던 것은 확실하다. 그녀에게는 사람들이 성경을 너무 글자 그대
로 엄격하게 풀이하는 것으로 보였다. 영원한 형벌에 대해 성경에 쓰여
있는 모든 것이 그녀에게는 겁을 주거나 비유적인 것처럼 보였다. 그녀
에게 예수 그리스도의 죽음은 사람들에게 신을 사랑하고 또 사람들이

---

7) 프랑스어에서 '정의'(*justice*)는 '법에 일치하는 것'을 의미하는 동시에 '어떤
사람에게 마땅히 주어야 할 것을 주는 공정함'을 의미한다. 따라서 신이 우
리에게 법을 준수하는 성향을 주지도 않았으면서 법에 따르는 정의를 요구
한다면 그것은 공평하지 않은 것, 즉 정의롭지 않은 것이다.

그와 마찬가지로 서로를 사랑하는 것을 가르쳐주기 위한 진실로 신적인 자비의 모범처럼 보였다. 한마디로 그녀는 자신이 선택했던 종교에 충실하면서 그 신앙고백 전부를 진심으로 받아들였다. 그러나 그 각각의 조항을 토론하기에 이르면, 그녀는 교회에 항상 순종하고 있으면서도 교회와는 완전히 다르게 믿는 일이 있었다. 그녀는 그 점에 대해서 궤변보다 한결 설득력 있는 순진한 마음과 솔직성을 갖고 있어서, 이로 인하여 고해신부까지도 종종 당황했다. 그녀는 그에게 아무것도 감추지 않았기 때문이다. 그녀는 그에게 이렇게 말했다.

"저는 선량한 가톨릭 신자이며 항상 그러기를 원합니다. 저는 마음을 다하여 성모교회의 결정에 따릅니다. 저는 제 신앙의 주인이 아니라 제 의지의 주인입니다. 저는 의지를 전적으로 복종시키고 모든 것을 믿고 싶습니다. 신부님은 저에게 무엇을 더 바라십니까?"

설사 기독교의 도덕이란 것이 없었다고 하더라도, 나는 그녀가 기독교의 도덕을 따랐을 것이라고 생각한다. 그 정도로 기독교의 도덕은 그녀의 성격에 꼭 맞았다. 그녀는 명령받은 것이라면 무엇이든 했다. 그러나 그녀는 명령받지 않았더라도 마찬가지로 그것을 했을 것이다. 그녀는 아무래도 무방한 일들에서까지 복종하기를 좋아해서, 육식하는 것이 허락되지 않았다면 심지어 규정에 없더라도 양심에 따라 육식을 금했을 것이다. 그리고 그녀의 양심에는 신중함이 어떤 의미를 가질 필요가 없었을 것이다. 그러나 이러한 도덕은 모두 타벨 씨의 원리원칙에 따른 것이고, 더 정확히 말하자면 그녀는 거기서 모순적인 것이 보이지 않는다고 주장했다. 그녀는 양심의 가책 없이 매일 20명의 남자들과 잠자리를 같이 했을 것이다. 게다가 그에 대한 욕망이 없는 만큼 거리낌도 없었을 것이다. 나는 독실한 많은 여성 신자들이 이 점에 대해 더 거리낌을 느끼지는 않는다는 사실을 알고 있다. 그러나 차이가 있다면 그녀들이 자신의 열정에 의해 유혹당하지만 그녀는 자신의 궤변에 유혹당했다는 것이다. 더할 나위 없이 감동적인 그리고 감히 말한다면 다시없이 교훈적인 대화를 나누면서 이 문제에 마주쳤을 때 그녀는 안색도 어조도 변하지 않았고 또 자신이 자기모순에 빠져있다고 생각하지도 않았을 것이다. 그녀는 필요한 경우 심지어 대화를 끊고 그 행위8)를 한 다음 다시 전과 같이 차분하게 대화를 이어나갔을 것이다. 그 정도로 그녀는 그 모든 것이 사회적 질서유지의 규범에 불과하다고 내심 확신하고 있었다. 그래서 양식이 있는 사람이면 누구나 그 사안의 취지에 따라 하느님을 모독한다는 우려는 전혀 없이 그 규범을 해석하고 적용하며 예외로 둘 수 있다는 것이다. 이 점에 대해 나는 분명 그녀에게 동의하지는 않았지만, 그녀의 의견을 반박하기 위해 내가 맡았어야 할 그다지 여자의 환심을 사지 못할 역할이 부끄러워 감히 그렇게 하지 못했다는 사실을 고백한다. 나는 그 규칙에서 나만은 제외시키려고 노력하면서 다른 사람들을 위한 규칙을 세우려고 애썼던 것 같기는 하다. 그러나 그녀의 기질이 그녀의 원칙이 남용되는 것을 충분히 예방하였을 뿐만 아니라, 나는 그녀가 속아 넘어갈 여자가 아니었으며 나를 위해 예외를 요구한다는 것은 그녀에게 그녀 마음에 들 모든 남자들을 위해 예외를 허락하는 것이었다는 점을 알고 있다. 뿐만 아니라 이러한 모순이 언제나 그녀의 처신에 별 영향을 미친 바 없었고 그 당시에는 전혀 영향을 미치지 않았음에도 불구하고 나는 여기서 우연히 기회가 닿아서 이 모순을 다른 모순들과 함께 고려하고 있다. 그러나 나는 그녀의 원칙을 충실하게 설명할 것을 약속했고 나는 이 약속을 지키려고 한다. 그럼 다시 내 이야기로 돌아간다.

죽음과 그 결과에 대한 공포로부터 내 영혼을 보호하기 위해 내게 필요한 모든 신조들을 그녀에게서 발견한 나는 안심하고 이 신뢰의 샘에서

---

8) 남자와 잠자리를 같이하는 행위.

활력을 끌어냈다. 나는 어느 때보다도 더 그녀에게 애착을 가졌다. 나는 나로부터 막 떠나고 있다고 느끼는 내 생명을 고스란히 그녀 속에 옮겨놓고 싶었다. 이렇게 그녀에 대한 애착이 배가되고 내가 살 시간이 별로 남아있지 않다고 확신하고 앞으로의 운명에 대해 깊은 안도감을 갖는 데서, 그 결과로 어떤 습관적인 상태가 생겨났다. 그런데 그 상태는 우리의 두려움이나 희망을 먼 곳으로 이끄는 모든 정념들을 가라앉히면서 나로 하여금 내게 남은 얼마 되지 않는 날들을 불안과 혼란 없이 향유하게 내버려두었다는 점에서 매우 평온하고 관능적이기까지 한 것이었다. 이 남은 날들을 더욱 즐겁게 만드는 데 기여한 것이 하나 있었는데, 그 것은 내가 전원에서 모을 수 있는 모든 즐거움들을 갖고 그녀의 전원 취향을 북돋아주려고 신경쓰는 일이었다. 그녀의 정원과 가금(家禽) 사육장과 비둘기들과 젖소들을 그녀가 좋아하도록 만들면서 내 자신이 그 모든 것에 애착을 느꼈다. 그리고 이러한 사소한 소일거리들은 내 평온함을 방해하지 않고 내 하루 일과를 채워주어서 내 빈약한 몸뚱이를 보존하고 더 나아가 가능한 한 몸을 회복시키는 데 우유나 그 어떤 약보다도 더 효과가 있었다.

우리는 그해의 나머지를 포도수확과 과일 따기로 즐겼다. 이런 일들을 하면서 선량한 주위사람들 사이에서 점점 더 시골생활에 정이 들었다. 우리들은 겨울이 다가오는 것을 매우 유감스럽게 생각하였고 마치 귀양살이를 가듯 도시로 돌아왔다. 나로서는 특히 그러했는데, 봄을 다시 보지 못할 것 같기에 레 샤르메트에 영원한 작별을 고한다고 생각했기 때문이다. 나는 땅과 나무들에 입 맞추지 않고는 그곳을 떠날 수 없었고, 그곳으로부터 멀어지면서 몇 번이고 뒤돌아보지 않을 수 없었다. 이미 오래전에 내가 가르치던 여학생들과 헤어지고 도시의 오락과 사교에 취미를 잃었기 때문에 더 이상 외출도 하지 않고 엄마와 살로몽 씨[9]를 제외하고는 누구도 만나지 않았다. 살로몽 씨는 얼마 되지 않아 엄마와 나를 돌보는 주치의가 되었는데, 신사로 재치가 있는 사람이었고 데카르트 철학의 대단한 신봉자였다. 그는 우주의 체계에 대해 곧잘 논했고, 그와 나누는 유쾌하고 교육적인 대화는 그의 어떤 처방보다도 내게 잘 들었다. 나는 일상적인 대화에서 생겨나는 여백을 채우는 그렇게 어리석고 바보 같은 말들을 결코 참을 수 없었지만, 유익하고 알찬 대화는 내게 언제나 커다란 즐거움을 주어서 결코 그 대화를 거절한 적이 없었다. 나는 살로몽 씨와 나누는 대화를 대단히 좋아했다. 나는 내 영혼이 그 장애에서 벗어나게 되면 획득하게 될 그 고상한 지식을 그와 함께 미리 즐기는 것 같았다. 내가 그에 대해 갖는 이러한 애착은 그가 다루는 주제들에까지 연장되어, 그가 말하는 것을 더 잘 이해하는 데 도움이 될 수 있는 책들을 구하기 시작했다. 학문에 신앙심을 곁들인 책들이 내게 가장 적합했는데, 특히 오라토리오회(會)10)와 포르루아얄 수도원11)의 책들

---

9) Jean-Baptiste Salomon(1757년 5월 20일 약 74세의 나이로 사망) : 15년 이상 생장 드 모리엔의 의사로 있었고 1728년부터 샹베리에서 의사로 있었다. 1737년 9월 11일 샹베리 성과 미올랑 성의 감옥 의사로 임명되었다.

10) 교육에 헌신하기 위해 공동생활을 하는 가톨릭 사제회로 프랑스 오라토리오회는 1611년 베륄에 의해 파리에서 창립되었다. 신학과 성가의 발전에도 기여하였다.

11) 포르루아얄 수도원은 1204년 파리 서남쪽 슈브뢰즈 계곡에 건립된 시토수도회 수녀들의 공동체였다. 1625년 비위생적인 환경으로 수녀들은 파리의 생자크 거리로 옮겨왔다. 1636년 앙제리크 수도원장은 수도원의 영성 지도자로 생시랑 신부를 모셨다. 생시랑 신부의 주변에는 은거하여 살기를 결심한 사람들이 모였는데 이 중에는 르 메트르 드 사시, 아르노 당디이 같은 뛰어난 문필가들이 있었다. 이 초기의 은둔자들에 이어 신학자이며 모럴리스트인 니콜, 문법학자 랑슬로, 신학자 앙투안 아르노 같은 학자들이 합류하였다. 1648년 일부의 수녀들이 다시 슈브뢰즈 계곡의 수도원에 들어갔는데, 이 시골 수도원의 근처 농가에 파리의 사교계를 떠나 조용히 은거하며 신앙생활과 학문에 몰두하는 이른바 '포르루아얄의 은둔자들'이 형성되었다. 이들은 이후 어린아이들의 교육을 위하여 소학교를 제도화하여 새로운

이 그런 것들이었다. 나는 이런 책들을 읽기 시작하였다. 아니 더 정확히 말하자면 맛나게 집어삼키기 시작하였다. 우연히 라미 신부[12]가 쓴 《학문들에 대한 대화》라는 제목의 책 한 권이 수중에 들어왔는데, 그것은 학문들을 다루는 책들을 알기 위한 일종의 입문서였다. 나는 그 책을 수없이 읽고 또 읽었다. 왜냐하면 나는 그 책을 내 길잡이로 삼겠다고 결심했기 때문이다. 요컨대 나는 현재의 상태에도 불구하고 아니 현재의 상태로 인하여 저항할 수 없을 정도로 강력하게 조금씩 공부에 이끌리는 것을 느꼈다. 하루하루를 내 마지막 날처럼 여기면서도 내가 계속해서 살 것이 틀림없는 것처럼 열심히 공부했다. 사람들은 이런 공부가 건강에 해롭다고들 했지만 나로서는 그것이 내게 좋았다고, 그리고 정신적으로뿐만 아니라 육체적으로도 좋았다고 생각한다. 그도 그럴 것이 내가 열중했던 이런 공부가 하도 재미있어서, 내 병들을 더 이상 생각하지 않게 되어 병들에 훨씬 덜 영향을 받게 되었기 때문이다. 그렇지만 사실 어떤 것도 내게 실제적인 고통의 경감을 가져다주지는 않았다. 그러나 심한 고통이 없었기 때문에 쇠약해지고, 잠을 못 자며, 움직이는 대신 생각하는 데 익숙해졌다. 그리고 마침내는 내 육체가 줄곧 천천히 쇠약해지는 것을 오직 죽음만이 멈추게 할 수 있는 어쩔 수 없는 진행으로 보는 습관이 들었다.

나는 이런 생각으로 삶에 대한 부질없는 걱정에서 멀어졌을 뿐 아니라 그때까지 억지로 받아온 귀찮은 치료로부터 해방되었다. 살로몽 씨

---

교육에 힘썼다. 라신도 이 학교의 학생이었다. 파스칼도 이 수도원을 자주 찾았다. 포르루아얄의 학자들은 논리학 등 몇 종류의 교육서를 내기도 했다. 포르루아얄 수도원은 장세니슴을 옹호하는 입장에 섰기 때문에 교황에 의해 유죄판결을 받고 1656년 해산되었다.

12) Bernard Lamy(1640~1715) : 오라토리오 회원이자 데카르트의 신봉자로 수학과 웅변 등에 관심을 보였다.

는 자기가 처방한 약이 나를 구할 수 없음을 확신하고 내게 쓴 약을 먹지
않아도 되도록 해주었고, 환자의 희망을 저버리지 않고 의사의 신용을
유지하는 정도의 대단치 않은 몇 가지 처방으로 내 가련한 엄마의 고통
을 달래주는 데 만족했다. 나는 엄격한 식이요법을 그만두었다. 다시
포도주를 마셨고, 체력이 허락하는 정도에서 매사 절제는 하지만 무엇
하나 금하지는 않으면서 건강한 사람의 생활상태로 완전히 되돌아갔다.
나는 심지어 외출도 하고 다시 아는 사람들을 만나러 다니기 시작했다.
특히 콩지에 씨를 만나러 다녔는데, 그와 교제하는 것은 대단히 즐거웠
다. 아무튼 내게는 죽는 최후의 순간까지 배우는 것이 훌륭해 보였는지
아니면 살아보겠다는 한 가닥 희망이 마음속에 숨어 있었는지, 죽음에
대한 예상은 학문에 대한 취미를 감퇴시키기는커녕 오히려 그것을 부추
기는 것 같았다. 그리고 나는 마치 저 세상에서는 이 세상에서 가지고
간 것밖에는 가질 수 없다고 생각하기라도 한 듯이 저 세상으로 가기 위
한 준비로 약간의 지식을 서둘러 주워 모았다. 나는 부샤르라는 이름의
서적상이 하는 책방을 좋아하였는데, 이곳에는 몇몇 문인들이 출입하고
있었다. 그리고 다시는 못 볼 것이라고 생각했던 봄이 가까워짐에 따라
나는 다행히 레 샤르메트로 돌아갈 경우를 생각해서 거기서 읽을 몇 권
의 책을 장만했다.

　나는 이런 행운을 갖게 되어 그것을 최선을 다해 이용하였다. 새싹들
을 보았을 때의 기쁨은 이루 표현할 수 없다. 봄을 다시 맞이한다는 것
이 나로서는 천국에 다시 태어나는 것 같았다. 눈이 녹기 시작하자마자
우리는 지하 감옥 같은 집을 떠났다. 레 샤르메트에서 밤꾀꼬리의 첫 노
래 소리를 들을 수 있을 만큼 일찍 그리로 갔다. 그때부터 나는 이젠 죽
지 않을 것이라고 생각했다. 그리고 정말 시골에서는 결코 중병을 앓은
적이 없는 것이 이상하다. 시골에서 고생은 많이 했지만 결코 몸져누운
적은 없었다. 보통 때보다 병이 심하다고 느껴지면 나는 곧잘 이렇게 말

했다.

"내가 곧 죽을 것같이 보이거든 나를 떡갈나무 그늘에 옮겨다 주십시오. 그러면 꼭 병에서 회복될 것입니다."

힘이 없긴 했지만 다시 내가 좋아하는 농사일에 손을 대었다. 그러나 내 힘에 부치지 않을 정도로 했다. 정원을 혼자서 가꿀 수 없어 진정 마음이 괴로웠다. 그러나 삽질을 대여섯 번만 해도 숨이 가쁘고 땀이 비오듯 흘러 기진맥진했다. 몸을 구부리면 심장의 고동이 갑절로 심해지며 피가 세차게 머리로 몰려 얼른 몸을 다시 일으키지 않으면 안 되었다. 피로를 덜 주는 일에 만족할 수밖에 없어서, 여러 가지 일 가운데서 비둘기 집을 돌보는 일을 잡았다. 이 일에는 무척 애착을 느껴서, 잠시도 지루함을 느끼지 않고 계속해서 몇 시간을 보낸 적이 종종 있었다. 비둘기는 무척 겁이 많아 길들이기가 쉽지 않았다. 그렇지만 나는 용케도 내가 돌보는 비둘기들에 상당한 신뢰감을 불어넣는 데 성공하여 놈들이 어디에서나 나를 따랐고 내가 원할 때는 가만히 붙잡혔다. 내가 정원이나 마당에 나타나면 언제나 금방 두세 마리는 팔이나 머리에 날아와 앉아서, 마침내는 그것에 즐거움을 느끼면서도 그렇게 따라다니는 것이 몹시 불편해져서 그놈들에게서 정을 떼지 않을 수 없었다. 나는 동물들, 특히 겁이 많고 사람을 따르지 않는 짐승들을 길들이는 데 언제나 남다른 기쁨을 느꼈다. 내가 결코 저버린 적이 없던 신뢰감을 그 짐승들에게 불어넣는다는 것이 나로서는 즐겁게 생각되었다. 나는 그 녀석들이 나를 자유로이 사랑하기를 원했던 것이다.

앞에서 말한 바와 같이 나는 몇 권의 책을 가져왔다. 그 책들을 이용하기는 했지만, 배움을 얻기보다는 차라리 스스로를 들볶는 데 더 적당한 방식으로 이용했다. 나는 사물에 대한 그릇된 관념으로 인하여 책 한 권을 보람 있게 읽자면 그 책이 전제로 하는 지식들을 모두 가져야만 한다고 확신하고 있었다. 그 책을 쓴 저자 자신도 대개는 그 지식을 모두 갖추고 있는 것이 아니라 필요에 따라 다른 책들에서 끌어온다는 생각은 전혀 못하고 있었다. 이런 어리석은 생각 때문에 줄곧 이 책 저 책을 쫓아다닐 수밖에 없어서 매순간 진도가 중단되었다. 그래서 가끔은 내가 공부하려는 책을 단 열 페이지도 나가기 전에 서고를 몇 개 온통 다 뒤져야만 할 정도였다. 그렇지만 나는 이 엉뚱한 독서법을 끝내 고집하여 엄청난 시간을 허비하고 말았다. 그리고 하마터면 더 이상 아무것도 볼 수 없고 알 수 없을 정도로 머리가 혼란해질 뻔했다. 다행스럽게도 길을 잘못 들어 끝없는 미궁에서 헤매고 있다는 것을 깨닫고, 거기에서 완전히 길을 잃기 전에 빠져나왔다.

조금이라도 학문에 대하여 진정한 취미를 갖는 사람이라면 학문에 몰두하여 처음으로 느끼는 것은 각 학문들 사이의 연관성이다. 이러한 연관성으로 인하여 각 학문은 서로 끌어당기고 서로 돕고 서로 해명하며, 한 학문은 다른 학문을 필요로 한다. 인간의 정신은 모든 학문을 하기에 충분할 수 없고 그래서 언제나 어떤 학문 한 가지를 전공으로 선택해야 하지만, 그래도 다른 학문들에 대한 얼마간의 개념이 없으면 자신의 학문에서조차 깜깜한 상태에 빠지는 경우가 종종 있다. 나는 내가 시도했던 것이 그 자체로는 좋고 유익하며, 오직 그 방법만을 바꾸면 된다고 느꼈다. 나는 처음에 전체 학문들을 갖고 그것을 각 부문별로 분류했다. 그러나 정반대로 각 부문을 분리해서 그것들이 서로 만나는 지점까지 각 부문을 따로 계속 해나가야만 한다는 것을 알았다. 이와 같이 해서 나는 평범한 종합적 방법으로 돌아왔지만, 이번에는 자신이 무엇을 하고 있는지를 아는 사람으로 그리로 돌아간 것이다. 여기서 명상은 내게 지식의 역할을 해주었고, 아주 자연스러운 성찰은 나를 올바르게 이끌어주는 데 도움이 되었다. 살든지 죽든지 나는 허비할 시간이라고는 전혀 없었다. 25살이 다 되도록 아무것도 모르고 있다가 모든 것을 다 배우려면 시간을 잘 이용할 결심을 하지 않으면 안 된다. 내 운명이나 죽음으로 내 열의가 어느 지점에서 멈출지는 모르지만, 나는 어쨌든 모든 사물의 개괄적인 이해를 획득하기를 원했다. 그것은 내 타고난 성향을 조사해보기 위해서도 그랬고, 무엇이 가장 계발할 가치가 있는지 나 스스로 판단하기 위해서도 그랬다.

이 계획을 실행하면서 나는 생각지도 않았던 또 다른 이점을 발견했는데, 그것은 많은 시간을 활용할 수 있는 이점이었다. 내가 학문을 위해 태어난 사람이 아님은 틀림없다. 그도 그럴 것이 동일한 주제에 30분간 계속해서 힘껏 전념할 수 없을 정도로 오랫동안 주의를 기울이는 것은 내게 피곤하기 때문이다. 특히 다른 사람의 사상을 따라갈 때는 더욱 그러했는데, 나 자신의 생각 같으면 더 오래 몰두하는 일이 간혹 있었고, 심지어 제법 성과도 냈기 때문이다. 정신을 집중해서 읽어야만 하는 어떤 저자의 것은 몇 페이지만 따라가면 어느덧 내 정신이 그 책을 떠나 구름 속을 헤맨다. 고집스럽게 책을 붙들고 있으면 공연히 피곤만 하고, 현기증이 나서 아무것도 더 눈에 들어오지 않는다. 그렇지만 서로 다른 주제들이 잇달아 나오면, 심지어 중단이 없더라도, 한 주제가 다른 주제에서 생기는 내 피로를 풀어주어 휴식이 필요 없이 한결 편안하게 계속해간다. 이런 발견을 내 공부계획에 활용하여 주제들을 잘 섞어놓았더니 온종일 공부에 몰두하고도 영 피로를 몰랐다. 농사일과 집안일이 유익한 기분전환이 되었던 것도 사실이다. 그러나 내 열정이 커짐에 따라 곧 공부를 위해 이런 일들에 들이는 시간을 더욱 절약하는 방법, 그러니까 두 가지 일을 동시에 하는 방법을 찾아냈다. 그래서는 어느 것 하나도 제대로 잘되어 가지 않는다는 것을 생각도 하지 못했던 것이다.

내게는 기쁨을 주지만 독자에게는 종종 짜증을 주는 그렇게나 많은 자질구레하고 세세한 일들을 늘어놓으면서도 나로서는 신중을 기하고 있는데, 내가 독자에게 신경을 써 그 점을 알려주지 않는다면 아마 독자는 거의 짐작하지 못할 것이다. 예를 들면, 여기서 나는 가능한 한 즐겁고 동시에 유익하게 내 시간을 짜기 위해 행했던 그 모든 다양한 시도들을 참으로 즐거운 마음으로 회상한다. 그리고 세상과 멀어져 계속 병중에 살았던 이 시기가 내 생애 중 가장 한가하지 않고 가장 덜 지루한 때였다고 말할 수 있다. 이렇게 두세 달이 경과하는 동안 나는 내 정신의 성향을 탐색하면서, 일 년 중 가장 아름다운 계절에 또 그 계절이 매혹적으로 만든 곳에서 그 가치를 절실히 느낀 삶의 매력을 향유하면서, 자유롭고도 감미로운 교제 — 그토록 완벽한 결합을 교제라고 부를 수 있다면 말이다 — 의 매력을 즐기면서, 또 내가 획득하려고 하는 학문의 매력을 맛보면서 지냈다. 그도 그럴 것이 나로서는 그 학문을 벌써 내 것으로 만든 것 같았기 때문이었다. 아니 더 정확히 말하자면 공부하는 즐거움이 내 행복에 큰 의미를 갖게 되어 훨씬 더 즐거웠다.

이런 시도들은 모두가 내게는 즐거움이었으나 설명하기에는 너무도 단순하므로 그냥 지나갈 수밖에 없다. 다시 한번 말하거니와 진정한 행복이란 묘사할 수 있는 것이 아니라 느끼는 것이며, 묘사될 수 없는 그만큼 더 잘 느껴진다. 왜냐하면 진정한 행복이란 여러 사건들이 모여서 생기는 것이 아니라 지속적 상태이기 때문이다. 나는 곧잘 같은 말을 되풀이하지만, 만약 내 머리에 떠오르는 대로 했다면 훨씬 더 같은 말을 되풀이할 것이다. 종종 변경되었던 내 생활방식이 마침내 일정한 방향을 잡았을 때, 내 생활은 대략 다음과 같이 분배되었다.

나는 아침마다 해뜨기 전에 일어났다. 근처의 과수원을 거쳐 매우 아름다운 길을 올라갔다. 이 길은 포도밭 위쪽으로 나서 언덕을 따라 샹베리까지 이어져 있었다. 그 길을 거닐면서 나는 기도를 드렸는데, 그것은 공연히 입으로만 중얼거리는 것이 아니라 눈 아래 아름답게 펼쳐져 있는 그 사랑스러운 자연의 창조주를 향해 진실로 마음을 고양하는 것이다. 나는 방안에서 기도하는 것을 좋아한 적이 없었다. 장벽들과 인간이 만든 그 온갖 자잘한 것들이 신과 나 사이에 개입되는 것 같다. 나는 내 마음이 신을 향하여 고양되는 동안에 신의 작품들 속에서 신을 관조하는 것을 좋아한다. 나는 내 기도가 순수했다고 말할 수 있다. 그리고 그 점에서 신이 내 기도를 들어줄 만했다. 나는 나를 위하여 또 내 소원에서 나와 결코 분리될 수 없는 엄마를 위하여 오직 죄악과 고통과 곤궁이 없는 순결하고 평온한 삶과 의로운 사람들의 죽음과 미래에 닥칠 그들의 운명을 빌었다. 뿐만 아니라 이러한 기도는 무엇을 빌기보다는 오히려 찬미하고 관조하는 가운데 이루어졌다. 그리고 나는 참다운 행복을 나누어주는 신에게서 우리에게 필요한 행복을 얻는 최선의 방법은 그것을 요청하기보다는 그것을 받을 만한 사람이 되는 것이라는 점을 알고 있었다. 나는 산책길을 꽤 크게 돌면서 그리고 나를 둘러싼 전원풍경 — 내 눈과 마음이 결코 싫증나지 않는 것은 오직 이뿐이다 — 을 흥미롭고 즐겁게 바라보는 데 마음을 빼앗긴 채 돌아왔다. 나는 멀리서 집에서 엄마가 일어났는지 바라보았다. 엄마 집 덧문이 열려져 있는 것을 보면 기쁨에 떨면서 달려갔다. 덧문이 닫혀 있으면 그녀가 잠이 깨기를 기다리면서 정원에 들어가 전날 배운 것을 복습도 하고, 정원을 손질도 하며 즐겼다. 덧문이 열리면 침대로 가서 엄마에게 입맞춤을 했는데, 그녀는 잠이 아직도 덜 깬 적이 종종 있었다. 이 순결하고도 애정에 찬 포옹은 그녀의 순결함 그 자체로부터 관능적 쾌락과는 아무 관계도 없는 어떤 매력을 끌어내었다.

우리는 보통 밀크커피로 아침식사를 했다. 이때가 하루 중 우리가 가장 평온하고 편안하게 잡담을 나누는 시간이었다. 이 회합은 보통 꽤 길었기 때문에 아침식사가 여간 즐겁지 않았다. 그래서 나는 각자 자기 방에서 혼자서 들든지 혹은 대개는 전혀 아침을 먹지 않는 프랑스의 관습보다도 사람들이 다 모여서 진짜 식사처럼 아침을 먹는 영국이나 스위스의 관습을 대단히 더 좋아한다. 한두 시간 잡담을 나눈 후에는 점심식사 때

까지 책을 읽었다.  포르루아얄의 《논리학》, 13)  로크14)의 《인간오성
론》, 말브랑슈, 15) 라이프니츠, 16) 데카르트17) 등과 같은 철학책으로 시

13) 아르노와 니콜이 젊은 드 슈브뢰즈 공작의 교육을 위해 쓴 책이다.  4부로
된 이 책은 1부에서는 관념을 다루고 2부에서는 판단력을 3부에서는 추론
을 4부에서는 방법을 다룬다.  아르노와 니콜은 감각주의를 반박하고 신이
우리에게 부여한 "자연의 빛"(이성)을 최선으로 사용하는 방법을 개진하였다.

14) John Locke (1632~1704) : 영국의 철학자이자 정치이론가.  명예혁명 직전
에는 왕당파의 박해로 네덜란드에 망명하여 1688년 명예혁명 후에 영국으
로 돌아왔다.  《인간오성론》(1690)에서 개진된 그의 철학은 감각론적 유물
론이다.  로크는 데카르트의 본유관념을 부인하면서 경험과 감각으로부터
반성이 나온다고 보았다.  한편 정치적인 면에서는 절대주의에 대한 반대와
권력분립을 선호하는 입장으로 인하여 그는 정치적 자유주의의 창시자가
되었다.  그는 사회란 계약에 근거를 두어야 하며, 군주가 그 권리를 넘어선
다면 자연권을 지키기 위한 시민들의 반란은 정당하다고 주장했다.  그의
'사회계약설'은 루소에게 큰 영향을 미쳤다.

15) Nicolas Malebranche (1638~1715) : 프랑스의 오라토리오회 신부이자 철
학자로, 데카르트를 계승하면서도 관념론의 편에 서서 유물론의 요소를 배
척함으로써 데카르트의 이원론(二元論)을 극복하려 하였다.  그는 자연적
원인은 실재적인 참된 원인이 아니고 자연의 창조자인 신의 결의를 결정하
는 기회가 되는 우연적 원인에 불과하다는 기회원인론(機會原因論)을 주
장하였다.  그는 자연 속의 모든 연관과 상호작용의 참된 원인으로서 초자
연적 원인을 인정하여 인과성(因果性)·연장(延長)을 물질에서 분리하여
데카르트의 이원론을 신학적 관념론으로 바꾸어 놓았다.  그는 또한 인식을
'신(神) 속에서 보는 것'으로, 관념을 사물의 상(像)이 아닌 신의 활동의
상으로 바꾸어 놓았다.  그는 이와 같이 자연이나 현실적 세계를 이차적 현
상으로 보고, 자연의 가상적 메커니즘의 배후에 신의 이성이, 자연의 물리
적 합법칙성의 배후에 신의 의지가 숨어있다고 주장하였다.

16) Gottfried Wilhelm Leibniz (1646~1716) : 독일의 철학자이자 수학자이며
자연과학자로 법학·역사·신학·언어학 등 여러 방면에서 뛰어난 업적을
남겼다.  그는 특히 뉴턴과 같은 시기에 미적분을 발견하였다.  또한 그는
《변신론》(辯神論)에서 모든 가능한 세계들 중에서 신은 가장 악이 없는
최선의 세계를 창조했다는 낙관주의를 주장하였다.  루소는 이러한 낙관주

作하였다. 나는 곧 이 모든 저자들이 서로 거의 계속적인 대립을 보이고 있음을 알아차렸다. 그래서 그것들을 일치시키려는 꿈같은 계획을 세웠는데, 이런 계획은 나를 몹시 피로케 하였고 많은 시간을 허비케 했다. 머리가 혼란해져서 전혀 앞으로 나가지 못했다. 결국 이 방법 또한 집어치우고 훨씬 좋은 방법을 선택했다. 능력이 부족함에도 불구하고 — 그도 그럴 것이 언제나 내게 공부할 능력이 거의 없다시피 했던 것은 분명하기 때문이다 — 내가 진보할 수 있었던 것은 모두 이 방법 덕택이라고 생각한다. 나는 각각의 저자가 쓴 책을 읽으면서 내 생각이나 다른 사람의 생각을 보태거나 저자와 결코 논쟁하지 않고 그의 생각 모두를 받아들이고 따라가는 것을 방침으로 삼았다. 나는 이렇게 생각했다.

"우선 맞든 틀리든 상관하지 말고 다만 명확한 개념들만을 내 머리에 모아두는 것부터 시작하면서, 내 머리가 그 생각들로 충분히 채워져 그것들을 비교하고 선택할 수 있을 정도가 되기까지 기다리자."

의적 관점을 일부 공유하였는데, 볼테르는 《캉디드》에서 이를 조롱하였다.
17) René Descartes(1596~1650) : 프랑스의 철학자이자 수학자. 추론의 확실성과 명증성 때문에 수학에 매료된 데카르트는 20세에 '세상이라는 책'을 읽으려고 결심하고 네덜란드 군대에 지원병으로 입대하였다. 1619년 진리에 이르는 보편적 방법에 대한 영감을 받았다. 1620년에 제대하여 유럽 곳곳을 여행하고, 1625년부터는 파리에 머물면서 메르센느 등 자연연구가와 사귀었다. 1628년부터 네덜란드로 이주하여 본격적으로 연구에 몰두하며 주로 수학과 물리학을 공부하였다. 1637년 그는 《굴절광학》(屈折光學), 《기상학》(氣象學), 《기하학》을 출판하고 그 서론에 해당하는 《방법서설》을 썼다. 1641년에는 형이상학의 주저인 《성찰》(省察)을 내놓으면서 그는 자신이 원치 않는 논쟁들에 휘말리기 시작했다. 그는 자신의 사상을 교과서식으로 서술한 《철학원리》(1644)와 심신의 관계를 본격적으로 다룬 《정념론》(情念論, 1649)을 간행했다. 1649년 스웨덴의 크리스티나 여왕에게 초청을 받아 스톡홀름으로 갔는데 5개월도 안 되어 폐렴에 걸려 1650년 2월 11일 54세를 일기로 사망하였다. 데카르트는 '생각하는 나'를 제 1원리로 하여 형이상학을 구성함으로써 근대철학의 아버지로 불린다.

　　이 방법에도 나쁜 점이 없지 않다는 것을 모르는 바 아니지만, 이 방법은 배운다는 목적에서 내게 좋은 결과를 가져다주었다. 말하자면 성찰을 하지 않고 거의 따져보지도 않으면서 단지 다른 사람의 학설에 따라 정확하게 생각하면서 몇 년간을 보낸 끝에 나는 내 자신에게 충분하여 다른 사람의 도움을 빌리지 않고도 생각할 수 있을 정도로 많은 지식의 자산이 내 안에 쌓였음을 알았다. 그 다음에 여행이나 일 때문에 책을 참고할 수 없을 때는, 내가 이미 읽은 것을 다시 검토하고 비교하며 하나하나 이성(理性)의 저울에 달아보고 때로는 내 스승들을 비판하여보기도 하며 즐겼다. 판단력을 기르기 시작한 것은 늦었지만, 그 능력이 활기를 잃었을지 모른다고는 생각하지 않았다. 그래서 나 자신의 생각을 발표하였을 때 어떤 스승의 맹목적인 제자라든가 스승의 말을 근거로 맹세한다든가[18] 하는 비난은 받지 않았다.

　　그리고는 철학에서 기하학의 기초로 넘어갔다. 왜 기초냐 하면 백 번이나 제자리걸음을 하고 끊임없이 같은 진행을 다시 시작하면서까지 내 빈약한 기억력을 극복하려고 갖은 애를 썼지만, 나는 조금도 더 나가지를 못했기 때문이다. 나는 유클리드 기하학을 좋아하지 않았는데, 이것은 관념들의 연관보다는 오히려 증명들의 연계를 추구하고 있기 때문이다. 이것보다 라미 신부의 기하학을 더 좋아했는데, 그는 그때부터 내가 좋아하는 저자들 중 한 사람이 되어 그의 저서들을 아직도 즐겨 다시 읽고 있다. 다음에는 대수였는데, 내가 지침으로 선택한 것은 예외 없이 라미 신부의 것이었다. 더 진도가 나갔을 때는 레노 신부의 《계산학》과 다음에는 같은 저자의 《해석학 증명》을 택했는데, 이것은 그저 수박 겉핥기였다. 나는 대수학을 기하학에 응용하는 것을 제대로 이해할 만큼 진도가 나가지 않았다. 무엇을 하고 있는지조차 알지 못하고 수

---

18) 피타고라스의 제자들에 대한 암시인데, 그들은 비열하게도 스승의 사상을 베꼈다.

행하는 이러한 방식을 나는 전혀 좋아하지 않았는데, 방정식으로 기하 문제를 푸는 것은 자동 피아노의 핸들을 돌리며 음악을 연주하는 것 같았다. 이항식(二項式)의 제곱은 그 각 항의 제곱과 그 두 항을 곱한 것의 2배가 된다는 것[19]을 처음으로 계산에 의해 알았을 때, 나는 내가 곱셈한 것이 맞았음에도 불구하고 그 도형을 그려보았을 때까지는 전혀 믿으려고 하지 않았다. 추상적인 수량만을 다루는 경우라면 대수에 대해 상당한 취미를 갖지 않은 바도 아니었지만, 대수가 면적에 응용된 경우 선위에서 풀어보지 않으면 더 이상 전혀 이해가 되지 않았다.

　그 다음은 라틴어 차례였다. 이것이 내게는 가장 힘든 공부였고, 뚜렷한 진보도 전혀 없었다. 처음에는 포르루아얄의 라틴어 교본으로 시작했지만 성과가 없었다. 나는 그 세련되지 못한 시들에 속이 뒤집혀서 그것들이 귓전에도 들어오지 않았다. 그 많은 규칙들 속에서 갈피를 잡지 못해서 마지막 규칙을 배우고 있을 땐 벌써 앞서 배운 것은 깡그리 잊어먹었다. 단어공부란 기억력 없는 사람이 할 짓이 아니다. 그런데 내가 이 공부에 기를 쓴 것은 바로 억지로라도 기억력을 늘리기 위해서였다. 그러나 결국에 가서는 그것을 포기하지 않으면 안 되었다. 쉬운 저자의 것이라면 사전의 도움을 받아 읽을 수가 있을 만큼 문법구조는 제법 이해했다. 나는 그 방법에 따랐고 그 방법에 만족했다. 나는 번역에도 힘써 보았는데, 그것은 쓰는 것이 아니라 머릿속으로 한 것이어서 그 정도로 그쳤다. 많은 시간을 들이고 애써 연습한 덕분으로 라틴 작가들은 꽤 유창하게 읽을 수 있게 되었지만 결코 라틴어로 말하거나 쓰는 데는 성공할 수 없었다. 그래서 어쩌다가 문인들 틈에 끼게 되었을 때는 종종 난처한 적이 있었다. 이런 공부방법에서 생겨났던 또 다른 곤란함은 작시법은 더 말할 것도 없고 운율법(韻律琺)조차 전혀 몰랐다는 것

---

19) 이를 대수식으로 표현하면 $(a + b)^2 = a^2 + b^2 + 2ab$.

이다. 그럼에도 불구하고 나는 라틴어 운문과 산문의 듣기 좋은 가락을 느껴보려고 많은 노력을 기울였다. 그러나 스승 없이는 그것이 거의 불가능하다는 것을 깨닫게 되었다. 모든 시구들 중 제일 쉬운 육각시(六脚詩)를 짓는 법을 배우고 나서는 끈질기게 베르길리우스의 거의 모든 시를 운각(韻脚)으로 나누고, 거기에 운각과 음절의 장단(長短)을 표시해 보았다. 그리고 어떤 음절의 장단이 의심스러울 때는 내가 애용하는 베르길리우스를 참조하곤 했다. 여러분들이 짐작하는 것처럼, 작시법의 규칙에 변칙이 허용된다는 것을 잘 모르고 있었으므로 그런 방법으로 인해 많은 잘못을 저질렀다. 어쨌든 혼자 공부하는 데는 유리한 점들도 있긴 하지만 또한 커다란 불리한 점들도 있고, 특히 생각할 수도 없는 고초도 있는 것이다. 나는 그 누구보다도 이 점을 잘 알고 있다.

　정오 전에 나는 책을 덮고, 점심이 준비되지 않았을 때는 그때까지 기다리면서 비둘기 친구들을 찾아보든가 혹은 정원 일을 하곤 했다. 나를 부르는 소리가 들리면 왕성한 식욕을 갖고 매우 즐겁게 달려갔다. 그도 그럴 것이 내가 아무리 몸이 아파도 식욕을 잃은 적은 결코 없다는 것 또한 적어 놓아야 할 일이기 때문이다. 우리는 매우 유쾌하게 점심을 들었는데, 엄마가 식사를 들 수 있을 때까지는[20] 우리들 일에 대해 이야기를 나누었다. 일주일에 두세 번쯤 날씨가 좋을 때는 집 뒤 나뭇가지가 우거진 시원한 정자로 가서 커피를 마시곤 했다. 이 정자는 내가 호프 덩굴을 올려 두어 더울 동안에는 우리에게 대단한 즐거움을 준 곳이었다. 우리는 여기서 우리들이 키우는 채소나 꽃들을 둘러보거나 우리들의 삶의 방향에 관련된 대화를 나누면서 짧은 시간을 보냈는데, 이러한 대화로 삶의 감미로움을 더욱 잘 맛보게 되었다. 정원 끄트머리에는 또 다른 작은 가족이 있었다. 그것은 꿀벌들이었다. 나는 거의 빼놓지 않

---

20) 바랑 부인은 비위가 약해 음식 냄새 때문에 바로 식사를 들지 못했다고 한다(《고백록》 3권 참조).

고 이 꿀벌들을 방문하러 가곤 했는데, 종종 엄마도 함께 갔다. 나는 그 녀석들이 하는 일에 상당한 흥미를 느꼈다. 그 녀석들이 꿀을 약탈해서 때로는 걷기도 힘들 정도로 무거운 짐을 그 작은 다리에 달고 돌아오는 것을 보면 무척이나 재미있었다. 처음 며칠 동안은 호기심 때문에 조심성이 없어져서 두세 번 벌들에게 쏘였지만, 그 후부터 우리는 매우 잘 사귀어서 내가 아무리 가까이 가도 아무 일도 없었다. 당장이라도 분봉해 나갈 정도로 벌통이 아무리 가득 차 있어도, 결코 한 마리도 나를 쏘는 일 없이 가끔은 나를 에워싸고 손이나 얼굴에 날아와 앉았다. 모든 동물들은 인간을 경계하는데, 그것도 무리는 아니다. 그러나 일단 인간이 자기들을 해칠 의사가 없다는 것을 확신하면 그들의 신뢰는 매우 대단해져서, 그 신뢰를 악용할 수 있기 위해서는 단지 잔인하다는 것만 갖고서는 안 된다.

그런 다음 나는 다시 내가 보던 책으로 돌아왔다. 그러나 오후작업은 일이라든가 공부라기보다는 오히려 휴식이라든가 오락이라고 불러야 마땅했다. 점심 후 서재에서 공부에 몰두한다는 것은 영 견뎌낼 수 없었다. 대체로 더운 낮 동안에는 모든 노력이 내게는 괴롭게 여겨졌다. 그러나 공부하지 않고 하는 독서에는 거의 원칙 없이 자유롭게 몰두했다. 제일 꼼꼼하게 계속한 것은 역사와 지리였다. 이런 것은 정신집중을 조금도 요구하지 않았으므로 내 빈약한 기억력이 허락하는 만큼의 진척은 있었다. 나는 페토 신부의 것을 공부하려고 연대기의 암흑 속에 빠져들었지만,21) 매우 난해한 고증부분에는 싫증이 났다. 나는 시간의 정확한 측정이나 천체의 운행에 특히 애착을 가졌다. 도구들만 있었다면 나는 심지어 천문학에도 취미를 갖게 되었을 것이다. 그러나 책에서 얻은 약간의 기초지식과 지상망원경을 갖고 하는 얼마간의 조잡한 관찰로 만

---

21) 1628년 발간된 드니 페토 신부(Le père Denis Pétau)의 《연대표》는 표 형식으로 된 실용적인 연대기의 개론서이다.

족해야만 했다. 망원경이라고 해도 단지 하늘의 일반적인 상황을 알기 위한 것으로, 나는 근시여서 맨눈으로는 천체를 충분히 식별할 수 없었기 때문이다. 이 점에 관해서 뜻밖의 사건이 생각나는데, 이것을 기억할 때면 종종 웃음을 금할 수 없다. 나는 별자리를 연구하기 위하여 평면 천체도를 하나 사다가 이것을 틀에 끼웠다. 그리고 하늘이 갠 밤이면 정원으로 나가서 이 틀을 내 키 높이만한 4개의 말뚝 위에 놓고 천체도가 아래로 보이게끔 뒤집어놓았다. 또 그것을 비추기 위한 촛불이 바람에 꺼지지 않도록 4개의 말뚝 가운데 놓여 있는 흙을 담는 들통 속에 초를 넣었다. 그러고 나서 눈으로는 도면을, 망원경으로는 천체를 번갈아 바라보며 별을 알아보고 별자리를 식별하는 연습을 했다. 이미 말했다고 생각되지만 누아레 씨의 정원은 비탈진 높은 곳에 있어서 거기서 하는 짓은 모두 한길에서 보였다. 어느 날 밤 농부들이 꽤 늦은 시각에 이곳을 지나가다가 내가 괴상한 옷을 입고 작업에 몰두하는 것을 보았다. 천체도를 비추고 있는 어렴풋한 빛하며 — 그 불빛이 들통 가두리에 가려져 보이지 않기 때문에 그들은 그 광원을 볼 수 없었다 — , 그 4개의 말뚝하며, 도형들이 마구 그려진 그 커다란 종이며, 그 틀이며, 왔다갔다하는 것이 보이는 내 망원경의 움직임, 이런 것들이 그 물건에 마법적인 분위기를 부여하여 그들을 놀라게 했다. 내 옷차림도 그들을 안심시키기에는 적합지 않았다. 챙이 늘어진 모자를 나이트캡 위에 쓰고 엄마가 억지로 입으라고 해서 솜으로 누빈 허리까지만 내려오는 엄마의 실내복을 입고 있어서 그들의 눈에는 진짜 마술사처럼 비쳤다. 게다가 거의 자정 무렵이어서 그들은 이것을 마술사들의 향연이 시작하는 것이라고 믿어 의심치 않았다. 그들은 더 지켜보고 싶은 호기심이 사라져 매우 겁을 먹고 달아났고, 이웃사람들을 깨워 그들이 본 바를 이야기했다. 그래서 그 이야기가 쫙 퍼져서 당장 그 다음 날부터 인근에서는 누구나 누아레 씨 집에서 마술사들의 향연이 열린다는 것을 알게 되었다. 만약

376

내 주술을 목격한 농부들 중 한 사람이 바로 그날로 우리를 만나러 오곤 했던 2명의 예수회 수도사들에게 사정을 늘어놓지 않았다면 이 소문이 마침내 어떤 결과를 가져왔을지 모른다. 이들은 무슨 영문인지도 모른 채 급한 대로 그들의 생각이 잘못되었음을 깨우쳐주었다. 그들은 우리에게 그 이야기를 했고, 내가 그들에게 자초지종을 이야기했다. 그리고 우리들은 폭소를 터트렸다. 그러나 같은 잘못을 다시 저지르게 될까봐 이후 불을 켜지 않고 관측하고 천체도는 집 안에 가져가서 보기로 했다. 《산으로부터의 편지》에서 베네치아에서 부렸던 내 마술[22]을 읽은 사람들은 내게 오래전부터 마술사가 되기에 뛰어난 천분이 있었다고 생각할 것이 틀림없다.

농사일을 조금도 하지 않았을 때 레 샤르메트에서의 생활방식은 이상과 같았다. 사실 나는 언제나 농사일을 더 좋아했다. 그리고 내 힘에 부치지 않는 일에서는 농부처럼 일했다. 그러나 나는 극도로 허약해서 당시 농사일에 열의만 있었지 실제로는 거의 일할 수가 없었던 것이 사실이다. 게다가 동시에 두 가지 일을 하려고 해서, 그 때문에 어느 것도 제대로 하지 못했다. 나는 억지로라도 기억력을 향상시켜야겠다고 마음을 정했다. 그래서 많이 암기하려고 기를 썼다. 이를 위해서 나는 아무 책이나 항상 몸에 지니고 다니면서, 일하는 중에도 전혀 노고를 아끼지 않고 공부하고 복습했다. 내가 이렇게 헛된 노력을 고집스럽게 계속했으면서도 어떻게 끝내 바보가 되지 않았는지 모르겠다. 베르길리우스의 목가들을 스무 번이나 되풀이해서 제대로 외웠던 것이 틀림없는데도, 지금은 그 중 단 한마디도 모르겠다. 비둘기 집이고 정원이며 과수원이고 포도밭이며 어디에 가나 책을 갖고 다니는 습관 때문에 책을 많

[22] 《산으로부터의 편지》에서 루소는 기적에 대해 논하면서, 자신이 베네치아에서 프랑스 대사관 서기로 있을 때 사람들이 알고 싶어 하는 것에 대한 답변을 종이 위에 나타나게 하는 마술을 부렸다고 농담조로 말하고 있다.

이 잃어버렸고, 전집들 중 짝이 맞지 않게 된 것도 많았다. 다른 일을 하는 동안에는 책을 나무 밑에나 울타리 위에 놓아두곤 했는데, 어디서나 책을 다시 집어 드는 것을 잊어버렸다. 그래서 2주나 지나서 책을 다시 발견하는 일이 종종 있었는데, 그때는 썩어있거나 개미나 달팽이가 갉아먹은 후였다. 배우겠다는 이러한 열의가 일종의 광기가 되어 나를 얼간이처럼 만들었다. 비록 열심히 입안에서는 무엇을 쉴 새 없이 중얼거리고 있었지만 말이다.

　나는 포르루아얄과 오라토리오회의 저서들을 가장 자주 읽어서 절반은 장세니스트가 되어버렸다. 내 충만한 자신감에도 불구하고 그들의 엄격한 신학은 가끔 나를 불안하게 만들었다. 그때까지 별로 두려워하지 않았던 지옥에 대한 공포는 차츰 마음의 안정을 깨뜨렸다. 그래서 만약 엄마가 내 마음을 진정시켜주지 않았더라면 이 무서운 교리는 결국 내 마음을 완전히 뒤집어놓았을지 모른다. 내 고해신부는 동시에 엄마의 고해신부였는데 그도 자기대로 내 마음의 안정을 유지시키는 데 도움을 주었다. 그는 예수회의 에메 신부[23]로 선량하고 현명한 노인이었는데, 그를 기억할 때면 나는 언제까지나 존경의 마음을 금할 수 없을 것이다. 그는 예수회 신부이긴 했지만 아이같이 단순했고 해이하기보다는 온순한 그의 도덕은 장세니슴에서 받은 음울한 인상과 균형을 맞추기 위해서 꼭 내게 필요한 것이었다. 이 선량한 분과 그의 동료인 코피에 신부[24]는 그 연세의 분들에게는 몹시 험하고 꽤 먼 길이었지만 우

---

23) 아미 신부(Le père A. Hamy)에 따르면 샤를 에메 신부(Le père Charles Hémet)는 1738년 5월 22일 사망했다. 루소와 바랑 부인은 그가 죽은 지 2개월 후에 레 샤르메트에 정착했기 때문에 그는 루소의 고해신부가 될 수 없었을 것이다. 그러나 반대로 우리는 이로부터 루소가 레 샤르메트에 정착한 것이 1738년 5월 이전이었다고 추정할 수도 있다.

24) 프랑수아 코피에 신부(Le père François Coppier)는 1679년 5월 그르노블에서 태어나 1768년 1월 16일 샹베리에서 사망하였다.

리를 보러 레 샤르메트에 종종 오곤 했다. 이들의 방문은 내게 큰 도움이 되었다. 하느님이 그들의 영혼에 선으로 보답하시기를. 내가 이렇게 기원을 드리는 것은 그 당시 그들은 너무 노령이었으므로 오늘날까지 살아있으리라고는 볼 수 없기 때문이다. 나도 그들을 만나러 샹베리에 가곤 하였으므로 점차 그들이 사는 수도원과도 친숙하게 되었다. 그들의 서재도 내 마음대로 이용할 수가 있었다. 이 행복한 시기의 추억은 이 예수회 신부들의 추억과 결부되어 있어서 하나를 통해서 또 다른 하나를 사랑하게 될 정도이다. 그래서 그들의 교리가 내게는 늘 위험하게 보였지만, 이 두 신부만은 미워하려고 해도 결코 진정으로 미워할 수가 없었다.

내 마음에 가끔 일어나는 유치한 생각이 다른 사람들의 마음에도 가끔 일어나는지 어떤지 알고 싶다. 공부에 몰두하고 인간으로서 할 수 있는 가장 죄 없는 생활을 하는 가운데서도 또 사람들에게서 들을 만한 조언은 다 들었음에도 불구하고, 지옥에 대한 공포로 여전히 불안했다. 나는 종종 스스로에게 이렇게 물었다.

"나는 어떤 상태에 있는가? 지금 당장 죽으면 지옥에 떨어지게 될까?"

내가 읽은 장세니스트들에 따른다면 그것은 의심할 여지가 없었다. 그렇지만 내 양심에 비추어본다면 그렇지 않은 것 같았다. 늘 겁을 먹고 그 무서운 불안 속에서 동요하면서 나는 거기서 벗어나기 위하여 더없이 가소로운 수단을 동원했다. 그런데 만약 다른 사람이 그런 짓을 하는 것을 보았다면 나는 기꺼이 그 사람을 미친 사람으로 보고 가두었을 것이다. 하루는 이 음울한 문제를 곰곰이 생각하면서 기계적으로 나무줄기에 돌을 던지는 운동을 하고 있었다. 그것도 평소처럼 멋들어진 솜씨로. 즉 거의 하나도 맞추지 못한 채 말이다. 나는 이런 재미있는 운동을 하는 동안에 불안을 가라앉히기 위해 일종의 점이라도 쳐볼 생각이 들었다. 나는 내 자신에게 일렀다.

"내 정면에 서 있는 나무에 이 돌을 던질 것인데, 그것을 맞히면 구원의 징조고 못 맞히면 지옥 갈 징조다."

이렇게 말하면서 무섭도록 가슴 두근거리며 떨리는 손으로 돌을 던졌다. 그런데 천만다행으로 그 돌은 나무 한가운데 보기 좋게 맞았다. 그런데 사실 이것은 어려운 일이 아니었다. 그도 그럴 것이 일부러 엄청나게 굵은 데다가 아주 가까이 서 있는 놈을 골랐기 때문이다. 이때부터 나는 더 이상 내가 구원될 것이라는 사실을 의심하지 않게 되었다. 이런 행위를 회상할 때면 나 자신에 대해 웃어야 할지 한탄해야 할지 모르겠다. 틀림없이 웃고 있는 당신네 위대한 사람들이여, 스스로를 자랑스러워하시라. 그러나 내 비참함을 모욕하지는 말아라. 왜냐하면 당신들에게 장담하건대, 나도 내 비참함을 잘 느끼고 있으니 말이다.

그런데 아마 신앙심과 분리될 수 없을 이러한 번민과 근심이 지속적인 상태가 된 것은 아니었다. 나는 보통 꽤 평온하였고, 죽음이 가깝다는 생각이 내 영혼에 주는 인상도 슬픔이라기보다는 편안한 나른함으로, 심지어 나름대로의 감미로움을 갖고 있었다. 최근 나는 오래된 서류들 가운데서 내가 나 자신에게 한 일종의 설교를 찾아냈다. 거기서 나는 죽음에 직면할 수 있는 충분한 용기를 자신에게서 찾을 수 있는 연령에 이르러, 일생 동안 육체적으로나 정신적으로 커다란 고통을 겪지 않고 죽게 되어 만족하고 있었다. 얼마나 그때 내 생각이 옳았던 것인가. 어떤 예감으로 인하여 나는 고생하기 위해 사는 것에 대해 두려움을 갖게 된 것이다. 나는 노후에 나를 기다리고 있는 운명을 예상한 것 같았다. 일찍이 행복한 시기만큼 예지에 그렇게 가까이 다가갔던 적은 없었다. 과거에 대해 큰 아쉬움도 없고 미래에 대한 걱정에서도 벗어나 있었기 때문에, 내 마음을 끊임없이 지배하던 감정은 현재를 향유하는 것이었다. 신앙심이 깊은 사람들도 그들에게 허락된 순진무구한 쾌락을 희열을 갖고 맛보게 하는 작지만 매우 강렬한 관능적 욕망을 갖고 있는 것이 보통이다. 그런데 세속적인 쾌락을 찾는 사람들은 그 때문에 신앙심이 깊은 사람들을 크게 비난한다. 나는 그 이유를 알 수 없다. 아니 더 정확히 말하면 너무 잘 알고 있다고나 할까. 그것은 그들 자신이 소박한 즐거움들에 대해 싫증이 났으면서도 그러한 즐거움들을 다른 사람들이 즐기는 것을 부러워하기 때문이다. 나는 그런 취향을 갖고 있었다. 그리고 양심의 가책 없이 그것을 만족시키는 것이 즐겁다고 생각했다. 아직도 순진한 내 마음은 아이의 즐거움을 갖고, 아니 감히 말한다면 천사의 쾌락을 갖고 모든 것에 몰두하였다. 정말로 이 조용한 향락에는 천국의 향락이 갖는 조용함이 깃들어 있기 때문이다. 몽타뇰의 풀밭 위에서의 점심식사, 정자 아래서의 저녁식사, 과일 수확, 포도 수확, 우리 일꾼들과 함께 밤새워 삼 껍질을 벗기는 일, 이 모든 것이 우리에게는 죄다 축제가 되었는데 엄마도 거기서 나와 똑같은 기쁨을 느꼈다. 산책은 호젓할수록 한결 더 큰 매력이 있었는데, 더 자유롭게 마음을 털어놓았기 때문이다. 그 중에서도 엄마가 이름으로 쓰는 성(聖) 루이25)의 축제날에 우리가 가졌던 산책은 내 기억 속에 생생히 남아있다. 동틀 무렵 카르멜회의 수도사가 집 옆에 있는 예배당에 와서 올리는 미사가 끝난 후에 우리끼리만 아침 일찍 떠났다. 전에 나는 우리가 사는 구릉의 반대편 구릉을 돌아보자고 제안했는데, 그곳은 우리가 아직 한 번도 가본 적이 없었다. 산책이 하루 종일 걸릴 예정이어서 우리는 먹을 것을 미리 보내두었다. 엄마는 약간 통통하고 살이 찐 편이었지만 무척 잘 걸었다. 우리는 이 언덕 저 언덕 이 숲 저 숲을, 가끔 햇볕으로 나가기도 했지만 대개는 그늘을 택하여, 때때로 쉬어가기도 하고 몇 시간 내내 우리 자신을 잊기도 하면서 돌아다녔다. 그러면서 우리들과 우리들의 결합과 우리들의 감미로운 운명에 대해서 이야기를 나누고 또 그것이 지속

---

25) 바랑 부인의 이름은 루이즈(Louise)인데 그것은 루이(Louis)의 여성 이름이다.

되도록 빌었다. 그러나 그 소원은 이루어지지 않게 된다. 모든 것이 이날의 행복을 위해 협력하는 것 같았다. 최근에 비가 온 적이 있어서 전혀 먼지도 일지 않았고 개울에는 물이 시원하게 흐르고 있었다. 산들바람이 나뭇잎들을 흔들고 공기는 맑았고 지평선에는 구름 한 점 없어, 우리들의 마음처럼 하늘에도 청량함이 펼쳐져 있었다. 우리의 점심은 한 농부의 집에서 차려졌고, 우리는 그의 가족들과 점심을 나누었다. 그들은 진심으로 우리에게 축복을 빌었다. 이 가난한 사부아 사람들은 정말 선량한 사람들이다! 점심식사 후 우리는 커다란 나무들 아래 그늘을 찾아갔다. 거기서 우리가 마실 커피를 끓이려고 내가 마른 나뭇가지를 모으는 동안 엄마는 덤불 사이에서 식물채집을 즐기고 있었다. 그리고 내가 길을 가면서 그녀를 위해 따 모은 꽃다발의 꽃들을 갖고 그녀는 그 구조에서 수많은 흥미로운 것들을 눈여겨보도록 가르쳐 주었다. 나는 그것들이 상당히 재미가 있었고 그 때문에 식물학에 대한 취미를 갖게 된 것이 틀림없다. 그러나 그때는 아직 때가 아니었고 나는 너무나 많은 다른 공부들에 정신이 팔려 있었다. 그런데 느닷없이 떠오른 어떤 생각이 나를 사로잡아 꽃과 식물을 잠시 잊게 되었다. 이때 내가 처해 있었던 마음의 상태, 그날 우리가 말하고 행했던 모든 것, 나에게 강한 인상을 주었던 대상들이 7, 8년 전 안시에서 완전히 깨어 있는 상태에서 꾸었던 그런 종류의 꿈을 상기시켰는데, 그 백일몽에 대해서는 바로 그 대목에서 말한 바 있다. 그 유사성이 하도 놀라워서 그것을 생각하면서 나는 눈물이 나올 정도로 감격하였다. 나는 감동에 북받쳐서 이 사랑스러운 여자 친구를 껴안았다. 나는 정열에 넘쳐 그녀에게 말했다.

“엄마, 엄마. 이날이야말로 오래전부터 나에게 약속된 날입니다. 내게는 그 이상 가는 것이 없습니다. 나의 행복은 당신 덕분에 그 절정에 이르렀습니다. 이 행복이 이후 내리막길로 들어서지 않았으면 좋겠습니다! 내가 이 행복에 대한 취향을 간직하는 한 그것이 언제까지나 계속되기를 바랍니다! 이 행복은 오직 내 생명이 끝날 때 같이 끝날 것입니다."

　내 행복한 나날은 이렇게 흘러갔다. 나는 이것을 깨뜨릴 그 어떤 것도 보지 못하면서 사실 내가 죽어서야 이것이 끝날 것이라고 생각했던 만큼 더욱 행복한 나날이었다. 그것은 내 근심의 샘이 완전히 말라붙었기 때문은 아니다. 그러나 나는 샘이 흐르는 방향이 다시 바뀌는 것을 보았고, 근심의 샘이 그것과 함께 근심을 치유하는 약을 가져오도록 내 최선을 다해 그 흐름을 유익한 대상들로 돌렸다. 엄마는 원래 전원을 좋아했고 이러한 애착은 나와 함께 있어도 식지 않았다. 그녀는 차차 농사일에 취미를 붙이게 되었다. 그녀는 토지를 개간하는 것을 좋아했고, 이에 대한 지식도 있었으므로 그 지식을 즐겁게 사용하였다. 그녀가 빌렸던 집에 딸린 땅만으로는 만족하지 못하고 때로는 밭을 세내기도 하고 때로는 방목지를 세내기도 하였다. 마침내는 집에서 놀고 지내는 대신 자신의 사업적 기질을 농사일에 기울여 곧 대농(大農)이라도 될 것처럼 굴었다. 나로서는 그녀가 이렇게 일을 벌이는 것을 보는 것이 그리 달갑지 않았고 내가 할 수 있는 한 거기에 반대하였다. 그녀가 계속 사람들에게 속을 것이고 손이 커서 돈을 헤프게 쓰는 그녀의 기질로 보아 늘 지출이 수입을 넘게 될 것이 뻔했기 때문이다. 그렇지만 아무리 적은 수입이라도 전혀 없는 것보다는 나을 것이며 그녀의 생활에도 도움이 될 것이라고 생각하면서 자위했다. 그래도 그녀가 세울 수 있었던 모든 계획들 중에서 그 계획이 가장 돈이 덜 들 것처럼 보였다. 그리고 나는 그것을 엄마처럼 수익의 대상으로 보지 않고 그녀를 좋지 않은 사업이나 사기꾼들로부터 보호하는 지속적인 일거리로 보았다. 나는 이러한 생각에서 그녀의 사업을 감독하기 위해 그리고 그녀 일꾼들의 감독이 되고 그녀의 최고 일꾼이 되기 위해 내게 필요한 만큼의 힘과 건강을 회복하기를 간절히 바랐다. 물론 이런 일을 하려면 운동을 하지 않을 수 없었는데, 이러한 운동으로 종종 책과 멀어지고 내 상태에도 관심이 멀어져 건강상태가 더 좋아질 것이 틀림없었다.

　그해 겨울, 바리요가 이탈리아에서 돌아오면서 내게 책을 몇 권 가져다주었는데, 그 중에서도 반키에리 신부의 《본템피》(Bontempi) 26) 와 《악전》(樂典) 27) 은 내게 음악사와 이 아름다운 예술의 이론적 연구에 대한 취미를 갖게 만들었다. 바리요는 잠시 우리와 같이 있었는데, 나는 몇 달 전부터 성년이 되었으므로28) 오는 봄에는 제네바에 가서 행방을 모르는 형이 어떻게 되었는지 알 때까지 내 어머니의 유산 중에서 내 명의로 되어 있는 몫만이라도 청구하기로 합의되었다. 이 일은 결정된 대로 실행되었다. 나는 제네바로 갔는데 아버지는 아버지대로 그리로 왔다. 아버지는 오래전부터 그곳에 다시 오곤 했는데, 그가 자신에 대한 체포령을 해제시키지는 않았지만 그에게 시비를 거는 사람은 없었다. 사람들은 그의 용기를 존경하고 그의 성실함에 경의를 갖고 있었기 때문에 그 소송사건을 잊고 모르는 체하고 있었다. 그리고 관헌들도 얼마 후에 명백히 모습을 나타낸 그 대단한 계획에 정신이 팔려 있어서 시민계급에게 공연히 자신들이 예전에 보였던 편파성을 상기시켜서 그때보다 앞서 시민계급의 심기를 건드리려고 하지 않았다. 29)

　내가 개종했기 때문에 까다롭게 굴까봐 걱정했지만 아무 일도 없었다. 이 점에서 제네바의 법률은 베른의 법률보다 덜 엄격했는데, 베른에서는 개종하는 사람은 자신의 법률상 신분만이 아니라 재산까지 잃기 때문이다. 그러므로 내 재산을 빼앗으려는 사람들은 없었지만 어찌된

---

26) 1695년 페루즈에서 출판된 《음악사》(Istoria musica) 로 추정된다.
27) 1610년 베네치아에서 출간된 《악전》(Cartella di musica) 이다.
28) '그해 겨울'은 1736년과 1737년 사이의 겨울이기 때문에 당시 관습대로 성년을 25세로 보면 그는 아직 성년이 아니었다.
29) 루소는 5권 말미에서 이미 이 여행에 대해 암시한 바 있다. 그때 그는 르페롱 전투를 목격했다. 그러므로 "그해 겨울"은 1736년부터 1737년 사이의 겨울을 가리킨다.

384

셈인지 재산이 형편없이 줄어들어 있었다. 30) 사람들은 형이 죽었다고 거의 확신했지만 전혀 법률상의 증거가 없었다. 내게는 형의 몫을 요구할 충분한 권리가 없어서 그것을 생계에 도움이 되도록 아버지에게 미련 없이 넘겨주었고, 아버지는 살아계시는 동안 그 수익권을 누리셨다. 재판수속이 끝나고 내 돈을 받자마자, 나는 그 일부를 책에 쓰고 나머지는 엄마에게 바치려고 날아갈 듯 달려갔다. 오는 도중 내 마음은 기쁨으로 설레었다. 그리고 그 돈을 엄마 손에 건네주는 순간은 그 돈이 내게 들어왔던 순간보다 천 배나 더 흐뭇했다. 엄마는 아름다운 영혼의 소유자들이 그렇게 하듯이 아무렇지도 않게 돈을 받았는데, 그런 사람들은 애써서 그렇게 하는 것이 아니기 때문에, 그렇게 하는 것을 보고도 감탄하지 않는다. 그 돈은 거의 고스란히 나를 위해 사용되었는데, 그것 역시 받을 때와 마찬가지로 아무런 꾸밈이 없었다. 그 돈이 다른 데서 그녀에게로 들어왔다고 해도 똑같이 나를 위해 사용되었을 것이다.

그렇지만 내 건강은 조금도 회복되지 않았다. 오히려 나는 눈에 띄게 쇠약해졌다. 죽은 사람처럼 창백했고 해골처럼 말랐다. 동맥이 뛰는 것은 정말 끔찍할 정도였고 심장의 고동은 더욱 빨라졌다. 나는 계속 숨이 막혔고, 마침내 움직이기 힘들 정도로 약해졌다. 걸음을 빨리 걸으면 숨이 찼고, 몸을 구부리면 현기증이 났다. 아무리 가벼운 짐도 들 수 없었다. 나는 무력함에 빠졌는데, 그것은 나같이 가만히 있지 못하는 사람으로서는 가장 괴로운 일이었다. 이 모든 증세에는 다분히 우울증이 겹쳐진 것이 분명했다. 우울증은 행복한 사람의 병인데, 그것이 바로 내가 걸린 병이었다. 울 이유도 없는데 종종 눈물을 흘리고, 나뭇잎이나 새소리에도 무서워서 깜짝 놀라고, 더할 나위 없이 즐거운 삶의 평온

---

30) 루소가 태어난 집은 어머니의 소유였는데, 자식들이 성년에 이를 때까지 유산의 사용수익권을 가지고 있던 아버지 이자크 루소가 빚 때문에 그 유산의 절반 이상을 써버렸다.

함을 누리면서도 기분이 수시로 바뀌는 것, 이 모든 것들은 말하자면 감수성을 이상하게 만드는 안락함에 대한 지겨움을 나타내고 있었다. 우리는 별로 이 세상에서 행복하도록 만들어져 있지 않아서, 정신과 육체가 둘 다 고통을 겪지 않을 때는 정신이나 육체 중 하나가 필연적으로 고통을 겪어야만 한다. 그리고 한쪽이 상태가 좋으면 그것은 거의 언제나 다른 한쪽에 해가 된다. 내가 기분 좋게 삶을 즐길 수 있었을 때라도 쇠약해진 육체가 그것을 막았다. 그 병의 원인이 진정 어디에 뿌리를 두고 있는지 말할 수도 없는 상태에서 말이다. 그 후에 나이도 많이 먹고 매우 뚜렷하고 심각한 병들이 걸렸음에도 불구하고 내 육체는 내게 닥친 불행들을 더 잘 느끼기 위해 힘을 회복한 것 같다. 그래서 병약한 상태로 거의 육순에 접어들어 온갖 종류의 고통들에 시달리면서 이 글을 쓰고 있는 지금, 한창 젊었을 때 다시없이 참된 행복 가운데 즐기기 위해 가졌던 것보다 더욱 왕성한 원기와 활력을 고통을 겪기 위하여 내 자신 안에서 느끼고 있다.

시작한 공부를 마무리하기 위하여 내가 하는 독서에 생리학을 얼마간 집어넣은 후 해부학을 공부하기 시작하였다. 그리고 내 생체를 구성하고 있는 수많은 부속품들과 그 기능들을 하나하나 검토하면서 하루에 스무 번이나 이 모든 것이 제대로 돌아가지 않는 느낌에 사로잡혔다. 내가 죽어가고 있는 데 놀라기는커녕 내가 아직 살아갈 수 있는 것에 놀랐다. 그리고 병에 대한 설명을 읽을 때마다 그것이 내가 걸린 병이라고 생각되었다. 내가 병에 걸리지 않았다 하더라도 불행을 불러오는 이런 공부를 하면 병에 걸리게 되었을 것이라고 확신한다. 각각의 병에서 내 병의 증세를 발견하고는 나는 그런 병들을 모두 갖고 있다고 믿었고 게다가 내가 나았다고 생각했던 한층 더 끔찍한 병을 얻게 되었는데, 그것은 병을 고치고 싶다는 욕심이었다. 그것은 의학책들을 읽기 시작할 때 피하기 힘든 병이다. 너무나 많이 연구하고 고찰하며 비교한 나머지 내 병의 근본은 심장의 용종(茸腫) 31) 이라고 생각하게 되었다. 살로몽 씨 자신도 이러한 견해에 강한 인상을 받은 것 같았다. 이치로 보면 나는 이러한 생각에서 출발하여 이전의 결심을 굳히는 쪽으로 나가야만 했다. 그러나 나는 전혀 그렇게 하지 않았다. 나는 그 굉장한 치료를 시도할 결심을 하고, 심장의 용종을 고칠 수 있는 방법을 찾기 위하여 온갖 궁리를 짜냈다. 전에 아네가 몽펠리에의 식물원과 그곳 실험교수인 소바주 씨를 만나러 몽펠리에를 여행했던 적이 있었는데, 그는 피즈 씨32) 란 분이 이와 비슷한 용종을 고쳤다는 말을 들었다. 엄마는 이 말을 듣고 기억하고 있다가 내게 말해주었다. 피즈 씨의 진찰을 받으러 가고 싶다는 욕망을 불러일으키기 위해서 그 이상의 말이 필요 없었다. 병을 고친다는 희망에 나는 여행을 시도할 용기와 힘을 되찾게 되었다. 그 비용은 제네바에서 가져온 돈으로 충당했다. 엄마는 나를 말리기는커녕 오히려 부추겼다. 그래서 나는 몽펠리에로 떠난 것이다. 33)

내가 필요로 하는 의사를 만나기 위해서는 그렇게 멀리 가지 않아도 좋았다. 말을 타면 너무 피곤해서 그르노블에서 마차를 탔다. 무아랑에서는 내 마차 뒤에 대여섯 대의 마차가 줄줄이 도착했다. 이번에야말로 정말 '들것 사건'34) 과 흡사했다. 그 마차들의 대부분은 뒤 콜롱비에35) 라는 신부(新婦) 의 일행이었다. 그녀와 함께 또 다른 부인이 있었는데,

---

31) 혹은 폴립.

32) Antoine Fizes (1690~1765) : 의학대학의 의사이자 교수로 임상의로 대단한 명성을 얻었다.

33) 루소가 샹베리를 떠난 것은 루소가 바랑 부인에게 보낸 편지로 볼 때 1737년 9월 11일로 추정된다.

34) 스카롱의 《우스운 이야기》(Roman comique) 에서 '들것 사건'이라는 제목이 붙은 장을 암시하고 있다(《고백록》 4권 주 10 참조).

35) 뒤 콜롱비에 부인(Mme du Colombier) 은 그르노블 고등법원에서 왕의 고문의 부인이었다.

그녀의 이름은 라르나주 부인36) 으로 뒤 콜롱비에 부인보다 덜 젊고 덜
아름다웠지만 덜 사랑스럽지는 않았다. 그녀는 뒤 콜롱비에 부인이 내
리는 로망에서부터 퐁 뒤 생테스프리 근처의 생탕데올 마을까지 계속
길을 가기로 되어 있었다. 여러분들은 내가 수줍은 것을 알기 때문에 수
줍은 내가 이렇게 화려한 부인들이나 그들을 둘러싼 일행들과 그렇게
빨리 금방 친해질 턱이 없었다고 예상할 것이다. 그런데 말이다, 같은
길을 가고 같은 여인숙에 묵으면서, 무뚝뚝한 사람으로 통하지 않으려
면 같은 식탁에 얼굴을 내밀지 않을 수 없어서 자연히 사귀지 않을 수 없
게 되었다. 그래서 사귐이 이루어졌는데, 심지어 내가 원했던 것보다
더 빨랐다. 그도 그럴 것이 이 모든 소란은 환자에게는 특히 나 같은 기
질의 환자에게는 그리 어울리지 않았기 때문이다. 그러나 바람기 있는
이런 여인들은 호기심으로 인해 매우 꼬리를 쳐서 남자를 사귀려면 먼
저 그 사람의 머리를 돌게 만든다. 그런데 내게도 바로 그런 일이 일어
났다. 뒤 콜롱비에 부인은 그녀를 따라다니는 발바리 같은 젊은 남자들
에게 너무 둘러싸여 있어서 나를 꼬드길 시간도 거의 없는 데다가 우리
는 곧 헤어질 것이어서 그럴 필요도 없었다. 그러나 라르나주 부인은 귀
찮게 따라다니는 남자들이 별로 없어서 남자 길동무들을 모자라지 않게
마련해야만 했다. 드디어 라르나주 부인이 나를 유혹하자, 가련한 장자
크와는 이별이었다. 더욱 정확히 말하면 그 열과 우울증과 용종과 이별
을 했던 것이다. 그녀 옆에서 모든 것이 사라지고, 내게는 오직 심장의

---

36) Suzanne-Françoise du Saulzey, Mme de Larnage(1692?~1754) : 라르
나주 부인은 1716년 왕의 군대 사령관인 라르나주 영주와 결혼했다. 부부
는 볼렌에 정착해서 4명의 자녀를 낳았다. 이후 그들은 헤어졌다가 다시
만나 6명의 자녀를 더 낳았다. 그러나 1735년부터 그들은 결정적으로 갈라
섰다. 1736년 가을 라르나주 부인은 생탕데올 마을의 대로에 정원이 있는
아름다운 집을 빌렸다.

고동만이 얼마간 남았는데 그녀는 이것은 고쳐주려고 하지 않았다. 내 건강상태가 좋지 않다는 것이 우리가 사귀게 된 계기가 되었다. 사람들은 내가 아픈 것을 보았고 몽펠리에에 가는 것을 알았다. 내 용모나 태도로 보아 탕아로는 보이지 않은 것이 틀림없다. 왜냐하면 내가 사람들로부터 성병을 고치러 거기 간다는 의심을 받지 않았다는 것이 후에 명백해졌기 때문이다. 남자로서 병든 상태라는 것이 부인들에게 내밀 만한 대단한 추천장은 아니지만, 어쨌든 나는 그로 인해 부인들에게 흥미로운 대상이 되었다. 아침이면 그녀들은 사람을 보내 내 안부를 묻고 또 자기들과 함께 초콜릿을 마시자고 초대했다. 그리고 밤에는 어떻게 지냈는지 물었다. 한번은 생각 없이 말하는 그 훌륭한 버릇이 튀어나와 모르겠다고 대답했다. 이러한 대답을 듣고 그녀들은 내가 바보라고 생각하게 되었다. 그녀들은 나를 더욱 살펴보았는데, 이러한 심사는 내게 해롭지 않았다. 한번은 뒤 콜롱비에 부인이 자기 친구에게 이런 말을 하는 것을 들었다. "그는 상류사회의 예법을 모르지만 귀여워." 이 말에 나는 대단히 안심이 되었고, 이로 인하여 실제로 귀엽게 되었다.

서로 친해짐에 따라 자기 신상을 이야기하고 어디에서 온 누구라는 것을 말하지 않을 수 없었다. 이것은 나를 난처하게 했다. 그도 그럴 것이 상류사회 사람들 사이에 그리고 세련된 부인들과 함께 있으면서 새로 개종한 사람이라고 말하면 그 말이 내게 치명타가 될 것이라는 사실을 너무나 잘 알고 있었기 때문이다. 나도 모르게 이상하게 영국사람 행세를 할 생각이 나서 제임스 2세 당원37)으로 자처했고, 사람들은 나를

---

37) 제임스 2세(James Ⅱ)는 1685년부터 1688년까지 영국의 왕으로 재위하면서 가톨릭교를 옹호하는 정책을 시행하여 명예혁명으로 퇴위하게 되었다. 그후 제임스 2세는 프랑스로 망명하여 루이 14세의 비호 아래에서 왕위 탈환을 기도하였으나 실패하고 1701년 생제르맹에서 죽었다. 제임스 2세 당원이란 그 왕자와 왕손을 영국 왕위에 다시 앉히기 위하여 반란을 모의한

그렇게 알았다. 내 이름은 더딩[38]이라고 해서, 사람들은 나를 '더딩 씨'라고 불렀다. 거기에 있던 그 고약한 토리냥 후작[39]은 나처럼 병약하고 게다가 나이가 들고 꽤 심술궂었는데, 더딩 씨와 이야기를 나눌 생각을 했다. 그는 내게 제임스 왕이니 왕위 계승권을 주장하는 왕자니 생제르맹의 옛 궁정에 대해 말했다. 나는 바늘방석에 앉은 것 같았다. 나는 그 모든 것에 대해 해밀턴 백작의 저서[40]나 잡지에서 읽었던 알량한 지식밖에는 없었다. 그렇지만 나는 이 알량한 지식을 썩 잘 활용해서 궁지에서 벗어났다. 아무도 내게 영어에 대해 질문할 생각을 하지 않아서 천만다행이었는데, 나는 영어를 단 한마디도 몰랐기 때문이다.

일행은 모두 뜻이 잘 맞아서 서로 헤어지는 순간을 아쉬워하고 있었다. 우리는 달팽이처럼 느릿느릿 돌아다녔다. 우리는 어느 일요일 생마르슬랭에 있었다.[41] 라르나주 부인이 미사에 가기를 원해서 그녀와 함께 미사에 갔다. 그것이 내 연애사업을 망칠 뻔하였다. 거기서 나는 평상시처럼 처신하였다. 내 조신하고 조용한 태도를 보고 그녀는 나를 신앙심이 깊은 사람으로 여기고, 내게 이틀 후에 털어놓은 것처럼 나를 극히 못마땅하게 생각했다. 이러한 나쁜 인상을 지우기 위해 그 뒤에 나는 상당한 애교를 떨어야만 했다. 아니 더 정확히 말하자면 라르나주 부인은 경험이 많고 쉽사리 물러서지 않는 여자라 내가 어떻게 곤경을 벗어

---

사람들을 말한다.

38) Dudding(영어로 'dud'는 '가짜, 위조된'을 의미한다).

39) 사실은 토리냥 후작(Le marquis de Torignan)이 아니라 톨리냥 후작(Le marquis de Taulignan)이다. 그는 1666년 9월에 태어나서 당시 71살이었다.

40) 영국 궁정의 사랑이야기를 언급한 안투안 해밀턴(Antoine Hamilton)의 《그라몽 백작의 회고록》(1713)을 말한다.

41) 생마르슬랭은 그르노블에서 52㎞밖에 떨어져 있지 않기 때문에 루소가 그곳에 도착한 것은 9월 15일임이 분명하다. 따라서 루소와 라르나주 부인이 사귄 것은 하루밖에 되지 않는다.

나는지 보기 위해 위험을 무릅쓰고 먼저 수작을 붙이려고 들었다. 그녀는 내게 수작을 많이 걸었는데, 그 수작들이 너무 진해서 나는 내 얼굴을 과신하기는커녕 그녀가 나를 조롱하고 있다고 생각했다. 이런 어리석은 생각에서 온갖 바보 같은 짓을 다 했다. 〈유산〉(遺産)⁴²⁾에서 나오는 후작보다 더 형편이 없었다. 그러나 라르나주 부인은 꿋꿋이 버티면서 내게 온갖 교태를 부리고 너무 달콤한 말을 속삭여서 나보다 훨씬 약은 사람이라도 그 모든 것을 진실하게 받아들이기란 상당히 힘이 들었을 것이다. 그녀가 그런 식으로 나오면 나올수록 내 생각은 굳어졌고, 나를 더 고통스럽게 한 것은 내가 쉽사리 그녀에게 정말로 사랑을 느꼈다는 것이다. 나는 탄식하면서 나 자신에게 또 그녀를 향해 "이 모든 것이 사실이라면 좋으련만! 그러면 나는 가장 행복한 사내일 텐데"라고 중얼거렸다. 나는 풋내기로서의 내 순진함이 계속 그녀의 바람기를 부채질했다고 생각하고 있다. 그리고 그녀는 실패의 고배를 들고 싶지 않았던 것이다.

우리는 로망에서 뒤 콜롱비에 부인을 비롯한 그 일행과 헤어졌다. 라르나주 부인과 토리냥 후작 그리고 나 우리 세 사람은 정말이지 더할 나위 없이 느릿느릿 그리고 즐겁게 여정을 계속했다. 후작은 건강도 좋지 않고 잔소리도 심했지만 꽤 선량한 사람이었다. 그러나 그는 고기 굽는 냄새를 맡으면서 자기 빵만 먹을 정도로 남의 즐거움을 구경하는 것만으로는 그리 만족하지 않았던 것이다. 라르나주 부인은 내게 갖는 애착을 별로 숨기지 않아서 그는 바로 나보다 먼저 그것을 눈치챘다. 내가 감히 그 부인의 친절함에 신뢰를 갖지는 못했더라도, 적어도 그의 심술궂은 빈정거림은 신뢰해야만 했을 것이다. 그러나 나는 오직 내게만 있는 성격적인 결점으로 인하여 그들이 짜고 나를 놀리고 있다고 생각했

---

42) 1736년에 발표된 마리보(Marivaux)의 희극.

던 것이다. 그 어리석은 생각은 드디어 머리를 뒤집어놓아, 정말 반해
버린 내 마음이 나를 꽤 근사한 인물이 되도록 부추길 수 있는 상황에서
가장 별 볼일 없는 사람 노릇을 하게 되었다. 라르나주 부인이 어떻게
내 무뚝뚝함에 정나미가 떨어지지 않았는지 또 나를 극도로 경멸하면서
쫓아버리지 않았는지 이해가 안 간다. 그러나 그녀는 주변 사람들을 판
별할 줄 아는 재치 있는 여인이라서 내 행동이 냉담함보다는 어리석음
에서 나왔다는 것을 알고 있었다.

결국 라르나주 부인은 자신의 뜻을 내게 이해시키는 데 성공하였다.
하지만 그것은 쉽지는 않은 일이었다. 우리는 발랑스에 도착해 점심을
먹었다. 그리고 우리들의 칭찬받을 만한 관행에 따라 거기서 그날의 나
머지 시간을 보냈다. 우리 숙소는 교외에 있는 생자크에 있었다. 나는
이 여관을 라르나주 부인이 거기서 들었던 방과 마찬가지로 영원히 잊
지 못할 것이다. 점심식사 후에 그녀는 산책하려고 했다. 그녀는 후작
이 돌아다니기를 좋아하지 않는다는 것을 알고 있었기 때문에, 그것은
둘만의 만남을 마련하려는 계책이었다. 그녀는 이를 이용하려고 단단
히 결심을 해둔 상태였는데, 더 이상 허비할 시간이 없어서 시간을 잘
이용해야만 했기 때문이다. 우리는 성벽의 도랑을 따라 도시 주위를 산
책하였다. 그때 나는 사연 많은 내 신세 한탄을 다시 끄집어내었다. 그
녀는 이따금 자신이 잡고 있는 내 팔을 자기 가슴에 대고 꽉 누르면서 그
이야기에 너무나 상냥한 어조로 답변해서 나처럼 우둔한 사람이 아니라
면 그녀가 진심으로 말하는 것인지 시험하지 않을 수 없었을 것이다. 그
런데 우스꽝스러운 일은 나 자신이 극도로 감동하고 있었다는 것이다.
나는 그녀가 사랑스럽다고 말한 바 있다. 사랑은 그녀를 매력적으로 만
들었고, 그녀에게 이팔청춘의 화사함을 전부 돌려주었다. 그리고 그녀
는 너무나 능란하게 애교를 부려서 결코 흔들리지 않는 남자라도 유혹
했을 것이다. 그래서 나는 매우 거북했고 언제라도 내 자신을 자유분방

392

하게 풀어놓을 태세가 되어 있었다. 그러나 그녀의 감정을 상하게 하고 그녀의 비위를 거스를까 걱정스럽고, 조롱과 야유와 놀림을 받고 식탁에서 이야깃거리가 되고 몰인정한 후작에게 여자를 꾀는 일에 대해 축하받을지도 모른다는 것이 더 한층 두려워서 자제했지만, 내 어리석은 수치심에 대하여 그리고 그 수치심을 자책하면서도 그것을 극복할 수 없다는 것에 대하여 나 스스로 화가 치밀어 오를 정도였다. 나는 몹시 괴로운 처지에 있었다. 나는 그놈의 셀라동[43] 이야기는 이미 집어치운 터였는데, 이렇게 일이 잘되어 나가는 와중에서 그런 이야기는 완전히 우스꽝스럽다고 느꼈다. 더 이상 어떤 태도를 취할지 무슨 말을 해야 할지 몰라 입을 다물고 토라진 얼굴로 있었다. 요컨대 나는 내가 두려워했던 대우를 받기 위해 필요한 일을 모두 다한 셈이 되었다. 다행히 라르나주 부인은 더욱 인정미 넘치는 결정을 내렸다. 그녀는 갑자기 이러한 침묵을 깨뜨리고 한 팔로 내 목덜미를 감았다. 그 순간 내 입술 위에 포개진 그녀의 입술은 너무나 분명한 의사를 표현해서 내 잘못된 생각을 깨닫지 않을 수 없었다. 이러한 돌발적인 사태는 더 이상 시기적절할 수 없었다. 나는 사랑스러운 사람이 되었다. 그럴 때가 된 것이다. 나는 자신감의 결핍으로 거의 언제나 내 자신이 될 수 없었는데, 그녀는 나에게 이 자신감을 주었다. 나는 그때 나 자신이었다. 일찍이 내 눈과 내 관능과 내 마음과 내 입이 그렇게 의사를 잘 표현한 적은 없었다. 일찍이 내가 이렇게 완전히 내 잘못을 바로잡은 적은 없었다. 그리고 라르나주 부인이 이 대단치 않은 정복을 위해 어느 정도 정성을 들였다 해도, 나로서는 그녀가 그것에 대해 유감스러워하지 않았다고 믿을 이유가 있다.

　내가 백 년을 산다고 해도 나는 그 매력적인 여인에 대한 기억을 결코 기쁨 없이 떠올리지는 않을 것이다. 나는 그녀가 아름답지도 젊지도 않

---

43) 오노레 뒤르페의 목가소설 《아스트레》의 남자주인공으로 정신적 사랑을 추구하는 연인의 대명사이다.

았음에도 불구하고 매력적이라고 말한다. 그녀는 추하지도 늙지도 않았고, 그녀의 자태에는 그녀의 재기와 매력이 유감없이 발휘되는 것을 방해하는 것이 하나도 없었다. 다른 여성들과는 정반대로 그녀에게서는 얼굴이 덜 생기발랄한 곳이었는데, 연지가 그녀의 얼굴을 망쳤다는 생각이 든다. 그녀가 헤픈 데에는 그녀 나름의 이유가 있었는데, 그것은 자신이 갖는 모든 가치를 끌어내는 수단이었기 때문이다. 그녀를 보고 좋아하지 않을 수는 있지만, 그녀를 안아보고 그녀를 열렬히 사랑하지 않을 수는 없다. 그리고 내게 그것은 그녀가 나에게 그랬던 것만큼 언제나 헤프게 호의를 베풀지 않았다는 사실을 입증하는 것처럼 보인다. 그녀는 변명할 여지없이 너무나 돌발적이고 격렬한 정욕에 사로잡혔지만, 거기에는 적어도 관능만큼 진심이 들어있었다. 그리고 내가 그녀 곁에서 보낸 짧지만 감미로운 시간 동안 그녀가 내게 강제로 절제를 강요한 점에 비추어 나는 그녀가 관능적이고 육감적임에도 불구하고 자신의 쾌락보다 내 건강을 훨씬 더 소중히 여긴다고 생각할 이유가 있었다.

우리의 관계는 토리냥 후작의 눈을 피하지 못했다. 그러나 후작은 그 때문에 내게 공격을 덜 퍼붓지는 않았다. 오히려 그는 그 어느 때보다도 더 나를 소심한 가련한 애인, 자기가 사랑하는 귀부인의 가혹함에 쩔쩔매는 사람으로 취급했다. 그가 던지는 말이나 미소나 시선 하나하나에서도 우리들의 관계를 간파했다고 의심할 만한 점은 결코 없었다. 그래서 나보다 더 눈치가 빠른 라르나주 부인이 그가 우리에게 속아 넘어간 것이 아니라 그가 신사라서 그렇다고 말해주지 않았더라면 나는 그가 속고 있는 줄 알았을 것이다. 사실 어느 누구도 그가 언제나 그런 것처럼 더 정중한 친절을 베풀 수 없으며 더 예의 바르게 처신할 수 없을 것이다. 그는 심지어 내게도 그랬다. 그러나 농담할 때는, 특히 내가 성공한 이후 농담할 때는 예외였다. 그는 아마 성공의 영예를 내게 돌렸던 것 같았다. 그리고 나를 보기보다는 덜 멍청하다고 생각했다. 그런데 여러분들이 알다시피 그는 잘못 생각한 것이다. 그러나 무슨 상관인가. 나는 그의 착오를 이용했다. 그리고 당시에는 내가 상대를 조롱하는 사람이 되어서 진심으로 기꺼이 그의 독설에 빌미를 제공하고 가끔은 더 나아가 꽤 적절하게 독설을 받아치면서, 그녀 옆에서 그녀가 내게 불어넣어준 재치를 내 것처럼 자랑하면서 매우 자부심을 느꼈다. 나는 이제 지금까지의 나와 같지 않았다.

우리는 잘 먹는 고장에 있었고 계절도 잘 먹을 때였다. 우리는 토리냥 씨의 친절한 배려 덕분에 어디서나 정말 맛있게 먹었다. 그렇지만 나는 그가 우리들이 묵는 방까지 그러한 배려를 확대하는 것은 사양하고 싶었다. 그러나 그는 미리 자기 하인을 보내 방을 잡게 했고, 이놈은 제멋대로 한 것인지 주인의 분부대로 한 것인지 모르겠지만 주인을 라르나주 부인 옆에 묵게 하고 나를 집 반대편 끝에 처박아 넣곤 했다. 그러나 그로 인하여 내가 난처함을 겪은 일은 거의 없었고, 오히려 그 때문에 우리의 밀회는 더욱 자극적이 되었을 뿐이었다. 감미로운 삶이 4, 5일 지속되었고, 나는 그동안 더할 나위 없이 감미로운 성적 쾌락을 만끽하고 그것에 도취되어 있었다. 나는 그것을 고통이 조금도 섞여있지 않은 순수하고 강렬한 상태에서 맛보았다. 그것은 내가 이렇게 맛본 최초의 그리고 유일한 성적 쾌락이었으며, 내가 그 쾌락을 알지 못한 채 죽지 않은 것은 라르나주 부인의 덕택이라고 할 수 있다.

내가 그녀에게 느꼈던 것이 정확히는 사랑이 아니라 해도, 그것은 적어도 그녀가 내게 표시한 사랑에 대한 그토록 다정한 보답이었고, 쾌락 속에서의 그토록 뜨거운 관능이었으며, 대화 속에서의 너무나 달콤한 친밀함이어서, 거기에는 정열의 매력이 고스란히 들어 있었다. 그러나 머리를 돌게 해서 즐길 수 없게 만드는 정열의 열광은 없었다. 내 생애에 오직 단 한 번만 나는 진실한 사랑을 느꼈는데, 그것은 그녀 곁에서가 아니었다. 나는 이전이나 그때나 바랑 부인을 사랑하듯이 그녀를 사

랑하지도 않았다.  그러나 바로 그 때문에 백 배나 더 잘 그녀를 소유했
다.  엄마 옆에서 내 즐거움은 일종의 비애감, 극복하기 쉽지 않은 남모
르는 마음의 비통함에 의하여 방해를 받았다.  그녀를 내 것으로 삼아 기
쁨을 느끼기는커녕 그녀를 천하게 만든다는 자책감이 들었다.  라르나
주 부인 옆에서는 반대로 내가 사내이고 행복한 것을 자랑스럽게 생각
하면서, 자신감을 갖고 즐겁게 내 관능에 몰두하였고 그녀의 관능을 자
극하면서 그녀와 함께 그 느낌을 맛보았다.  나는 성적 쾌락만큼 자만심
을 갖고 나의 승리를 바라보고 이로부터 그 승리를 배가할 만한 것을 끌
어낼 수 있을 정도로 충분히 내 자신에 속해 있었다.

그 고장 사람이었던 토리냥 후작과는 어디서 헤어졌는지 기억이 나지
않는다.  어쨌든 몽텔리마르에 도착하기 전에 우리 둘만 있게 되었다.
그때부터 라르나주 부인은 자기 시녀를 내 마차에 태우고, 나는 그녀의
마차로 옮겨가서 그녀와 함께 탔다.  이랬으니 여정 중 지루할 리가 없었
고, 지나온 고장이 어땠는지 말하기란 상당히 어려웠을 것이다.  그녀는
몽텔리마르에 볼 일이 있어서 사흘을 붙잡혀 있었다.  그러나 그동안에
한 번의 방문을 위해 겨우 잠깐 동안만 내 곁을 떠났을 뿐이다.  이 방문
으로 사람을 난처하게 하는 귀찮은 부탁들이나 초대들을 받기도 했으나
그녀는 그것들을 수락할 생각이 없었다.  그녀는 몸이 불편하다는 핑계
를 댔지만, 우리들이 매일 단둘이서 세상에서 가장 아름다운 고장에서
그리고 더할 바 없이 아름다운 하늘 아래서 산책하러 나가는 데는 지장
이 없었다.  오, 이 사흘간이여! 나는 가끔 그날들을 그리워해야만 했는
데, 그런 날은 두 번 다시 돌아오지 않았기 때문이다.

여행 중의 사랑은 오래 지속되지 못하는 법이다.  우리들은 헤어지지
않으면 안 되었다.  그리고 고백하건대 그럴 때가 되었다.  그러나 벌써
싫증을 느꼈거나 또 막 그렇게 되려는 참이었기 때문은 아니다.  내 애착
은 매일 더해만 갔다.  그래서 부인의 온갖 조심성에도 불구하고 내게는

봉사하겠다는 열의를 제외하고는 거의 남은 것이 없었다. 그래도 헤어지기 전에 이 마지막 기회를 즐기려 들었고, 그녀는 몽펠리에의 노는계집들에 대한 대비책으로 이것을 참고 견뎠다. 우리들은 다시 만날 계획으로 이별의 아쉬움을 달랬다. 이러한 섭생법이 내게 효과가 있는 이상 나는 그것을 따르고, 라르나주 부인의 감독을 받으며 생탕데올 마을로 이번 겨울을 지내러 가기로 결정을 보았다. 그녀에게 험담을 예방할 수 있도록 손을 쓰는 시간을 주기 위해 몽펠리에에서는 5, 6주만 머무를 예정이었다. 그녀는 내가 알아 둘 일, 해야 할 말, 처신해야 할 방법 등에 대해서 자세한 지시를 해주었다. 그동안 서로 편지연락을 하기로 했다. 그녀는 내 건강을 돌보는 일에 대해 진지하게 많은 말을 했다. 용한 사람들에게 진찰을 받고 그들이 처방한 것이면 어떤 처방이든 매우 충실히 지키라고 권고했고, 그들이 내린 처방이 아무리 가혹하다 하더라도 내가 그녀 옆에 있는 동안에는 책임지고 그 처방을 실행하도록 만들 것이라고 장담했다. 나는 그녀가 진심으로 말했다고 생각한다. 왜냐하면 그녀는 나를 사랑하고 있었으니까 말이다. 그녀는 내게 애정의 표시보다 더욱 확실한 그 증거들을 수없이 보여주었다. 그녀는 내 차림으로 보아 내가 호화스런 생활을 하고 있지는 않다고 판단했다. 그녀는 자신도 부자가 아니면서 헤어질 때 그르노블에서 가져온 꽤 두툼한 지갑 속의 돈을 나눠 억지로 내게 쥐어주려고 했다. 그것을 거절하는 데 무척 힘이 들었다. 마침내 그녀와 헤어졌는데, 마음은 그녀의 생각으로 꽉 차 있었다. 그리고 아마 그녀에게도 내게 대한 참된 애정을 남겨준 것으로 생각된다.

나는 기억 속에서는 내 여정을 다시 시작하면서 여정을 마무리했다. 이번에는 안락한 마차를 탄 것에 대단히 만족하면서 그 안에서 내가 맛본 즐거움들과 내게 약속된 즐거움들을 더 편안히 공상하였다. 생탕데올 마을과 그곳에서 나를 기다리고 있는 유쾌한 생활밖에 생각하지 않

았다. 오직 라르나주 부인과 그 주변만이 눈에 떠올랐다. 그 나머지 세
계는 내게서 모두 없는 거나 다름없었다. 엄마마저 잊혀졌다. 나는 미
리 그녀의 거처며 이웃이며 사교모임들이며 생활방식 전체에 대해 감을
잡기 위하여 라르나주 부인과 관계가 있는 온갖 세세한 것들을 머릿속
에서 꾸며보았다. 그녀에게는 딸이 하나 있었는데, 그녀는 딸을 떠받드
는 어머니로서 그 딸에 대해 종종 내게 말했다. 그 딸은 15살이 넘었는
데, 활발하고 매력적이며 귀여운 성격이었다. 내가 그 아이에게는 사랑
을 받게 될 것이라고 보증했는데, 나는 이러한 보증을 잊지 않았다. 그
리고 라르나주 양이 자기 엄마의 좋은 친구를 어떻게 대할는지 생각하
면서 몹시 궁금해 했다. 퐁 생테스프리에서 르물랭까지 가는 동안 내 몽
상의 주제들은 그런 것들이었다. 사람들이 나보고 퐁 뒤 가르[44]를 구경
가라고 권유해서, 그렇게 했다. 맛있는 무화과로 아침식사를 마치고 나
서 안내원 한 사람을 고용해서 퐁 뒤 가르를 보러갔다. 이것은 내가 처
음으로 보는 로마인의 건축물이었다. 그것을 만든 사람들의 솜씨에 값
하는 유물을 보리라 예상했는데, 이번에는 그 대상이 내 예상을 뛰어넘
었다. 이런 것은 내 평생에 꼭 한 번뿐이었다.[45] 이러한 효과를 내는 것
은 로마인들만이 할 수 있는 일이다. 이 단순하고 숭고한 건축물의 광경
은 그것이 사방이 황량한 가운데 있어서 더욱 내게 강한 인상을 주었다.
거기서 정적과 고독은 그 대상을 더욱 감동적으로 만들고 더욱 강렬한
감탄을 자아내게 만들었다. 왜냐하면 이른바 이 다리라는 것은 겨우 수
로에 불과했기 때문이다. 도대체 어떤 힘이 이 거대한 돌들을 어느 채석

---

44) 프랑스 남부 론 강(江)의 지류인 가르(Gard)에 있는 다리로 로마의 대수
로의 일부이다.

45) 이 구절은 4권에서 루소가 파리에 도착한 다음 실망해서 다음과 같이 말한
것과 비교해야 한다. "그도 그럴 것이 풍요함에서 내 상상력을 넘어선다는
것은 인간들로서는 불가능하며 자연 자체로서도 어려운 일이기 때문이다."

398

장과도 멀리 떨어진 이곳으로 운반하였으며 수천 명이나 되는 인간의
일손을 아무도 살지 않는 이곳으로 모았단 말인가. 나는 이 웅장한 건조
물을 1층부터 3층까지 돌아보았는데, 존경심 때문에 그 위를 발로 밟기
조차 거의 황송할 지경이었다. 내 발소리가 커다란 아치형 난간들 아래
서 울릴 때 나는 이것을 건설한 사람들의 힘찬 목소리를 듣고 있다는 생
각이 들었다. 나는 이 광대함 속에서 벌레처럼 사라졌다. 나는 작아지
면서도 한편으로는 무엇인가가 내 영혼을 드높여 주는 것을 느꼈다. 나
는 탄식하면서 이렇게 중얼거렸다.

"어째서 나는 로마인으로 태어나지 않았단 말인가!"

나는 거기서 몇 시간 동안 그렇게 황홀한 몽상에 잠겨 있었다. 그리고
망연자실한 상태에서 돌아왔는데, 이러한 몽상은 라르나주 부인에게
이롭지 않았다. 그녀는 몽펠리에의 노는계집들에 대해서 나를 보호할
생각은 잘했지만 퐁 뒤 가르에 대해서는 생각이 미치지 못했다. 인간은
결코 모든 것에 다 생각이 미치지는 못하는 법이다.

님46)에는 원형경기장을 보러 갔다. 그것은 퐁 뒤 가르보다 훨씬 더
굉장한 건축물이었다. 그러나 나의 감탄이 처음 본 퐁 뒤 가르로 고갈되
었기 때문인지 혹은 이 원형경기장이 도시의 한가운데에 위치하고 있어
서 감탄을 자아내기에 부적당하였기 때문인지 나는 그리 대단찮은 인상
을 받았다. 이 광대하고 멋진 원형경기장은 구질구질한 작은 집들로 둘
러싸여 있었고, 이것들보다 훨씬 더 작고 더 구질구질한 다른 집들이 그
안의 마당을 가득 채우고 있어서, 그 전체가 어울리지 않는 혼란한 인상
밖에는 주지 않는다. 여기서는 애석함과 분개가 즐거움과 놀라움을 억
눌러버린다. 그후 베로나47)의 원형경기장을 구경했는데 님의 것보다도

46) 퐁 뒤 가르에서 멀지 않은 곳에 있는 프랑스 남부의 도시로 로마의 유적들
이 남아있다.
47) 이탈리아 북동부 베네토 자치주에 있는 도시.

휠씬 규모가 작고 아름답지 않았지만 최대한 단정하고 깨끗하게 유지, 보존되어 있어서 바로 그것에 의해 더욱 강렬하고 유쾌한 인상을 받았다. 프랑스 사람들은 아무것에도 세심한 주의를 기울이지 않고, 어떤 기념물도 존중하지 않는다. 그들은 일을 착수하는 데는 아주 화끈하지만 어느 것 하나 완성하거나 보존할 줄은 모른다.

　나는 아주 사람이 변했고 감각적 쾌락을 만족시키려는 성향도 훈련을 받아 매우 잘 계발되었다. 그래서 하루는 퐁 드 뤼넬[48]에 머물며 그곳에 있는 패들과 맛있는 식사를 했다. 이 술집은 유럽에서 가장 평판이 높았고 그 당시에는 그럴 만도 했다. 이 술집을 운영하는 사람들은 그 유리한 위치를 이용할 줄 알아서 재료를 풍부히 갖추어 놓고 잘 골라서 썼다. 들 한복판에 한 채밖에 없는 외딴집에서 바다생선과 민물고기, 맛있는 산짐승 고기, 고급 포도주가 올라간 식탁, 그리고 고관대작들이나 부자들의 집에서만 볼 수 있는 그런 친절과 배려로 차린 식탁을 맞이한다는 것은 정말 신기한 일이 아닐 수 없다. 게다가 이 모든 것이 35수면 되었다. 그러나 퐁 드 뤼넬은 오랫동안 이 수준으로 머물지 못했고, 그 좋았던 평판을 너무 써먹다가 마침내는 완전히 그 명성을 잃어버리고 말았다.

　여행하는 동안 나는 아픈 것을 잊고 있었는데, 몽펠리에에 도착하면서 다시 생각이 났다. 우울증은 씻은 듯이 나았지만 그 외의 다른 병들은 여전했고, 내게는 습관이 되어서 그다지 느껴지지는 않았지만 느닷없이 이 병들의 공격을 받게 되는 사람이 있다면 그에게는 그것으로 이제는 죽었다고 생각하기에 충분할 것이다. 실상 그 병들은 고통보다는 공포감을 주고, 그 병들로 인해 파멸이 예고되는 육체보다도 정신에 더욱 고통을 주었다. 그렇기 때문에 격정에 정신이 팔려 있을 때면 나는

48) 님과 몽펠리에 사이에 있으며, 지명은 뤼넬이다. 퐁 드 뤼넬(Pont de Lunel)은 뤼넬에 있는 다리 이름으로 여기서는 술집이름으로 사용되었다.

더 이상 내 병의 상태를 생각하지 않았다. 그러나 내 상태는 상상에서 생긴 것이 아니므로 마음이 가라앉으면 곧 내 상태가 느껴졌다. 그러므로 나는 진지하게 라르나주 부인의 충고와 내 여행의 목적을 생각하게 되었다. 가장 유명한 의사들, 그 중에서 특히 피츠 씨를 찾아가서 진찰을 받았다. 게다가 신중에 신중을 기하느라고 어떤 의사의 집에서 하숙을 했다. 그는 피츠 모리스 씨라고 하는 아일랜드 사람으로 꽤 많은 의대생에게 식사를 제공하고 있었다. 피츠 모리스 씨는 적당한 식비만으로 만족하고 하숙하는 사람들에게 치료비는 전혀 받지 않아서, 그것이 그 집에 하숙을 드는 환자에게는 편리한 점이었다. 그는 피츠 씨의 처방을 시행하는 일과 내 건강을 돌보는 일을 맡았다. 그는 식이요법에 관해서는 매우 훌륭히 그 직무를 이행해서, 사람들이 이 하숙에서 소화불량에 걸릴 일은 없었다. 나는 이런 종류의 내핍에 그리 민감하지는 않았지만, 비교의 대상이 너무도 가까이 있었으므로 가끔 속으로 토리냥 씨가 피츠 모르스 씨보다 더 좋은 음식을 제공했다는 것을 생각하지 않을 수 없었다. 하지만 굶어죽을 정도는 아니었거니와 여기 젊은이들도 모두 아주 쾌활해서, 이런 생활방식이 내게는 실제로 도움이 되었고 무기력 상태에 빠지는 것을 막아주었다. 아침나절은 약, 특히 뭔지 모르는 광천수 — 내 생각에는 발[49]의 광천수 같았다 — 를 마시고 나서 라르나주 부인에게 편지를 쓰면서 보냈다. 서신왕래가 순조롭게 지속되고 있었고, 루소는 자기 친구 더딩으로부터 편지를 찾는 일을 맡고 있었다.[50] 정오에는 식사를 같이 하는 젊은이들 중 아무하고나 라 카누르그[51]를 한 바퀴 돌러 갔는데, 이들은 모두 매우 사람 좋은 친구들이었다. 그리

---

49) 발(Vals)은 리옹과 몽펠리에 사이에 있는 마을로 온천지로 유명하다.
50) 루소는 아직도 자신의 본명을 숨기고 더딩이라는 가명으로 라르나주 부인에게 편지를 쓰고 있었다.
51) 몽펠리에 시내에 있는 광장.

고 또 모여서는 점심을 먹으러 갔다. 점심 후에는 중요한 볼 일이 있어서 우리들 대부분은 저녁까지 그 일에 매달렸는데, 그것은 시외로 나가서 간식내기 마이유[52]를 두서너 게임 하는 일이었다. 나는 힘도 없고 기술도 없어서 게임을 하지는 않았지만 내기는 걸었다. 내기에 재미가 나서 울퉁불퉁한 돌투성이 길들을 가로질러 경기자들과 공을 쫓아다니면서, 내 마음에 꼭 드는 즐겁고 몸에도 좋은 운동을 했다. 우리들은 교외 술집에서 간식을 들었다. 이러한 간식이 유쾌했다는 것은 말할 것도 없겠지만, 그 술집 아가씨들이 예뻤는데도 이 간식자리가 꽤 점잖았다는 말은 덧붙여야겠다. 피츠 모리스 씨는 뛰어난 마이유 선수로 우리들의 회장이었는데, 대학생에 대한 평판이 좋지 않음에도 불구하고 이 청년들이 모두 모인 자리에서는 이만한 수의 어른의 모임에서도 보기 힘들 정도로 더욱 예의범절이 있었다고 말할 수 있다. 이들은 소란스럽기는 하였지만 천박한 편은 아니었고, 쾌활하기는 하였지만 방종한 편은 아니었다. 나는 생활방식이 자발적인 때라면 매우 쉽게 적응하는 편이라서, 그것이 언제까지나 지속되기만 한다면 더 이상 바랄 게 없었을 것이다. 이 학생들 가운데는 아일랜드 사람들이 몇몇 있었다. 나는 생탕데올 마을에 갈 준비로 이들에게서 영어 몇 마디를 배우려고 애썼다. 그곳에 가야 할 날이 가까워졌기 때문이다. 라르나주 부인은 편지할 때마다 오라고 졸라댔다. 나도 부인의 말에 따를 준비를 했다. 나를 돌보는 의사들은 내 병에 대해서는 아무것도 몰라서 나를 상상에서 생긴 병에 걸린 환자로 보고 그에 따라 중국 살사[53]나 광천수나 탈지유 같은 것을 갖고 치료했다. 신학자들과는 정반대로 의사나 철학자들은 오직 자기네들이 설명할 수 있는 것만을 진실한 것으로 인정하고 자신들의 이해력을 모든 가능한 것들의 판단척도로 삼는다. 이 양반들은 내 병에 대해

---

52) 나무망치로 나무공을 치고 나가는 게이트볼과 비슷한 놀이.
53) 피를 정화하는 데 쓰이는 식물.

서는 아무것도 모르고 있었다. 그러므로 나는 환자가 아니었다. 그도 그럴 것이 대체 의학박사들 여럿이 아무것도 알지 못한다고 생각할 수 있겠는가? 나는 그들이 나를 적당히 속이고 내 돈을 쓰게 할 궁리만 하고 있다고 생각했다. 그래서 이런 일이라면 생탕데올에 있는 사람이 그들을 대신해서 그들만큼 아주 잘하고 더 즐겁게 해줄 것이라고 판단하고, 그 쪽을 택할 결심을 하고 이러한 사려 깊은 생각으로 몽펠리에를 떠났다.

출발한 것은 11월 말경으로 이 도시에서 6주간이나 두 달쯤 머문 뒤였다. 루이 금화를 12개쯤이나 쓰고도, 피츠 모리스 씨의 지도로 시작된 해부학 강의를 제외하고는 건강에도 학식에도 조금도 이득이 없었는데, 그것도 해부되는 시체들의 그 지독한 냄새에 견디다 못해 그만두지 않으면 안 되었다.

내가 결심한 것에 대해서도 내심으로는 마음이 편치 않아서 계속 퐁 생테스프리를 향해 나아가면서도 그것에 대해 곰곰이 생각해보았다. 퐁 생테스프리는 생탕데올 마을로 가는 길이자 또 샹베리로 가는 길이기도 했다. 엄마에 대한 추억, 비록 라르나주 부인의 편지만큼 자주 받은 것은 아니었지만 엄마가 준 편지들이 내가 처음 여행을 시작할 때에 억눌러버렸던 양심의 가책을 마음속에 일깨웠다. 이 양심의 가책이 돌아가는 길에는 몹시 심해져서 쾌락적인 사랑을 내쫓으면서 나를 오직 이성의 소리에만 귀를 기울일 수 있게 해주었다. 우선 내가 다시 시작하려는 바람둥이의 역에서 처음보다는 운이 덜 좋을 수도 있었다. 내가 쓴 가면을 벗기기 위해서는 생탕데올 마을을 통틀어 영국에 갔다 온 적이 있거나 영국 사람들을 알고 있거나 혹은 영어를 아는 사람이 단 한 사람만 있어도 충분했다. 라르나주 부인의 가족들이 내게 언짢은 기분을 품고 나를 그리 예의 없이 대접할 수도 있었다. 나도 모르게 필요 이상으로 생각나는 그녀의 딸이 더욱 나를 불안하게 했다. 그녀와 사랑하게 될까봐 나는 떨렸는데, 이러한 두려움으로 벌써 반쯤은 일이 성사된 셈이었다. 그러면 내가 그 어머니의 친절에 대한 보답으로 그 딸을 타락시키고 다시없이 추잡한 불륜을 맺어 그 집안에 불화와 불명예와 추문과 생지옥 같은 괴로움을 가져다주려고 애쓸 것인가? 이런 생각에 몸서리가 쳐졌다. 나는 만약 이러한 불길한 애정이 싹트게 되면 자신과 싸워서 이겨야겠다는 굳은 결심을 했다. 하지만 무엇 때문에 이런 싸움에 뛰어든단 말인가? 함께 사는 그 엄마한테는 싫증이 나고 그 딸에게는 감히 속마음을 털어놓지도 못하고 애만 태운다면 이 얼마나 비참한 처지인가! 내가 그 가장 큰 매력을 미리 다 빨아먹은 쾌락을 위하여 그런 처지를 찾아나서 재난과 치욕과 양심의 가책에 빠질 필요가 어디 있겠는가? 그도 그럴 것이 분명 내 공상은 그 최초의 격렬함을 벌써 상실하고 말았기 때문이다. 쾌락의 맛은 아직 거기 남아있어도, 거기에 정열은 더 이상 없었다. 여기에는 내 상황이고 내 의무며 그토록 선량하고 너그러운 엄마에 대한 반성이 섞여 있었다. 엄마는 이미 빚을 짊어진 데다가 내 터무니없는 낭비로 더욱 빚이 늘어났고 나를 위해 몹시 노력했는데, 나는 그런 엄마를 이렇게 염치도 없이 배반한 것이다. 이런 가책이 몹시 심해져서 마침내 승리를 거두었다. 생테스프리에 가까이 이르자 나는 생탕데올 마을에서 멈추지 않고 곧장 지나갈 결심을 했다. 나는 용기를 내어 그대로 실행했다. 솔직히 말해서 몇 번 탄식은 했지만, 또한 내 생애에 처음으로 내적인 만족감을 맛보면서 "나는 내 자신으로부터 존경받을 만하다. 나는 쾌락보다 의무를 택할 줄 안다"고 혼잣말을 했다. 이것이야말로 내가 공부에서 처음으로 얻은 참다운 혜택이었다. 내게 반성하고 비교하는 법을 가르쳐 준 것이야말로 바로 이 공부였다. 조금 전에 이같이 나무랄 데 없는 방침을 채택하고 또 자신을 위해 현명함과 미덕의 규칙을 만들어 그것을 따르는 데 스스로에게 대단한 자부심을 느낀 이후, 그토록 자가당착에 빠져 그토록 빨리 그리고 공공연하게 내 자신의 신조를 부인하는 데 따르는 부끄러움이 관능적 쾌락을 이겼던 것이다. 아마 내가 이러한 결심을 하는 데는 미덕만큼이나 자존심이 개입하였을 것이다. 그러나 이러한 자존심이 미덕 그 자체는 아니라 하더라도, 매우 비슷한 효능을 갖고 있어 이 둘을 혼동하는 것은 용서받을 만하다.

선행에서 나오는 이익들 중의 하나는 영혼을 고양하고 영혼으로 하여금 더 훌륭한 행동을 하겠다는 각오를 갖게 한다는 것이다. 나쁜 짓을 하고 싶지만 그것을 하지 않는 것도 선행으로 쳐야 할 정도로 인간은 너무 나약하기 때문이다. 결심을 하자마자 나는 다른 사람이 되었다. 더욱 정확히 말하자면 그 도취의 순간이 없애버렸던 예전의 나 자신으로 되돌아온 것이다. 훌륭한 감정과 결심으로 가득 찬 나는 내 과오를 속죄하겠다는 훌륭한 의도를 품고 여정을 계속하였다. 앞으로는 미덕의 법칙에 따라 행동하고, 어머니들 중 가장 훌륭한 어머니에게 아낌없이 헌신하고, 내가 그녀에 대해 갖는 애착만큼의 충성을 어머니에게 바치고, 내 자신의 의무에 대한 사랑 이외에 다른 사랑에는 더 이상 귀를 기울이지 말자는 것 이외에 다른 생각은 없었다. 아아! 선(善)으로 돌아가겠다는 내 진실한 마음은 내게 다른 운명을 약속해 주는 것처럼 보였다. 그러나 내 운명은 이미 정해져 있었고 그것이 벌써 시작되고 있었다. 그리하여 내 마음이 착하고 올바른 것들에 대한 사랑으로 가득 차 있어서 삶에서 순진무구함과 행복만을 보고 있었을 때, 나는 그 불길한 순간 ― 그것은 그 뒤에 내 불행의 긴 사슬을 끌고 다니게 되어 있었다 ― 에 이르고 있었다.

빨리 도착해야겠다는 마음에 생각보다 발걸음을 더 부지런히 옮기게 되었다. 나는 발랑스에서 내가 도착하는 날짜와 시간을 엄마에게 알려두었다. 내 예상보다 반나절이 빨라서, 미리 알려준 바로 그 시간에 도착하도록 그 시간만큼 샤파리양에 머물러 있었다. 나는 그녀를 다시 보는 즐거움의 모든 매력을 속속들이 맛보고 싶었던 것이다. 그 즐거움을 미루는 것이 더 좋았는데, 그것은 그 즐거움에 그녀가 나를 기다린다는 즐거움을 덧붙이기 위해서였다. 이러한 조심스러운 대비책은 내게 늘 좋은 결과를 가져왔다. 나는 언제나 내 도착을 기념하여 일종의 작은 축제가 베풀어지는 것을 보았다. 이번에도 나는 그런 것을 기대하고 있었다. 그리고 나는 이러한 환대에 상당히 감동해서 이를 마련할 가치가 충분히 있었다.

그래서 나는 정확히 제시간에 도착했다. 나는 아주 멀리서부터 도중에 엄마를 만나게 되지나 않을까 주의해 바라보았다. 가까이 감에 따라 심장의 고동은 점점 더 심해졌다. 숨을 헐떡이며 도착했다. 그도 그럴 것이 시내에서 마차를 내려 걸었기 때문이다. 마당에도 문간에도 창가에도 사람의 모습이 하나도 보이지 않았다. 나는 당황하기 시작한다. 무슨 일이라도 생겼나 불안하다. 집에 들어간다. 만사가 평온하고, 일꾼 몇 사람이 부엌에서 간식을 먹고 있었다. 그런데 축제준비라곤 없었다. 하녀는 나를 보고 놀란 기색이었다. 내가 도착하기로 되어 있는 것을 모르고 있었던 것이다. 나는 위로 올라간다. 마침내 그녀를 본다. 내가 그토록 다정하고 열렬히 또 순수하게 사랑하는 그 친애하는 엄마를. 나는 달려가 엄마의 발치에 몸을 던진다. "왔구나, 얘야!" 그녀는 내게 입 맞추며 말한다. "여행은 잘했니? 건강은 어떠니?" 이런 대접에 나는 좀 어안이 벙벙했다. 나는 그녀에게 내 편지를 받지 못했느냐고 물었다. 그녀가 받았다고 대답하기에 나는 못 받은 줄 알았다고 말했다. 그리고 해명은 그것으로 끝났다. 어떤 젊은이가 그녀와 함께 있었다. 나는 떠나기 전에 이미 집에서 보았기 때문에 그를 알고 있었다. 그런데 이번에는 그가 이 집에 자리를 잡고 있는 것처럼 보였다. 사실이 그랬다. 요컨대 나는 내 자리를 빼앗기고 만 것이다.

그 젊은이[54]는 보 지방 사람으로, 그 아버지는 이름이 빈첸리드로 시용 성(城)의 수위였는데 자기 말로는 집사였다. 그 집사 나리의 아들은 가발사(假髮師) 보조원으로, 그가 바랑 부인을 찾아와 자신을 소개했을 때는 그런 신분으로 세상을 떠돌아다니던 중이었다. 그녀는 모든 나그네들에게 그런 것처럼 그를 환대했는데, 그녀는 특히 자기 고향 사람들을 환대했다. 그는 키가 큰 신통치 못한 금발머리 남자인데, 체격은 꽤 좋았지만 얼굴과 재치는 평범했고 마치 미남 리안드레55)처럼 말했다. 그는 자기 신분에서 나오는 온갖 말투와 취향을 뒤섞어 여자들과 재미 본 이야기를 길게 늘어놓았고, 같이 잔 후작부인들의 이름을 반만 대면서 아름다운 여인들의 머리를 해주면서 그 남편들 또한 머리를 해주지56) 않은 적이 없었다고 떠들어댔다. 건방지고 멍청하며 무식하고 무례한, 요컨대 세상에서 가장 잘난 체하는 녀석이었다. 내가 없는 동안에 내게 주어진 내 대리인이자 내가 돌아온 후 내게 제공된 협력자가 이 모양이었다.

아! 만약 이 세상의 속박에서 벗어난 영혼이 영원한 광명의 중심부로

---

54) Jean-Samuel-Rodolphe Wintzenried(1716~1772) : 보 지방 쿠르티유 출신으로 1716년 3월 그곳의 재판관의 아들로 태어났다. 그는 매우 어려서 고향을 떠나 가톨릭으로 개종하였다. 주변사람들에게는 상당히 똑똑하고 교양이 있는 사람으로 평가되고 있다. 그는 바랑 부인과 함께 여러 가지 사업에 손을 대었고, 1749년에는 오트 모리엔 광산의 감독관이 되었다. 그는 3년 후에 이 자리를 포기하고 바랑 부인과 함께 사부아의 석탄 탐사 독점권을 얻었다. 1753년에는 18살의 처녀인 잔 마리 베르공지(Jeanne-Marie Bergonzy)와 결혼하고 1772년 2월 18일 샹베리에서 사망하였다. 그가 가발사였다는 증거는 전혀 없는데, 루소는 아마 복수심으로 그를 가발사 보조원이라고 했던 것으로 보인다.

55) 리안드레(Liandre)는 16~17세기에 이탈리아에서 유행한 희극 〈코메디아 델라르테〉(commedia dell'arte)에서 미남 연인 역을 맡는 배우인데, 몰리에르의 〈경솔한 사람〉에서도 사랑에 빠진 젊은이 레앙드르(Léandre)가 등장한다.

56) '… 의 머리를 해주다'(coiffer)는 중의적으로 '… 의 부인과 간통하다'라는 의미도 갖는다.

부터 인간세계에서 일어나는 일들을 아직도 보고 있다면, 내 친애하고
존경하는 고인(故人)이여, 내 자신의 잘못에 대해서와 마찬가지로 당신
의 잘못에 대해서도 사정을 돌보지 않고 그 둘을 똑같이 독자들의 눈앞
에 폭로하는 경우가 있더라도 용서해주십시오. 나는 나 자신에 대해서
와 마찬가지로 당신에 대해서도 진실해야 하며 또 진실하고 싶습니다.
거기서 당신이 입는 손해는 내 손해보다 언제나 훨씬 적을 것입니다.
아! 당신의 사랑스럽고 상냥한 성격, 당신의 무한히 친절한 마음씨, 당
신의 솔직함, 그리고 당신의 훌륭한 미덕들이 그 약점들 — 단지 당신의
이성에서 나온 과실들을 약점이라고 부를 수 있다면 말입니다 — 의 죄
를 없애주지 않을 리 있겠습니까! 사실 당신에게 실수는 있었지만 악덕
은 없었습니다. 당신의 행위는 나무랄 만하지만 당신의 마음은 언제나
순결했습니다. 여러분들이여, 선과 악을 저울질하되 공정하시라. 당신
의 경우처럼 자신의 은밀한 삶이 폭로된다면 어떤 다른 여인이 감히 당
신과 비교될 수 있겠습니까?

　이 새로 온 녀석은 자기가 맡은 온갖 자잘한 일들에는 매우 열심이고
부지런하고 꼼꼼한 모습을 보였는데, 그 일들은 언제나 가짓수가 많았
다. 그는 일꾼들의 감독이 되었다. 내가 조용한 데 비해 시끄러운 그는
쟁기질을 할 때나 건초를 벨 때나 장작을 팰 때나 마구간이나 가금 사육
장에서 일할 때 모습을 보이고 특히 자기 목소리가 들리도록 떠들어댔
다. 그가 등한히 한 것은 정원밖엔 없었는데 정원 일은 너무도 조용해서
조금도 소리를 낼 수 없었기 때문이다. 그의 큰 즐거움은 짐을 싣고 운
반하거나 나무를 베고 패거나 하는 일들이었다. 항상 손에 도끼나 곡괭
이를 들고 있는 모습이 보였고, 뛰어다니거나 부딪치거나 고래고래 외
치는 소리가 들렸다. 그가 몇 사람 몫의 일을 하는지는 모르겠지만, 언
제고 열 사람이나 열두 사람 몫의 소란을 피웠다. 이 모든 소란에 내 가
련한 엄마는 속아 넘어가, 그 젊은이를 자기 일에 없어서는 안될 보배로

여겼다. 그를 자기에게 붙잡아두고 싶어서 그녀는 이를 위해 적당하다고 생각되는 온갖 수단을 다 썼고, 그녀가 제일 믿는 그 수단도 잊지 않았다.

여러분들은 내 마음을 알리라. 내 마음의 가장 변치 않는 그리고 가장 진실한 감정과 특히 그때 나를 그녀 옆으로 되돌아오게 한 그 감정을. 내 존재 전체 안에서 얼마나 갑작스럽고 전적인 동요가 일어났겠는가! 내 입장이 되어서 그것을 판단해보시라! 한순간에 내가 그렸던 행복한 미래가 송두리째 영원히 사라지는 것이 보였다. 내가 그토록 사랑스럽게 품었던 모든 달콤한 생각들이 사라져버리고, 어릴 때부터 그녀의 존재 옆에서만 내 존재를 볼 줄 알았던 나로서는 처음으로 혼자라는 느낌이 들었다. 그 순간은 끔찍했다. 그리고 그 뒤를 잇는 순간들도 여전히 암울했다. 나는 아직 젊었지만, 젊음에 생기를 불어넣는 그 즐거움과 희망의 달콤한 감정은 영원히 내게서 떠나버렸다. 그때부터 정이 많은 내 존재는 반쯤 죽어버렸다. 이제 내 앞에는 무미건조한 삶의 비참한 찌꺼기밖에는 보이지 않았다. 그리고 때로는 여전히 행복의 환상이 내 욕망을 가볍게 건드릴 때도 있었지만 그 행복은 더 이상 내게 적합한 행복이 아니었다. 나는 설사 그런 행복을 얻는다 해도 진정으로 행복하지는 않을 것이라고 느꼈다.

나는 하도 어리석고 내 신뢰감은 매우 강해서, 새로 온 녀석의 허물없는 말투에도 불구하고 이것을 모든 사람들과 가깝게 지내려 하는 엄마의 대범한 기질의 소치로만 여겼다. 그래서 그녀 자신이 내게 말해주지 않았다면 그 진정한 원인을 의심할 생각조차 하지 못했을 것이다. 그러나 엄마는 서둘러 솔직하게 이런 사실을 털어놓았는데, 만약 내가 화낼 줄 아는 성미였다면 그러한 솔직함은 내 격노를 돋울 수 있었을 것이다. 그녀로서는 일을 아주 단순히 생각했다. 그리고 내가 집안일에 무관심하다고 나무라고 내가 자주 자리를 비운다는 핑계를 내세웠다. 마치 그

녀가 매우 조급히 그 빈자리를 채우려는 성격의 소유자인 것처럼 말이
다. 나는 이렇게 말하면서 고통으로 가슴이 미어지는 듯했다.

"아, 엄마. 내게 그런 말씀을 다 하시다니요. 내가 품고 있는 것과 같
은 애정에 대한 대가가 겨우 이것이란 말입니까! 내 생명을 몇 번이나
보존해준 것이 겨우 그 목숨을 내게 소중하게 만들었던 모든 것을 내게
서 빼앗기 위해서였습니까? 나는 그 때문에 죽겠지만 엄마는 나를 못 잊
을 것입니다."

엄마는 나를 미치게 할 정도로 태연한 어조로 대답했다.

"너는 한낱 어린애다. 사람은 그런 일들로 죽지 않는단다. 그리고 너
는 아무것도 잃을 것이 없다. 왜냐하면 우리는 그래도 역시 좋은 친구로
남아있을 것이며 어느 점에서나 마찬가지로 친근히 지낼 것이기 때문이
다. 너에 대한 내 다정한 애정은 내가 죽을 때까지는 줄어들지도 다하지
도 않을 것이다."

한마디로 그녀는 내 모든 권리가 그대로 남아있고, 그것을 다른 사람
과 나눈다고 해서 그 때문에 내 권리를 잃는 것이 아니라는 것을 이해시
키려 했다.

그녀를 향한 내 감정의 순수함과 솔직함과 강력함이, 그리고 내 영혼
의 진실함과 성실함이 그때보다 더 내게 절실히 느껴진 적은 결코 없었
다. 나는 그녀의 발치에 달려들어 눈물을 펑펑 흘리면서 그녀의 무릎을
끌어안았다. 그리고 흥분에 싸여 이렇게 말했다.

"안 돼요, 엄마. 나는 당신을 욕되게 만들기에는 당신을 너무나 사랑
합니다. 당신을 소유하는 것은 너무나 소중해서 그것을 나눌 수 없습니
다. 내가 그것을 얻었을 때 거기에 따르는 후회는 내 사랑이 깊어짐에
따라 커져갔습니다. 아닙니다, 이제 나는 같은 대가로 당신을 계속 소
유할 수 없습니다. 당신은 언제나 내 숭배를 받을 것이니, 항상 그에 합
당한 대상이 되어주십시오. 내게는 당신을 소유하는 것보다 당신을 찬

양하는 것이 훨씬 더 필요합니다. 오, 엄마 바로 당신에게 나는 당신을 맡깁니다. 우리들의 마음을 하나로 결합시키기 위해 내 모든 쾌락을 희생하겠습니다. 사랑하는 사람의 품위를 손상시키는 즐거움을 맛보느니 그 전에 나는 차라리 천 번이라도 죽을 수 있습니다."

나는 이 결심을 굳게 지켰는데, 감히 말하자면 이러한 의연함은 그러한 결심을 하게 한 감정에 합당한 것이었다. 이 순간부터 그토록 사랑하는 엄마를 더 이상 친아들의 눈으로밖에 보지 않았다. 그런데 다음과 같은 점은 주목할 만한데, 내가 뻔히 눈치챈 것처럼 내 결심이 전혀 그녀의 은밀한 동의를 받지 못했음에도 불구하고, 그녀는 내 결심을 포기하게 만들기 위해 살살 달래는 말이나 애정의 표시, 또 여인들이 자신을 위태롭게 만들지 않으면서 사용할 줄 알고 또 대개는 그녀들에게 성공을 가져다주는 그런 능란한 교태들을 결코 사용하지 않았다는 것이다. 그녀로부터 독립된 내 운명을 찾지 않으면 안 되게 되었지만, 심지어 그것을 상상할 수도 없던 나는 곧 다른 극단으로 옮겨가서 그것을 완전히 그녀 안에서 찾았다. 나는 매우 전적으로 거기서 내 운명을 찾아서 거의 내 자신을 잊어버릴 정도에 이르렀다. 어떤 희생을 치르고서라도 그녀가 행복한 것을 보고 싶다는 열렬한 욕망에 내 모든 애정이 집중되었다. 그녀가 자신의 행복을 내 행복과 분리하려 해도 소용없는 일이었다. 나는 그녀가 무어라고 하든 그녀의 행복을 내 행복으로 여겼기 때문이다.

미덕은 내 불행과 더불어 이렇게 싹트기 시작하였는데, 그것은 이미 그 씨가 내 영혼에 뿌려져서 공부로써 배양되어 그 꽃을 피우기 위해서는 오직 역경이라는 직접적인 원인만이 필요했다. 그토록 사심 없는 이러한 마음가짐에서 나온 최초의 성과는 나를 밀치고 내 자리에 들어앉은 사람에 대한 미움이나 질투의 모든 감정을 내 마음에서 멀리하는 것이었다. 오히려 내가 원한 것은 그리고 진실로 내가 원한 것은, 이 젊은 이에 대해 애정을 갖고 그를 훈련시키고 그의 교육에 힘쓰고 그에게 자신의 행복을 느끼게 만들고 가능하다면 그를 그 행복에 합당하게 만드는 것으로서, 한마디로 아네가 이와 같은 경우에 나를 위해 해주었던 모든 것을 그를 위해 해주고 싶었다. 그러나 사람들 사이에 유사성이 없었다. 아네보다 내가 더 부드럽고 지식이 많았지만 내게는 아네가 갖고 있던 냉정함과 단호함이 없었고 또 성공하기 위해 필요했을 그 위압적인 정신력이 없었다. 나는 아네가 내게서 발견한 장점들을 이 젊은이에게서 거의 찾아볼 수 없었다. 즉, 유순함, 애착, 감사, 특히 내게 그의 배려가 필요하다는 감정과 그의 배려를 헛되이 하지 않겠다는 열렬한 욕망이 그런 장점들인데 이런 모든 것들이 그 사람에게는 없었다. 내가 교육시키려는 그 사람은 나를 헛소리만 지껄이는 귀찮은 현학자로밖에 보지 않았다. 반대로 그는 자신이야말로 집안에서 중요한 사람이라고 자화자찬했다. 그리고 그는 집안에서 일을 하면서 소란을 떨었고 그 소란에 따라 자신이 하는 일들을 평가했기 때문에, 내 모든 헌책들보다도 자기 도끼나 곡괭이가 비할 바 없이 훨씬 더 유용하다고 생각했다. 어느 점에서는 그가 틀린 것은 아니다. 그러나 그는 거기서 멈추지 않고 더 나아가 우스워 견딜 수 없을 정도로 거들먹거리는 태도를 취했다. 그는 농부들에게 시골 귀족인 척하더니 곧 내게도 마침내는 엄마에게까지도 그런 척했다. 그에게는 빈첸리드라는 이름이 썩 귀족답지 못하게 보여서 그 이름을 버리고 드 쿠르티유 씨라는 귀족 이름을 썼다. 그리고 그는 샹베리에서부터 그가 결혼한 모리엔 지방에 이르기까지 바로 그 이름으로 알려졌다.

마침내 그 저명인사가 그토록 수작을 부려서 그는 집안에서 모든 것이 되었고 나는 아무것도 아닌 것이 되었다. 불행히도 그의 비위를 거스를 때면 그가 야단치는 사람은 내가 아니라 엄마였기 때문에, 그의 난폭함에 엄마가 시달릴까 두려워 그가 원하는 것이면 무엇이든 따르게 되었다. 그가 더할 나위 없이 자부심을 갖고 수행하는 일은 장작을 패는 일인데, 그때마다 나는 거기서 그가 하는 장한 일을 일없이 구경하고 조용히 찬미하는 사람이 되어야 했다. 그런데 이 사내는 완전히 성격이 나쁘지는 않았다. 그는 엄마를 사랑했다. 왜냐하면 그녀를 사랑하지 않기란 불가능했기 때문이다. 그는 심지어 내게도 반감을 갖지 않았다. 그의 혈기가 식을 때를 틈타 그에게 말을 걸면, 그는 가끔 제법 유순하게 우리가 하는 말에 귀를 기울이고 자기는 한낱 바보라는 사실을 솔직하게 인정했다. 그러나 그 뒤에도 여전히 새로운 바보짓을 했다. 게다가 머리가 매우 우둔하고 취향이 매우 저속해서 그에게 이치를 따져 말하기 어려웠고, 그와 함께 있기를 좋아하기란 거의 불가능했다. 그는 매력이 넘치는 여인을 소유한 것도 모자라서 빨강머리에 이가 빠진 나이든 하녀를 재미로 갖고 놀았는데, 엄마는 이 하녀로 인해 구역질이 났지만 그녀의 역겨운 시중을 꾹 참고 견디고 있었다. 나는 이 새로운 관계를 눈치 채고 그 때문에 매우 격분했다. 그러나 나에게 한층 더한 쓰라린 슬픔을 안겨준 그리고 그때까지 일어났던 어떤 일보다도 나를 더욱 깊이 낙담시킨 또 다른 사실을 눈치 챘는데, 그것은 엄마가 나에 대해 사랑이 식었다는 사실이다.

　내가 스스로에게 강요했고 그녀가 동의한 척했던 금욕은 비록 여성들이 그것에 대해 겉으로는 어떤 얼굴을 하든지 그녀들이 용서할 수 없는 일 가운데 하나이다. 그로 인해 그녀들이 금욕하는 것보다는 오히려 금욕하면서 여자를 소유하는 데 남자들이 무관심한 것을 보는 것이 더 용서할 수 없기 때문이다. 가장 분별 있고 가장 철학적이고 가장 관능에 무관심한 여성을 예로 들자. 게다가 그녀가 가장 관심을 두지 않는 남자라 하더라도 그 남자가 그녀에게 저지를 수 있는 가장 용서할 수 없는 죄는 그녀를 향유할 수 있으면서도 그녀를 갖고 아무것도 하지 않는 것이다. 여기에는 예외가 없는 것이 정말 틀림없다. 왜냐하면 그토록 자연스럽고 강력한 공감도 미덕과 애착과 존경이라는 동기밖에는 없는 금욕으로 인해 그녀 안에서 변질되었기 때문이다. 그때부터 나는 언제나 내 마음의 가장 달콤한 즐거움이었던 마음과 마음이 나누는 친밀감을 그녀 안에서 찾지 못하게 되었다. 그녀는 새로 온 녀석에게 불평할 일이 있을 때를 제외하고는 더 이상 내게 자신의 심정을 토로하지 않았다. 그들이 함께 잘 지낼 때는 나는 거의 그녀의 속내이야기를 들을 수 없었다. 요컨대 그녀는 차츰 내가 더 이상 거기에 속하지 않는 생활방식을 취해나갔다. 내가 있는 것이 그녀에게는 아직 즐겁긴 했지만 그것이 그녀에게 더 이상 필요한 것은 아니어서, 내가 그녀를 보지 않고 며칠을 지낸다 하더라도 그녀는 그것을 눈치 채지 못했을 것이다.

　예전에는 내가 이 집의 중심이고 이곳에서 말하자면 둘로 살았지만, 어느 사이에 바로 이 집에서 고립된 외톨이가 되었다는 것을 느꼈다. 나는 이 집에서 일어나는 모든 일과 심지어 이 집에 살고 있는 사람들과 갈라서는 데 점차 익숙해졌으며, 계속적인 괴로움을 잊기 위해 책과 함께 틀어박히거나 혹은 숲속으로 가서 실컷 탄식하며 울곤 했다. 이러한 생활은 곧 내게 견딜 수 없는 것이 되었다. 내게 그렇게 정다웠던 여인의 몸은 여기 있건만 그녀의 마음은 멀어졌다는 사실로 내 고통이 더욱 심해지는 것을 느꼈다. 차라리 그녀를 보지 않는다면 그녀와 헤어진 것이 이토록 처참하게 느껴지지는 않을 것 같았다. 나는 집을 떠날 계획을 세우고 그녀에게 말했다. 그리고 그녀는 반대하기는커녕 오히려 그 계획을 도와주었다. 그녀는 그르노블에 데방 부인이라는 친구가 있었는데, 그녀의 남편은 리옹의 대법관인 마블리 씨[57]의 친구였다. 데방 씨는 내

57) Jean Bonnot de Mably (1696~?) : 왕의 시종이자 마블리의 영주인 장 보노는 1729년 2월 리오네와 포레와 보졸레 지방의 원수법정(元帥法廷)의 대법관직을 돈으로 취득하였다. 그는 이 중요한 직을 온정을 갖고 수행한 것으로 보인다. 에티엔 보노 드 콩디야크 신부(L'abbé Etienne Bonnot de Condillac)와 가브리엘 보노 드 마블리 신부(L'abbé Gabriel Bonnot de

414

게 마블리 씨의 아이들 교육을 맡아보라고 제안했다. 나는 이를 수락하
고 리옹으로 출발했다. 58) 나는 이별하면서 일말의 아쉬움도 거의 느끼
지 않았는데, 예전에는 헤어진다는 생각만 해도 우리는 죽을 것 같은 괴
로움을 받았을 것이다.

나는 가정교사로서 필요한 지식을 거의 갖추고 있었으며, 또 가정교
사로서의 재능도 있다고 믿고 있었다. 그러나 마블리 씨 집에서 보낸 1
년 동안은 내가 미몽에서 깨어나는 시간이었다. 가정교사 일을 하면서
분통을 터트리지만 않았다면 온순한 성질을 타고난 내게 이 직업이 적
당했을 것이다. 만사가 순조로워 그 당시 내가 아끼지 않았던 배려와 노
고가 성과를 거두는 것을 보는 동안은 나는 천사와 같았다. 그러나 일이
잘 풀리지 않으면 악마같이 되었다. 내 제자들이 내 말을 이해하지 못할
때는 화가 나 허튼 소리를 했고, 그들이 악의를 나타낼 때는 죽일 것 같
았다. 이런 것은 그들을 학식 있고 현명하게 만드는 방법이 아니었다.
내게는 2명의 학생이 있었는데 그들은 성격이 매우 달랐다. 8살이나 9
살 난 아이는 이름이 생트마리인데, 귀여운 얼굴에 감수성이 예민하고
재기발랄하며 경솔하고 익살맞으며 짓궂었는데 그래도 재미있게 장난
치는 성격이었다. 59) 그 밑의 아이는 이름이 콩디야크로 거의 우둔하고
주의력이 산만하고 노새처럼 고집불통인 데다가 아무것도 배우질 못했
다. 60) 이런 두 학생들 사이에서 내가 많은 곤란을 겪었음은 짐작이 갈

---

Mably) 가 그의 형제이다.
58) 1740년 4월 말로 추정된다.
59) 프랑수아 폴 마리 보노 마블리(François-Paul-Marie Bonnot de Mably)
는 1734년 9월 5일 태어났기 때문에 루소가 그의 교육을 맡았을 때는 5살이
좀 넘었을 뿐이다. 루소가 착각한 이유는 1741년 가을과 겨울에 다시 마블
리가(家)에 머물렀기 때문인 것으로 보인다. 또한 그는 생트마리(Sainte-
Marie)라는 이름을 가졌던 적은 없었던 것으로 보인다.
60) 장 앙투안 보노 마블리(Jean-Antoinne Bonnot de Mably)는 1735년 11월

것이다.  참을성과 냉정함을 가졌더라면 어쩌면 성공할 수 있었을 것이
다.  그러나 나는 참을성도 냉정함도 없어서 이렇다 할 일은 아무것도 하
지 못했고 내 학생들은 행실이 나빠졌다.  나는 끈기가 모자라지는 않았
지만 기복이 있었으며 특히 신중함이 부족했다.  나는 그들을 상대로 항
상 세 가지 수단밖에 사용할 줄 몰랐는데,  그것은 감정과 논리와 화였
다.  그런데 그 수단들은 아이들에게 항상 무익하고 또 종종 해로운 것이
었다.  어떤 때는 생트마리를 상대하면서 감동이 되어 눈물을 흘릴 정도
였다.  나는 마치 아이가 진실한 마음의 감정을 느낄 수나 있는 것처럼
바로 그 아이를 감동시키기를 원했던 것이다.  또 어떤 때는 그가 내 말
을 이해할 수 있기라도 하듯 그에게 이치를 따져 이야기를 하느라 끙끙
댔다.  그리고 그가 내게 가끔 매우 섬세한 추론을 들이대서 나는 진심으
로 그 아이를 분별이 있다고 생각했다.  왜냐하면 그 아이가 이치를 따질
줄 아는 사람이었기 때문이었다.  어린 콩디야크는 훨씬 더 골칫거리였
는데,  아무것도 이해하지 못하고 아무것도 대답하지 못하며 어떤 것에
도 감동하지 않고 막무가내로 고집을 피웠고,  나를 발끈하게 만들었을
때야말로 나를 이겨먹었다고 가장 의기양양해졌다.  그러면 현명한 사
람은 자기이고 아이가 된 것은 나였다.  나는 내 모든 잘못들을 보고 느
꼈다.  그래서 내 학생들의 기질을 연구했고 그들의 속마음을 매우 잘 간
파했다.  나는 결코 단 한 번도 그들의 속임수에 넘어간 적이 없었다고
생각한다.  그러나 나쁜 점을 보면서도 그것을 고칠 줄 모른다면 그것이
내게 무슨 소용이 있었겠는가? 모든 것을 간파하면서도 아무것도 막지

---

27일 태어났다.  집안이 몽텔리마르 근처에 소유한 지명을 따 콩디야크
(Condillac) 라고 불린 그는 19살에 리옹의 셀레스틴회에 들어갔다.  교단의
재산이 1771년 국유화되고 1778년 분배가 된 후 그는 다른 셀레스틴 회원
들과 마찬가지로 속인 복장을 하고 시내에서 거주하는 것이 허락되었고 연
금을 받았다.  그는 1791년까지 살아있었다.

못하고 어느 것 하나 성공하지 못했다. 그리고 내가 하던 일들이야말로 모두 바로 해서는 안 되는 것이었다.

    나는 제자들에 대해서도 그렇지만 나에 대해서도 그리 더 좋은 성과를 거두지 못했다. 나는 데방 부인을 통해 마블리 부인에게 추천되었다. 그녀는 마블리 부인에게 내게 예의범절을 교육시키고 상류사회의 말씨를 가르치도록 부탁했다. 그녀는 거기에 좀 마음을 썼고 내가 자기 집 손님들을 환대하는 법을 배우기를 원했다. 그러나 내가 매우 서투르게 처신하고 수줍고 멍청해서, 그녀는 실망하여 나를 포기했다. 그럼에도 불구하고 나는 내 습관대로 그녀를 사랑하게 되었다. 나는 그녀가 눈치 챌 정도로 충분히 그렇게 했다. 그러나 감히 내 사랑을 고백하지는 않았다. 부인은 먼저 수작을 거는 성격은 아니었고 나는 추파와 탄식을 내쉬었을 뿐이다. 그리고 이런 짓들이 아무 소용없다는 것을 알고는 곧 이런 짓들에도 싫증이 났다.

    엄마 집에 있을 때는 모든 것이 내 것이어서 아무것도 훔칠 필요가 없어서 좀도둑질을 즐기는 버릇이 완전히 없어졌다. 게다가 내 자신에게 부과했던 고상한 원칙으로 인하여 그후 나는 그런 저속한 행위들에 대해 훨씬 더 초연해진 것이 틀림없다. 그리고 그때 이래로 보통 그랬던 것이 확실하다. 그러나 그것은 내가 받는 유혹들을 극복하는 법을 배웠기 때문이라기보다는 그 뿌리를 잘라버렸기 때문이었고, 그래서 만약 똑같은 욕망에 빠져든다면 어릴 때처럼 훔칠까봐 대단히 두려워할 것이다. 나는 그것을 마블리 씨 댁에서 확인했다. 훔칠 만한 소소한 물건들이 내 주변에 가득했지만 나는 그것들에 눈길도 보내지 않았다. 그러나 싸구려지만 매우 맛좋은 어떤 아르부아산(産) 백포도주를 탐낼 생각을 하게 되었는데, 식탁에서 때때로 몇 잔을 마신 것이 무척이나 내 구미를 당겼던 것이다. 그것은 약간 탁했는데, 나는 포도주에 달걀흰자나 생선 젤라틴을 넣고 저어 포도주를 맑게 만드는 방법을 잘 안다고 생각해서 그것을 자랑했고, 사람들은 그 술을 내게 맡겼다. 나는 포도주를 맑게 했지만 그것을 변질시켰다. 그러나 그것은 눈에 보기에만 그렇고 여전히 마시기에는 좋았다. 그리고 그것이 계기가 되어 때때로 그 포도주를 몇 병씩 슬쩍해서 내 작은 방에서 편안하게 마셨다. 불행하게도 나는 안주가 없이는 결코 술을 마실 수 없었다. 어떻게 하면 빵을 얻을 수 있을까? 빵을 따로 남겨두는 것은 내게 불가능했다. 하인들보고 빵을 사오게 하는 것은 내 비밀을 드러내는 짓이며, 집주인을 거의 모욕하는 짓이다. 나 자신이 빵을 사자니 그럴 용기가 나지 않았다. 칼을 찬 훌륭한 신사가 빵 한 조각을 사러 빵집에 가는 것이 있을 수 있는 일이겠는가? 마침내 나는 어느 공주의 궁여지책이 생각났는데, 그녀는 농부들이 빵이 없다는 말을 듣고 "브리오슈를 먹으라"고 대답했다고 한다.[61] 나는 브리오슈를 샀다. 그러기까지 또한 얼마나 많은 어려움이 있었는지 모른다. 나는 그것을 위해 혼자 나가 때때로 시내 전체를 돌아다니고, 30개나 되는 제과점들 앞을 지나친 후에야 겨우 어느 가게로 들어갔다. 내가 가게 문턱을 감히 넘기 위해서는 가게에 단 한 사람만 있어야 하고 그 사람 인상이 대단히 내 마음에 들어야 했다. 그러나 일단 이 사랑스런 작은 브리오슈를 손에 넣고 내 방에 꼭 틀어박혀 벽장 깊숙한 곳에서 내 포도주 병을 찾았을 때는, 소설 몇 쪽을 읽으면서 거기서 혼자 얼마나 맛있고 조촐한 술잔치를 벌였는지 모른다! 왜냐하면 둘이서 대화를 나누며 먹지 않을 때면 나는 언제나 엉뚱하게도 먹으면서 책을 읽고 싶은 생각이 들었기 때문이다. 그것은 내게 없는 사교모임을 대신하는 것이었다. 나는 번갈아 가며 책 한 쪽을 맛나게 읽고 한 입 맛나게 집어삼켰다. 마치 내 책이 나와 함께 회식을 하는 것처럼 말이다.

---

61) 이는 보통 마리 앙투아네트(Marie-Antoinette)가 한 말로 알려져 있지만, 이미 루이 15세의 딸 빅토린(Victorine)이나 혹은 다른 사람들이 그런 말을 했다고 한다.

　나는 결코 절도를 잃은 적도 폭음을 한 적도 없었고 일생 동안 술에 취해 본 적도 없었다. 그러므로 이러한 내 좀도둑질은 그리 분별이 없지는 않았다. 그렇지만 그것이 발각되고 말았다. 포도주 병들로 인해 내 소행이 탄로가 난 것이다. 사람들은 내게 그런 티를 내지 않았지만 나는 이제 지하실 포도주 창고에 관여하지 못했다. 이 모든 점에서 마블리 씨는 신사답고 신중하게 처신했다. 그는 매우 점잖은 사람으로 겉으로는 그의 직업이 그런 만큼 엄격하였지만 속으로는 진실로 부드러운 성격과 보기 드물게 관대한 마음을 갖고 있었다. 그는 판단이 정확하며 공정하고, 원수법정의 관리에게서는 기대하지 못할 매우 인정이 많기까지 한 사람이었다. 나는 그의 너그러움을 느껴 그에게 더욱 애착을 갖게 되었고, 그 때문에 그의 집에 더 오래 머물러 있게 되었다. 그렇지 않았다면 그렇게 오래 머물러 있지 않았을 텐데 말이다. 그러나 결국은 내게 적합하지 않은 직업과 나로서는 전혀 즐거운 것이 없는 매우 답답한 상황에 싫증이 나서, 실험 삼아 1년을 한 후 ― 그동안 나는 조금도 노고를 아끼지 않았다 ― 내 제자들을 훌륭히 교육시키는 데 절대로 성공할 수 없으리라는 것을 굳게 확신하고 그들과 헤어질 결심을 했다. 마블리 씨 자신도 나와 꼭 같이 이러한 사실을 잘 알고 있었다. 그렇지만 내가 그에게 나를 내보내는 수고를 덜어주지 않았다면, 그는 결코 자기가 나서서 나를 내보내지는 않았을 것이라고 생각한다. 그런데 이러한 경우에 다른 사람에게 양보하여 이렇게 지나친 친절을 베푸는 것은 정녕 나로서는 찬성할 수 없는 것이다.

　내가 떠나온 과거의 처지와 지금의 처지를 계속 비교하는 것이 지금의 내 처지를 더욱 견딜 수 없게 했다. 내 사랑스러운 레 샤르메트, 내 정원, 내 나무들, 내 샘, 내 과수원, 특히 엄마 ― 내가 태어난 것은 그녀를 위해서이고 그녀는 이 모든 것에 활기를 부여했다 ― 가 기억난 것이다. 그녀와 우리의 즐거움과 우리의 순진무구한 삶을 다시 생각할 때면 비통한 마음이 엄습하고 숨이 막혀 아무것도 할 기운이 나지 않았다. 당장 걸어서라도 출발하여 그녀의 곁으로 돌아가고 싶은 격렬한 충동에 사로잡힌 적이 한두 번이 아니었다. 그녀를 다시 한 번만이라도 보기만 한다면 바로 그 자리에서 죽어도 여한이 없었을 것이다. 마침내 나는 그토록 다정한 추억에 저항할 수가 없었으며, 그 추억에 끌려 어떤 희생을 치르고서라도 그녀 곁으로 다시 돌아가고 싶었다. 나는 이렇게 중얼거리곤 했다.

"전에 나는 참을성도 친절함도 상냥함도 충분치 않았다. 그러니 예전보다 더 노력한다면 매우 감미로운 우정 속에서 여전히 행복하게 살 수 있다."

나는 세상에 다시없는 멋진 계획을 세우고 이를 실행하느라 몸이 달아오른다. 나는 모든 것을 버리고 모든 것을 포기하고 떠난다. 나는 날아갈 듯 길을 달려 내가 이팔청춘 때 느꼈던 것과 똑같은 열광에 싸여 도착한다. 그리고 그녀의 발치에 엎드려 있는 내 모습을 다시 본다. 아! 만약 그녀의 대접에서, 그녀의 애무에서, 마지막으로 그녀의 마음에서 내가 예전에 거기서 다시 찾았던 애정과 내가 여전히 거기에 다시 갖다놓았던 애정의 4분의 1이라도 다시 발견했다면 나는 그 자리에서 기뻐 죽었을 것이다.

인간사의 끔찍한 착각이여! 그녀는 변함없이 친절한 마음으로 나를 맞아주었는데, 그런 마음은 그녀가 죽을 때까지는 변할 수 없다. 그러나 나는 더 이상 존재하지도 않고 되살아날 수 없는 과거를 찾아 온 것이다. 그녀와 함께 반시간도 채 못 있었는데, 나는 내 옛날의 행복이 영원히 죽어버린 것을 느꼈다. 나는 내가 도망칠 수밖에 없었던 상황과 똑같은 괴로운 상황에 다시 놓여 있었다. 그리고 거기에 누구의 잘못이 있다고 말할 수 없었다. 그도 그럴 것이 사실 쿠르티유는 나쁜 사람이 아니어서 나를 다시 만나 불쾌하기보다는 즐거워하는 것처럼 보였기 때문이다. 그러나 나는 전에 그녀에게 전부였고 그녀는 내게서 계속 전부임에도 불구하고, 그녀 곁에서 내가 여분의 존재라는 것을 어떻게 참을 수 있겠는가? 나는 그 집의 아이였는데, 어떻게 그 집 안에서 남으로 살 수 있겠는가? 내 과거의 행복을 목격했던 물건들을 보니 그 대조가 더욱 가혹하게 느껴졌다. 다른 집이었다면 덜 고통스러웠을 것이다. 그러나 그렇게나 많은 다정한 추억들을 끊임없이 회상하는 내 모습을 보는 것은 내 상실감을 부채질하는 것이다. 헛된 미련으로 속 태우고 더할 나위 없이 절망적인 우울함에 빠져, 나는 식사 때 이외에는 혼자 있는 생활방식을 다시 시작했다. 틀어박혀 책을 보면서 거기서 유익한 소일거리를 찾았다. 그리고 전에 그토록 두려워하던 위기가 임박했음을 느끼고 엄마가 더 이상 어쩔 도리가 없을 때 거기 대비할 방법을 내 능력 안에서 찾아보려고 또다시 애썼다. 나는 예전에 집안사정이 나빠지지 않고 굴러갈 수 있는 상태로 조치했다. 그러나 내가 나온 이후로 완전히 딴판이 되어버렸다. 그녀의 관리인은 돈을 헤프게 쓰는 사람이었다. 그는 화려하게 사람 눈에 띄기를 원했다. 좋은 말을 타고 좋은 옷을 입고 이웃사람들의 눈에 귀족처럼 자신을 과시하기를 좋아했다. 아무것도 모르는 일들에서 사업을 계속했다. 연금은 당겨서 썼고, 연금의 4분기별 지불금은 저당잡혀 있었고, 집세는 밀리고 빚은 차곡차곡 늘어갔다. 나는 이 연금이 곧 차압되고 어쩌면 박탈당할지 모른다고 예상했다. 요컨대 나는 파멸과 재난만을 생각했고, 그 순간이 너무나 가까이 다가온 것 같아서 그에 대한 온갖 두려움을 미리 느꼈다.

　내 사랑스러운 서재가 기분을 전환할 수 있는 유일한 곳이었다. [62] 내 마음의 불안에 대한 대책을 서재에서 찾다 보니 내가 예측한 불행에 대

---

[62] 루소가 〈이피스와 아낙사레트〉(*Iphis et Anaxarète*) 라는 비극 오페라를 작곡한 것은 아마 그 당시거나 약간 이전일 것인데, 그 오페라 중 일부분만이 지금 남아있다. 또한 〈신세계 발견〉(*La Découverte du nouveau monde*) 이라는 오페라도 그 시절 작곡한 것으로 추정된다.

한 대책도 여기서 찾아볼 생각이 들었다. 그래서 예전에 했던 생각으로
되돌아가서 지금 내가 보기에 당장 몰락할 듯이 처참한 궁지에 빠진 이
가련한 엄마를 구해내기 위하여 나는 또 새로운 공중누각을 세웠다. 나
는 문단에서 두각을 나타내고 또 그 길을 통해서 출세할 만큼 충분한 학
식과 재주가 있다고 느끼지도 않았고 또 그렇게 생각하지도 않았다. 그
런데 문득 떠오른 어떤 새로운 착상이 그때까지 재능이 보잘것없었기
때문에 가질 수 없었던 자신감을 불어넣어 주었다. 나는 음악을 가르치
는 일은 그만 두었지만 음악을 포기하지는 않았다. 오히려 적으나마 이
방면에서 학자로 자부할 수 있을 만큼 충분히 음악이론을 공부했다. 음
표를 읽는 법을 배우면서 내가 겪었던 곤란함과 또 아직도 악보를 보고
즉석에서 노래를 부를 때 겪는 곤란함을 곰곰 생각하면서, 이러한 어려
움의 원인이 내 탓이기도 하겠지만 그만큼 음표 탓일 수도 있다는 생각
에 이르렀다. 나는 음악을 배운다는 일이 일반적으로 누구에게도 쉬운
일이 아니라는 점을 특히 잘 알고 있었기 때문이다. 나는 음표들의 구성
을 검토하면서, 종종 그것들이 아주 잘못 고안되어 있다는 생각을 하곤
했다. 아무리 짧은 곡이라도 그것을 악보로 적어야 할 때는 언제나 선들
과 보표를 그려야만 했는데, 나는 오래전부터 그런 수고를 덜기 위해 숫
자로 음계를 기보(記譜) 하는 것을 생각했다. 그러나 옥타브, 박자, 음
의 장단에서 나오는 어려움 때문에 막혔다. 예전에 했던 이러한 생각이
머리에 떠올라 이것을 다시 생각하면서, 그런 어려움이 극복할 수 없는
것이 아니라는 것을 알았다. 나는 그것을 궁리하여 성공을 거두었다.
어떤 곡이라도 가장 정확하게, 그리고 내가 이렇게 말할 수 있다면, 가
장 간단하게 내가 만든 숫자로 기보하는 데 성공했던 것이다. 이 순간부
터 나는 출세는 떼어 놓은 당상이라고 생각했다. 그리고 모든 것이 엄마
의 덕택이므로, 그녀와 함께 이 행운을 나누려는 열망에서 파리로 떠날
생각만을 했다. 내가 이 안을 아카데미에 제출하면 일대 혁신을 가져올

것이라고 믿어 의심치 않았던 것이다. 리옹에서 갖고 온 약간의 돈도 있었고 내 책들도 팔았다. 2주일 만에 내 결심이 정해져 실행에 옮겨졌다. 마침내 나는 이런 결심을 내게 불어넣은 거창한 생각들로 가득 차, 언제나 항상 그런 것과 똑같이, 예전에 헤론 분수기를 갖고 토리노를 떠나듯이 이번에는 내가 만든 기보법(記譜法)을 갖고 사부아를 떠났다.

이상이 내 청년기의 착오와 과실이었다. 나는 내 마음이 흡족할 정도로 충실히 그에 대해 상세한 이야기를 했다. 이후 내가 약간의 미덕들로 내 장년기를 명예롭게 장식했다면, 그 미덕들도 이와 똑같이 솔직하게 말했을 것이다. 그리고 그것이 내 의도였다. 하지만 나는 여기서 이만 멈추지 않으면 안 된다. 시간은 많은 베일을 걷어내고 진실을 드러내는 법이다. 만약 나에 대한 기억이 후세까지 전해진다면 아마 언젠가 그것은 내가 해야만 했던 말이 무엇이었는지를 알려줄 것이다. 그러면 사람들은 내가 왜 지금 침묵을 지키는지 알게 될 것이다.

• 장자크 루소 연보

| | |
|---|---|
| 1712년 | 6월 28일 아버지 이자크 루소와 어머니 쉬잔 베르나르 사이의 둘째 아들로 제네바 그랑뤼에서 태어나다. 7월 7일 어머니는 당시 39살의 나이로 사망하다. 어머니를 잃은 루소는 고모 쉬잔 루소의 손에 자라나다. |
| 1718년 | 그랑뤼에서 수공업자들이 사는 구역 생제르베에 있는 쿠탕스로 이사하다. |
| 1719년 | 아버지와 함께 소설을 읽기 시작하다. |
| 1720년 | 겨울부터 역사와 도덕에 관한 서적 특히 플루타르코스를 읽기 시작하다. |
| 1722년 | 10월 11일 아버지는 퇴역 군인과 싸움을 벌인 것이 원인이 되어 제네바를 떠나 니옹으로 가다. 루소는 외삼촌이자 고모부인 가브리엘 베르나르에게 맡겨지다. 10월 21일 외삼촌은 자기 아들과 함께 그를 개신교 목사 랑베르시에 밑에 보내다. 보세에서 행복한 전원생활을 보내다. |
| 1723년 | 랑베르시에 양(孃)에게 볼기를 맞고 관능의 세계에 눈뜨다. |
| 1724년 | 랑베르시에 양의 빗살을 부러뜨리고도 그 잘못을 고백하지 않는다는 억울한 죄목으로 처벌을 받다. 그해 겨울 제네바로 돌아와 시청 법무사 마스롱 밑에서 수 주일 동안 일하다. |
| 1725년 | 5월 1일 조각공 아벨 뒤코맹 집에 견습공으로 들어가다. 고용주의 가혹한 취급을 받고 거짓말과 도둑질 등 악습에 물들게 되다. |
| 1726년 | 3월 5일 아버지가 니옹에서 재혼하다. |

424

1728년    3월 14일 제네바에서 도망치다. 3월 21일 안시에서 바랑 부인을
        만나 그녀의 주선으로 3일 후 토리노로 떠나다. 4월 12일 토리노
        수도원 보호시설에 들어가 21일 가톨릭으로 개종하고 23일 세례를
        받다. 여름 토리노를 전전하다가 바질 부인을 만나고 이후 베르첼
        리스 부인 댁에서 3개월 동안 하인 노릇을 하다. 하인이 된 지 얼
        마 되지 않아 베르첼리스 부인이 죽었을 때 그 집에서 리본을 훔
        치고는 그것이 발각되자 하녀 마리옹이 리본을 자기에게 주었다고
        그녀를 무고한 후 그녀와 함께 해고되다. 현명한 신부인 갬으로부
        터 강한 영향을 받다. 곧 구봉 백작의 하인으로 들어가 그의 아들
        인 구봉 신부의 서기가 되다.
1729년    6월 견습공 시절의 친구 바클과 함께 구봉 백작 집을 떠나 안시로
        돌아와 바랑 부인의 집에 들어가 살다. 8월과 9월에 안시의 신학
        교에 들어갔다가 퇴짜를 맞고 교회 성가대에서 악장 르 메트르의
        지도 아래 음악을 배우다.
1730년    4월 르 메트르와 함께 리옹으로 출발하다. 리옹에서 돌아온 후 바
        랑 부인이 그 사이 안시를 떠난 것을 알다. 6월 혹은 7월에 그라
        펜리드 양(孃) 그리고 갈레 양(孃)과 함께 톤에서 목가풍의 달콤
        한 시간을 갖다. 7월 바랑 부인의 하녀 메르스레 양(孃)을 프리부
        르로 데려다주면서 리옹에 있는 아버지를 만나다. 7월부터 보소르
        드 빌뇌브라는 가명으로 로잔과 뇌샤텔에서 음악을 가르치며 떠돌
        아다니다.
1731년    4월 그리스정교의 수도원장을 자칭하는 사기꾼을 따라 프리부르와
        베른에 가다. 5월 스위스인 고다르 대령의 조카를 돌보기 위하여
        파리로 가다. 8월 파리에서 바랑 부인의 소식을 듣고 파리를 떠나
        다. 9월 말 샹베리에서 부인을 만나고 그녀의 주선으로 10월 1일
        부터 사부아 왕국의 토지대장과에 근무하다.
1732년    6월 토지대장과를 그만두고 음악에 전념하다.
1733년    가을 바랑 부인의 제안에 따라 바랑 부인과 육체적 관계를 맺고

근친상간을 범한 듯한 느낌을 갖다.

1734년   3월 13일 바랑 부인의 관리인이자 정부인 클로드 아네가 사망하다
(아마 자살인 듯). 건강이 악화되다. 니옹, 제네바, 리옹을 여행
하다.

1736년   레 샤르메트에서 행복한 전원생활을 시작하다. 공부에 몰두하다.

1737년   6월 화학실험 중 폭발로 실명의 위기를 맞고, 최초의 유언을 작성
하다. 7월 말 유산문제를 해결하기 위하여 은밀히 제네바에 가다.
9월 상상에서 생긴 병을 치료하기 위해 명의를 찾아 몽펠리에로
떠나다. 이 여행 도중 만난 라르나주 부인에게서 관능적 쾌락을
맛보다.

1738년   2월 혹은 3월에 레 샤르메트로 돌아와서 바랑 부인이 빈첸리드를
새 애인으로 삼은 것을 보다. 이후 공부에 전념하다.

1740년   4월 리옹 법원장 마블리의 두 아들을 가르치는 가정교사로 리옹에
가다. 9월 혹은 10월에 "생트마리 씨(氏)의 교육안"(*Projet pour
l'éducation de Monsieur Sainte-Marie*)을 쓰다.

1741년   5월 가정교사를 그만두고 샹베리로 돌아오다.

1742년   7월 새로운 악보 표기법을 출세의 밑천으로 삼아 바랑 부인과 헤
어지고 리옹을 거쳐 파리로 상경하다. 8월 22일 파리의 과학아카
데미에서 "새로운 악보 기호에 관한 제안"(*Projet concernant de
nouveaux signes pour la musique*)을 발표하였으나 그의 체계는 새
롭거나 유용한 것으로 인정받지 못하다. 9월에서 10월 사이에 디
드로, 퐁트넬, 마블리 신부 등을 알게 되다.

1743년   1월 《현대 음악론》(*Dissertation sur la musique moderne*)이 간행
되다. 봄부터 뒤팽 부인의 살롱을 출입하다. 5월 뒤팽 부인의 전
실 자식인 프랑쾨유와 화학에 몰두하다. 6월 베네치아 주재 프랑
스 대사인 몽테귀 백작의 비서가 되어 7월 10일 파리를 떠나 9월
14일 베네치아에 도착하다. 이탈리아와 이탈리아 음악에 대한 열
정을 키우다. 몽테귀의 무능력 때문에 대사관 일의 많은 부분을

떠안다.

1744년    8월 6일 대사와 말다툼 끝에 사직하고 8월 22일 파리를 향해 떠나 10월 파리에 도착하다. 달랑베르와 콩디야크를 포함한 모임에서 지적인 조언자가 될 디드로와 친분을 쌓아나가다

1745년    3월 하숙집 세탁부 테레즈(당시 23살)를 만나다. 7월 9일 오페라 〈사랑의 시신(詩神)들〉(*Les Muses galantes*)을 마치다. 9월 〈사랑의 시신들〉이 처녀 연주되다. 가을에는 볼테르와 라모가 합작한 〈라미르의 향연〉을 손질하다.

1746년    뒤팽 부인과 프랑쾨유 밑에서 서기로 일하다. 겨울 첫 번째 아이가 태어났으나 곧 고아원으로 보내지다(그 뒤 태어난 네 아이들도 모두 마찬가지로 고아원으로 보내진다).

1747년    5월 9일 아버지 이자크 루소 사망하다.

1748년    2월 전해에 알게 된 데피네 부인으로부터 후에 두드토 부인이 될 벨가르드 양(孃)을 소개받다.

1749년    1월부터 3월에 걸쳐 디드로와 달랑베르의 권고로 《백과전서》의 음악 항목을 집필하다. 7월 24일 《맹인에 대한 편지》로 디드로가 체포되어 뱅센 탑에 갇히다. 8월 그림을 알게 되다. 10월 뱅센 성에 수감된 디드로를 면회 가던 중 잡지 〈메르퀴르 드 프랑스〉에 실린 디종 아카데미의 현상논문 제목("학문과 예술의 진보는 도덕을 타락시키는 데 기여하였는가 혹은 순화시키는 데 기여하였는가?")을 읽고 영감을 받아 응모를 결심하다.

1750년    연초 테레즈와 살림을 차리다. 7월 9일 "학문 예술론"(*Discours sur les sciences et les arts*)이 디종 아카데미 현상논문으로 당선되어 12월 말 간행되다.

1751년    2월부터 3월 사이 '자기 개혁'을 결심하고 프랑쾨유 밑에서 일하는 것을 그만두고 악보를 필사하는 일로 생계를 유지하기 시작하다.

1752년    봄과 여름에 걸쳐 막간극 〈마을의 점쟁이〉(*Le Devin du village*)를 작곡하다. 10월 18일 〈마을의 점쟁이〉가 루이 15세 앞에서 상

연되어 대성공을 거두다. 10월 19일 연금을 하사하려는 왕을 알현하지 않고 퐁텐블로를 떠나다. 이에 디드로는 루소가 연금을 받아들이도록 조르고 이것이 루소와 디드로의 불화의 시작이 되다. 12월 18일에는 코메디 프랑세즈에서 루소가 예전에 쓴 희극 〈나르시스 혹은 자기 자신을 사랑한 남자〉(*Narcisse ou l'Amant de lui-même*)가 상연되었으나 실패하다.

**1753년**  3월 1일 〈마을의 점쟁이〉가 오페라 극장에서 상연되다. 11월 〈메르퀴르 드 프랑스〉에 디종 아카데미의 현상논문 제목("인간들 사이의 불평등의 기원은 무엇인가, 그리고 그것은 자연법에 의하여 허용되는가?")이 실리다. 11월 말 부퐁 논쟁의 와중에서 루소가 프랑스 음악에 대해 부정적인 판단을 내리고 이탈리아 음악에 호의를 보인 《프랑스 음악에 대한 편지》(*Lettre sur la musique française*)가 출간되어 논쟁의 중심에 서다.

**1754년**  4월 사상가로서의 독창성을 확립한 《인간 불평등 기원론》(*Discour sur l'origine de l'inégalité*)을 완성하다. 6월 1일 테레즈와 친구 고프쿠르와 함께 제네바로 떠나다. 여행 중 샹베리에서 마지막으로 바랑 부인을 만나다. 8월 1일 제네바에서 다시 개신교로 돌아가 제네바의 시민권을 얻다. 10월 파리로 돌아와 《인간 불평등 기원론》의 원고를 암스테르담의 서적상 마르크 미쉘 레에게 넘기다(현상에서는 낙선했다).

**1755년**  《인간 불평등 기원론》이 암스테르담에서 출간되다. 9월 데피네 부인의 소유인 라 슈브레트에 가 머물면서 데피네 부인에게 이듬해 봄에 레르미타주에 와서 살 것을 약속하다. 루소의 "정치경제학"(*Economie politique*) 항목이 실린 《백과전서》(*Encyclopédie*) 5권이 간행되다.

**1756년**  4월 9일 테레즈와 그녀의 어머니가 레르미타주로 거처를 옮기다. 8월 18일 볼테르의 시 〈리스본 참사에 대하여〉에 대한 반박으로 〈섭리에 대해 볼테르에게 보내는 편지〉(*Lettre à Voltaire sur la*

Providence)를 쓰다. 여름부터 가을에 걸쳐 《신엘로이즈》(*La Nouvelle Héloïse*)의 인물들을 구상하다.

1757년 1월 말 두드토 부인이 레르미타주를 방문하다. 2월과 3월 사이 디드로의 〈사생아〉에서 나오는 "혼자 있는 사람은 악인밖에 없다"라는 구절을 보고 디드로를 비난하다. 봄부터 두드토 부인에게 사랑을 품다. 8월 데피네 부인과 불화가 시작되다. 10월 달랑베르가 쓴 제네바 항목이 실린 《백과전서》 7권이 간행되다. 10월 25일 데피네 부인이 제네바로 떠나다. 10월 28일 두드토 부인의 애인인 생랑베르에게 자신을 변명하다. 11월 초 그림이 루소에게 절교의 편지를 보내다. 12월 5일 디드로가 루소를 방문하러 레르미타주에 오다. 12월 15일 데피네 부인과 결별하고 레르미타주에서 나와 몽모랑시의 몽 루이로 거처를 옮기다. 12월 《백과전서》의 제네바 항목을 반박할 결심을 하다.

1758년 3월 2일 디드로와의 화해를 시도하다. 3월 9일 《연극에 관하여 달랑베르에게 보내는 편지》(*Lettre à d'Alembert sur les spectacles*)를 완성하다(이로 인해 볼테르의 적의를 사다). 5월 6일 두드토 부인이 루소와 절교하다. 6월 21일 디드로와 절교하다. 9월 13일 레에게 《신엘로이즈》가 완성되었음을 알리다.

1759년 5월 뤽상부르 원수의 배려로 몽모랑시 성(城) 별관에 일시 머물다. 7월 자신의 거처인 몽 루이로 돌아가다.

1760년 《에밀》(*Emile*)과 《사회계약론》(*Du contrat social*)을 계속 집필하다. 7월과 8월 사이 콩티 대공이 방문하다. 11월 22일 레가 《신엘로이즈》의 초판을 보내다. 12월 20일 《신엘로이즈》가 런던에서 발매되다.

1761년 1월 말 《신엘로이즈》가 파리에서 발매되면서 엄청난 성공을 거두다. 6월 12일 자신의 죽음이 멀지 않았다고 생각하고 테레즈를 뤽상부르 부인에게 맡기다. 뤽상부르 부인은 고아원에 버린 루소의 장남을 찾으려고 했으나 성공하지 못하다. 8월 9일 《사회계약론》

이 완성되다. 9월 말 출판총감 말제르브에게 《언어기원론》(*Essais sur l'origine des langues*)을 맡기다. 10월 뒤셴 서점에서 《에밀》이 인쇄되다. 11월 16일 《에밀》의 원고가 예수회원들의 손에 들어갔다고 생각하고 착란상태에 빠지다. 12월 31일 레가 자서전을 쓸 것을 권고하다.

1762년    1월 자신에 대해 기술한 《말제르브에게 보내는 편지》(*Lettres à Malesherbes*)를 쓰다. 4월 초 《사회계약론》이 암스테르담에서 출간되다. 5월 27일 《에밀》이 암묵적인 허가를 받고 암스테르담과 파리에서 발매되다. 6월 3일 경찰이 《에밀》을 압수하다. 6월 7일 《에밀》이 소르본에 고발되고 6월 9일 고등법원에서 유죄선고를 받다. 동시에 루소에게 체포령이 내려져 피신하다. 6월 11일 파리에서 《에밀》이 소각되다. 6월 14일 스위스 베른의 이베르동에 도착하다. 6월 19일 제네바에서도 루소에 대한 체포령이 내려지고 《에밀》과 《사회계약론》이 소각되다. 7월 1일 베른에서도 베른 영토에서 루소를 퇴거시키라는 명령이 내려지다. 7월 9일 이베르동을 떠나 10일 뇌샤텔의 프로이센 대공령(大公領)인 모티에에 가다. 7월 20일 테레즈가 모티에에 오다. 7월 29일 바랑 부인이 샹베리에서 사망하다. 8월 16일 키스 원수의 비호 아래 프리드리히 2세로부터 모티에 체류를 허가받다. 8월 28일 파리 대주교 크리스토프 드 보몽이 《에밀》을 단죄하는 교서를 내리다. 9월 21일 제네바의 목사 자콥 베른이 "사부아 보좌신부의 신앙고백"을 철회할 것을 요구하다. 10월부터 파리 대주교에 대한 반박으로 《크리스토프 드 보몽에게 보내는 편지》(*Lettre à Christophe de Beaumont*)를 쓰기 시작하다. 12월 14일 레가 자서전을 쓸 것을 계속 요구하다.

1763년    3월 《크리스토프 드 보몽에게 보내는 편지》가 출간되다. 4월 16일 뇌샤텔 시민권을 얻다. 5월 12일 제네바의 정치 전개과정에 대한 혐오로 제네바 시민권을 포기하다. 9월에서 10월 사이 제네바의 검찰총장 트롱솅이 제네바에서 루소에게 유죄판결을 내린 것을 정당화하는 《전원으로부터의 편지》를 출간하다.

1764년  3월 13일 레에게 자신의 전집을 내달라고 부탁하다. 3월 18일 뤽상부르 원수가 사망하다. 7월부터 식물채집에 취미가 생기다. 8월 31일 부타포코로부터 코르시카를 위한 정치조직의 초안을 써달라는 편지를 받다. 12월 제네바 정치에 대한 신랄한 비평인 《산으로부터의 편지》(*Lettres écrites de la montagne*)가 출간되다. 12월 27일 볼테르가 익명의 풍자문 〈시민들의 견해〉를 써 루소가 자식들을 버렸다는 사실을 세상에 알리다. 《고백록》(*Les Confessions*)을 쓸 것을 결심하다.

1765년  1월 초 《고백록》의 서문을 쓰다. 3월 19일 《산으로부터의 편지》가 파리에서 불태워지다. 7월 초 비엔 호수의 생피에르 섬에서 10여 일을 지내다. 9월 6일 밤 목사 몽몰랭의 선동으로 모티에 주민들이 루소의 집에 돌을 던지다. 9월 11일 생피에르 섬으로 몸을 피하다. 10월 16일 베른 소위원회로부터 퇴거명령을 받다. 10월 22일 흄이 루소를 영국으로 초청하는 편지를 보내다. 10월 20일 베를린을 향해 떠나다. 11월 2일 스트라스부르에서 도착하여 몇 주를 머물다가 영국으로 갈 것을 결심하다. 12월 9일 스트라스부르를 떠나다. 12월 16일 파리에 도착하다. 12월 24일 친구 뒤 페루에게 《고백록》 집필에 필요한 자료를 부탁하다.

1766년  1월 4일 데이비드 흄과 함께 파리를 떠나 13일 런던에 도착하다. 1월 28일 취지크에 머물다. 2월 13일 테레즈가 루소와 합류하다. 3월 19일 우튼으로 떠나다. 거기서 《고백록》의 본격적인 집필을 시작하다. 7월부터 흄과 불화가 생기다.

1767년  3월 18일 영국 국왕 조지 2세가 연금을 수여하다. 자신에 대한 음모가 영국에까지 미쳤다고 생각하고 5월 21일 공황상태에서 갑자기 영국을 떠나 프랑스로 돌아오다. 장 조제프 르누라는 가명을 쓰고 아미앵, 플뢰리 수 뫼동에서 잠깐 머물다가 6월 콩티 대공의 보호 아래 트리에 정착하다. 11월 26일 《음악사전》(*Dictionnaire de muisque*)이 파리에서 발매되다.

1768년  봄에 여러 원고들을 나다이야크 부인에게 보관시키다. 6월 14일 망상에 시달리다 트리를 떠나 리옹, 라 그랑드 샤르트뢰즈, 그르노블, 샹베리를 거쳐 8월 13일 도피네 지방의 부르구앵에 도착하다. 8월 30일 테레즈와 일종의 결혼식(법적으로 유효하지는 않다)을 치르다.

1769년  1월 말 부르구앵 근처 몽캥에 있는 외딴 농가에 정착하여 《고백록》 7권부터 11권을 쓰다.

1770년  1월 22일 가명을 쓰는 것을 그만두고 4월 몽캥을 떠나 리옹으로 가다. 6월 파리로 돌아와 가명을 버리고 플라트리에르 거리에서 테레즈와 함께 살다. 악보를 필사하는 일과 식물채집을 다시 시작하다. 나다이야크 부인에게 《고백록》의 반환을 요구하다. 10월 폴란드의 개혁안을 써줄 것을 제의받다. 12월 《고백록》을 완성하다.

1771년  2월 스웨덴 왕태자 앞에서 《고백록》을 낭독하다. 5월 4일부터 8일까지 데그몽 백작부인 집에서 《고백록》 2부를 낭독하다. 5월 10일 데피네 부인이 치안감독관에게 부탁하여 낭독을 중지시키다. 7월 베르나르댕 드 생피에르와 교류를 시작하다. 가을부터 겨울에 걸쳐 《폴란드 정치체제론》(*Considérations sur le gouvernement de Pologne*)을 집필하다.

1772년  4월 《폴란드 정치체제론》의 집필을 마치다. 자신을 정당화하기 위한 새로운 시도인 《루소가 장자크를 판단하다, 대화》(*Rousseau juge de Jean-Jacques, Dialogues*)를 쓰기 시작하다.

1773년  악보를 필사하는 일과 식물채집을 하면서 계속 《대화》를 집필하다.

1774년  독일의 음악가인 글루크로부터 악보를 필사하는 일을 부탁받고 그의 오페라 공연에 참석하는 등 음악적인 활동을 많이 하다.

1775년  10월 31일 1762년 쓴 오페라 〈피그말리옹〉(*Pygmalion*)이 루소의 허가 없이 코메디 프랑세즈에서 상연되어 대성공을 거두다.

1776년  2월 《대화》(사후 1782년 출간)의 집필을 마치고 24일 파리 노트르담 성당의 제단에 바치려고 했으나 철책이 닫혀 있어 실패하다. 4월 거리에서 〈아직도 정의와 진리를 사랑하는 모든 프랑스 사람들에게〉(*A tout Français aimant encore la justice et la vérité*) 라는 전단을 나누어주다. 가을 《고독한 산책자의 몽상》(*Les Rêveries du promeneur solitaire*) 의 집필을 시작하다. 10월 24일 메닐몽탕에서 질주하는 큰 개에게 부딪쳐 의식을 잃고 쓰러져 회복불능의 손상을 입다.

1777년    테레즈의 오랜 병고로 생활이 매우 어려워지다. 8월 22일 악보 필사를 그만두다.

1778년    4월 12일 《고독한 산책자의 몽상》의 "10번째 산책"을 끝내다(사후 1782년 출간). 5월 2일 《고백록》의 사본과 《대화》의 사본을 포함한 여러 원고를 제네바의 옛 친구인 폴 물투에게 맡기다. 건강이 악화되는 가운데 5월 20일 지라르댕 후작의 초청을 받아 파리 교외의 에름농빌로 거처를 옮기다. 7월 2일 오전 11시 뇌출혈로 사망하다. 7월 3일 우동이 데스마스크를 뜨다. 7월 4일 밤 11시 에름농빌의 인공 호수 안에 있는 푀플리에 섬에 묻히다.

1780년    《대화》가 출간되다.

1782년    《고백록》 전반부가 출간되다.

1789년    《고백록》의 나머지가 출간되다.

1794년    10월 유해가 팡테옹으로 이장되다.

1801년    테레즈가 극빈상태에서 사망하다.

찾아보기

ㄱ ~ ㄴ

438

440

## 장자크 루소 (Jean-Jacques Rousseau, 1712~1778)

스위스 제네바에서 가난한 시계공의 아들로 태어났다. 태어나자마자 어머니를 여의고 10세 때에는 아버지와 헤어져 견습생의 삶을 살았다. 16세 때 제네바를 떠나 각지를 떠돌다 17세 때 후원자가 될 바랑 부인의 집으로 들어가 주로 독학으로 공부했다. 30세 때 파리로 올라간 그는 자신이 꿈꾸던 문학적 성공을 거두지 못했고, 어렵게 생활하는 가운데 1745년에는 평생의 반려자가 될 테레즈를 만났는데, 그녀와의 사이에서 낳은 아이들은 모두 고아원에 보내졌다. 1750년 문명비판론인 《학문예술론》으로 문단에 화려하게 등장하였고, 1755년 출간된 《인간 불평등 기원론》에서는 독창적인 사상가로서의 지위를 확립했다. 그는 이러한 성공에도 불구하고 점차 문단과 거리를 두고 고독을 추구했다. 1761년부터 1762년에 걸쳐 《신엘로이즈》, 《사회계약론》, 《에밀》 등을 잇달아 출간했는데, 《에밀》이 고등법원에서 유죄선고를 받으면서부터 스위스 등을 떠돌며 도피생활을 했다. 그는 이후 사람들의 박해와 비난에 맞서 자신의 진실한 모습을 보여주기 위해 자전적인 글쓰기에 몰두하여 《고백록》, 《루소가 장자크를 판단하다, 대화》, 《고독한 산책자의 몽상》 등을 남겼다.

## 이용철 (李龍哲)

1961년생으로, 서울대 불어불문학과를 졸업하고, 동 대학원에서 "루소의 글쓰기에 나타난 상상적 자아"로 문학박사학위를 받았다. 현재 한국방송통신대 불어불문학과 교수로 재직하고 있다.

저서로는 《루소 : 분열된 영혼》이 있고, 역서로는 장자크 루소의 《에밀 또는 교육론》(공역), 리오 담로슈의 《루소: 인간 불평등의 발견자》, 마티외 리카르·장 프랑수아 르벨의 《승려와 철학자》, 마티유 리카르·트린 주안 투안의 《손바닥 안의 우주》 등이 있다. 그 밖에 "루소의 인간학", "시민과 개인 — 몽테뉴와 루소의 비교" 등 다수의 논문이 있다.

*Critique de la Raison dialectique*

## 실존주의 사상가 사르트르가 확립한 역사적 인간학!

# 변증법적
# 이성비판 1·2·3

장 폴 사르트르 *Jean-Paul Sartre*  지음
박정자 (前 상명대) · 변광배 (시지프 대표)
윤정임 · 장근상 (중앙대) 옮김

### 국내 최초 완역!
**1·2권 : 실천적 총체들의 이론**
Théorie des ensembles pratiques

**3권 : 역사의 가지성**
L'Intelligibilité de l'Histoire

물질적 욕구를 충족시키기 위해 물질세계와 긴장관계를 맺으며 역사형성에 기여하는 주체인 인간. 또 다른 역사형성의 주체인 집단의 형성과 그 유위변전(有爲變轉). 이들 주체들에 의해 형성된 역사의 의미. 사르트르는 이처럼 평면적 인간관계로부터 하나의 구조를 갖는 입체를 구축하고, 이 입체를 역사적 운동 속으로 밀어넣어 그 동적 관계를 탐구한다.

· 신국판 · 양장본 · 각권 720면 내외 · 각권 38,000원

**나남**
nanam
031) 955-4601
www.nanam.net

120여 명의 프랑스 역사가들이
10년에 걸쳐 완성해 낸 '역사학의 혁명'

# 기억의 장소 (전5권)

피에르 노라 외 지음 · 김인중(숭실대) · 유희수(고려대) 외 옮김

1 《공화국》
2 《민족》
3 《프랑스들 1》
4 《프랑스들 2》
5 《프랑스들 3》

《기억의 장소》는 잡지 〈르데바〉의 편집장을 역임하고 현재 프랑스 사회과학연구원의 연구주임교수로 활동 중인 피에르 노라의 기획 아래 10년에 걸쳐 120여 명의 프랑스 역사가들이 참여해 완성한 대작이다.

'기억의 장소'란 민족의 기억이 구체화된, 그리고 사람들의 행동이나 수세기에 걸친 작용을 통해 그것들의 특별한 표상과 뚜렷한 상징물로 남게 된 물질적 · 비물질적 장소를 뜻한다. 이 책에서는 삼색기, 프랑스 국가인 〈라마르세예즈〉, 에펠 탑, 잔다르크, 거리 이름, 프랑스에서 가장 인기 있는 자전거 일주 경주인 투르 드 프랑스 등 다양한 대상들이 그러한 '장소'로 선택되어 그 안에 담긴 기억의 내용과 여정이 탐구된다.

출간 이후 역사에 대한 새로운 방법과 시각으로 프랑스뿐 아니라 세계 각국의 역사학계에 신선한 충격을 던진 《기억의 장소》는 이미 미국과 독일, 러시아, 이탈리아, 불가리아, 일본 등에서 번역본이 출간되었으며, 이 책의 참신한 연구방법에 자극받아 여러 나라에서 자국의 '기억의 장소들'을 탐색하는 작업이 활발하게 벌어지고 있다. 또한 '기억의 장소'라는 용어는 《로베르 프랑스어 대사전》에 신조어로 수록되면서 현재 역사학계의 주요 담론이자 일상용어로 널리 쓰이고 있다.

신국판 | 양장본 각권 25,000원

Tel:031)955-4600 나남
www.nanam.net nanam